Wort für heute 2024

Kalender mit biblischen Betrachtungen
für alle Tage des Jahres 2024

Evangelisch-methodistische Kirche, Frankfurt/M.
Oncken Verlag/Blessings 4 you GmbH, Kassel
SCM Bundes-Verlag gGmbH, Witten

Herstellung:

Satz:	Edward de Jong, Oncken Verlag/Blessings 4 you GmbH, Kassel
Druck:	BasseDruck GmbH, Hagen
Covergestaltung:	Celina Röhl, SCM Bundes-Verlag gGmbH, Witten
© Foto:	Getty-Images.com/iStock/LigtFieldStudios

ISBN für die Abreißausgabe:

978-3-7655-9964-4 Brunnen Verlag GmbH
978-3-87939-881-2 Oncken Verlag/Blessings 4 you GmbH
978-3-86258-117-7 SCM Bundes-Verlag gGmbH

ISBN für die Großdruck-Buchausgabe:

978-3-7655-9974-3 Brunnen Verlag GmbH
978-3-87939-994-9 Oncken Verlag/Blessings 4 you GmbH
978-3-89258-119-1 SCM Bundes-Verlag gGmbH

ISBN für die Buchausgabe:

978-3-7655-9954-5 Brunnen Verlag GmbH
978-3-87939-991-8 Oncken Verlag/Blessings 4 you GmbH
978-3-86258-118-4 SCM Bundes-Verlag gGmbH

Wort für heute ist auch als **E-Book** erhältlich (978-3-7655-7691-1) und in der **App „Freikirchen-Kiosk"** (App Store oder Google Play).

Jahreslosung 2024

Alles, was ihr tut, geschehe in Liebe. *(1. Kor 16,14 E)*

Der Fixstern ist die Liebe. Paulus musste der Gemeinde in Korinth vieles ins Stammbuch schreiben. Spannungen verursachten Konflikte in dieser jungen Gemeinde. Er, der die Gemeinde gegründet hatte, bezog Stellung, ordnete und wies zurecht. Ob es um Wichtigtuerei, um ethische Fragen oder Rechtsstreitigkeiten innerhalb der Gemeinde ging: Paulus argumentiert und stellt klar, was zu tun und zu lassen ist.

Bei allem gibt es einen Fixstern: die Liebe. Sie ist in Jesus Christus einzigartig offenbart. In 1. Korinther 13 wird sie besungen und umschrieben. Die besten Erkenntnisse und geistlichsten Taten, sie alle sind ohne Liebe null und nichtig. Die Liebe ist der Kern.

Manchmal ist Liebe weich, manchmal konfrontativ, manchmal ist sie kreativ, manchmal ordnend. Liebe kann leidenschaftlich und sie kann zurückhaltend sein, sie kann zur Stille und zur lauten Freude führen. Aber immer ist die Liebe das Maß aller Dinge.

Wenn wir Jesus Christus ansehen, sehen wir, was Liebe ist. Wenn wir ihn sehen, sehen wir Gott. Alles, was wir im Jahr 2024 tun, geschehe in Liebe.
Ich bin sicher, dass dieses Motto alle 366 Tage verändert.

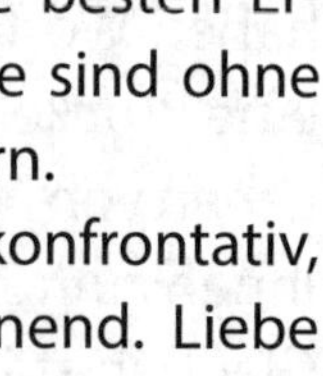

Ansgar Hörsting
Präses des Bundes Freier evangelischer Gemeinden

Liebe Leserin, lieber Leser!

Sie halten den Kalender „Wort für heute 2024“ in der Hand, als Wandkalender, Buch, E-Book oder App. Er bietet für jeden Tag des Jahres eine Andacht zu einem ausgewählten Bibelvers. Die Verse sind der täglichen Bibellese entnommen. Der Bibelleseplan der Ökumenischen Arbeitsgemeinschaft für Bibellesen führt in vier Jahren durch das Neue Testament und in acht Jahren durch die meisten Texte des Alten Testaments. So werden Sie bei der Lektüre des ganzen Abschnitts in acht Jahren die komplette Bibel gelesen haben. Das ist die Idee.
Über einhundert freikirchliche Autorinnen und Autoren haben Worte der Bibel ausgelegt. Sie haben versucht, eine Brücke zu schlagen von den alten Bibeltexten zum Leben von heute. Wir hoffen, dass dieses „Wort für heute“ Ihnen zum Zuspruch wird, der zum Glauben ruft und im Glauben stärkt, und zum Anspruch, der zu Veränderungen herausfordert. Die Bibeltexte stammen in der Regel aus der „Gute Nachricht Bibel“ (Ausgabe 2000). Auf Bibeltexte aus der Lutherbibel (revidierte Fassung von 2017) weist ein L hin, auf die aus der Einheitsübersetzung (revidierte Fassung von 2017) ein E.
An passender Stelle finden Sie Einführungen in die biblischen Bücher und inspirierende Lebensbeschreibungen von Christen, deren Geburts- oder Todestage sich jähren. Die Andachten werden immer wieder ergänzt

durch Liedstrophen, Zitate, Gebete, Fragen zum Weiterdenken, Hinweise auf weiterführende Literatur oder Vorträge und Gebetsanliegen. Diese Zusätze können Sie an folgenden Symbolen erkennen:

Liedstrophe

Monatsspruch, Einführung

Rätselfrage zur Bibellese, Fragen zum Weiterdenken

Buchtipp, Filmtipp

Internet

Termin

Zitat, Gebet, Gedanke

Es grüßen die Redakteure und Verlage:

Ute Armbruster-Stephan
Evangelisch-methodistische Kirche, Frankfurt/M., Brunnen Verlag, Gießen

Hans-Werner Kube
Bund Freier evangelischer Gemeinden in Deutschland KdöR
SCM Bundes-Verlag gGmbH, Witten

Nicola Bourdon
Bund Evangelisch-Freikirchlicher Gemeinden in Deutschland KdöR
Oncken Verlag/Blessings 4 you GmbH, Kassel

Bibellesen und gewinnen!

Mit einem Preisrätsel zur Bibellese 2024 möchten wir Ihnen Gelegenheit geben, Ihre Bibelkenntnis zu testen. Sie finden jeweils am ersten Samstag eines Monats nach der Andacht eine Rätselfrage. Die Fragen sind den Texten der Bibellese des jeweiligen Monats entnommen, und zwar der „Gute Nachricht Bibel" (Ausgabe 2000). Die Antworten sind im Allgemeinen auch mit anderen Übersetzungen zu finden. Da sich die Lösungen in der Regel nicht direkt aus dem ausgewählten Bibelvers oder der Andacht ergeben, wäre es gut, die Bibellese immer im vollen Umfang zu lesen.

Nach der Andacht zum 31.12.2024 ist das Formular eingefügt, auf dem Sie Ihre Lösungen mit entsprechender Bibelstelle notieren können. Senden Sie es ausgefüllt oder als E-Mail an eine der dort angegebenen Anschriften.

Letzter Einsendetermin ist der 15. Januar 2025.

Unter den Einsendern von richtigen Antworten werden folgende Preise verlost:

1. Preis: Mediengutschein im Wert von 100 €
2.-3. Preis: Mediengutschein im Wert von je 50 €
4.-10 Preis: Mediengutschein im Wert von je 25 €

Der Rechtsweg ist ausgeschlossen.

Ihre Kalenderredaktion

1 Montag JANUAR

2024

☀ 08:27 16:24
☽ 22:13 11:27

Neujahr

Bibellese: Psalm 89,1-19
Wie glücklich ist das Volk, Herr,
das dich mit Jubelrufen begrüßt!
Es lebt in deiner segensreichen Nähe.
Es freut sich täglich, weil du sein Gott bist.
Durch deine Treue machst du es groß.
Du gibst ihm deine wunderbare Kraft.
Weil du uns liebst, sind wir stark. *(Vers 16-18)*

Wenn Sie an gläubige Menschen denken, kommen Ihnen da Bilder von sich überschwänglich freuenden Leuten in den Sinn? Die lauthals und vergnügt jubeln, denen man ihr Herzensglück von Weitem ansieht? Die die Nähe und Gemeinschaft mit ihrem Gott genießen, feiern und täglich zelebrieren? Nach einer kleinen, zugegebenermaßen nicht repräsentativen Umfrage in meinem Bekanntenkreis ist das nicht der Fall. Als erstes tauchen Bilder von eher farblosen Menschen auf, die nicht so wirken, als hätten sie viel Freude im Leben. Menschen, denen manchmal das Regelwerk ihrer Gemeinschaft

wichtiger zu sein scheint als die Gemeinschaft selbst, mit all den einzelnen Individuen, die Teil dieser Gemeinschaft sind. Die nicht immer so wirken, als würden sie ein erfülltes Leben mit allen Höhen und Tiefen mit ihrem Gott leben.
Es ist an der Zeit, dass sich diese Bilder ändern! Christen sollten man ansehen, dass sie die frohe Botschaft erhalten haben und glücklich sind, danach leben zu können. Menschen, die an Gott glauben, dürfen etwas von seinem Licht, seiner Freude und seiner Begeisterung spiegeln. Gott wendet sich in tiefster Liebe und mit größter Leidenschaft seinen Geschöpfen zu. Der Allmächtige mit all seiner Kraft und Herrlichkeit möchte uns ganz nah bei sich haben. Er gibt uns seine Liebe und Stärke. Ein ansteckender Glaube sollte nicht in eine geistliche Quarantäne führen, sondern andere Menschen aufmerken lassen und neugierig machen.
Das könnte eine Bitte fürs neue Jahr sein: Herr, mit neuer Leidenschaft möchte ich ins neue Jahr gehen!

Susanne Wirtz

Monatsspruch

Junger Wein gehört in neue Schläuche.

(Markus 2,22 E)

Zum 2. Januar 2024

Erst der Anfang

Einführung in das Markusevangelium

Anfang des Evangeliums von Jesus Christus, dem Sohn Gottes", so beginnt das Evangelium nach Markus. Damit ist schon das wesentliche Anliegen des Evangelisten genannt.

Es geht um das Evangelium von Jesus Christus. Evangelium heißt gute Nachricht und entspricht dem, was der Prophet Jesaja angekündigt hat: „Über die Berge kommt der Siegesbote herbeigeeilt! Er bringt gute Nachricht, er verkündet Frieden und Rettung!" (Jes 52,7). Evangelium ist zunächst einmal das, was Jesus verkündigt. Seine ersten Worte lauten, und sie sind Programm: „Es ist soweit: Jetzt wird Gott seine Herrschaft aufrichten und sein Werk vollenden. Ändert euer Leben und glaubt dieser guten Nachricht" (1,15). Diese Verkündigung Jesu geschieht nicht nur in Worten, sondern auch in Taten. Evangelium ist aber auch das ganze Buch, der Bericht über die Verkündigung des Evangeliums durch Jesus Christus. Evangelium wurde durch Markus zu einem literarischen Gattungsbegriff, sodass auch die weiteren Berichte über Jesus Evangelium genannt werden konnten, obwohl das Wort selbst dort nicht auftaucht.

Es geht um den Christus. Die Menschen, selbst die Jünger, tun sich schwer, zu begreifen, wer Jesus ist: der Retter und Erlöser der Welt. In der Mitte des Buches, als die Geschichten in Galiläa enden und der Weg nach Jerusalem beginnt, bekennt Petrus zwar: „Du bist der Christus" (Mk 8,29), aber er kann sich da noch nicht vorstellen, dass der Retter und Erlöser leiden muss, hingerichtet und auferstehen wird.

Es geht um den Sohn Gottes. Am Anfang, nämlich bei der Taufe von Jesus durch den Täufer Johannes, und am Scheitelpunkt, nämlich bei der Verklärung, erklingt die Stimme Gottes: „Dies ist mein Sohn" (Mk 1,11; 9,7). Ansonsten sprechen dies nur böse Geister aus, die von Menschen Besitz ergriffen haben und die Jesus austreibt (Mk 3,11; 5,7). Erst bei der dramatischen Zuspitzung, als der Oberste Priester Jesus verhört und entsprechend nachhakt, bekennt sich Jesus dazu, der Christus, der versprochene Retter, und der Sohn Gottes zu sein (Mk 14,61-62). Der erste Mensch, der Jesus als Sohn Gottes, als Mensch, in dem Gott zu erkennen ist, begreift, ist ausgerechnet ein römischer Hauptmann, der Jesu Tod am Kreuz miterlebt (Mk 15,39).

Markus erzählt nur den „Anfang" des Evangeliums. So schließt sein Buch folgerichtig mit der Aufforderung des auferstandenen Jesus an seine elf Jünger: „Geht in die ganze Welt und verkündet die Gute Nachricht allen Menschen!" (Mk 16,15). Wir sind die Fortsetzung.

Hans-Werner Kube

2 Dienstag JANUAR 2024

✷ 08:27 16:25
☽ 23:22 11:38

Bibellese: Markus 1,1-8

In diesem Buch ist aufgeschrieben, wie die Gute Nachricht von Jesus Christus, dem Sohn Gottes, ihren Anfang nahm. *(Vers 1)*

Heute würde er vielleicht den Literaturnobelpreis für sein Buch bekommen. Weil er ein neues Genre erfunden und eine neue Form der Literatur geschaffen hat – ein Evangelium. Dafür würden ihm Ruhm und Ehre und ein ordentliches Preisgeld gebühren. Das sind die ersten Worte und wir lesen uns hinein zum Anfang des neuen Jahres. Gibt es Spannendes oder Trauriges, Liebe und Gewalt, hat es ein gutes Ende? Was erwartet uns in diesem Buch? Der Autor des Markusevangeliums wusste, was er wollte, als er mit seiner Schrift angefangen hat. Er wollte aufschreiben, wie die Gute Nachricht ihren Anfang nahm. Er wollte die Geschichte von Jesus Christus, dem Sohn Gottes, aufschreiben.

Viele Jahre waren seit dem Tod Jesu vergangen, dreißig, vielleicht vierzig. Es wurden viele Geschichten

in den Gemeinden erzählt und überliefert, manche stellten sich als besonders eindrücklich und wichtig heraus. Ethische Fragen wurden gestellt, es ging um Geld und Besitz, um die Ehe, Umgang mit den Kindern, ums Herrschen und Dienen. Traditionen hatten sich begründet: Taufe, Abendmahl, Gemeindeleben. Man muss das alles aufschreiben, muss sich Markus gedacht haben, sonst ist es vielleicht irgendwann vergessen. Die Gemeinden brauchen etwas Schriftliches, das sie lesen, teilen und bewahren können.
Und so hat er angefangen. Vielleicht mit einem Sammelsurium von einzelnen Blättern, die erst sortiert werden mussten. Hat sich noch einmal zusammengesetzt mit den Ältesten und sich alles noch einmal genau erzählen lassen. Hat geforscht, wenn er es selber nicht mehr genau wusste.
Wie ein Schriftsteller, ein Redakteur, ein Journalist, ein Historiker hat er ein Schriftstück komponiert, für das es noch gar keinen Namen gab – ein Evangelium. Er wusste von Anfang an, wie er die Geschichte schreiben wollte und wie sie endet. Zu Beginn verknüpft er sie mit der Tradition seines Volkes. Was schon beim Propheten Jesaja geschrieben steht, wird in diesem neuen Buch weitererzählt. Vom Boten, der den Weg bereitet, der das möglich macht, was da kommt. Was für ein Anfang – und was ist daraus geworden!

Ute Armbruster-Stephan

3 Mittwoch JANUAR

2024

☀ 08:26 16:26
☽ -.- 11:48

Bibellese: Markus 1,9-13

Zu dieser Zeit geschah es: Jesus kam aus Nazaret in Galiläa zu Johannes und ließ sich von ihm im Jordan taufen. *(Vers 9)*

Der Jordan plätschert eher gemütlich dahin und tief ist er auch nicht. Ich durfte bei einer Israelreise die Taufstelle besuchen und war trotzdem beeindruckt. Menschen in weißen Gewändern, meist orthodoxe Christen, steigen hinein ins Wasser und lassen sich taufen, es wird gesungen und gebetet – eine eindrückliche Zeremonie. Christen aller Konfessionen füllen das Jordanwasser, das als gesegnet gilt, oft in Flaschen ab und nehmen es mit nach Hause. Bewacht wird die Taufstelle vom Militär und sie liegt an der Grenze zwischen Israel und Jordanien. Es war ein ganz besonderer Moment. An diesem Fluss zu stehen, in dem Jesus von Johannes dem Täufer getauft worden war, der Geist Gottes wie ein Taube herabkam und er den Zuspruch Gottes erhielt. Hier hat alles angefangen. Hier hat Jesus die Vollmacht

für seinen Auftrag, für sein Lebenswerk bekommen. Heute würde man sagen, es ist ein Kraftort.
Hier fängt Markus sein Evangelium an. An diesem Fluss mit diesen beiden Männern. Bei Markus finden wir am Anfang keine Kindheitsgeschichte, keinen Stall, keine Krippe, keine Weisen aus dem Morgenland, keine Hirten und keinen Verkündigungsengel. Er beginnt mit Jesu Wirken als erwachsenem Mann. Bei Jesaja wird es vorhergesagt, nun ist die Verheißung erfüllt. Die Stimme des Predigers in der Wüste bezieht Markus auf Johannes den Täufer. Er bereitet dem Herrn den Weg und macht seine Steige eben. Jetzt beginnt der zweite Teil der Geschichte Gottes mit seinen Menschen, die Fortsetzung. Es wird wahr und sichtbar, was vorhergesagt wurde viele Jahrhunderte zuvor. Das Schicksal der beiden Männer wird hier wieder miteinander verwoben wie schon das ihrer Mütter. Der Wegbereiter und der Wegbeschreiter. Der mit Wasser tauft und der mit dem Heiligen Geist tauft. Der Prediger in der Wüste und der Prediger des Evangelium Gottes. Sie hatten ihren Auftrag. Sie haben ihn erfüllt. Und sie haben mit ihren Leben dafür bezahlt. Das schwingt auch noch immer mit an diesem Ort. Er ist gefährdet, muss geschützt werden, ist keine Idylle. Es ist zu spüren: Der Weg im Auftrag und im Namen Gottes in dieser Welt ist eine ernstzunehmende Sache. *Ute Armbruster-Stephan*

4 Donnerstag JANUAR 2024

✹ 08:26 16:27
☽ 00:31 11:58

Bibellese: Markus 1,14-20

Jesus sagte zu Simon und Andreas: „Kommt, folgt mir! Ich mache euch zu Menschenfischern." (Vers 17)

Es geht in dieser Geschichte um die Berufungsautorität von Jesus. Wenn Jesus Menschen ruft, dann mit einer solchen Autorität, dass man auf seinen Ruf hört und ihm folgt. Doch irritiert mich in dieser Geschichte das Wort „Menschenfischer". Ist das der Auftrag von Menschen, die Jesus nachfolgen, dass sie „Menschen fischen"? Das Bild mag in der damaligen Zeit plausibel gewesen sein, vom Bild her und von der Sache her. Heute tue ich mich damit schwer, sogar oder vielleicht besonders als Missionstheologe. Menschen sind doch nicht wie Fische, die man fängt, tötet und verzehrt. Menschen sind überhaupt keine Objekte, mit denen wir etwas machen. Aus einem solchen Wort entspringt ein Missionsdenken, das von der Macht der Missionare über die zu missionierenden Menschen ausgeht. Über Jahrhunderte dominierte dieses hierarchische Denken die kirchliche Mission und verschmolz fröhlich mit dem europäischen Kolonialismus. Wenn Menschen wie „Fische“ gesehen werden, findet sich kein Respekt vor ihnen als geliebte und begabte Geschöpfe Gottes, die eingeladen sind, in Freiheit auf die Liebe Gottes zu antworten. Darum ist der Begriff „Menschenfischer“ schwierig.

Natürlich wünsche ich mir von Herzen, dass Menschen die Liebe Gottes kennenlernen. Von daher sollten wir den Ruf von Jesus an die Fischerjünger auch für uns hören, dass wir mit dem Evangelium im Herzen auf Menschen zugehen und ihnen die Liebe Gottes bezeugen, mit Wort und Tat. Doch findet dieses Zeugnis heute nicht von oben nach unten statt, sondern auf Augenhöhe: Wir reden und hören, wir lehren und lernen, wir helfen und lassen uns helfen. Solche „Menschenfischer“ braucht Jesus, die jeden Menschen als Ebenbild Gottes respektieren und sich ihm gegenüber dementsprechend verhalten. Wer Mission so versteht, bei dem sinkt hoffentlich auch die Hemmschwelle, sein Christsein vor anderen zu zeigen und nicht zu verstecken. Es geht nicht darum, ein großes hehres Missionsdenken vor sich herzutragen, dem man eh nicht gerecht wird. Aber Christen, die als Menschen auf andere zugehen und die Liebe Gottes weitergeben, die braucht es dringend, heute und für alle Zeit.

Michael Kißkalt

5 Freitag JANUAR

2024

✷ 08:26 16:28
☽ 01:43 12:10

Bibellese: Markus 1,21-28

Die Leute in der Synagoge erschraken alle und fragten einander: „Was hat das zu bedeuten? Jesus hat eine ganz neue Art zu lehren – wie einer, dem Gott Vollmacht gegeben hat! Er befiehlt sogar den bösen Geistern und sie gehorchen ihm.“ *(Vers 27)*

Da ist sie wieder, die Vollmacht und Autorität von Jesus, sichtbar und spürbar für alle. Anders als die meisten menschlichen „Autoritäten“ will Jesus den Menschen nicht irgendwelche abstrusen Lehren einreden oder sie mit Weisungen überhäufen. Nein, die Autorität von Jesus befreit. Das spüren auch die bösen Geister in dem Besessenen. Hier geht es nicht nur um irgendwelche Märchengeschichten aus dem antiken Orient, sondern darum, dass offenbar wird, wie gebunden und unfrei der Mensch ist. So viele negative Wahrheiten und Fakten zerren an uns, infiltrieren unsere Seele, besetzen uns, machen uns Angst und rauben uns den Schlaf. Davon will Jesus den Mann und auch uns befreien.

Was für den antiken Menschen „unreine Geister" waren, das sind für uns heute Kräfte, die unsere Lebensharmonie zerstören, weil sie uns von Gottes Liebe wegzerren. Jesus ist Gottes Liebe in Person; das strahlt aus seinem Reden und Handeln. Wenn er uns begegnet, dann spüren wir das, aber wir spüren auch den Widerstand in uns. Denn wir haben uns mit dem Schmutz unseres Lebens arrangiert. Darum gibt es immer einen Kampf, wenn uns Gottes Liebe erreicht. Aber die Vollmacht von Jesus ist stärker als diese negativen Kräfte in uns; als Vollmacht der Liebe wirkt sie befreiend. Entscheidend ist die Gegenwart von Jesus, dass wir sie aushalten und an uns heranlassen. Das Schöne ist, dass Jesus uns Menschen nicht gleichsetzt mit dem Negativen in uns und uns verurteilt. Wir sind mehr als unser negatives Erleben und Fühlen, wir sind geliebte und begabte Geschöpfe Gottes. Das wird sichtbar, wenn Jesus in unser Leben tritt und wir das zulassen. Jesus schaut uns an mit seinen klaren Augen der Liebe. Unter diesem Blick verliert das Dunkle seine Macht. *Michael Kißkalt*

Jesus, du kennst mich besser als ich mich selbst. Du kennst das Dunkle in mir, das mir immer wieder Mühe macht. Danke, dass dein Licht alles Finstere vertreibt, auch in mir. Du sagst mir das zu, und ich vertraue darauf. *Michael Kißkalt*

6 Samstag JANUAR

2024

✷ 08:26 16:30
☽ 02:57 12:24

Epiphanias

Bibellese: Markus 1,29-39

Am nächsten Morgen verließ Jesus lange vor Sonnenaufgang die Stadt und zog sich an eine abgelegene Stelle zurück. Dort betete er. *(Vers 35)*

Es lief eigentlich ziemlich gut in Kafarnaum: Eine Heilung nach der anderen, Menschen wurden durch Jesus gesund und befreit. Die Schlange der Leute, die von Jesus geheilt werden wollten, war noch lang. Darum können es die Jünger kaum fassen, als sie aufwachen und feststellen: Jesus ist weg. „Er will sich doch nicht aus dem Staub machen?!" Sie suchen und finden ihn: in der Stille und im Gebet. Mitten in den Power-Geschichten finden wir Jesus abseits vom Geschehen, in der Stille. Ja, Jesus kann viel Gutes bewirken. Gottes Liebe pulsiert in ihm. Aber damit das so bleibt, braucht er selbst die Nähe Gottes, das Hören auf seinen himmlischen Vater, das Sprechen mit ihm. Natürlich gäbe es in Kafarnaum noch viel zu tun; es gibt so viel Leid. Aber was ihn antreibt, ist nicht das Leid an sich, sondern Gottes

Nähe. Gottes Liebe und Gerechtigkeit will zu den Menschen kommen, durch Jesus. Darum achtet Jesus auf seine Verbindung mit Gott; denn hier ist die Quelle seiner Vollmacht und Kraft.
Wir kennen das nur zu gut, dass uns der Alltag mit seinen Aufgaben in Beschlag nimmt. Unsere Verantwortung empfinden wir als groß und wichtig. Oft können wir auch viel Positives bewirken, indem wir unsere Begabung einbringen. Vielleicht sind wir darin sogar ein Vorbild für manche Menschen. Aber letztlich ist unsere Kraft ein Geschenk. Und wir kommen schnell an unsere Grenzen, wenn wir uns nicht mit der Quelle unserer Kraft und Begabung verbinden. Das kann bedeuten, dass wir aus dem Alltagsgetriebe eine Zeitlang aussteigen. Um uns auf den Ursprung, die Mitte und das Ziel unseres Lebens zu besinnen: auf den dreieinigen Gott, auf unseren Schöpfer, Erlöser und unsere Lebenskraft. Das kann man sehr verschieden tun. Mein Ort der Stille ist das Wandern in der Natur. Wo ist Ihr Kraftort?

Michael Kißkalt

? Rätselfrage zur Bibellese im Januar
Wer wurde gebeten, in Ephesus zu bleiben?

Bitte tragen Sie die Antwort auf dem Blatt ein, das nach dem 31. Dezember folgt.

7 Sonntag JANUAR

2024

✹ 08:25 16:31

☽ 04:16 12:43

1. Sonntag nach Epiphanias

Bibellese: Psalm 89,20-53

Denk doch wieder an mich, Herr,
mein Leben ist so kurz!
Nur für einen winzigen Augenblick
hast du uns Menschen geschaffen. (Vers 48)

Kann es sein, dass der Verfasser dieser Zeilen einen schwachen Moment hatte, als er diese Worte an Gott richtete?

Solche Momente kenne ich selbstverständlich auch: Ich fühle mich unbedeutend und mickrig, klein und hilflos im Angesicht der kleinen und großen Probleme, Katastrophen und Ungerechtigkeiten auf der Welt. Persönliche Tragödien und globale Probleme: Manchmal scheinen die Wellen über meinem Kopf zusammenzuschlagen und mit all meinem Strampeln und Anstrengen kann ich nichts ausrichten. Mir mangelt es an Kraft, Zeit und Möglichkeiten, um etwas Entscheidendes zu ändern.

Aber dann kommt Gott mit seinem großen und allmächtigen „Aber" zu mir. Wenn ich einsehe, dass meine Grenzen eng und klein sind, wendet sich mir der Schöpfer zu und spricht: „Du allein kannst es nicht, das stimmt, aber ich habe alle Kraft, Herrlichkeit und die Ewigkeit. Alles ist möglich. Zeit und Stärke haben für mich und bei mir kein Limit. Komm zu mir, mein geliebtes Kind, und ich gebe dir reichlich davon, so viel du brauchst. Mit mir zusammen ist alles möglich."

Dass Gott an mich denkt, selbst wenn ich nicht an ihn denke, beweist er täglich aufs Neue. Er ist die eine Konstante im Leben, die immer da ist, unerschütterlich und zuverlässig, unabhängig von allen äußeren Umständen.

Und wenn ich mich in diesem Leben, das dem Psalmbeter so kurz erscheint, für Gott entscheide und ihm mein Herz öffne, dann beginnt das ewige Leben in Fülle genau in diesem Moment. Meine Zeit auf der Erde wird zu Ende gehen. Meine Zeit mit Gott beginnt hier und wird kein Ende haben. Ich freue mich darauf.

Susanne Wirtz

Was Menschen uns auch zufügen, sie müssen in allem doch nur dem Gott dienen, der sich im Verborgenen als Liebe offenbart und die Welt und unser Leben regiert.

Dietrich Bonhoeffer (1906-1945), deutscher evangelischer Theologe

8 Montag JANUAR 2024

☀ 08:25 16:32
☽ 05:38 13:09

Bibellese: Markus 1,40-45

Jesus hatte Mitleid mit dem Aussätzigen, streckte die Hand aus und berührte ihn. „Ich will", sagte er. „Sei gesund!" *(Vers 41)*

Jesus steht am Anfang seiner Wirkungszeit. Er setzt Gottes Mission um. Er lehrt in den Synagogen und heilt leidende Menschen. So wird er in der Öffentlichkeit schnell bekannt und sein Ruf eilt ihm voraus. Wo er auch hinkommt, erwartet ihn bereits eine große Menschenmenge. „Die ganze Stadt" (Vers 33) will den kennenlernen, der so eindringlich von Gottes Reich redet, zur Umkehr ruft und bei dem immer wieder Unerklärliches und Wunderbares geschieht. Jesus lässt sich finden und ansprechen. Er hat keine Berührungsängste. Weder gegenüber hohen Gelehrten oder politischen Machthabern noch gegenüber einer drängelnden Menge mit ansteckenden Krankheiten. Er liebt die Menschen so sehr, dass ihn nichts davon abhalten kann, für sie da zu sein. Er lässt sich auf diejenigen ein, die sich mit einer Not an ihn

wenden. Das hat auch der Aussätzige erfahren, der so voller Vertrauen auf Jesus zuging und von ihm geheilt zurückkehrte.
Noch heute gilt, was Jesus vor langer Zeit gesagt und gelebt hat: „... niemand, der zu mir kommt, wird von mir abgewiesen“ (Johannes 6,37). Damit Leidende geheilt und Kranke gesund werden können, braucht es zuerst das persönliche Eingeständnis, dass ich Hilfe nötig habe und mich jederzeit mit allem an Jesus wenden darf. Nicht immer ist ein Leiden so sichtbar wie Aussatz. Viele sind unwahrscheinlich gut darin, etwas Schmerzendes oder Belastendes im hintersten Winkel ihres Seins zu verstecken. Manchmal so lange, bis es sich in sichtbaren, körperlichen Symptomen äußert. Bin ich bereit, mich auf diesen Jesus einzulassen, der mir seine Hand entgegenstreckt? Zum ersten oder auch wiederholten Mal darf ich ihn um Hilfe bitten. Ihn schreckt nichts ab. Gerade dafür hat er ja gelebt! *Lea Hafner*

♫ Dein Lieb und Treu vor allem geht,
kein Ding auf Erd so fest besteht;
das muss ich frei bekennen.
Drum soll nicht Tod,
nicht Angst, nicht Not
von deiner Lieb mich trennen.

Johann Eccard 1598
Aus: Mein schönste Zier und Kleinod bist

Bibellese: Markus 2,1-12

Die Menschen strömten so zahlreich zusammen, dass kein Platz mehr blieb, nicht einmal draußen vor der Tür. Jesus verkündete ihnen die Botschaft Gottes. (Vers 2)

Sind Sie ein begabter Redner, eine begnadete Referentin? Wenn ja, kennen Sie sicher die „sieben genialen Tipps für eine gelungene Ansprache" oder andere hilfreiche Anleitungen. Ob in Büchern, im Internet oder durch Schulungskurse – die vielen Angebote zur Verbesserung der Redekunst belegen den hohen Stellenwert einer guten Rede.

Dass Jesus, wo immer er auftauchte, mit einer großen Zuhörerschaft rechnen konnte, hat nichts damit zu tun, dass ihm das Predigen vielleicht besonders leichtgefallen wäre oder er immer die genau richtigen Worte gefunden hätte. Was seine Zuhörerinnen und Zuhörer an seinen Reden so gepackt hat, war seine mit Vollmacht verkündete Botschaft. Er besaß eine ihm von Gott verliehene Autorität. Er war erfüllt von der Sache der Botschaft, von dem, was er mitzuteilen hatte. Er konnte mehr als das Gesetz auslegen, er verdeutlichte immer auch den inneren Wert und das Ziel des Wortes Gottes. Und er war jemand, der tat, was er lehrte. Das war neu für die Zuhörenden. Das löste Erstaunen und Begeisterung aus. Darum liefen ihm die Leute nach und darum wurde seine Jüngerschaft mit jedem Auftritt größer. Und wir? Wem laufen wir nach? Welche Botschaft fällt bei uns auf fruchtbaren Boden? Hören wir noch auf die Worte, die Jesus auch für uns gesprochen hat? Lassen wir ihnen Raum, um sie im Herzen zu bewegen, wie Maria das einst mit den Worten der Hirten an der Krippe tat (Lukas 2,19)? Ich bin überzeugt, dass es sich lohnt, sich immer wieder ganz bewusst mit Gottes Wort zu beschäftigen, sich im übertragenen Sinn aufzumachen und sich unter die neugierigen Zuhörenden zu stellen. Jesus und seine heilbringenden Worte werden auch in uns ihre Wirkung entfalten. *Lea Hafner*

♫ Dein Wort ist wahr und trüget nicht
und hält gewiss, was es verspricht,
im Tod und auch im Leben.
Du bist nun mein und ich bin dein,
dir hab ich mich ergeben.

Johann Eccard 1598
Aus: Mein schönste Zier und Kleinod bist

10 Mittwoch JANUAR 2024

✹ 08:24 16:35
☽ 08:09 14:48

Bibellese: Markus 2,13-17

Jesus hörte es und er antwortete den Gesetzeslehrern: „Nicht die Gesunden brauchen den Arzt, sondern die Kranken. Ich bin nicht gekommen, solche Menschen in Gottes neue Welt einzuladen, bei denen alles in Ordnung ist, sondern solche, die Gott den Rücken gekehrt haben." (Vers 17)

Jesus liebt die Menschen. Er nimmt sie ganzheitlich wahr. Er begegnet ihnen unterschiedlich, aber immer auf die richtige Art und Weise. Er liebt sie so, wie sie sind. Das beste Beispiel dafür sind die Jünger, die mit ihm gehen und bei ihm bleiben. Darum gewinnt er auch Levi, der ihm ohne Zögern folgt. Jesus hat sie alle aus ihrem alten Leben herausgerufen und in eine neue Gemeinschaft geführt. Die Pharisäer und Schriftgelehrten, die religiöse Elite des Landes, können das nicht einordnen. Sie haben sich ernsthaft um ein gottgefälliges Leben bemüht und an ein durch Regeln und Gesetze geordnetes Glaubenskonstrukt gehalten. Ihr Gottesbild wird

nun gehörig durcheinandergewirbelt. Ist denn ihr ganzes Bemühen auf einmal nichts mehr wert?
Wenn ich den Text genau lese, sehe ich nichts von der Verurteilung eines ernsthaften Glaubens. Für mich klingt es eher nach einer Erklärung, die Verständnis wecken möchte. Ich höre die eindringliche Bitte von Jesus heraus: „Versteht ihr denn nicht? Wer mich kennt, gehört schon zu meiner Familie. Ich rufe diejenigen, die verloren gegangen sind. Diejenigen, die noch darauf warten, in meine Gemeinschaft aufgenommen zu werden!"
Wer sich bereits zu Gottes Familie zählt, der tut gut daran, sich diese Worte zu Herzen zu nehmen. Wie oft grenzen wir uns als Christen gegenüber „denen da draußen" ab. Die farbenfrohen Vögel, die Gesetzesbrecher und ewigen Fragenstellerinnen lassen wir gerne unser „Gelehrtengehabe" spüren, wenn sie sich nicht wunschgemäß anpassen. Levi wurde so in die Nachfolge Jesu berufen und ergriff die Chance, sein Leben zu verändern. *Lea Hafner*

♫ Mein schönste Zier und Kleinod bist
auf Erden du, Herr Jesu Christ;
dich will ich lassen walten
und allezeit in Lieb und Leid
in meinem Herzen halten.

Johann Eccard 1598

Bibellese: Markus 2,18-22

Jesus sagte: „Auch füllt niemand neuen Wein, der noch gärt, in alte Schläuche; sonst sprengt der Wein die Schläuche, der Wein ist hin und die Schläuche auch. Nein, neuer Wein gehört in neue Schläuche!" (Vers 22)

Dieser Ausspruch Jesu, den auch Matthäus (Matthäus 9,17) und Lukas (Lukas 5,37) festgehalten haben, ist bei uns zu einer festen Redewendung geworden: „neuer Wein in alten Schläuchen".

Neue Gedanken, Formen und Ideen, echte Innovation eben, brauchen auch einen entsprechend neuen Rahmen, um sich entfalten und entwickeln zu können. Ansonsten wird das Neue durch das Althergebrachte im Keim erstickt. Die letzten Sätze einer sterbenden Gemeinde lauten: „Das haben wir noch nie gemacht!" oder „Das haben wir schon immer so gemacht!"

Wir lieben die Sicherheiten, den gewohnten Ablauf, das Vorhersehbare. Neues macht Angst, bedeutet Unsicherheit und Kontrollverlust. Man weiß nicht, was passiert. Der alte Wein ist immer noch der beste. Da weiß man, was man hat. Der junge Wein – der Federweiße – steigt einem viel zu schnell in den Kopf und vernebelt einem den Blick.

Dennoch haben die Dakota-Indianer recht: „Wenn du entdeckst, dass du ein totes Pferd reitest, steig ab!“ Viele Menschen steigen nicht einfach von dem toten Pferd ab, sondern entwickeln stattdessen Strategien, die dringend erforderlichen Veränderungen sehr erfolgreich zu verhindern. Auch und gerade in unseren Gemeinden wird eher dem alten Wein gehuldigt und der tote Gaul geritten, als dem neuen, spritzigen Wein einen neuen passenden Schlauch zur Verfügung zu stellen und sich ein „neues Pferd“ zu suchen.

Der weit über Bibelliebhaber hinaus bekannte Satz Jesu hat auch in seiner Umkehrung mittlerweile einen festen Platz als Redensart gefunden: „alter Wein in neuen Schläuchen“. Damit soll angezeigt werden, dass uns die alten Ideen als Erneuerung verkauft werden. Beides befriedigt nicht und schafft kein wirkliches und neues Leben: Weder neuer Wein in alten Formen noch alter Wein in neuen Formen. Ein totes Pferd lässt sich nicht reiten. Neues Leben braucht Raum zur Entfaltung und Entwicklung. Dazu braucht es den Mut, auch Wildwuchs und Unbekanntes zuzulassen.

Siegfried Ochs

Zum 11. Januar 2024

Johann Wiehler: Frieden und Eintracht als Ziel

Heute vor 200 Jahren, am 11. Januar 1824, **wurde** der Prediger **Johann Wiehler** in Markusdorf/Kreis Marienburg **geboren.** Zunächst machte er von 1840 bis 1844 eine Tischlerlehre in Elbing/Westpreußen. Ab 1845 wurde er Soldat. In einem Traktat, das er bekam, las er von der Baptistengemeinde in Berlin. Als er das erste Mal dorthin ging, predigte Gottfried Wilhelm Lehmann, einer der Gründerväter des kontinentalen Baptismus. Dabei bekehrte er sich und ließ sich am 24. November 1847 in Berlin taufen. Nach einem Missionskurs in Hamburg wurde er 1850 Prediger der Gemeinde Reetz an der Grenze zwischen Brandenburg und Pommern. Er wirkte dort in großem Segen, unterstützt von seinen Mitarbeitenden. Anschließend ging er für zwanzig Jahre als Prediger in die Gemeinde Bremen.

Er setzte sich in der baptistischen Preußischen Vereinigung und im Baptistenbund ein. Seit 1873 war er einer der „Ordnenden Brüder“. Ihm lag „nichts so sehr am

Herzen ... als der Frieden und die Eintracht im Bunde". Denn durch den „Hamburger Streit" stand der Bund kurz vor einer Spaltung. Es ging darum, ob der Bund dem Konzept des Gründers des kontinentalen Baptismus Johann Gerhard Oncken folgte, von einer Hamburger Gemeinde zentral gelenkt zu werden, oder ob autonome Gemeinden sich zu einem Netzwerk zusammenschließen, wie es sich dann durchsetzte. Auf der Bundeskonferenz 1876 erfolgte der Friedensschluss. Diese Konferenz leitete Johann Wiehler, der als neutral galt. Außerdem hatte er 1874 als Leiter der Ordnenden Brüder in der Preußischen Vereinigung die Anträge mit auf den Weg gebracht, die den Streit beenden sollten. Und er hatte im Vorfeld der Konferenz zwölf getrennte Gemeinden aus der Süd- und Mitteldeutschen Vereinigung bewegt, trotz des Streits Vertreter zu entsenden. Er schrieb ihnen: „da sichere Aussicht vorhanden sei, dass der so heiß ersehnte Friede kommen würde".

Johann Wiehler leitete nach Beendigung des Streits auch die nachfolgenden Bundeskonferenzen von 1879 bis 1891. Bei der Beerdigung von Oncken am 8. Januar 1884 sprach Johann Wiehler als Vorsitzender der Verwaltung des Bundes der deutschen Baptistengemeinden am Grab. Er selbst starb am 29. Oktober 1915 in Bremen.

Nicola Bourdon

12 Freitag JANUAR 2024

✷ 08:23 16:38
☽ 09:42 17:36

Bibellese: Markus 2,23-28

An einem Sabbat ging Jesus durch die Felder. Seine Jünger fingen unterwegs an, Ähren abzureißen und die Körner zu essen. *(Vers 23)*

Kennen sie auch kleinkarierte Zeitgenossen? Menschen, die päpstlicher sind als der Papst und peinlich genau darauf achten, ob sie auch ordentlich den Bürgersteig gefegt haben. Erbsenzähler können richtig anstrengend werden, wenn man ihnen unbeabsichtigt die Vorfahrt nimmt. Als Pastor ist mir so manches pingelige Verhalten begegnet. Da hatte ich nicht die richtige Bibelübersetzung bei der Predigt benutzt. Die Krawatte passte farblich nicht zum Anzug. Bei der Begrüßung hatte ich den Redner vergessen.

Um Haarspalterei geht es auch beim Imbiss der Jesusjünger. Da sorgen ein paar Getreidekörner für mächtig Ärger, wie die weiteren Verse zeigen. Für die frommen Pharisäer war das Abreißen der Ähren eindeutig ein Verstoß gegen das Sabbatgebot, das jegliche Arbeit an diesem Tag untersagte. So kann man es nachlesen im vierten Gebot (2. Mose/Exodus 20,8-11). Allerdings stellt sich schon die Frage, ob man „Ähren abreißen" tatsächlich als Arbeit bezeichnen kann. Aber die Gesetzesausleger bestimmten: Ährenausraufen ist eine „Unterarbeit", eine Teilarbeit des Erntens. Und da Ernten eine Arbeit ist, die am Sabbat streng verboten ist, haben die Jünger Jesu eindeutig den Sabbat entweiht und gebrochen.

Kleinkariert, möchte man sagen. Dabei wollen die Pharisäer doch nur die Gebote ganz genau befolgen. Eine Anekdote soll dies deutlich machen. Ein Christ und ein Rabbiner kamen im Zugabteil ins Gespräch. Nach dem üblichen Austausch über das Woher und Wohin waren beide bald in eine angeregte Unterhaltung vertieft. Gegen Abend, es war Freitag, rüstete sich der Jude zum Aussteigen. Sein Gesprächspartner wusste, dass er noch längst nicht am Ziel seiner Reise war, und wunderte sich. Da erklärte ihm der Rabbiner, dass ihm seine Religion das Reisen am Sabbat verbiete. Der Christ drückte seinen Respekt aus, dass die Juden den Sabbat so gewissenhaft hielten. Doch der Rabbi antwortete: „Nicht wir halten den Sabbat, sondern der Sabbat hält uns." Jesus entgegnet: „Gott hat den Sabbat für den Menschen geschaffen, nicht den Menschen für den Sabbat" (Vers 27).

Siegfried Ochs

13 Samstag JANUAR 2024

✹ 08:22 16:39
☽ 10:08 19:10

Bibellese: Markus 3,1-6

Jesus sah sie zornig der Reihe nach an. Zugleich war er traurig, weil sie so engstirnig und hartherzig waren. Dann sagte er zu dem Mann: „Streck deine Hand aus!" Er streckte sie aus und sie wurde wieder gesund.

(Vers 5)

Sie war krank und gehörte seit vielen Jahren zur Gemeinde. So war es für sie selbstverständlich, dass sie als Christin gemäß Jakobus 5 die Ältesten ihrer Gemeinde um Gebet bat. Dort heißt es: „Wer von euch krank ist, soll die Ältesten der Gemeinde rufen, damit sie für ihn beten und ihn im Namen des Herrn mit Öl salben. Ihr vertrauensvolles Gebet wird den Kranken retten. Der Herr wird die betreffende Person wieder aufrichten und ihr vergeben, wenn sie Schuld auf sich geladen hat" (Vers 14-15). Genau darauf hoffte sie, dass das Gebet der Ältesten ihr helfen und Kraft geben würde. Doch die Ältesten verweigerten ihr das Gebet mit der Begründung: „Das können wir nicht. Uns fehlt dafür der Glaube."

Erschreckend, nicht wahr? Genauso erschreckend wie der lauernde Blick der Pharisäer auf Jesus: Würde er es tatsächlich wagen, am Sabbat einen Kranken zu heilen? Da verweigern Gemeindeleiter einer schwer kranken Frau das Gebet und stoßen sie damit zurück in die Angst und in die Einsamkeit der Krankheit. „Was darf man am Sabbat nach dem Gesetz tun?“, fragt Jesus die Pharisäer: „Gutes oder Böses? Einem Menschen das Leben retten oder ihn umkommen lassen?“ Sie schweigen zum Leid des kranken Mannes und stoßen ihn damit zurück in seine Krankheit und zusätzlich in einen Gewissenskonflikt. Denn es ist ja tatsächlich Sabbat.
Laut Paragraf 323c des Strafgesetzbuches ist es jeder Person zuzumuten, einem anderen Menschen in einer Notsituation zu helfen. Bei unterlassener Hilfeleistung droht eine Freiheitsstrafe bis zu einem Jahr oder eine Geldstrafe. Nun wird kein Ältester wegen Gebetsverweigerung und kein Pharisäer wegen Anschweigen eines Kranken der unterlassenen Hilfeleistung angeklagt oder gar verurteilt. Doch letztlich liegt genau das in beiden Fällen vor. Die Ältesten lassen die kranke Frau allein. Die Pharisäer stoßen den Kranken weg. Den Ältesten fehlt der Glaube. Den Pharisäern geht es ihres Erachtens um den Gehorsam Gott gegenüber. So heilt Jesus zornig und traurig einen Kranken.

Siegfried Ochs

14 Sonntag JANUAR 2024

☀ 08:21 16:41
☽ 10:27 20:42

2. Sonntag nach Epiphanias

Bibellese: Psalm 148
Lobt den Herrn, ihr Männer und Frauen,
Alte und Junge miteinander! *(Vers 12)*

Ich lieb es zu reisen und nehme mir gern
etwas mit, von wohin ich gereist.
Aus Spanien Wein, Schokolade aus Bern,
aus Schottland den edlen Geist.
Doch jedes Mal, wenn ich nach Hause flieg,
erleb ich denselben Verdruss:
Sobald mein Besitz dem Zoll unterliegt,
so raubt mir das jeden Genuss.

Der kräftige Aal schmeckt verzollt nur noch schal
und am Käse, verfeinert mit Kresse,
verlier ich, ist einmal das Zollgeld bezahlt,
augenblicklich das Interesse.
Es klingt vielleicht hart, doch was mein ist, ist mein!
Tut mir leid, wenn ich darauf bestehe.
Und bevor ich in dieser Sach' beigebe klein,
pack ich lieber die Koffer und gehe.

So will auf mein Haus ich gerne verzichten
und leb ab sofort nicht mehr dort.
Stattdessen werd ich mir ein Lager einrichten
im Transitbereich Frankfurt-Airport.
Die Klos muss ich hier nicht selber putzen –
verglichen mit früher echt toll!
Doch freilich, der allergrößte Nutzen:
Hier schulde ich niemandem Zoll.

Bisweilen bekomm ich 'nen Euro geschenkt
und das macht mich jedes Mal krank:
Denn meistens denkt, wer wem anders was schenkt,
der Beschenkte schulde ihm Dank!
Dabei will ich lieber in Armut leben
und Kälte und Hunger erdulden,
als jemals im Leben zuzugeben:
Ich würde wem etwas schulden.

All das, was ich habe und auch was ich bin,
das hab ich selber gemacht!
Ich bin es – nicht meine Eltern, nicht Gott,
der mich bis hierher gebracht!
Verzollen ist schlimm, Lob-Zollen noch schlimmer;
auf beides hofft ihr vergebens!
Ich lobe nur mich und ich bleibe für immer
im Niemandsland des Lebens. *Benjamin Schelwis*

Zum 15. Januar 2024

Hirtenbriefe

Einführung in den 1. und 2. Timotheusbrief und in den Titusbrief

Diese drei Briefe werden unter dem Begriff Pastoralbriefe zusammengefasst. Ihnen ist gemeinsam, dass sie sich an Mitarbeiter des Paulus wenden, die von ihm Anweisungen für ihren Hirtendienst und seelsorglichen Zuspruch empfangen. Sie sind vergleichbar in Stil und Sprache, sie beziehen sich auf ähnliche Gemeindesituationen und haben ähnliche Gegner im Visier. Die meisten Ausleger bestreiten eine Verfasserschaft des Paulus. Aber dafür liegen für mich keine zwingenden Gründe vor. Vermutlich hat Paulus die Briefe in der Zeit geschrieben, die nach den in der Apostelgeschichte geschilderten Ereignissen liegt.

Der 1. Timotheusbrief richtet sich an Timotheus, den Paulus in Ephesus zurückgelassenen hatte, damit er dort dafür sorgt, dass bestimmte Leute keine falschen Lehren verbreiten (1,3). Timotheus wird an diesen Auftrag erinnert. Darüber hinaus erhält er Anweisungen, die das Gemeindeleben regeln sollen, etwa die zur Gestaltung von Gottesdiensten und zur Berufung von leitenden Mitarbeitern. Manches ist wohl zeitbedingt zu verstehen, aber universal gilt: „Gott will, dass alle Menschen zur Erkenntnis der Wahrheit kommen und gerettet werden" (2,4).

Der 2. Brief an Timotheus hat einen anderen Charakter als der erste. Er gehört zu den Gefangenschaftsbriefen (1,8) und Paulus hat seinen Tod vor Augen (4,6-8). Deshalb möchte er Timotheus gern noch einmal sehen (1,4), und zwar noch vor Einbruch des Winters (4,9.21). Überdies werden in dem Brief rund 30 Personen genannt, die zu Paulus entweder in positiver oder auch in negativer Beziehung stehen. Missionsarbeit gelingt nicht, wenn man allein auf sich gestellt ist, sondern nur mit einem Netz von Beziehungen. Der Brief enthält keine Anweisungen für das Gemeindeleben, sondern es ist ein seelsorgliches und persönliches Schreiben. Timotheus wird ermahnt, bei dem zu bleiben, was er gelernt und worauf er sein Vertrauen gesetzt hat: seine Lehrer und die Heilige Schrift (3,14-15).

Der Brief an Titus geht nach Kreta und ist das älteste Zeugnis für frühes Christentum auf dieser Mittelmeerinsel. Paulus hat Titus dort zurückgelassen, damit dieser in den christlichen Gemeinden Älteste einsetzt, wozu Paulus selbst nicht mehr gekommen ist (1,5). Inhaltlich ähnelt er 1Tim, nur ist alles kürzer und weniger persönlich formuliert. Die Gemeinde soll sich darum bemühen, das Gute zu tun, weil dies allen Menschen nützt (3,8), denn die offenbar gewordene rettende Gnade Gottes gilt ja allen Menschen (2,11). *Hans-Werner Kube*

15 Montag JANUAR 2024

☀ 08:21 16:42
☽ 10:42 22:09

Bibellese: 1.Timotheus 1,1-11

Jede Unterweisung der Gemeinde muss zur Liebe hinführen, die aus einem reinen Herzen, einem guten Gewissen und einem aufrichtigen Glauben kommt.

(Vers 5)

So selbstverständlich dieser Satz ist – und ich denke, alle Glaubenden könnten ihm genau so zustimmen –, so schön ist dieser Satz für mich auch. Ich stelle mir die Gemeinde vor, in der so gelebt wird. Da gibt es nicht nur eine Person, die alle anderen im Glauben unterweist, sondern da gibt es viele Glaubensvorbilder, Menschen, die im Glauben gereift sind. In dieser Gemeinde gibt es solche, die auf dem Weg sind, mal klarer, mal holpriger. Und es gibt auch Suchende, die noch nicht wissen, ob der christliche Glaube etwas für sie ist. Alle sind miteinander im Gespräch. Es gibt nicht nur eine Meinung und eine Denkrichtung. Fragen, Zweifel und Unsicherheiten werden gehört und aufgegriffen. Und miteinander überlegen alle, was denn in dieser Frage oder in

dieser Situation der Liebe gemäß ist. Also, was baut gleichzeitig die Einzelnen, die Gemeinde und die Gesellschaft auf.
Es ist nicht leicht, dabei zu allgemein anerkannten Ergebnissen zu kommen, aber es ist lohnend, sich auf den Weg zu machen. Denn mit der Frage nach der Liebe und einem entsprechenden Handeln und dem gemeinsamen Suchen nach Antworten zeigt sich, dass die Beteiligten ihren Glauben ernst nehmen. Sie wollen mit dem ihnen geschenkten reinen Herzen so leben, dass sie ein gutes Gewissen haben können.
Es soll Gemeinden geben, in denen schon sehr viel davon umgesetzt und gelebt wird. Und wo dies nicht der Fall ist, haben wir miteinander ein erstrebenswertes Ziel. An unserer Liebe sollen wir Christen erkannt werden. Nur, was „der Liebe gemäß" ist, kann nicht eine Person für alle festlegen, sondern das müssen wir immer wieder neu miteinander klären. Solche intensiven Gespräche wünsche ich uns in den Gemeinden. *Holger Meyer*

---

11 Gestern begann die Allianzgebetswoche. Sie geht noch bis zum kommenden Sonntag.

16 Dienstag JANUAR 2024

☀ 08:20 16:44
☽ 10:56 23:35

Bibellese: 1. Timotheus 1,12-20

Es ist ein wahres Wort und verdient volles Vertrauen: Jesus Christus ist in die Welt gekommen, um die Sünder zu retten. Unter ihnen bin ich selbst der Schlimmste.

(Vers 15)

Gestern ging es um die Liebe und heute geht es darum, was von Gott her die Konsequenz aus dieser Liebe ist: Gott kommt in Jesus Christus als Mensch in diese Welt, um alle von Gott getrennten Menschen wieder in die Gemeinschaft mit Gott zurückzubringen. Aus Liebe lässt Gott die Menschen nicht in ihrer selbstverschuldeten Situation, sondern setzt alles daran, eine neue Beziehung zu jedem und jeder Einzelnen aufzubauen.

Und weil die Liebe und daraus folgend die Rettung Gottes in Jesus Christus wirklich jedem Menschen gilt, darum erinnert der Brief an die Lebensgeschichte des Paulus: Paulus hat Christen verfolgt. Das ist das Schlimmste, so der Brief. Das ist die größte Entfernung von Gott. Paulus war einer, der

Christen nachgestellt und sie hat umbringen lassen. Und selbst so einen Menschen kann Gottes Liebe verändern. Selbst so ein Mensch kann durch Jesus Christus gerettet werden. Darum ist Paulus das Beispiel und auch das Vorbild dafür, dass alle Menschen durch Jesus Christus gerettet werden können.
Am Anfang steht die Liebe Gottes, die zur Rettung der Menschen führt. Die Folge der Rettung durch Jesus Christus ist wiederum Liebe. Denn die geretteten Menschen wollen die von ihnen erfahrene und ihnen geschenkte Liebe ja nicht für sich behalten, sondern weitergeben.
So gesehen ging es heute um die Theologie, die Grundlage für das ist, worum es gestern ging: Die gemeinsame Suche nach dem, was der Liebe gemäß ist.

Holger Meyer

Danke, Gott, deine Liebe ist immer größer als alles,
was ich falsch machen kann.
Danke, Jesus Christus, du hast mich gerettet und
begegnest mir als Bruder.
Danke, Heiliger Geist, du hilfst mir, die erfahrene
Liebe zu leben und weiterzugeben.

Holger Meyer

Bibellese: 1. Timotheus 2,1-7

Betet für die Regierenden und für alle, die Gewalt haben, damit wir in Ruhe und Frieden leben können, in Ehrfurcht vor Gott und in Rechtschaffenheit. (Vers 2)

Eigentlich ist es ein unglaubliches Privileg, dass wir immer und für alles beten dürfen. Wir dürfen zu jeder Zeit, in jedem Dialekt und mit jedem Thema zu Gott kommen.

Also, meine Gebete schöpfen dieses Angebot und diese Möglichkeit bei weitem nicht aus. Darum tut es mir gut, wenn ich immer wieder auf verschiedene Themen hingewiesen werde, die ich auch in meine Gebete mit aufnehmen kann.

Mir fällt dazu meine Großmutter ein. Sie hat ihre Stille Zeit nicht nur mit Bibel und Bibellese, sondern immer auch mit der Tageszeitung gemacht. Also das Gebet für die Regierenden, die in der Tageszeitung doch häufiger erwähnt werden, gehörte für sie selbstverständlich dazu. Und in der Zeitung werden auch immer wieder Themen aufgegriffen, die man noch nie gehört oder schon längst wieder vergessen hat. Auch das sind jeweils Anregungen fürs Gebet. Dass das Gebet für Ruhe und Frieden keine Floskel ist, erlebten wir im Jahr 2022 wieder einmal sehr schmerzhaft. Der Krieg in der Ukraine lässt sich schlechter verdrängen als andere Kriege. Obwohl auch aus anderen Kriegen immer Geflüchtete zu uns kommen und Deutschland nach wie vor Waffen liefert. Das Gebet für Frieden ist wichtig, für die Regierenden, die Entscheidenden, die Finanzierenden und alle, die irgendwie ihre Finger mit im Spiel haben. Ich bete aber auch für alle Opfer, für alle Leidtragenden, für alle Sterbenden und Hinterbliebenen, für alle Verwundeten an Leib und Seele. Ich bete für alle Helfenden, für alle, die dazwischengehen, die Perspektiven und Auswege aufzeigen, für alle Lichtblicke und Rettung im Kleinen wie im Großen. Und ich bete für mich, gerade wenn es darum geht, mit anderen friedlich zusammenzuleben: „Gott, fange bei mir an."

Holger Meyer

♫ Beschirm die Obrigkeiten,
richt auf des Rechtes Thron,
steh treulich uns zur Seiten; ...

Paul Gerhardt 1653
Aus: Zieh ein zu deinen Toren

18 Donnerstag JANUAR 2024

✷ 08:18 16:47
☽ 11:22 00:59

Bibellese: 1. Timotheus 2,8-15

Paulus schreibt: Ich will, dass überall in den Gottesdiensten die Männer reine Hände zu Gott erheben, im Herzen frei von Zorn oder Streitsucht. *(Vers 8)*

Männer sollen also die Hände heben im Gottesdienst, beim Gebet und beim Lobpreis, sagt Paulus. Auch bei den Liedern für Kinder, die mit Bewegungen gesungen werden? Was denken die Leser darüber? Tun Sie das? Je nach persönlichem Empfinden und gemeindlicher Tradition gibt es gefühlte Widerstände. Und es so nicht zu tun, ist das dann geistlicher Ungehorsam? Hier deuten sich spannende Fragen an.

Paulus schrieb diesen Brief an Timotheus mit Blick auf die konkrete Situation in Ephesus. Er spricht Spannungsfelder an, theologische Auseinandersetzungen mit Irrlehren, der sogenannten „Gnosis". Er spricht über den Verhaltenskodex von Männern und Frauen, über das Gebet für die Herrschenden und das Verhalten der Gemeindeverantwortlichen.

Es liegt nahe, dass in Ephesus damals bei manchen Themen die Gefühle auch hochkochten und Streit in der Luft lag.
Was ist Paulus dabei besonders wichtig? Wohl nicht das Händeheben, aber die Gesinnung in den Herzen, frei von Zorn und Streitsucht. Die Herzenshaltung, in der die Männer – und sicher auch die Frauen – vor Gott treten sollen, ist entscheidend. Nicht das Besserwissen macht besser, sondern die Demut, mit der alle anerkennen, dass nur einer rein und vollkommen und weise ist. Diese Haltung der Herzen ist auch heutzutage angebracht, auch angesichts der Themen, die Paulus in diesem Abschnitt noch gemäß seiner Erkenntnis anspricht und mit denen manche von uns etwas anders umgehen. „Herzen frei von Zorn und Streitsucht" ist der Kern, um den es geht.

Gerhard Mosner

Ein Christ ist ein solcher Mensch, der gar keinen Hass noch Feindschaft wider jemand weiß, keinen Zorn noch Rache in seinem Herzen hat, sondern eitel Liebe, Sanftmut und Wohltat.

Martin Luther (1483-1546), deutscher Reformator

19 Freitag JANUAR 2024

☀ 08:17 16:49
☽ 11:39 02:22

Bibellese: 1. Timotheus 3,1-13

Der Gemeindeleiter soll ein Mann sein, an dem es nichts auszusetzen gibt. *(Vers 2)*

Paulus spricht die christlichen Leiter an, ob sie sich nun Bischof, Pastor, Älteste, Diakone oder wie auch immer nennen. Auf sie wird geschaut. Ihr Verhalten wird beurteilt; ihr Charakter bewertet. Das ist normal und verständlich, nicht nur im christlichen Bereich. Von Leitern und Leiterinnen wird erwartet, dass sie sich einwandfrei verhalten und damit gute Vorbilder sind. In Klammern gesagt: Ob es richtig ist, sie strenger zu beurteilen als andere Gläubige, kann man diskutieren. Jedenfalls bringt ihre Position eine größere Reichweite und Aufmerksamkeit mit sich. An den Leitern wird die ganze Gemeinschaft gemessen.

Die Gefahr ist auch, so sagt Paulus, dass Leiter gefährdeter sind, in „Teufelsfallen“ zu geraten. In den letzten Jahren wird viel über christliche Leiter geredet und geschrieben. Und es heißt, dass „Geld,

Macht und Sex" eine gefährliche und verführerische Rolle dabei spielen – nicht zu vergessen den möglichen Hochmut der Erfolgreichen.
Wie soll man also mit diesem Thema umgehen? Es kann nicht darum gehen, Leiter und Leitung kleinzureden und kleinzuhalten. Es braucht befähigte, charismatische Leiter und Leiterinnen, die sehen, was von Gott her dran ist und die führen können. Darin liegen große Chancen der Gemeindeentwicklung. Gleichzeitig muss allen, Leitern wie dem „Gemeindevolk", bewusst sein, wo die Gefahren lauern, und man sollte transparent mit möglichen Schwierigkeiten umgehen. Leiter brauchen vertrauenswürdige, weitsichtige Menschen an ihrer Seite, Männer und Frauen, die ihre Arbeit kritisch begleiten und raten können. Und es braucht die Beter, die für die Leiter eintreten, dass diese bewahrt werden und der Herr ihnen Geist, Weisheit und Demut schenkt.

Gerhard Mosner

Nur wenige Führungskräfte sehen ein, dass sie letztlich nur eine einzige Person führen können und auch müssen, und diese Person sind sie selbst.

Peter Drucker (1909-2005), Ökonom und Managementautor

Zum 19. Januar 2024

Meine Waffe war das Lied

Heute vor 150 Jahren, am 19. Januar 1874, **starb** der Hochschullehrer und Dichter der deutschen Nationalhymne, **August Heinrich Hoffmann von Fallersleben.** 1798 in Fallersleben, Kurfürstentum Braunschweig-Lüneburg geboren, verbrachte er dort seine Kindheit und Jugend. Nach Studien der Theologie, Geschichte und Germanistik wurde er 1821 Bibliothekar in der umfangreichen Privatbibliothek des Freiherrn Meusebach. Dort schloss Hoffmann Freundschaft mit Friedrich Carl von Savigny, Georg Friedrich Hegel, Adelbert von Chamisso und Ludwig Uhland. 1823 wurde Hoffmann zum Kustos der Universitätsbibliothek Breslau und später zum Professor für deutsche Sprache und Literatur berufen. 1840 erschien seine Gedichtsammlung: „Unpolitische Lieder", die alles andere als unpolitisch waren. Während eines Aufenthalts auf der Badeinsel Helgoland, damals britische Kronkolonie, verfasste er am 26. August 1841 das Lied der Deutschen, das am 5. Oktober desselben Jahres erstmals öffentlich in Hamburg gesungen wurde. Wegen seines Eintretens für ein einheitliches Deutschland und seiner liberalen

Haltung wurde Hoffmann 1842 von der preußischen Regierung pensionslos seiner Professur enthoben. Seine Werke machten Hoffmann von Fallersleben auf einen Schlag berühmt, kosteten ihn aber die berufliche Karriere. Er irrte quer durch Deutschland, wurde aber von politischen Freunden aufgenommen. Für längere Zeit erhielt er Unterschlupf auf einem mecklenburgischen Rittergut, wo er als Kuhhirte deklariert wurde. In der Abgeschiedenheit des Landlebens entstanden seine schönsten Kinderlieder. „Alle Vögel sind schon da", „Ein Männlein steht im Walde", „Morgen kommt der Weihnachtsmann", „Summ, summ, summ" oder „Kuckuck, Kuckuck, ruft's aus dem Wald", sind bis heute in zahlreichen Liederbüchern enthalten. Seine Freude an Jesus und seine Hilfe in schweren Zeiten drückt er in der zweiten Strophe des Gesangbuchliedes „Schönster Herr Jesu" aus: „Schön sind die Felder, schöner sind die Wälder in der schönen Frühlingszeit; Jesus ist schöner, Jesus ist reiner, der unser traurig Herz erfreut."

Nach der Märzrevolution 1848 konnte Hoffmann rehabilitiert ins Rheinland zurückkehren. Er heiratete seine 18-jährige Nichte Ida. Das Paar hatte vier Kinder, von denen nur ein Sohn überlebte. Er lebte mit seiner Familie bis zu seinem Tod 1874 in Corvey, wo er die Fürstliche Bibliothek betreute. Von seinem „Lied der Deutschen" wird noch heute die dritte Strophe als deutsche Nationalhymne gesungen.

Ute Armbruster-Stephan

20 Samstag JANUAR 2024

☀ 08:16 16:50
☽ 12:00 03:46

Bibellese: 1. Timotheus 3,14-16
Paulus schreibt: Für den Fall, dass mein Kommen sich hinauszögert, sagt dir dieser Brief, wie wir uns in Gottes Hausgemeinschaft verhalten sollen. *(Vers 15)*

Es gibt Doku-Soaps im Fernsehen, in denen einander vorher Fremde in einer Wohngemeinschaft leben müssen und ein Kamerateam mit Regisseur ihr Verhalten beobachtet. Alle Höhen und Tiefen menschlichen Zusammenlebens werden darin für die Zuschauenden sichtbar.
Paulus stand beim Schreiben des obigen Verses sicher auch das Bild der griechischen oder römischen Tempel vor Augen, in denen ein Bildnis, die Statue eines toten Götzen, steht und angebetet wird. Aber Gottes Gemeinde ist anders. Zunächst richtet sich Paulus mit den obigen Worten an Timotheus. Er ist der vertrauteste seiner Mitarbeiter. Aber durch das „Wir" spricht er jedes Mitglied einer Ortsgemeinde an. Christen versammeln sich in Kirchen- und Gemeindehäusern. Die Christen bilden in diesen

Räumen auch eine lebenslange Hausgemeinschaft oder Wohngemeinschaft. Aber nicht nur äußerlich in den Räumen, sondern mit Hausgemeinschaft kann auch das innere Zusammenleben wie in einer Familie gemeint sein. Hier schaut Gott aber nicht von oben auf die Christen herab oder von außen auf das Treiben im Innern, sondern er lebt, wirkt und arbeitet mitten unter ihnen, durch die Gegenwart seines Geistes. Die Christen leben miteinander als Familienmitglieder und mit dem auferstandenen und lebendigen Gott in einem Haus. Das ändert das eigene Verhalten. Wenn Gott mein Hausgenosse ist, kann ich nicht einfach nach den Maßstäben der Gesellschaft leben. Ich richte mich eher aus nach Gott, seinem Wort und seinem Vorbild im Leben von Jesus Christus. Ich suche seine Nähe und Beziehung durch tägliche Gespräche, Gebete. Für alle Handlungen im Alltag weiß ich Gott an meiner Seite.
Dadurch ist die Gemeinde kein normales Haus oder keine normale Wohngemeinschaft. Sie strahlt durch ihre Mitglieder Liebe, Glauben, Frieden und Hoffnung aus. Sie weist auf Gott in dieser Welt hin. Natürlich ist keine Gemeinde und kein menschliches Zusammenleben perfekt, aber sie rückt mit Gottes Hilfe die Menschen und Gott ein Stück näher zueinander.

Nicola Bourdon

21 Sonntag JANUAR 2024

☀ 08:15 16:52
☽ 12:29 05:06

Septuagesimä (70 Tage vor Ostern)

Bibellese: Psalm 86

Herr, auf dich richte ich mein Herz und meinen Sinn; erfülle mich doch wieder mit Freude! (Vers 4)

Ein sehr verzweifelter, bedrückter Psalmbeter begegnet uns hier! Ganz unten sieht er sich, in der tiefsten Tiefe, im Totenreich! Da, wo kein Leben und kein Licht mehr ist. Er, der sich doch als Diener Gottes versteht, fühlt sich einfach nur einsam und verlassen – von Gott und der Welt.

Es gibt solche Situationen, in denen kein Ausweg mehr sichtbar ist, kein Licht am Ende des Tunnels. Zeiten, in denen alles düster ist und dunkel und wo man vielleicht schon morgens aufwacht und sich nur elend fühlt. Wohin dann mit aller Angst und allen Sorgen? Ist da wer? – David vertraut darauf, dass da wer ist. Und er richtet seine Antennen zu Gott hin aus. Gerade zu dem Gott hin, der ihm im Augenblick so weit weg scheint. Aber er ist da, davon ist David überzeugt und richtet seine Antennen aus: sein Herz und seinen Sinn. Das Herz, das so unruhig ist, und die Gedanken, die gerade nur im Kreis herumgehen. Es hilft, sich in solchen Situationen ganz bewusst auf Gott auszurichten: „Ich vertraue darauf, dass du jetzt bei mir bist. Näher als ich mir selbst bin." Dann will ich gespannt sein, was geschieht. Wie Gott mir begegnet: ob es ein Wort ist, das mich trifft, ein guter Gedanke, der mir weiterhilft. Ob es einfach nur mein Atem ist, der mir hilft, zur Ruhe zu kommen, oder ein lieber Mensch, der mir sagt: „Hey, so alleine bist du doch gar nicht!" Und am Ende ist sie dann auf einmal da: die Freude! Unverhofft und geschenkt von Gott.

Christina Henzler

♫ Nun danket alle Gott mit Herzen, Mund und Händen,
der große Dinge tut an uns und allen Enden,
der uns von Mutterleib und Kindesbeinen an
unzählig viel zugut bis hierher hat getan.

Der ewigreiche Gott woll uns bei unserm Leben
ein immer fröhlich Herz und edlen Frieden geben
und uns in seiner Gnad erhalten fort und fort
und uns aus aller Not erlösen hier und dort.

Martin Rinckart um 1630

22 Montag JANUAR 2024

✹ 08:14 16:54
☽ 13:09 06:20

Bibellese: 1. Timotheus 4,1-11

Sich im Gehorsam gegen Gott zu üben ist für alles gut; denn es bringt Gottes Segen für dieses und für das zukünftige Leben. *(Vers 8)*

Im Satz vorher heißt es: „Sich in körperlichen Entbehrungen zu üben bringt nur wenig Nutzen." Viele religiöse Menschen in allen Religionen fasten. Ihr Wunsch dabei ist es, der Gottheit näherzukommen. Sie möchten durch das Fasten oder Kasteien in einen Zustand kommen, in dem man das Göttliche eher wahrnehmen kann. Ihr Ziel: glücklich in der Einheit mit Gott werden. Daran ist nichts Falsches. Es kann helfen. Es ist ein Weg, das Göttliche, das Wahre zu erfahren. Aber bei körperlichen Entbehrungen geht es auch um die eigene Leistung. Es geht auch darum, auf das Geleistete und sich stolz zu sein. Das rückt den Blick weg von Gott auf die eigene Person. Sie übt Macht über ihren Körper aus.

Paulus ist der Gehorsam Gott gegenüber wichtiger. Er bringt Segen, macht glücklich. Gehorsam Gottes

Willen zu erkennen und zu tun, kann ganz unterschiedlich aussehen. Der Gehorsam bleibt, aber die Konsequenzen daraus können sich während der eigenen Lebenszeit auch ändern. Hier geht die Macht von Gott aus. Ich ordne mich lebenslang seinem guten Willen für mich und die Welt unter. Denn er ist Liebe, Licht, Hoffnung, Wahrheit und Frieden. Diese Eigenschaften fließen im Gehorsam von Gott durch mich in die Welt, zu den anderen Menschen. Das erfüllt zuerst mich selbst mit Segen und Glück, dann die Menschen um mich herum, danach meine Umwelt und zuletzt überwinde ich den eigenen Tod. Denn Gott schenkt mir ewiges Leben in seiner Gegenwart. Wer mit Hingabe Gott dient, ist in Gegenwart und Zukunft glücklich, also gesegnet.

Nicola Bourdon

---

11 Gestern endete die Allianzgebetswoche. Sie wird deutschlandweit an über 900 Orten durchgeführt mit rund 300.000 Betenden. Gemeinsam beten ist ein Baustein, um Gottes Willen zu erkennen und ihn zu leben. In der Deutschen Evangelischen Allianz engagieren sich Christen aus Landes- und Freikirchen, christlichen Gruppen und Werken.

Nicola Bourdon

23 Dienstag JANUAR 2024

☀ 08:13 16:55
☽ 14:02 07:21

Bibellese: 1. Timotheus 4,12-5,2

Vernachlässige nicht die Gabe, die Gott dir geschenkt hat. (Vers 14)

Wir bekommen einen spannenden Einblick in das Verhältnis des geistlichen Vaters Paulus zu seinem Schüler Timotheus. Nach einem mehrjährigen Weg der Entwicklung hat Paulus nun Timotheus nach Ephesus geschickt, um die Gemeinde in eine gute Spur zu bringen und darin zu halten. Herausforderungen gibt es genug für den jungen, teils noch unerfahrenen Leiter. Paulus hat ein Auge auf ihn. Er fördert ihn, indem er ihn ermutigt und herausfordert. Zu den Entwicklungsfeldern gehört, dass Timotheus eine Gabe, die er durch Handauflegung empfangen hat, auch nutzt und weiterentwickelt. Es wird nicht ausdrücklich gesagt, welche das ist. Man kann sich manches denken.

Zunächst wird hier deutlich, wie wertvoll Mentoren, Männer und Frauen, für ihre Schüler sind. Überlegungen für uns heute sind: Wen kann ich mit meiner

Erfahrung unterstützen durch Rat und Ermutigung? Und von wem kann ich etwas aktiv lernen?
Des Weiteren: Es ist so wichtig, Gaben zu nutzen und zu entfalten. Manche jungen Leute wissen schon früh, wo ihre Begabungen liegen. Andere sind noch unsicher darüber. Aber das Fragen danach, was Gott mir an natürlichen oder besonderen Gaben gegeben hat, ist für die Mitarbeit in Gemeinde und Reich Gottes enorm wichtig. Viele der Gaben sind wie kleine Pflanzen. Sie müssen gepflegt und entwickelt werden, bis gute Früchte wachsen. Dazu braucht es ein waches Bewusstsein der eigenen Möglichkeiten, die Gott geschenkt hat, und die Bereitschaft, sie zu trainieren und einzusetzen. Ich gehe davon aus, dass Timotheus das getan hat und zum Segen für die ihm anvertraute Gemeinde wurde. Als Begabte können Sie ebenso ein Segen sein und werden.

Gerhard Mosner

Nur in dem Maße, wie Sie sich Gott im Gebet wirklich öffnen, können Sie neue geistliche Entdeckungen erwarten. Ich habe die Erfahrung gemacht, dass für unzählige Christen das Entdecken ihrer Gaben zu einem Schlüsselerlebnis in ihrer geistlichen Biografie geworden ist.

Christian A. Schwarz (1960),*
deutscher evangelischer Theologe, Referent und Publizist

24 Mittwoch JANUAR 2024

☀ 08:11 16:57
☽ 15:08 08:07

Bibellese: 1. Timotheus 5,3-16

Eine Witwe, die keine Angehörigen hat und ganz allein steht, setzt ihre Hoffnung einzig auf Gott und hört nicht auf, Tag und Nacht zu ihm zu beten. *(Vers 5)*

Was stellen Sie sich unter einer Witwe vor: Vielleicht denken Sie an eine alte Frau in schwarzer Kleidung, vielleicht mit Kopftuch, die, auf einen Stock gestützt, über die Dorfstraße läuft. Solch ein Bild hatte Paulus vermutlich nicht vor Augen. In Ephesus gab es offenbar viele Witwen, die in Kontakt zur christlichen Gemeinde standen. Ihre Lebenssituationen unterschieden sich aber. Manche waren alt, manche noch jung; manche arm, andere hatten ihr ordentliches oder gutes Auskommen; einige hatten Kinder, andere nicht; und einige waren bekannt für ihre hilfsbereite, fromme Art, andere eher für ein lockeres Leben. Eine Sozialversicherung gab es nicht und gemäß gutem jüdischem Brauch sahen sich auch die christlichen Gemeinden in der Pflicht, die Witwen zu unterstützen, die arm waren.

Aber für wen galt das? Welche Frau war als eine „richtige Witwe" aus Sicht der Gemeinde zu betrachten und sollte entsprechend gewürdigt und unterstützt werden? Paulus gibt Timotheus Kriterien an die Hand, wer als „Gemeindewitwe" anzuerkennen ist. Dabei ging es auch um einen gegenseitigen Dienst. Die Gemeinde unterstützt arme Witwen, und diese wiederum verpflichten sich zur Hingabe an Christus, setzen sich barmherzig für andere ein und beten intensiv für die Gemeinde. Sie tun das im Vertrauen auf Gott, dass er sie versorgt. Zu den Kriterien gehören auch das Alter von 60 Jahren und ein guter Ruf in der Gemeinde als gute Mutter sowie als hilfsbereite Frau mit einer vorbildlichen geistlichen Haltung.
Wir kennen heute einen solchen Status von Gemeindewitwen nicht, weil unsere Verhältnisse anders sind. Dennoch kann man etwas lernen: Zum einen, dass es eine Wechselwirkung zwischen dem Privatleben und dem Gemeindeleben gibt. Wo Menschen geistlich verantwortlich leben, ist das für sie und für die Gemeinde ein Segen. Zum anderen kann man überlegen, welchen Stellenwert Witwen und andere Singles in der Gemeinde haben. Gibt es hinreichend Aufmerksamkeit, Respekt und Zusammenspiel in Gebet und gegenseitiger Unterstützung?

Gerhard Mosner

25 Donnerstag JANUAR 2024

✹ 08:10 16:59
☽ 16:20 08:40

Bibellese 1. Timotheus 5,17-25

Die Sünden mancher Menschen sind so offenkundig, dass sie ihnen gleichsam zum Gericht Gottes vorauslaufen; bei anderen sind sie schwerer zu erkennen – sie laufen ihnen dann eben hinterher. *(Vers 24)*

Es ist doch immer wieder schön, wenn man sich über andere Menschen ein wenig aufregen kann. Es sind die anderen, die irgendetwas nicht so machen, wie sie es machen sollten. Sie brechen die Regeln, liegen daneben oder, mit der Sprache der Bibel, sie sündigen. Schön, wenn ich von meinem Standpunkt aus solches beobachte. Vor manchen Menschen: nichts als Sünde! Und hinter ihnen auch. Vorn das Offensichtliche. Und hintenherum das Verborgene. Wenn Gott aber Gericht hält, so die Überzeugung vieler Schriften im Neuen Testament, wird auch das Verborgene sichtbar. Wie denn auch sonst! Aber Vorsicht! Das gilt dann natürlich immer auch für mich selbst. Jesus würde sagen: zuerst für mich selbst. Die vielen Balken vor meinen Augen, denen soll ich ins Auge sehen. Die Schatten, die mir folgen, um sie soll ich wissen. Interessant, dass im heutigen Text zu lesen ist, dass genau das nicht nur für die sogenannten Sünden, sondern auch für unsere guten Werke gilt. Einige sind schon jetzt zu sehen, viele werden erst offenbar und sind jetzt noch verborgen. Genau das dürfen wir dann auch den anderen Menschen unterstellen: sichtbare und noch verborgene gute Werke. Dann können wir uns zwar nicht mehr so schön über sie aufregen, aber wir könnten in interessante und entspannte Gespräche mit ihnen geraten. Zum Beispiel über das, was bei ihnen und uns gut und was böse ist. Noch interessanter aber ist die Idee von der „vorlaufenden Gnade“, die John Wesley, der Vater der methodistischen Bewegung, geprägt hat: Gottes Gnade ist uns immer schon einen Schritt voraus, egal, was wir tun. Sie läuft also noch vor unseren Sünden und noch vor unseren guten Werken vor uns her. Wie tröstlich!

Christhard Rüdiger

Was Gott tut, weiß ich jetzt nicht;
es genügt, dass ich es nachher wissen werde.
Jetzt sollen wir lieben und gehorchen.
Das Wissen ist für die Ewigkeit reserviert.

John Wesley (1703-1791), Gründer der methodistischen Kirche

26 Freitag JANUAR 2024

✹ 08:09 17:00
☽ 17:35 09:03

Bibellese: 1. Timotheus 6,1-10

Denn Geldgier ist die Wurzel alles Bösen. Manche sind ihr so verfallen, dass sie vom Glauben abgeirrt sind und sich selbst viele Qualen bereiteten. *(Vers 10)*

Was will man dazu noch vertiefend oder erläuternd sagen? Amen, ja, so ist es. Die Geldgier ist die Wurzel allen Übels. Mit dem Satz Jesu, dass wir nicht zwei Herren dienen können, sind die meisten von uns frommen Lesern groß geworden. Also könnten wir es bei einem zustimmenden Nicken belassen und uns auf den morgigen Text samt Auslegung freuen. Oder aber, wir schauen genauer hin. Wo fängt sie denn an, die Geldgier? Und wo endet sie? Geht es schon mit der Freude über ein unverhofftes Geldgeschenk los? Ein Erbe vielleicht, irgendetwas, was uns zufällt? Mit einer Gehaltserhöhung, einer Geschäftsidee, die einschlägt, einem Kunden, der mehr zahlt als bisher, weil wir uns darum gemüht haben? Und Sparsamkeit, ist das vielleicht auch nur eine Variante von Gier? Aber auch das können wir uns fragen:

Vor wie viel Leid sind wir bewahrt worden, weil wir in unserem Leben nicht das Geldmachen zu unserem obersten Lebensinhalt erklärt haben? Mag sein, uns fehlten einfach die Voraussetzungen dazu, mag sein, es war unsere bewusste Entscheidung. Und eine letzte Frage: Gibt es auch Heilmittel gegen dieses Übel? Was wäre das alles? Viele von uns verstehen ihr ganzes Leben als Geschenk Gottes. Wo alles Geschenk ist, verliert Geld seinen Wert. Manche von uns, nicht mehr viele, aber es gibt sie noch, pflegen die Tradition des Zehnten-Gebens. Ein Zehntel des Einkommens für Gott. Das heißt in den meisten Fällen: für sein Werk, für meine Gemeinde, die Arbeit der Kirchen. Freiwillig einen solchen Betrag loslassen zu können, dem Sog zu widerstehen, was man selbst damit alles machen könnte, das könnte einer der möglichen Anti-Gier-Tests sein. Atmen wir mal wieder richtig durch, befreit und froh, angesichts von so viel Freiheit von so viel möglichen Qualen!

Christhard Rüdiger

Erwirb, so viel du kannst. Spare, so viel du kannst. Gib, so viel du kannst.

John Wesley (1703-1791), Gründer der methodistischen Kirche

27 Samstag JANUAR 2024

✹ 08:08 17:02
☽ 18:48 09:21

Bibellese: 1. Timotheus 6,11-21

Jage der Gerechtigkeit nach, der Gottesfurcht, dem Glauben, der Liebe, der Geduld und der Freundlichkeit! *(Vers 11)*

Glauben heißt kämpfen, so steht es in meiner Bibelübersetzung über diesem Abschnitt. Kämpfen, ein Wort, das wir nicht allzu oft und wenn, dann oft im negativen Zusammenhang, erwähnen. Positiv daran ist die Bewegung, die zielgerichtete Anstrengung. Ich denke an einen Sportler. Geschmeidige Flexibilität lässt ihn Hindernissen oder Angriffen ausweichen. Einen Kämpfer in solcher Bewegung anzuschauen, kann beeindruckend schön sein. Hohe Konzentration wird in körperlicher Aktion sichtbar. Nichts geschieht zufällig, Standardsituationen wechseln sich ab mit genialer Improvisationskunst. Alle Bewegungsabläufe sind optimiert. Wenn nur der Sieg errungen wird, das Ziel erreicht. So glauben wir. So zielgerichtet. Und könnten zu den angeführten Bewegungen – Gerechtigkeit,

Gottesfurcht, Glauben, Liebe, Geduld und Freundlichkeit – noch viele weitere einführen. So glauben wir. Damit ist klar: Glaube ist nichts Statisches. Es gibt keinen Standpunkt im Glauben. Allenfalls einen Zwischenstand. Aber schon geht es weiter. Glaube ist auch nichts Hektisches, immer Neues oder Anderes. Er ist eine Bewegung, in die wir eintreten. Ein dynamischer Kraftstrom, in den wir eintauchen, der uns trägt und den wir zugleich gestalten. Dieser Strom war schon vor uns da und wird noch da sein, wenn es uns hier nicht mehr gibt. Er prägt und verändert unsere Art zu leben, verleiht unseren Erdentagen Charakter und Schönheit. Diese Energie, diese schöpferische, göttliche Dynamik lässt uns so leben, dass wir um einen Siegespreis wissen, einen Pokal. Ein Ding am Ende, das allem, was war, ist und sein wird, Sinn gibt. Wenn wir in dieser Bewegung bleiben, auf dieser Welle reiten, ist unser Leben sinnvoll und schön. Was will man mehr? *Christhard Rüdiger*

Man muss Gott nicht suchen, sondern nur finden.

Gerhard Tersteegen (1697- 1769), deutscher Laienprediger und Schriftsteller

28 Sonntag JANUAR 2024

☀ 08:06 17:04
☽ 19:59 09:34

Letzter Sonntag nach Epiphanias

Bibellese: Psalm 135
Halleluja – Preist den Herrn!
Rühmt ihn, der euch so nahe ist! (Vers 1)

Der Alltag hält mich fest in seinen Händen
und misst den Horizont mir kleinlich ab.
Ich plane gut, will keine Zeit verschwenden,
doch Augenblicke, um zu blicken, werden knapp.
Die Ameise versteh ich gut und auch die Biene:
Es treibt sie nicht der Geist, sondern Routine.

Doch anders als wahrscheinlich dem Insekte
ist mir die Ewigkeit ins Herz gelegt.
Und wer ihr himmlisches Aroma einmal schmeckte,
wird von dem Wunsche, ganz zu sein, bewegt.
Doch umso krasser spür ich im Kontrast,
wie wenig meine Welt zur Ganzheit passt.

Zwar sehne ich mich nach des Lebens Fülle
und nach dem Guten, das Gott ewig ist.
Doch gut ist bei mir selbst oft nur die Hülle.

Erst recht, wenn man mit Gottes Maßstab misst.
Die Angewohnheit, Gutes zu vergeigen
lässt mich statt lobzupreisen lieber schweigen.

Der Mund, den Gott zum Singen mir gegeben,
trifft nämlich oft den völlig falschen Ton.
Die Augen, statt zum Dank sich zu erheben,
sind auf der Suche nach dem Telefon.
Auch meine Hände, und zwar alle zwei,
am Guten greifen sie versiert vorbei.

Im Zwiespalt zwischen Paradies und Staube
ersehne ich den reinen Glücksmoment.
Will täglich sehn, was ich am Sonntag glaube,
und schaue Dienstag schon – auf ein Fragment.
Denn was ich tun will und das, was ich tue,
erweist sich allzu oft als zwei Paar Schuhe.

Und doch will ich als Bruchstück Lob dir singen,
denn deine Macht zeigt sich nicht nur im Glanz.
Dein Licht will meine Dunkelheit durchdringen,
in deinen Augen bin ich jetzt schon ganz.
Du liebst mich nicht, weil dich mein Tun stets ehrt,
weil du mich anblickst, bin ich liebenswert.

Benjamin Schelwis

29 Montag JANUAR 2024

✹ 08:05 17:06
☽ 21:09 09:45

Bibellese: 2. Timotheus 1,1-12

Bekenne dich offen und ohne Scheu zur Botschaft von unserem Herrn! *(Vers 8)*

Wir hatten im Kreis der christlichen Jugendleiter lange miteinander gerungen. Kann man das heute noch machen, einen „Marsch für Jesus" mitten durch Hamburg? Andere Gruppen tun es doch auch, ob als politisches Statement für oder gegen etwas oder unter der Regenbogenfahne beim Christopher Street Day. Warum also nicht auch wir Christen dieser Stadt? Und so zogen über 4000 Christen rund um die Binnenalster bis zur „Sündigen Meile", der Reeperbahn. Auf großen Bannern bekannten wir: „Jesus liebt Hamburg" oder „Gott kennt dich." Je näher wir dem Rotlichtviertel von St. Pauli kamen, desto größer wurde die Scheu. Dann begann ich mitten auf der Reeperbahn die Frohe Botschaft über den Gott zu verkündigen, der uns Menschen liebt. Zwischen den Christen standen Leute, die man sonntags eher nicht in einer Kirche erwarten würde,

und hörten zu: Türsteher, Zuhälter, „Hells Angels“, Prostituierte, Obdachlose und stark alkoholisierte Menschen. Und ich sprach von Gott, der unsere Ketten sprengen und neues Leben schenken möchte. „Bekenne dich offen und ohne Scheu!“ Ich weiß nicht, welche Herzen die Botschaft erreicht hat, aber ich weiß, dass Jesus zu seiner Erdenzeit oft die Nähe solcher Menschen am Rand gesucht hat. Er kannte keine Scheu, hatte keine Berührungsängste. Und immer veränderte sich durch diese Begegnung das Leben seiner Zuhörer. „Kann das heute noch genauso passieren?“, fragte ich mich? Und dann kam ein Mann und berichtete, dass er sich an diesem Tag aus tiefer Verzweiflung das Leben nehmen wollte. Dazu war er auf den Turm der St. Petrikirche gestiegen und erblickte dann von dort oben die Banner. „Einer kennt dich, einer liebt dich: Jesus!“ Dazu die fröhlichen Menschen, die singend ihren Glauben bekannten. Er stieg wieder hinunter in ein neues Leben.
Bekennen wir uns ohne Scheu zur Guten Nachricht, wann immer Gott die Gelegenheit dazu schenkt. Vielleicht gleich vor einem Menschen, der mir im Supermarkt begegnet. Oder vor der Nachbarin oder vor jemandem, mit dem ich am Telefon spreche. Es geht schließlich um eine lebensverändernde, ja lebensrettende Botschaft, und deshalb dürfen wir diese nicht für uns behalten! *Siegmar Borchert*

30 Dienstag JANUAR 2024

☀ 08:03 17:07
☽ 22:18 09:55

Bibellese: 2. Timotheus 1,13-18

Bewahre die Lehre, die dir anvertraut worden ist! Der Geist Gottes, der uns geschenkt wurde, wird dir die Kraft dazu geben. *(Vers 14)*

Als Jugendlicher schenkten mir zu einem besonderen Anlass Verwandte eine silberne Dollarmünze, verbunden mit den Worten: Bewahre sie nur gut auf, die wird einmal sehr wertvoll sein. Paulus macht seinem jungen Schüler Timotheus deutlich, wie wertvoll die ihm anvertraute Lehre ist: Diese „gesunden Worte“ (Vers 13) sind die unverfälschte Lehre von der Erlösung durch Jesus Christus. Bewahr diese kostbare Gabe, so sagt es eine andere Übersetzung.

Denn Menschen werden sie anzweifeln, kritisieren, verdrehen und ablehnen. Es wird nicht immer leicht sein, zu dem Anvertrauten zu stehen und dieses zu schützen. Deshalb sagt Paulus seinem Schüler eine starke Unterstützung zu: Die Kraft, mit der Timotheus der gestellten wichtigen Aufgabe nachkommen konnte, ist der Geist Gottes. Nur er kann auch uns

die Gewissheit schenken, dass Gottes Wort die Wahrheit ist. Nur er kann unser Herz überzeugen, dass es Gott selbst ist, der sich uns durch sein Wort mitteilt. Und er kann uns die unglaubliche Tatsache glauben lassen, dass diese Botschaft unsere Erlösung durch Jesus Christus verspricht. Damit steht sie im absoluten Gegensatz zu menschengemachten Irrlehren und Spekulationen, die sich der Wahrheit widersetzen. Gerade in unseren Tagen zeigt sich, wie wichtig es ist, Gottes Wort davon zu unterscheiden.
Übrigens, die Münze habe ich heute noch und ab und zu erkundige ich mich nach ihrem aktuellen Wert. Dieser schwankt stark und ist heute nicht wirklich höher als vor 40 Jahren. Ganz anders der kostbare Schatz, den Gott uns mit seinem Wort schenkt; sein Wert steigt für mich von Tag zu Tag.

Siegmar Borchert

♫ Herr, dein Wort, die edle Gabe,
diesen Schatz erhalte mir,
denn ich zieh es aller Habe
und dem größten Reichtum für.
Wenn dein Wort nicht mehr soll gelten,
worauf soll der Glaube ruhn?
Mir ist's nicht um tausend Welten,
aber um dein Wort zu tun.

Nikolaus Ludwig Graf von Zinzendorf 1725

31 Mittwoch JANUAR 2024

☀ 08:02 17:09
☽ 23:28 10:05

Bibellese: 2. Timotheus 2,1-13

Halte dir Jesus Christus vor Augen! *(Vers 8)*

Lange bevor ich eine Urlaubsreise antrete, male ich mir aus, wie das Ziel wohl aussehen wird. Ich lese Reiseführer, studiere Landkarten, recherchiere im Internet und vor meinem inneren Auge entsteht so ein Film der ganzen Reise. Ich verinnerliche diese Informationen, mache sie mir zu eigen und kann sie dann immer wieder abrufen.

Paulus bittet seinen Schüler Timotheus inständig darum, sich Jesus Christus vor Augen zu halten. An die Gemeinden in Galatien schreibt Paulus, dass er ihnen Jesus Christus, den Gekreuzigten, vor Augen malte (Galater 3,1).

Vor einigen Jahren stand ich vor einem Gemälde von Lukas Cranach in der Wittenberger Stadtkirche. Es zeigt den predigenden Martin Luther. Zwischen dem Reformator und der Gemeinde ist übergroß der gekreuzigte Jesus zu sehen und auf ihn weist Luthers Zeigefinger hin. Wenn Luther predigte, dann hat er der Gemeinde den Gekreuzigten so anschaulich und geradezu unübersehbar vor die Augen gestellt, dass sie „nichts sahen als Jesus allein". Den Jesus, der nun auch dem Betrachter des Gemäldes als der Gekreuzigte vor Augen gestellt ist.

Schaut auf ihn, sagt Luther. Halte dir Jesus vor Augen, sagt Paulus. Nicht nur als den, der tatsächlich einmal vor langer Zeit von den Toten auferstanden ist, sondern als den, der als der Auferstandene immer gegenwärtig ist.

Ich las einmal diese griffigen Worte: „Jesus. Nicht mehr am Kreuz. Nicht mehr im Grab. Nie mehr fern."

Unsere Kraft liegt nicht in der Erinnerung an ein einmaliges, wunderbares Ereignis, sondern darin, dass der lebendige, gegenwärtige Jesus Christus uns heute stark macht.

Ich kenne sie nur zu gut, die Situationen, die meine Kräfte zu übersteigen drohen. Ich weiß aus eigener Erfahrung, dass ich angesichts von Leid und Trauer oft nur bedrückt und hilflos daneben stehen konnte. Und viele weitere Momente der Angst und der Schwäche habe ich erlebt. Aber immer dann dürfen wir uns Jesus vor Augen halten, der mit seiner göttlichen Auferstehungskraft an unserer Seite steht. Ja mehr noch, der durch seine Geisteskraft in uns die Schwäche in Stärke wandeln kann. *Siegmar Borchert*

1 Donnerstag FEBRUAR 2024

✹ 08:01 17:11
☽ –.– 10:15

Bibellese: 2. Timotheus 2,14-21
Bemühe dich, dass du vor Gott bestehen kannst.
(Vers 15)

Er hat sich stets bemüht." Diesen Satz möchte man ungern in seinem Arbeitszeugnis stehen haben, sagt er doch in Wahrheit aus, dass alle Anstrengungen ungenügend waren. Die Aufforderung von Paulus an seinen jungen Schüler Timotheus scheint die weitverbreitete Meinung zu unterstützen, dass man sich auch im Blick auf Gott stets bemühen soll. Aber die Wahrheit ist: Wir können uns noch so sehr bemühen, es reicht nie aus, um vor ihm zu bestehen. Das ist aber nur die eine Seite der Medaille. Die gute Nachricht ist: Du musst dich gar nicht bemühen, es ist alles bereits alles durch Christus getan. Wenn das aber tatsächlich so ist und Gott uns aus Gnade gerecht spricht, wie dürfen wir dann diese Aufforderung des Apostels an seinen Schüler verstehen?
Wir können die Bibellese auch wie folgt übersetzen: „Bemühe dich, vor Gott als jemand dazustehen, der

sich bewährt hat“ (BasisBibel). Timotheus hatte sich bereits in seinem Dienst als Verkündiger bewährt, aber das allein genügt nicht. Wirklich bewähren soll er sich, indem er auf sich und seinen Lebensstil achtet. Sein Reden und Handeln müssen übereinstimmen. Das griechische Wort für „bewähren“ bezeichnet einen behauenen Stein, der genau in den vorgesehenen Platz passt. „Nimm deinen festen, dir zugewiesenen Platz ein, lebe in der Gewissheit, dass Gott dich angenommen hat, und lass dich nicht wieder herausreißen.“ Paulus warnt vor Irrlehrern, die versuchen, uns vom rechten Kurs abzubringen. Solche begegnen uns ja heutzutage überall, vor allem in den sogenannten sozialen Medien. Da wird anderen der rechte Glaube abgesprochen und die eigene Überzeugung als Wahrheit deklariert. Andere versuchen, Menschen an sich zu binden oder für ihre skurrile Glaubensüberzeugung zu gewinnen. Um das zu erkennen, hilft die Testfrage: Wollen diese Leute, dass man ihnen folgt oder Christus? „Bleib auf deinem Kurs“, ermutigt Paulus den Timotheus und somit auch uns!

Siegmar Borchert

Monatsspruch

Alle Schrift, von Gott eingegeben, ist nützlich zur Lehre, zur Zurechtweisung, zur Besserung, zur Erziehung in der Gerechtigkeit. *(2. Timotheus 3,16 L)*

2 Freitag FEBRUAR 2024

✹ 07:59 17:13
☽ 00:40 10:28

Bibellese: 2. Timotheus 2,22-26

Bemühe dich um Gerechtigkeit, Glauben, Liebe und Frieden. *(Vers 22)*

Du großer Gott, wenn ich die Welt betrachte, die du geschaffen durch dein Allmachtswort, dann ...“ sehe ich beinahe überall Unrecht, Unglaube, Lieblosigkeit und Hass. War das schon immer so? Oder breitet es sich gerade über unseren Erdball aus wie ein Virus, das nicht zu bremsen ist? Ist diese Welt noch zu retten? Sind wir noch zu retten? Jeder will Recht haben. Die Meinung des Mitmenschen wird nur akzeptiert, wenn sie der eigenen Meinung angepasst ist. Schnell schmettern wir dem anderen böse Worte an den Kopf, sortieren ihn ein in Freund und Feind, in kleine Boxen mit den Aufschriften „Rassist“, „Sexist“, „Nazi“, „links“, rechts“. Wir wollen auf gar keinen Fall intolerant sein, das wäre ja nicht zeitgemäß. Und doch lassen wir andererseits nichts gelten, was unserem Weltbild widerspricht. Wir versuchen nicht mehr zu verstehen, hören gar nicht erst zu, sondern verurteilen. Nicht nur in dieser Welt, auch in der Gemeinschaft von Christen. Denn schließlich wollen wir ja alles richtig machen und Gott mit unserem Leben gefallen.

Als ich Kind war, stritt man sich in der Gemeinde heftig um Mode, um Frisuren, um Kleiderlängen, auch wenn es darum ging, welche Lieder gesungen oder besser nicht gesungen werden sollten, welche Instrumente in einem Gottesdienst ertönen dürfen, wer auf der Kanzel Gottes Wort verkünden darf, ob man als Christ Kino oder Theater meiden sollte. Gestritten wurde immer wieder heftig, wer zum Abendmahl berechtigt ist oder mit welchen Worten Brot und Wein gereicht werden. Oder besser Saft?

Heute gibt es neue Streitpunkte, die uns auseinanderdefinieren. Die Pandemie trug dazu bei. Die multikulturelle Gesellschaft trägt ebenfalls dazu bei, denn plötzlich prallen im Alltag Welten aufeinander. Gerechtigkeit, Glaube, Liebe und Frieden. Ich weiß gar nicht, wie ich dem gerecht werden soll in diesem Wirrwarr. Vielleicht sollte ich mit der Liebe anfangen. Wenn ich den liebe, der anders denkt, vielleicht gelingt es mir dann, ihm zuzuhören und ihn zu verstehen. Meine Meinung ehrlich sagen und andere Meinungen aushalten, vielleicht fängt so das Bemühen um Gerechtigkeit, Glauben, Liebe und Frieden an.

Ingrid Ebert

3 Samstag FEBRUAR

2024

✹ 07:57 17:15
☽ 01:55 10:44

Bibellese: 2. Timotheus 3,1-9

In der letzten Zeit vor dem Ende der Welt stehen uns schlimme Zustände bevor. *(Vers 1)*

Timotheus ist für Paulus so etwas wie ein Ziehsohn im Glauben. Der große Apostel ist auf den jungen Griechen in Lystra aufmerksam geworden. Nach jüdischer Sitte beschnitt er ihn rituell und nahm ihn auf seine Missionsreisen mit. Von Paulus lernte Timotheus, anderen die gute Botschaft zu verkündigen. Vom Lernenden wurde er zu einem Lehrer. Das war schon ein besonderes Band zwischen Paulus und Timotheus. Eine solche Freundschaft versteht auch Klartext. Paulus ist kein Schönredner. Paulus spricht vom Ende der alten Welt. „Lass dich nicht irritieren", scheint er dem Freund zu sagen. „Irrlehren sind Zeichen der Gegenwart gewordenen Endzeit. Die schlimmen Zustände, unter denen du leidest, gehören zur Realität, mit der wir konfrontiert sind. Aber an uns ist es, dem etwas entgegenzusetzen. Nur so kann Gottes Liebe sichtbar werden."

Schlimme Zustände, auch wir leiden ja unter ihnen. Geld regiert die Welt. Familien zerbrechen. Gewalt herrscht über Vernunft. Paulus mahnt in den Versen 2 bis 5 seinen jungen Freund beinahe väterlich: „Hüte dich vor Menschen, die überheblich und anmaßend sind, die hemmungslos und brutal ihren Weg gehen, die nur sich selbst sehen." Er will nicht, dass Timotheus angesichts der schlimmen Zustände das Vertrauen in Gott verliert und sein Glaube Risse bekommt. Er will, dass Timotheus trotz der äußeren Einflüsse stark bleibt und so zum Vorbild für andere wird. Was damals galt, gilt noch immer. Heute ist es an uns, gegen den Strom von Gier und Neid, Geiz und Egoismus zu schwimmen. Es ist an uns, ein Zeichen zu setzen, auch, wenn wir dafür verlacht und für dumm verkauft werden. Es ist an uns, Vergebung zu leben, den Nächsten so zu lieben, wie wir uns selbst lieben. Es ist an uns, Gottes Wort zum Maßstab für unser Handeln zu machen. Genau darum geht es. Egal, wie schlimm die Zustände um uns sind. Oder gerade deshalb.

Ingrid Ebert

Rätselfrage zur Bibellese im Februar
Wer wurde auf Kreta zurückgelassen?

Bitte tragen Sie die Antwort auf dem Blatt ein,
das nach dem 31. Dezember folgt.

4 Sonntag FEBRUAR 2024

✹ 07:56 17:16
☽ 03:14 11:06

Sexagesimä (60 Tage vor Ostern)

Bibellese: Psalm 128

Glück und Frieden komme über Israel! *(Vers 6)*

Gesegneter Hausstand" steht als Überschrift in der Lutherbibel über dem Psalm 128. Lebensfreude pur weht uns aus diesen Versen entgegen. Ein Bild ungebrochenen, glücklichen Lebens inmitten einer intakten Familie ersteht vor unseren Augen. Glaube an Gott bedeutet Lebensglück!

Aber so einfach ist das doch nicht! Das stimmt vielleicht manchmal, aber nicht immer. Manchmal können wir einstimmen in dieses Lied der Glücklichen, das der 128. Psalm ja zweifelsohne ist. Wer von Gott mit Glück gesegnet ist, der darf sich darüber freuen und das auch laut singen und sagen. Auch wenn es womöglich morgen wieder anders ist. Trotzdem stimmt es jetzt und in diesem Moment. Und morgen muss ich vielleicht einen anderen Psalm anstimmen. Der, der hier singt, besingt sein kleines Glück mit Frau und Kindern und Kindeskindern. Und endet mit einem Friedensspruch über Israel. Er wünscht sich

für sein Volk und sein Land, also im Großen, ebensolches Glück, das er selbst im Kleinen erfährt.
Mich berührt diese Schlussbitte – die ja eigentlich ein Segenswort ist. Da denkt einer in seinem Glück nicht nur an sich und freut sich des Friedens in seinem eigenen kleinen Leben. Er denkt weiter. Er wünscht sich das auch für sein Land und die anderen Menschen seines Volkes. Vielleicht, weil er weiß: Nur wenn Israel in Frieden lebt, wird auch das kleine Glück in den Häusern der Menschen möglich. Nicht immer – nein. Das Leben hat seine Licht- und Schattenseiten. Aber es werden dennoch und gerade in Zeiten des Friedens immer einmal Lieder des Glücks gesungen werden können. Vielleicht steckt hinter diesem Wunsch aber auch die Hoffnung, dass die Menschen Israels ihrem Gott treu bleiben werden – weil nur daraus echter Friede und wahres Glück kommt. Was für ein weitsichtiger Beter!

Christina Henzler

In unseren Herzen und Häusern
sei der Segen von Gott.
In unserem Kommen und Gehen
sei der Frieden von Gott.
In unserem Leben und Glauben
sei die Liebe von Gott.
Iona-Community

5 Montag FEBRUAR 2024

✷ 07:54 17:18
☽ 04:33 11:38

Bibellese: 2. Timotheus 3,10-17

Alle, die in der Bindung an Jesus Christus ein Leben führen wollen, das Gott gefällt, werden Verfolgungen erleiden. *(Vers 12)*

Wenn ich ausgelacht werde, weil ich Christ bin, ist das schon Verfolgung? Oder wenn ich meinen Traumberuf vergessen kann, nur weil ich Jesus folge? Wer zu seiner Überzeugung steht, hat eben auch die Konsequenzen zu tragen. Da fällt mir manches ein aus dem DDR-Alltag. Im Buch „Hammer, Kreuz und Schreibmaschine" arbeitete ich Erlebtes auf. Und jetzt? Die Spötter gibt es noch immer. Aber eigentlich erleide ich doch nicht wirklich Verfolgung. Eher leide ich unter der Gleichgültigkeit der anderen. Mein Glaube interessiert offenbar niemanden. Ja, wir leben in Deutschland in einer großen Glaubensfreiheit. Oder ist es Beliebigkeit?

Gleichzeitig herrscht weltweit die größte Christenverfolgung aller Zeiten. Mehr als 360 Millionen Christen sind wegen ihres Glaubens intensiver

Diskriminierung ausgesetzt. Sie werden eingesperrt, verletzt, gefoltert, getötet. Freunde von mir sind vom Islam zum Christentum konvertiert. Sie mussten deshalb ihr Land verlassen, ihre Familie, ihr Hab und Gut. In der Gesellschaft spielt dieses Thema so gut wie keine Rolle. Wenn da nicht die Informationen von „Open Doors" wären, was wüsste ich schon von dem, was Christen in aller Welt widerfährt? In den Medien kommt viel zu selten etwas davon vor. Der Bibeltext erinnert mich an das Leid meiner Glaubensgeschwister in Nordkorea, Afghanistan, Somalia, Libyen, Pakistan, Eritrea, Jemen, Iran, Nigeria und Indien, das mir nicht gleichgültig sein darf. Vielleicht ist es daher so wichtig, erinnert zu werden, damit ich aktiv werde.
Bleibt die Frage: Was kann ich tun? Ich kann beten. Ich kann Projekte finanziell unterstützen. Und ich kann verfolgte Christen mit einem Brief ermutigen. Das hört sich wenig an, wird aber zur großen Kraft, wenn es viele tun. Ich kann meinen Freunden helfen, in Deutschland anzukommen. Ich kann Trost und Hoffnung schenken. Ja, es sind kleine Dinge, die ich tun kann. Leider denke ich viel zu selten im Alltag daran, dass die meisten Christen in dieser Welt um Christi willen leiden. Das macht mich mitschuldig.

Ingrid Ebert

Internettipp: www.opendoors.de

6 Dienstag FEBRUAR 2024

☀ 07:53 17:20
☽ 05:48 12:25

Bibellese: 2. Timotheus 4,1-8

Verkünde den Menschen die Botschaft Gottes, gleichgültig, ob es ihnen passt oder nicht! Rede ihnen ins Gewissen, weise sie zurecht und ermutige sie! *(Vers 2)*

Plötzlich kollabiert die Athletin mitten im tiefen Wasser. Es zieht sie nach unten. Jeder weiß, was passiert, wenn nichts passiert. Zum Glück hat es Rettungsschwimmer. Aber wo sind die? Wieso kommen sie nicht? Wieso stehen sie nur da? „Rettet sie doch!", schreit es in den Köpfen. Diese Szene während der Synchronschwimm-Weltmeisterschaft vor zwei Jahren brennt sich tief in mein Gedächtnis ein. Es ist zum Haareraufen, ja paradox! Die Rettungsschwimmer sind genau für solche Notsituationen top ausgebildet. Aber sie bleiben wie angewurzelt stehen, während die Frau ertrinkt. Wie sich später herausstellt, ist den Rettungskräften nur auf ein Signal des Kampfrichters hin erlaubt, zur Rettung ins Becken zu springen. Wie dumm! Wenn jetzt nicht der richtige Zeitpunkt zur Rettung ist, wann dann? Beherzt springt da die Trainerin ins mörderische Nass und zieht die Ertrinkende an den Beckenrand. Eine halbe Stunde später kommt die Entwarnung: Es gehe der Schwimmerin gut.

Die Botschaft Gottes ist eine Rettungsbotschaft. Gott rettet Menschen vor dem ewigen Tod, vor dem ewigen Getrenntsein von seiner Liebe. Jesus hat am Kreuz und in der Auferstehung alles zur Rettung vollbracht. Wer an Jesus glaubt und die Vergebung der eigenen Schuld ergreift, wird in Ewigkeit leben und der Friede Gottes wird ihn erfüllen. Viele Menschen haben diese wunderbare Botschaft angenommen. Nun könnten sie diese Botschaft auf vielfältige Art und Weise anderen Menschen verkünden. Sie haben alles, was es braucht. Aber wieso passiert nichts? Wieso bleiben viele wie angewurzelt stehen, während Menschen für ewig verloren gehen? Ist das nicht paradox?

Für Paulus, den Schreiber des 2. Timotheusbriefes, ist es klar: Es gibt keinen besseren Zeitpunkt für Rettung als jetzt! Es braucht Mutige, die beherzt auf Menschen zugehen, um das Evangelium zu bringen. Das Signal zur großen Rettungsaktion Gottes ist schon lange erklungen. Gleichgültig, ob es den Menschen passt oder nicht, jetzt ist die beste Zeit für die Botschaft Gottes.

Philemon Ressnig

7 Mittwoch FEBRUAR 2024

☀ 07:51 17:22
☽ 06:50 13:33

Bibellese: 2. Timotheus 4,9-22

Paulus schreibt: Als ich mich das erste Mal vor Gericht verteidigte, hat niemand zu mir gehalten. Alle haben mich im Stich gelassen – Gott möge es ihnen nicht anrechnen! *(Vers 16)*

Wirkungsvolle Geistliche faszinieren mich. Berührt lausche ich den Worten ihrer Predigt und staune über die Wortgewandtheit, den Humor und die bedeutungsvollen Aussagen. Ich staune, wie Gott überdurchschnittliche Menschen gebraucht und das Reich Gottes so greifbar wird.

Paulus gehörte auch zu diesen Menschen. Sein Dienst war wirkungsvoll, er gründete viele Gemeinden, wurde geachtet und war erfolgreich. Doch jetzt, am Ende seines Lebens, sitzt er im Gefängnis, erwartet das Todesurteil und alle Unterstützer sind weg. Die erste Christenverfolgung in Rom unter Kaiser Nero warf wohl ihre Schatten voraus. Es ist verständlich, dass sich in der aufgeladenen Gerichtsverhandlung keine Paulus-Unterstützer exponieren wollten.

Der große Paulus – allein, verlassen, den Mächten der Welt ausgeliefert und hoffnungslos im Stich gelassen. Das ist eine düstere Perspektive.
Paulus aber hat einen anderen Blick! In Vers 17 schreibt er: „Doch der Herr stand mir bei und gab mir Kraft. Denn durch mich soll ja die Verkündigung seiner Botschaft zum Ziel kommen: Alle Völker sollen sie hören." Paulus hat eine Reich-Gottes-Perspektive. Er blickt in dieser dunklen Stunde auf Jesus, den Herrn. Er erkennt die Gelegenheit zur Evangeliumsverkündigung vor aller Welt. Er weiß sich von Gott getragen – nicht im Sterben, sondern in die Herrlichkeit der Ewigkeit hinein.
An Jesus gläubig sein bedeutet, sowohl im Erfolg als auch in dunklen Stunden nicht auf Vergängliches ausgerichtet zu bleiben, sondern den Blick zu heben und die Reich-Gottes-Perspektive einzunehmen.
Was erwartet uns in den nächsten Tagen? Was kommt auf uns zu am Ende unseres Weges? In welchem Licht will ich die Dinge sehen?

Philemon Ressnig

Wer die Perspektive ändert,
sieht die Dinge in einem ganz anderen Licht.

Karl Friedrich Schinkel (1781-1841), preußischer Architekt und Maler

8 Donnerstag FEBRUAR

2024

✹ 07:49 17:24
☽ 07:36 14:59

Bibellese: Titus 1,1-9

Die Menschen, die Gott erwählt hat, sollen wissen, dass sie auf ein ewiges Leben hoffen dürfen. *(Vers 2)*

Auf ewiges Leben hoffen. Ist das nicht die alte Leier der Christen, die heute niemanden mehr „vom Hocker reißt"? Vertröstung auf ein Jenseits, in dem alles Lebens- und Menschenfeindliche beseitigt sein wird? Lebens- und Menschenfeindliches müssen wir in den jetzigen Zeiten mehr erleben, als uns lieb ist. Da kann die Aussicht auf eine Zukunft, in der es das alles nicht mehr geben wird, tröstlich sein. Und: Wer getrost in die Zukunft schauen kann, sieht auch die Gegenwart mit anderen Augen. Wer „recht bei Trost ist", kann andere trösten und Hilfe leisten – und damit die Gegenwart verbessern.

Dass wir „auf ein ewiges Leben hoffen dürfen", ist also eine gute Sache – ja, recht besehen, die beste von allen. Eine heilsame Kraft für die Gegenwart! Worin liegt diese Kraft? Sie liegt in Gott selbst, von dem alles Leben herkommt und der einmal den Tod

und alle seine Erscheinungsformen überwinden wird – wie er es in der Auferweckung Jesu bereits getan hat. Das war die Initialzündung der Ewigkeit mitten in der Zeit!
Die Kraft dieser „Zündung" ist nicht verpufft, sie wirkt weiter, schafft im Leben von Menschen neues Leben, wirkt das Verbunden-Sein mit dem lebendigen Gott und seiner Zukunft. Das gibt Hoffnung! Und ein Sachverhalt verstärkt die Verlässlichkeit dessen, was wir da glauben und hoffen: unsere Erwählung. Damit ist gesagt: Wir haben uns das alles nicht selbst ausgesucht, sondern Gott selbst war es, der sich mit uns verbunden hat – für Zeit und Ewigkeit. Außer uns, die wir glauben und hoffen dürfen, gibt es Menschen, die das noch nicht erfahren haben. Das heißt nicht, dass sie nicht erwählt sind, sondern dass wir ihnen mit dem Trost unserer Hoffnung begegnen sollen. Was daraus wird, dürfen wir getrost dem lebendigen Gott überlassen. *Roland Gebauer*

Jesus nimmt die Sünder an;
mich hat er auch angenommen
und den Himmel aufgetan,
dass ich selig zu ihm kommen
und auf den Trost sterben kann:
Jesus nimmt die Sünder an.

Erdmann Neumeister 1718

9 Freitag FEBRUAR 2024

✹ 07:48 17:26
☽ 08:07 16:33

Bibellese: Titus 1,10-16

Für die, die ein reines Gewissen haben, ist alles rein. Für die dagegen, die durch Schuld befleckt sind und den Glauben aufgegeben haben, ist nichts rein; ihr ganzes Denken und Fühlen ist beschmutzt. *(Vers 15)*

Dass wir als Glaubende schuldig werden, ist unvermeidlich. Unsere „weiße Weste" ist dann befleckt durch dunkle Dinge: Gedanken, Worte, Taten oder Verhaltensweisen, die dem Licht Gottes, das in uns leuchtet, nicht entsprechen. Dass wir immer wieder Vergebung brauchen, ist deswegen ebenso unvermeidlich. Das sollte uns aber nicht deprimieren, sondern froh und dankbar werden lassen. Denn dazu ist Gott Mensch geworden und am Kreuz gestorben: um uns seine Güte und Barmherzigkeit zu erweisen und von aller Schuld zu reinigen. Wer „durch Schuld befleckt" ist, erfährt im Glauben an das Liebes- und Vergebungswerk Gottes in Jesus Christus neue Reinheit. Den „Glauben aufzugeben", wäre dagegen das bewusste Verbleiben im

Schmutz. Kein Wunder, dass dann „nichts rein ist" und das „ganze Denken und Fühlen beschmutzt" ist. Aber das ist wohl eher eine unmögliche Möglichkeit, die uns nicht weiter beschäftigen soll. Fragen wir lieber nach der anderen Möglichkeit, die – Gott sei Dank! – die Wirklichkeit von Glaubenden ist: das reine Gewissen.

Sehr wohl gibt es Handlungs- und Verhaltensweisen, die uns beflecken können. Aber sie kommen nicht wie ein unvermeidbares Schicksal über uns, sondern es liegt in unserer Verantwortung, wie wir uns verhalten, was wir tun oder auch nicht tun. Einem reinen Gewissen ist alles rein, weil es in seiner Reinheit gar nicht den Wunsch verspürt, unrein werden zu wollen. Wer mit Jesus verbunden ist, möchte doch so leben, wie es Jesus entspricht: in der Liebe zu Gott und dem Nächsten. Alles, was daraus erwächst, ist rein – und wird bei Verschmutzung, die sich nicht immer vermeiden lässt, wieder gereinigt. Gott sei Dank!

Roland Gebauer

Er bricht ins Reich der Sünde ein,
setzt die Gefangnen frei,
sein Blut macht uns von Sünden rein,
die Knechtschaft ist vorbei.

Charles Wesley 1739, dt: Hartmut Handt 1987
Aus: Mein Mund besinge tausendfach

10 Samstag FEBRUAR 2024

☀ 07:46 17:27
☽ 08:30 18:09

Bibellese: Titus 2,1-10

Lehre die Wahrheit unverfälscht und mit gebührendem Ernst. *(Vers 7)*

Gehen Sie gerne im Wald spazieren? Und haben Sie sich dabei schon einmal verlaufen? Markierungen können helfen, den richtigen Weg zu finden. Europaweit sind Wanderwege farblich markiert. Wer sich ein wenig auskennt, kann den Markierungen folgen und so gut und sicher zum Ziel kommen, auch wenn es mitten durch den Wald geht. Wer aber eine Markierung übersieht, kann dann auch mal die richtige Abzweigung verpassen und den Weg verlieren. Dann ist es oft schwer, sich noch zu orientieren. Die Gefahr, das Ziel nicht zu erreichen, ist groß. Ein Kompass könnte hier helfen, damit wir uns wieder zurechtfinden. Ein Kompass kann auch durch unbekanntes Gebiet führen, vielleicht auch mitten durch unwegsames Gelände. Die Wahrheit ist so ein Kompass. Sie gibt uns Orientierung. Sie hilft uns, unseren Weg zu finden. Aber was ist Wahrheit?

Was ist Wahrheit in einer Zeit, in der viele von sich sagen, dass sie die Wahrheit kennen, aber sich diese Wahrheiten anscheinend widersprechen?

Was ist Wahrheit? Vielleicht ist das die falsche Frage. Wir sollten besser fragen: Wer ist Wahrheit? Jesus Christus sagt von sich, dass er die Wahrheit ist: „Ich bin der Weg, die Wahrheit und das Leben" (Johannes 14,6 L). An ihm können wir uns orientieren. Er lädt uns ein, ihm nachzufolgen. Er lädt uns ein, seinen Weg zu gehen. Mit dem Vers dieses Tages werden wir daran erinnert, selber zu dieser Nachfolge einzuladen. Wir werden daran erinnert, diese Aufgabe ernst zu nehmen. Menschen, die Jesus nachfolgen, haben Ziel und Orientierung. Sie suchen und finden den richtigen Weg.

Haben Sie sich schon einmal auf Ihrem Lebensweg verlaufen? Wie gut, dass Sie sich an Jesus Christus orientieren können. Er ist die Wahrheit, die uns wie ein Kompass zu unserem Ziel führt. Was kann das an diesem Tag für Sie bedeuten? Auch wenn Sie sich gerade nicht „verlaufen" haben, ist es gut zu fragen, wie Sie sich an Jesus orientieren können. An seiner Liebe zu den Menschen, an seiner Liebe zu Gott und zu seiner Schöpfung. Jesus Christus ist die Wahrheit, die uns zum Ziel führt, wie ein Kompass, der uns den Weg weist.

Andrea Klimt

11 Sonntag FEBRUAR 2024

✹ 07:44 17:29
☽ 08:47 19:42

Estomihi (Sei mir ein starker Fels! Psalm 31,3)

Bibellese: Psalm 31
Ich gebe mich ganz in deine Hand,
du wirst mich retten, Herr, du treuer Gott! *(Vers 6)*

Hineingeben
Sich selbst hineingeben.
Meinen Geist, mein Leben, mein Vorwärtsgehen.
Wo findet es Halt und wird nicht verwehen?
Wo wird mir ohne Vorbehalt Halt gegeben?

Du
Ich schaue genau hin.
Ich sehe dein Handeln, Heilen, Menschen-Beleben.
Du liebst den andern, schenkst Kindern Segen.
Wo gehst du hin, wie macht dein Weg Sinn?

Hand
Seine Hand wird durchbohrt. Die Erde wird beben.
Welche Hand trägt ihn, am Balken preisgegeben?
Gibt es noch etwas, worin Hoffnung bestände?

Er ruft laut: Vater, ich befehle meinen Geist in deine Hände!

Treu
Du hast alles gegeben.
Du machst alles neu. In dir kann ich leben.
Ich weiß mit Verstand und glaub deinem Wort.
Ich gebe mich ganz in deine Hand.
Du rettest mich, Herr, du treuer Gott.

Philemon Ressnig

Von allem Übel uns erlös:
Es sind die Zeit und Tage bös.
Erlös uns von dem ewgen Tod
und tröst uns in der letzten Not.
Bescher uns auch ein selig End,
nimm unsre Seel in deine Händ.

Amen, das ist: Es werde wahr.
Stärk unsern Glauben immerdar,
auf dass wir ja nicht zweifeln dran,
was wir hiermit gebeten han
auf dein Wort, in dem Namen dein.
So sprechen wir das Amen fein.

Martin Luther 1539
Aus: Vater unser im Himmelreich

12 Montag FEBRUAR 2024

☀ 07:42 17:31
☽ 09:01 21:12

Bibellese: Titus 2,11-15

Jesus Christus hat sein Leben für uns gegeben, um uns von aller Schuld zu befreien und sich so ein reines Volk zu schaffen, das alles daran setzt, das Gute zu tun.

(Vers 14)

Kann Gutestun ansteckend sein? Ein Freund nimmt sich Zeit und hilft mir bei meiner Gartenarbeit. Ich bin krank und eine Nachbarin fragt mich, was ich brauche. Ein Kollege übernimmt einen Teil meiner Arbeit. Eine Freundin hört mir zu, obwohl sie selber viel zu tun hat. Das tut gut, hilft und entlastet. Und es macht mich dankbar, sehr dankbar. Wenn mir so etwas „Gutes“ geschieht, dann kann ich das oft nicht zurückgeben. Zurückgeben vielleicht nicht, aber ich kann es nach vorne weitergeben. Ich kann es an andere Menschen weitergeben.

„Pay it forward“ ist ein Film, der dieser Idee folgt. Ein zwölfjähriger Junge ist beeindruckt von der Idee seines Lehrers. Dieser will seine Schüler davon überzeugen, dass die Welt ein besserer Ort ist, wenn

Menschen das Gute, das sie nicht zurückgeben können, weitergeben. Er lädt seine Schülerinnen und Schüler dazu ein, drei Menschen auszusuchen, denen sie etwas Gutes tun können. Seine Idee ist, dass auch diese drei Menschen sich jeweils wieder drei Menschen aussuchen, denen sie Gutes tun. Und so wird die Welt ein besserer Ort. Ein schönes Konzept, leider scheitert es in der Realität oft daran, dass nicht alle mitmachen. Es scheitert an menschlichen Schwächen.

Gutes zu tun, ist für Menschen, die zu Christus gehören, nicht nur eine schöne Idee. Sie erfuhren, dass Gott sie bedingungslos annimmt, liebt und ihnen vergibt. Diese ganz grundlegende Befreiungserfahrung macht dankbar. Und diese Dankbarkeit sucht sich ihren Ausdruck. Das kann in mehrere Richtungen geschehen. Im Gebet richtet sich die Dankbarkeit an Gott und in meinem Handeln findet sie ihren Ausdruck, indem ich sie weitergebe, indem ich selber Gutes tue. Und vielleicht steckt das sogar andere an, ihrerseits Gutes zu tun. Nicht aus der Motivation, die Welt zu verbessern, sondern weil Dankbarkeit sich Wege sucht und Wege findet, den anderen mit der Liebe Gottes zu erreichen. *Andrea Klimt*

13 Dienstag FEBRUAR 2024

✹ 07:40 17:33
☽ 09:14 22:40

Bibellese: Titus 3,1-7

Paulus schreibt: Wir waren vom rechten Weg abgeirrt und wurden von allen möglichen Wünschen und Leidenschaften beherrscht. Wir lebten in Bosheit und Neid, waren hassenswert und hassten uns gegenseitig. (Vers 3)

Beim ersten Hören dieser Worte kann man erschrecken: Was für eine negative Sicht auf das eigene Leben! Wenn man jedoch genauer hinhört und den Zusammenhang dieser Bibelverse insgesamt beachtet, verkehrt sich der Schrecken ins Gegenteil: Hier spricht einer offen und ehrlich aus, was in der Vergangenheit sein Leben schwer und kompliziert gemacht hat. Das können die wenigsten, den Realitäten so ungeschminkt ins Auge zu sehen! Wie aber kommt der Apostel dazu, eine solch radikale Ehrlichkeit zu wagen? Er kann das tun, weil er in Christus verwurzelt ist. Er hat einen festen, sicheren Halt in ihm gefunden und weiß, dass er durch dessen Gnade vor Gott gerecht dasteht (Vers 7).

Nun muss er den unangenehmen Dingen in seinem Leben nicht länger ausweichen, sondern kann sich ihnen stellen – und sich dann auch ändern.
Denn dieser Ton schwingt hier ja vor allem mit: Veränderung im eigenen Leben, im eigenen Denken und Handeln ist möglich! Nichts muss so bleiben, wie es ist, wenn ein Mensch auf Jesus Christus trifft. Hass muss kein Hass bleiben, sondern kann sich in Versöhnung verwandeln. Bosheit muss keine Bosheit bleiben, sondern es kann sich in unserem Leben auch Güte zeigen. Und wir müssen uns dann auch nicht länger von allen möglichen und oft genug unmöglichen Wünschen und Leidenschaften beherrschen lassen, sondern können unsrerseits über sie herrschen – in der Kraft des Gottesgeistes.
Und alles nimmt dort seinen Anfang, wo wir ehrlich mit uns selbst werden. Indem wir uns an Christus halten. Denn dann sind wir gehalten. Und dann können wir uns auch selbst aushalten – und eben auch ändern.

Holger Panteleit

Ein ehrliches Leben ist eine fruchtbare Saat.

Anna Bijns (1493-1575), römisch-katholische Dichterin und Mystikerin

14 Mittwoch FEBRUAR 2024

✹ 07:38 17:35
☽ 09:28 –.–

Bibellese: Titus 3,8-15

Paulus schreibt: Du musst darauf hinwirken, dass alle, die zum Glauben an Gott gekommen sind, sich ernsthaft darum bemühen, das Gute zu tun. *(Vers 8)*

Wer lebt denn heute schon konsequent?", fragte meine Frau, als ich mit ihr über diese Worte diskutierte – und traf damit den Nagel auf den Kopf. Und weil das nicht nur heute, sondern auch damals ein großes Problem war, bat Paulus seinen Mitarbeiter Titus darum mitzuhelfen, dass die Gläubigen nicht auf halber Strecke steckenbleiben.

Denn genau das meint Konsequenz im christlichen Sinne: den Weg der Nachfolge Christi immer weiterzugehen – mit allem, was dazugehört. Aber wie geht das? Das Wort Konsequenz deutet es an: Es stammt aus dem Lateinischen und steht für Folgerichtigkeit. Nachfolge Christi geht also gar nicht anders, als dass wir dauerhaft mit Christus verbunden bleiben und uns in allen Dingen an ihm orientieren. Dazu gehört – so Paulus hier – vor allem das immer neue

Bemühen um das Gute. Dass wir die Freundlichkeit und Menschenliebe Gottes, wie sie in Jesus Christus aufgeleuchtet ist, nun auch unsrerseits zum Leuchten bringen; die Welt hat das bitter nötig! Und dass wir das auch dann tun, wenn uns selbst vielleicht gar nicht danach zumute ist, sprich, dass wir dann immer noch aus der Liebe Christi schöpfen, um dem Dunkel der Welt etwas entgegenzusetzen.
Wer lebt denn heute schon konsequent? Diese Frage ist nun auch an uns gerichtet. Nicht nur Titus ist eingeladen mitzuhelfen, dass etwas von der Menschenfreundlichkeit Gottes sichtbar wird. Heute geht die Einladung auch in unsere Richtung. Weichen wir ihr nicht aus! *Holger Panteleit*

Bei dir, Jesu, will ich bleiben,
stets in deinem Dienste stehn;
nichts soll mich von dir vertreiben,
deine Wege will ich gehn.
Du bist meines Lebens Leben,
meiner Seele Trieb und Kraft,
wie der Weinstock seinen Reben
zuströmt Kraft und Lebenssaft.
Karl Johann Philipp Spitta 1826

11 Beginn der Passionszeit

15 Donnerstag FEBRUAR 2024

✷ 07:37 17:36
☽ 09:44 00:07

Bibellese: Philemon 1-25

Paulus und Timotheus schreiben: Ich danke meinem Gott immer, Philemon, wenn ich in meinen Gebeten an dich denke. *(Vers 4)*

Wie dankbar sind wir Gott für die Menschen, für die wir beten (sollen)? Wird unser Gebet überhaupt getragen von der Dankbarkeit oder eher von den Bitten und Wünschen, die wir vor Gott bringen möchten? Paulus und Timotheus danken Gott für Philemon. Sie schauen auf die Entwicklung seines Glaubens und nicht auf mögliche Defizite.

Wie gut das tut, wenn einer mich wegen des Glaubenswachstums lobt. Andere sehen oft mehr als ich selbst. Sie sind ja nicht Teil der täglichen Aufgaben und Herausforderungen. Hin und wieder schauen sie hin, sehen die Unterschiede zwischen damals und heute und staunen. Was machte Gott in der Zwischenzeit; wie entwickelte sich der Glaube weiter! Grund zur Dankbarkeit! Nicht nur für denjenigen, den es betrifft, sondern auch für die Menschen, die

einen in der Glaubensentwicklung begleiten: Seelsorger, Mentoren, Coaches.
Der Vers löst mehrere Fragen aus: Nehme ich meine Glaubensgeschwister in ihrer Entwicklung wahr und kann ich Gott für ihren Werdegang dankbar sein? Sage oder schreibe ich ihnen auch, was ich positiv wahrnehme? Oder nehme ich das Wahrgenommene als selbstverständlich hin? Die Antwort auf diese Fragen führt von mir weg, sie richtet den Blick auf Gott und auf den anderen. Letztlich ist Gott es, der alles wirkte und durch seinen Geist dieses Wachstum gab. Und zum anderen ermutigen wir diejenigen, am Glauben dranzubleiben. Ich erlebte schon oft, wie meine Gesprächspartner durch solche Wahrnehmungen gestärkt wurden. Auch ich wurde des Öfteren durch ein solches Wort ermutigt. Bleiben wir also dran, auf die anderen zu schauen und Gott dankbar zu sein für ihre Glaubensentwicklung. *Leo Schouten*

Himmlischer Vater, danke für die Glaubensentwicklung meines Bruders oder meiner Schwester. Du fingst in ihnen ein großes und gutes Werk an und wirst das auch einmal vollenden. Ich freue mich, das wahrzunehmen durch die geöffneten Augen des Glaubens.

Leo Schouten

Zum 16. Februar 2024

Befreiung aus unmenschlichen Lebens- und Arbeitsbedingungen

Einführung in das 2. Buch Mose/Exodus

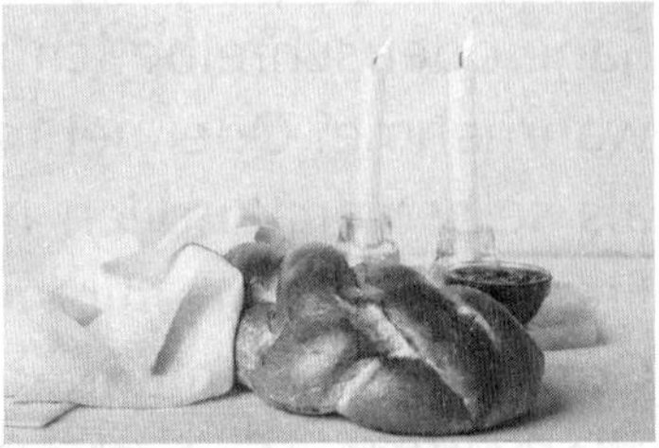

Der Name des Buches ist in der christlichen Bibel von der Erzählung des Auszugs der Israeliten aus Ägypten inspiriert (Kp 1-15). In der Flucht allein erschöpft sich allerdings nicht das gesamte Thema der Schrift, die aus drei Hauptteilen besteht: der Erzählung vom Auszug aus Ägypten (Kp 1-15), dem Weg Israels durch die Wüste (Kp 16-18), und schließlich dem Aufenthalt am Berg Sinai (Kp 19-40). Dieser dritte Teil findet seine Fortsetzung in den Büchern 3. Mose/Levitikus und 4. Mose/Numeri. Während es im ersten Buch Mose/Genesis um die Grundfragen menschlicher Lebensbedingungen (1. Mose/Gen 1-11) und in den Erzelternerzählungen um die Vorgeschichte Israels geht (1. Mose/Gen 12-50), schildert das zweite Buch Mose gewissermaßen die eigentliche „Geburt" dieses Volkes. Und die ist – wie die meisten Geburten – äußerst schmerzhaft: Israel wächst unter brutalen Arbeitsbedingungen auf! Dabei geht es um weit mehr als die verbreitete Klage über die allgemeine Mühsal des Lebens (1. Mose/Gen 5,28-29). Im Mittelpunkt steht vielmehr Zwangsarbeit, die Menschen ihre Würde und ihre Handlungsmöglichkeiten raubt. Auf die Bitte des Mose hin, sein Volk ziehen zu lassen, damit es in der Wüste seinem Gott ein Fest feiere, antwortet der Pharao sogar mit einer Verschärfung dieser Lasten (5,9). In dramatischer Weise wird erzählt, wie die Israeliten demoralisiert werden, sodass sie ihre Hoffnung verlieren: Sie hören nicht mehr auf Mose, denn „die harte Arbeit hatte sie mutlos gemacht" (6,9 BasisBibel). Eine solche Lage bezeichnen wir heute als Depression, auch wenn die damaligen Menschen eine medizinische Diagnose in diesem Sinn noch nicht kannten.

Die Kernbotschaft, die angesichts dieser Situation zum Ausdruck kommt, ist einerseits die Zusage der Befreiung: Der Gott Israels stellt sich selbst als jener vor, der den Schmerz und das Leid der Opfer sieht (3,7). Andererseits sollen die Menschen in ihrem gegenseitigen Verhalten dem Wesen dieses Gottes entsprechen. Genau das kommt im Dekalog zum Ausdruck, in dessen Mitte sich das Gebot findet, an einem Tag in der Woche die Arbeit niederzulegen (20,8-11). Selbst die Tiere sollen von sklavischer „Maloche" befreit sein. Die Forderungen für ein humanes Arbeitsrecht haben bis heute nichts von ihrer Aktualität eingebüßt. *Dirk Sager*

16 Freitag FEBRUAR 2024

☀ 07:35 17:38
☽ 10:03 01:33

Bibellese: 2. Mose/Exodus 1,1-22

Der neue König sagte zu seinen Leuten: „Die Israeliten sind so zahlreich und stark, dass sie uns gefährlich werden." *(Vers 9)*

Gott steht zu seinen Zusagen. Er erfüllt das Versprechen, das er einst Abraham gegeben hat. „Ich will dich zum Stammvater eines großes Volks machen", sagte er Abraham zu (1. Mose/Genesis 12,2). Das 2. Buch Mose/Exodus lässt seine Hörerinnen und Hörer sehen, wie sich das erfüllt. Aus der Sippe von Abraham, Isaak, Jakob wird das Volk der Israeliten. Gott kommt zum Ziel! Er erfüllt, was er versprochen hat! Der Pharao bestätigt das auf seine Weise mit den Worten: „Die Israeliten sind so zahlreich und stark."

Was Abraham sich vorgestellt hat, als er einst die Verheißung Gottes erhielt, weiß ich nicht. Ich vermute allerdings, dass er an ein freies Volk dachte und nicht an ein Volk unter ägyptischer Herrschaft. Gott kommt zum Ziel, aber auf anderen Wegen, als

Menschen es sich vorstellen. In der Bibel gibt es viele Beispiele dafür. Das stärkste Beispiel ist das Kommen des Messias. Zur Zeit von Jesus erhoffte sich das jüdische Volk einen Messias, der das Volk von den Römern befreien und ein Reich aufrichten würde wie zu Zeiten von König David. Einen Retter, der für das Volk stirbt, konnten sie sich nicht vorstellen. Doch so rettet Gott!

Ein Mann aus unserer Gemeinde betete: „Herr, stärke meinen Glauben!" Der Mann wurde schwer krank. Heute sagt er: „Die Zeit der Krankheit hat meinem Glauben gut getan und die Beziehung zu Jesus Christus gestärkt." Sein Gebet wurde erfüllt, aber wohl auf einem anderen Weg, als er es sich vorgestellt hat.

Die Leserinnen und Leser des 2. Buches Mose/Exodus werden von Beginn an darauf hingewiesen, dass der Herr seine Zusagen erfüllt. Mit dieser Gewissheit kann die weitere Geschichte des Volkes Israels gelesen werden und mit dem Vertrauen können heute Menschen in den neuen Tag gehen.

Werner Hanschmann

Nicht alle unsere Wünsche, aber alle seine Verheißungen erfüllt Gott.

Dietrich Bonhoeffer (1906-1945), deutscher evangelischer Theologe

17 Samstag FEBRUAR 2024

☀ 07:33 17:40
☽ 10:30 02:56

Bibellese: 2. Mose/Exodus 2,1-10

Die Tochter des Pharaos nahm den Jungen als ihren Sohn an. Sie sagte: „Ich habe ihn aus dem Wasser gezogen." Darum gab sie ihm den Namen Mose.

(Vers 10)

Wunderbar, was hier geschieht! Das Leben des kleinen Jungen wird gerettet! Er verdurstet und verhungert nicht, er wird nicht vom Wasser fortgespült. Stattdessen wird er an das rettende Ufer gezogen, ja, viel mehr noch: Er wird adoptiert und nicht von irgendwem, sondern von der Tochter des Pharao. Wunderbar!

„Gott kommt zum Ziel", hieß es gestern und das zeigt sich auch heute. Der kleine Junge wird gerettet und die weitere Geschichte des Mose zeigt, wie Gott sich für ihn einsetzt, um seine Verheißungen zu erfüllen. Wunderbar!

Wunderbare Geschichten gibt es bis heute! Natürlich, es gibt auch die anderen Geschichten, Geschichten des Elends. Die Geschichten kommen den Menschen durch die Weltnachrichten wie durch persönliche Nachrichten nahe. Sie sind da. Sie sind nicht zu leugnen. Sie können Menschen fertigmachen. Damals, als Mose ein kleines Kind war, gab es die elenden Geschichten ebenfalls in großer Zahl. Dass der kleine Junge ausgesetzt werden musste, ist doch bereits solch eine Elendsgeschichte. Aber Gott führt auf wunderbare Weise. Das zeigt sich hier wie auch in weiteren biblischen Berichten. Ich denke nur daran, wie die Apostelgeschichte schildert, auf welche Weise das Evangelium von Jerusalem in die Weltmetropole Rom kommt. Wunderbar!

Nicht immer ist das Wunderbare einer Geschichte in ihrem Erleben zu erkennen. Oft ist da nur das blanke Elend! Da ist nichts schönzureden. Doch auch hier gilt die oft zitierte Aussage, die auf Paul Claudel („Der seidene Schuh") zurückgeht: „Gott schreibt auch auf krummen Zeilen gerade."

Menschen sind in Not wie hier der Junge, doch schildert die Bibel immer wieder, dass der Herr auch aus Elendsgeschichten etwas Wunderbares schaffen kann. Das soll Menschen nicht vertrösten, sondern daran erinnern, dass, wenn sie am Ende sind, Gott noch lange nicht am Ende ist. Wunderbar!

Werner Hanschmann

18 Sonntag FEBRUAR 2024

✹ 07:31 17:42
☽ 11:06 04:13

Invokavit (Er ruft mich an, darum will ich ihn erhören. Psalm 91,15)

Bibellese: Psalm 91

Du musst keine Angst mehr haben
vor Gefahren und Schrecken bei Nacht,
auch nicht vor Überfällen bei Tag,
vor der Seuche, die im Dunkeln zuschlägt,
oder dem Fieber, das am Mittag wütet. *(Vers 5-6)*

Die Hilfe Gottes habe ich erfahren! Von meiner schweren Krankheit hat er mich geheilt! Dazu kam es durch die Kunst der Ärztinnen und Ärzte wie durch das Gebet vieler Menschen. Doch letztlich hat der Herr mich geheilt. Ihm danke ich von ganzem Herzen!“ Das ist das Bekenntnis einer Frau, die eine schwere Krebserkrankung überwunden hat. Mit ihren Worten dankt sie nicht nur Gott, sondern möchte auch Menschen Mut machen, die in einer schweren Lebenssituation stecken. Sie ist überzeugt: „Gott hilft und er kümmert sich um dich, so wende dich ihm, mit all deiner Not, zu. Gott ist größer, stärker als die Not!“ Ich glaube, dass es das braucht: Menschen, welche die Hilfe Gottes erfahren haben,

sollen davon erzählen und zugleich anderen Menschen damit Mut geben.
Doch im Hören auf die Erfahrung der krebskranken Frau wie der Worte aus Psalm 91 kommen auch viele Einwände in mir hoch. Ja, es ist großartig, dass die Frau geheilt wurde, aber andere wurden nicht geheilt, denke ich. Der Teufel, so berichtet der Evangelist Matthäus, hat den Psalm 91 zitiert, um Jesus zu versuchen. „Gott schützt dich doch. Es kann dir ja nicht passieren!", so spricht der Versucher dem Sinne nach zu Jesus (Matthäus 4,6). Die Antwort Jesu, „Du sollst den Herrn, deinen Gott, nicht herausfordern", macht deutlich, dass die Hilfe Gottes nicht so aussehen muss, wie Menschen sich diese Hilfe vorstellen. Das starke Gottvertrauen, das sich im Psalm 91 zeigt, findet sich auch im Neuen Testament. Im Römerbrief schreibt Paulus, dass es keine Macht gibt, die uns von der Liebe Gottes trennen kann (Römer 8,38-39). Trotz Not, trotz Leid, sogar trotz des Todes: Die Liebe Gottes bleibt. Sie bricht nie ab!
In allem, was geschieht, gilt, dass Gottes bewahrende Hand da ist. Er hilft! Er rettet!

Werner Hanschmann

19 Montag FEBRUAR 2024

☀ 07:29 17:44
☽ 11:56 05:18

Bibellese: 2. Mose/Exodus 2,11-25

Mose schaute sich nach allen Seiten um, und als er sah, dass niemand in der Nähe war, erschlug er den Ägypter. *(Vers 12)*

Mose handelt auf eigene Faust. Er schlägt mit der Faust drein. Es fließt Blut. Gott kommt nicht vor. Das war keine Handlung aus dem Affekt heraus, denn zuvor sieht sich Mose nach allen Seiten um. Er geht wohlüberlegt vor. Er will seinen hebräischen Landsmann rächen. Doch so wird er nicht zum Befreier seines Volkes, sondern zum flüchtigen Mörder. Später, viel später, wird er zum Befreier seines Volkes. Aber da handelt er nicht mehr auf eigene Faust, sondern im Namen des Gottes, der ihn gerufen und gesandt hat.

Das Handeln auf eigene Faust finden wir immer wieder bei Menschen, auch bei den Frommen. Ich erinnere an Abraham, der auf eigene Faust seine Frau dem Pharao als Schwester verkaufte. Das Handeln auf eigene Faust, ohne Gott, wird geleitet von der Überzeugung, selbst besser zu wissen, was jetzt dran ist, den Durchblick zu haben. Das Leben auf eigene Faust ist das Leben des Menschen, der, ohne bei dem Schöpfer Himmels und der Erde nachzufragen, weiß, was Sache ist. Selbst Christen meinen manchmal: „Jetzt ist keine Zeit, auf Gott zu warten." Das aber braucht es! Das Warten auf Gott. Das Gespräch mit ihm. Es gilt zu hören, was er sagt, zum Beispiel: „Alle, die zum Schwert greifen, werden durch das Schwert umkommen" (Matthäus 26,52). Gewalt ist nicht der Weg Jesu Christi und kann auch nicht der Weg derer sein, die ihm folgen. Sein Leben wie sein Sterben zeigen das. Dabei wissen wir, dass Gewalt nicht erst beginnt, wenn jemand zu Boden geht. Das lässt sich in den sozialen Netzwerken verfolgen, wenn Menschen fertiggemacht werden. Es geht aber nicht nur um das Thema Gewalt. In vielen weiteren Bereichen leben wir Menschen auf eigene Faust. Zu welchem Desaster das führt, erlebt die Welt bei der Klimaveränderung. Der Verzicht auf Gott wird zum Verzicht auf das Leben. Mose wird später sein Volk befreien, aber nicht auf eigene Faust, sondern im Hören auf Gott. Ohren für Gott braucht es, keine Fäuste!

Werner Hanschmann

20 Dienstag FEBRUAR 2024

✹ 07:27 17:46
☽ 12:57 06:08

Bibellese: 2. Mose/Exodus 3,1-22

Gott antwortete: „Ich bin da", und er fügte hinzu: „Sag zum Volk Israel: ‚Der Ich-bin-da hat mich zu euch geschickt: der Herr!'" *(Vers 14)*

Ein kleines Mädchen stand vor mir und sah mich mit großen Augen an: „Wie heißt denn du?" Gerne gab ich ihr Antwort. „Und du?", fragte ich zurück. Schon war da ein kleines Band zwischen uns geknüpft. Wir kennen unsere Namen, also kennen wir uns schon ein bisschen. Ich habe auch schon das Gegenteil erlebt, als ich zum ersten Mal in eine Gruppe kam und weder begrüßt noch nach meinem Namen gefragt wurde. Da war mir klar: Diese Menschen sind sich selbst genug und haben kein Interesse, jemanden Neues kennenzulernen. Schade, dabei verpasst man doch so viel.

Mose ist offen für eine Begegnung, als er vor dem brennenden Dornbusch steht und plötzlich erlebt, wie der heilige Gott sich ihm offenbart. Deshalb auch seine Frage: „Wie ist dein Name?" „Ich-bin-da", bekommt er zur Antwort. Das heißt doch: Du kannst dich darauf verlassen, dass ich da bin. Er tritt ganz bewusst in eine Beziehung ein. „Ich will mit dir sein." Ich bin der Gott, der präsent ist, nicht weit weg, sondern nah. Im biblischen Denken stehen die Namen noch viel mehr als heute für das Wesen der Person, die diesen Namen trägt. Da zu sein für sein Volk ist also die wichtigste Eigenschaft Gottes. Das ist wie ein Versprechen, eine Selbstverpflichtung Gottes. Wenn ich da bin, kümmere ich mich auch um dich. Ich helfe dir, ich stehe dir zur Seite. Doch wie das genau aussieht, bleibt offen.

So verweist der Name Gottes alle menschlichen Versuche, ihn zu fassen, ihn einzuordnen oder gar zu vereinnahmen, in seine Grenzen. Gott stellt sich uns Menschen vor, er bleibt nicht anonym. Er sieht unseren Schmerz und hört unsere Schreie. Er ist da, du bist nicht allein. Wenn du vor Freude jubelst oder aus Angst keinen Schlaf findest – er, der souveräne und nicht berechenbare „Ich-bin-da" ist dabei.

Heidrun Hertig

---

11 Heute ist der Welttag der sozialen Gerechtigkeit. 2009 haben ihn die Vereinten Nationen (UN) erstmals ausgerufen. Seitdem wird jährlich am 20. Februar an die soziale Ungerechtigkeit weltweit erinnert und zu ihrer Überwindung aufgerufen.

21 Mittwoch FEBRUAR 2024

✹ 07:25 17:47
☽ 14:08 06:44

Bibellese: 2. Mose/Exodus 4,1-17

Der Herr antwortete Mose: „Geh jetzt! Ich werde dir helfen und dir sagen, was du reden sollst." (Vers 12)

Mose hat von Gott einen gewaltigen Auftrag bekommen. Geh zum König. Bitte ihn darum, die israelitischen Sklaven freizulassen. Völlig klar, das ist eine große Hausnummer. So etwas sucht man sich nicht freiwillig. Und so fängt Mose an, mit Gott zu diskutieren. Seine Einwände: Was mache ich, wenn die Israeliten mir nicht glauben? Außerdem: Ich kann nicht gut reden! Schicke doch lieben einen anderen, der begabter, mutiger, redegewandter ist als ich! Lass mich in Ruhe. Diese Last will ich nicht tragen.

Manchmal ist der Auftrag, den Gott uns gibt, schwer, vielleicht zu schwer. Wir haben das Gefühl, überfordert zu sein. Am liebsten würden wir uns wegducken, die anderen machen lassen. Doch spüren wir genau: Hier geht es nicht um andere. Hier geht es um dich. Gott will gerade dich gebrauchen.

Gott hat ziemlich viel Geduld mit Mose. Er zeigt ihm Wunder. Immer noch Zweifel? Gott verspricht totale Unterstützung: „Sei mutig, gehe los. Ich bin bei dir. Ich gebe dir Worte, wenn sie dir fehlen." Und dann stellt er ihm auch noch seinen Bruder Aaron als Unterstützung an die Seite, weil der gut reden kann. „Ich werde euch beiden helfen und euch zeigen, was ihr tun sollt."
Ob Gott sich genauso um mich kümmert, wenn ich spüre, hier solltest du dich zu ihm bekennen? Ob er mir auch seine Worte schenkt, wenn ich nicht weiß, was ich sagen soll? Ja, ich will es glauben, Gott beruft nicht nur, er kümmert sich auch um seine Boten. Und doch bleibt es ein Wagnis, seinen Ruf anzunehmen. Er ruft uns aus der Komfortzone heraus. Nirgends in der Bibel wird versprochen, dass ein Leben in seiner Nachfolge einfach ist. Doch stehenbleiben oder gar zurückgehen ist keine Option. Und was gibt es Schöneres, als loszugehen in seinem Auftrag und dabei zu erleben, dass Gott uns genau im richtigen Moment das schenkt, was wir brauchen. Nicht im Voraus, nicht auf Lager, nein, genau dann, wenn es drauf ankommt. *Heidrun Hertig*

22 Donnerstag FEBRUAR 2024

✹ 07:23 17:49
☽ 15:22 07:09

Bibellese: 2. Mose/Exodus 4,18-31

Als Mose und seine Familie einmal unterwegs übernachteten, fiel der Herr über Mose her und wollte ihn töten. *(Vers 24)*

Wie bitte? Ja, Sie haben richtig gelesen. Hier steht etwas davon, dass Gott Mose entgegentritt und es um Leben und Tod geht, sogar, dass Gott die Absicht hat, Mose zu töten. Es erinnert an den Kampf Jakobs mit Gott am Jabbokfluss. Aber bei Jakob ist der Kampf geheimnisvoll umschrieben mit einem Mann, hier steht ohne Drumherum, dass Gott, der Herr, Mose entgegentritt. Die Bibelstelle, da sind sich die Ausleger einig, gehört zu den schwierigsten des ganzen Buches Exodus.

Was fehlt, auch im Zusammenhang, ist ein Grund für diesen Überfall Gottes auf Mose. Nun neigen Bibelerzähler schon dazu, Gründe und Ursachen anzugeben, aber der Text schweigt sich hier aus. Das hindert Bibelleser nicht daran, alle möglichen Gründe zu finden oder zu erfinden, aber gerade hier ruht eine Herausforderung des Textes: Wie gehe ich damit um, wenn etwas geschieht, was ich mir nicht recht erklären, herleiten und gut begründen kann? Wie verarbeite ich eine Nacht, die unruhig ist und in der ich um mein Leben fürchte? Darf Gott sich gegen mich stellen?

Nun, wenn Gott gewollt hätte, dass Mose getötet wird, dann wäre er in dieser Nacht verstorben. Gott hätte die Möglichkeiten und Fähigkeiten dazu, sonst wäre er nicht Gott. Gott braucht auch keine Rechtfertigung oder einen Grund, einem Menschen entgegenzutreten. Die gute Nachricht für Mose: Gott lässt wieder ab von ihm. Rätselhafterweise sorgt die Beschneidung des Sohnes durch seine Ehefrau Zippora dafür, dass Gott loslässt. Die Nacht auf Leben und Tod ist in den Zusammenhang gestellt, dass Mose beauftragt wird, beim Pharao für die Freiheit seines Volks zu sorgen. Mose ist in großer Mission unterwegs. Bleiben wir aber bei diesem einen Punkt: die gestörte Nachtruhe. Der Kampf mit Gott. Die Leerstelle, keine Antwort auf das Warum zu haben. Woran ich mich halte: Gottes Angriff ist zeitlich begrenzt und im gewissen Sinne erfolglos, aber nicht folgenlos. Wer mit Gott ringt und seinen Widerstand merkt, begegnet dem furchterregenden, mächtigen Gott. Dieser Gott setzt seine Befreiungsgeschichte mit Mose fort und ich hoffe, auch mit mir. *Michael Rohde*

23 Freitag FEBRUAR 2024

✹ 07:21 17:51
☽ 16:36 07:28

Bibellese: 2. Mose/Exodus 5,1-6,1

Mose wandte sich an den Herrn und sagte: „Herr, warum handelst du so schlecht an deinem Volk? Wozu hast du mich überhaupt hierher geschickt?“ *(Vers 22)*

Der Erzähler von 2. Mose/Exodus 5 entfaltet eine Kette an Beschwerden. Der Pharao lässt Aaron und Mose mit ihrem Wunsch abblitzen, mit den Hebräern in der Wüste ein Opferfest zu veranstalten, und macht anschließend Druck auf die ägyptischen Vorarbeiter. Die Arbeitsbedingungen für die israelitischen Gastarbeiter sollen spürbar erschwert werden. Sie werden als faul verleumdet und sollen jetzt das Material für die Ziegel selbst beschaffen, zugleich aber dieselbe Menge Ziegel produzieren. Die israelitischen Vorarbeiter beschweren sich zunächst beim Pharao und dann bei Aaron und Mose. Und Aaron und Mose? Mit ihrer Vision, die Israeliten zu befreien, landen sie zunächst in einer Sackgasse. Ihre Verhandlungen mit dem Pharao haben kurzfristig negative Folgen. Die israelitischen Vorarbeiter fühlen sich in einer ausweglosen Lage und wünschen ihren Leitern eine Strafe durch Gott. Aus Aarons und Moses guten Absichten wurde etwas Schlechtes und jetzt stehen der Zusammenhalt, ihre Leitung und das Ziel, kurzum alles, in Frage.

Wohin geht Mose mit dem Beschwerdedruck, der sich über den Pharao, an die ägyptischen Vorarbeiter, an die israelitischen Vorarbeiter bis zu Aaron und Mose aufbaute? Mose klagt Gott an. Mit einem typischen Klagewort, der Frage nach dem Warum. Mose versteht nicht, warum es auf dem großen Weg der Veränderung in die Freiheit noch keine guten Zeichen gibt. Und Mose zweifelt langsam an dem Ziel ihrer Mission. Gott soll sich endlich sichtbar einschalten und sie retten! Mose verliert für einen Augenblick die Geduld.

Bei Druck, Beschwerden und Veränderungen im Leben steht das Gottvertrauen schnell auf dem Prüfstand. Mose vertraut Gott, indem er sich bei ihm beschwert und Gott Fragen vorwirft! Damit delegiert er seine Gefühle von Ohnmacht und Ärger an Gott und setzt seine Hoffnung auf Gott, der helfen könnte! Wenn ich zu Gott bete, will ich mir Druck und Ohnmacht nicht schönreden. Ich muss nicht fragen: „Warum?“, aber ich darf es. Gott hält alle Fragen und den Druck aus. Ich möchte lernen, so zu beten wie Mose.

Michael Rohde

24 Samstag FEBRUAR 2024

☀ 07:19 17:53
☽ 17:48 07:42

Bibellese: 2. Mose/Exodus 7,1-13

Der Herr sagte zu Mose: „Ich werde den Pharao starrsinnig machen, damit ich umso mehr meine Macht durch Staunen erregende Wundertaten erweisen kann."

(Vers 3)

Machtspiele vollziehen sich in unserer Welt immer wieder und in vielen Formen. Vieles ist kein „Spiel" im engeren Sinne des Wortes, sondern bitterer Ernst, denn es geht um ganz viel. Wenn etwa Despoten dem eigenen Volk und anderen Ländern ihre Macht beweisen wollen, lassen sie die Muskeln spielen, indem zum Beispiel Militärflugzeuge absichtlich den Luftraum der Nachbarn verletzen. Aber hat nicht solches Verhalten auch etwas Kindisches? Als erwachsen und reif lässt es sich kaum bezeichnen, wenn provoziert und mit möglichen Übergriffen „gespielt" wird.

Auch der Herrscher Ägyptens, der Pharao, spielt gegenüber den Israeliten seine Macht aus. Er denkt, er habe die Menschen in der Hand und könne allein

entscheiden, was aus ihnen wird. Vermutlich hält er Mose für einen Gegner, dem er haushoch überlegen ist. In diesem Denken hat er allerdings die Rechnung ohne jene Macht gemacht, die hinter Mose steht, nämlich den lebendigen und unendlich mächtigen Gott. Der spielt nicht – das hat er gar nicht nötig –, sondern verfolgt gelassen sein großes Ziel, nämlich die Israeliten aus dem fremden Land heraus- und ins gelobte Land hineinzuführen. Mose ist dabei sein Bote, sein Vollstrecker, der sich ganz auf die größere Macht seines Gottes verlässt. Und so wird es schließlich dahin kommen, dass der Pharao sich verzockt und seine Machtspielerei am Ende verliert.
Uns Menschen heute machen machtbesessene Diktatoren immer noch Angst – solange sie an der Macht sind. Und doch haben wir es auch schon erlebt, in der Geschichte und teilweise gar zu unseren Lebzeiten, dass einstmals mächtige Herrscher wie Pol Pot, Saddam Hussein oder Muammar al-Gaddafi ihrer Macht beraubt wurden und auf ganzer Linie scheiterten. Dies bestätigt, was Theo Lehmann und Jörg Swoboda in ihrem bekannten Lied „Wer Gott folgt, riskiert seine Träume" so beschreiben: „Die Mächtigen kommen und gehen, und auch jedes Denkmal mal fällt. Bleiben wird nur, wer auf Gottes Wort steht, dem sichersten Standpunkt der Welt."

Peter Bernshausen

25 Sonntag FEBRUAR 2024

☀ 07:17 17:54
☽ 18:58 07:53

Reminiszere (Gedenke, Herr, an deine Barmherzigkeit! Psalm 25,6)

Bibellese: Psalm 123

Erbarm dich, Herr, hab Erbarmen mit uns!
Wir haben genug Verachtung erlebt. *(Vers 3)*

Ende 2022 sanken die Infektionen mit dem Corona-Virus in Deutschland auf ein sehr erfreuliches Niveau: Inzidenzen, Hospitalisierungen und vor allem die Zahl der mit Corona Verstorbenen gingen deutlich zurück. Mit dem Ausklingen der Pandemie endet hoffentlich auch eine Zeit verbreiteter Verachtung: Geimpfte und Befürworter strenger Maßnahmen wurden von Impfgegnern und sogenannten „Querdenkern" verachtet und angefeindet; teilweise schlug aber auch die Kritik an Skeptikern der Impfpflicht und diverser Lockdowns von Seiten der Befürworter dieser Maßnahmen in Verachtung um.

Es muss sehr schmerzhaft sein, von anderen Menschen verachtet zu werden. Zwar können Menschen auch selbst dazu beitragen, dass sie nicht geachtet werden, aber wie viel verletzender ist diese

Erfahrung, wenn es ohne eigenes Zutun soweit kommt, etwa wegen der Hautfarbe, einer Behinderung, einer fremder Kultur oder dem Geschlecht. Wie viel Verachtung schlägt etwa Frauen in islamistisch geprägten Ländern entgegen! Wie viel Ablehnung erfahren Menschen mit Migrationshintergrund in manchen Kreisen! Und wie sehr wurden gerade jüdische Menschen durch die Jahrhunderte immer wieder abgelehnt, verleumdet und sogar vernichtet, vor allem im sogenannten „Dritten Reich".

Im vorliegenden Psalm sind es ebenfalls Angehörige des Volkes der Juden, die unter der Verachtung von hochmütigen Menschen leiden. Sie bitten den lebendigen Gott um sein Erbarmen; sie hoffen darauf, dass er der Verachtung ein Ende bereitet und sie wieder Achtung erfahren.

Ja, auch ich will Gott gerne um sein Erbarmen mit den Verachteten bitten, will in der Fürbitte alle vor den Herrn bringen, die verfolgt, missachtet und ihrer fundamentalen Menschenrechte beraubt werden. Gott hat die Macht, einzugreifen und denen Achtung zu verschaffen, die sie bislang schmerzlich vermissen. Aber ich will dann auch selbst dafür eintreten, dass aus Verachtung Wertschätzung wird, aus Ablehnung Annahme und aus Hass Versöhnung. Ich will mir Gottes Barmherzigkeit mit uns Menschen zu eigen machen.

Peter Bernshausen

Bibellese: 2. Mose/Exodus 7,14-25

Der Pharao ging in seinen Palast zurück und nahm auch diesen Machterweis des Herrn nicht ernst.

(Vers 23)

Da stehe ich doch drüber!" So oder ähnlich mag der Pharao gedacht haben, als Mose und Aaron im Auftrag Gottes die erste Plage über Ägypten kommen ließen. Der große Herrscher des Reichs am Nil wollte sich von dieser Warnung nicht beeindrucken lassen. Das Volk Israel musste, als Arbeitssklaven missbraucht, weiter unter seiner Herrschaft leiden.

„Da stehe ich doch drüber!" So oder ähnlich reagieren manche Menschen bis heute, wenn sie Warnungen in den Wind schlagen und gut gemeinte Ratschläge hochmütig ignorieren. Der starke Raucher reagiert vielleicht so, wenn sein Arzt ihm dringend zur Mäßigung rät, oder der Übergewichtige, dem nicht nur sein Arzt viel mehr Bewegung ans vom Infarkt bedrohte Herz legt. Jeder, der solche und ähnliche Warnungen und Ratschläge ignoriert, setzt sich einer Gefahr aus. Dabei wollen die Mahner und Ratgeber in der Regel nur Schlimmeres verhindern. Mose und Aaron wollten den Pharao vor weiteren und schlimmeren Plagen bewahren; Ärzte und andere auf die Gesundheit bedachte Menschen wollen gefährdete Mitmenschen vor Krankheit und Tod schützen. Wer darauf mit Ignoranz und Hochmut reagiert, trägt dann auch selbst die Verantwortung für die Konsequenzen. Das ist leider zu allen Zeiten die bittere Realität gewesen und geblieben. Herrscher haben Warnungen missachtet und sind an ihrer Ignoranz zugrunde gegangen, ähnlich wie der Pharao, der sich Gottes Plänen nicht widersetzen konnte. Einfache Menschen haben Mahnungen nicht ernst genommen und mussten dann mit den Folgen leben oder im schlimmsten Fall sogar sterben.

Besser ist es, aus solchen Erfahrungen zu lernen und sich zum Umdenken bewegen zu lassen. Dazu ist es unerlässlich, dass wir die uns zugeneigten Ratgeber ernst nehmen und ihren Empfehlungen folgen. Das gilt für kleine Alltagssituationen ebenso wie für die großen Weichenstellungen des Lebens.

Eine solche liebevolle Warnung hat übrigens kein geringerer als Jesus ausgesprochen, als er allen Menschen zurief: „Kehrt um und glaubt an das Evangelium!" (Markus 1,15 E). Das nehme ich gerne sehr ernst.

Peter Bernshausen

27 Dienstag FEBRUAR 2024

✷ 07:12 17:58
☽ 21:17 08:13

Bibellese: 2. Mose/Exodus 11,1-10

Mose sagte zu dem Pharao: „So spricht der Herr: ‚Den Leuten von Israel wird kein Haar gekrümmt werden, auch ihren Tieren wird nichts geschehen. Daran sollt ihr Ägypter erkennen, dass der Herr zwischen euch und den Israeliten genau unterscheidet.'" (Vers 4.7)

Was wir hier lesen, ist eine ganz schreckliche und wundersame Geschichte zugleich. Für die Staatwerdung Israels sind die zehn Plagen und insbesondere die letzte von großer Bedeutung und Wichtigkeit. Dieser Auszug ist geprägt von schrecklichen Geburtsereignissen. Noch lesen wir aber in diesem Kapitel nur die Ankündigung dessen, was geschehen wird. Das Besondere in dieser Ankündigung besteht darin, dass diesmal das Volk Israel explizit von der Plage ausgeschlossen wird. Sie sollen von den schrecklichen Ereignissen verschont bleiben, ihnen soll kein Haar gekrümmt werden.

Einen besonderen Schutz von Gott in schweren Krisenzeiten, das wünschen sich viele Menschen. Ich

denke dabei an die Coronakrise, als sich besonders gefährdete Menschen nicht mehr mit anderen treffen durften. Ich denke an Menschen aus der Ukraine, die auf der Flucht vor den russischen Invasoren Hab und Gut zurücklassen mussten. Ich denke an verhungernde Kinder und alte Menschen in den Hungergebieten von Afrika. Immer wünschen sich Menschen den besonderen Schutz von Gott in ihrer Krisensituation. Nicht immer erfahren aber diese Menschen den von ihnen gewünschten Schutz durch Gott, wie es die Israeliten erfahren haben. Gilt ihnen die Liebe und Zuwendung Gottes nicht in gleichem Maß wie den Israeliten? Diese Frage bewegt Menschen immer wieder und es gibt keine einfache Antwort.
In der Menschwerdung und Kreuzigung von Jesus wird erkennbar, dass seine Liebe allen Menschen gilt, ohne auf ihre Herkunft zu achten. Er steht ihnen zur Seite. Lassen Sie uns deshalb heute zu Gott rufen, dass er diesen Menschen in gleicher Weise beisteht wie damals dem Volk Israel! Lassen Sie uns einstehen für Menschen, die sich nach der rettenden Tat Gottes sehnen! Vielleicht will uns Gott ähnlich wie Mose gebrauchen, damit Menschen in Krisensituationen das Handeln Gottes erfahren.

Markus Bach

28 Mittwoch FEBRUAR 2024

✹ 07:10 18:00
☽ 22:28 08:23

Bibellese: 2. Mose/Exodus 12,1-20

Der Herr sagte zu Mose und Aaron: „Jahr für Jahr sollt ihr das Fest der Ungesäuerten Brote feiern, weil ich euch am ersten Tag dieses Festes in geordneten Scharen aus Ägypten herausgeführt habe." *(Vers 17)*

Es gehört zu unserem Alltag, dass dieser immer wieder durch besondere Feste unterbrochen wird. Von einem solchen Fest lesen wir im heutigen Abschnitt, dem Fest der Ungesäuerten Brote. Das Fest erinnert an die Nacht des Aufbruchs aus Ägypten, als keine Zeit vorhanden war, den Brotteig durchsäuern zu lassen. Der Teig wurde als Fladenbrot gebacken und so gegessen. Die Israeliten sollten bereit sein für den Aufbruch in die Freiheit. Das siebentägige Fest soll an diesen Aufbruch erinnern, an jedem Tag der Woche. Interessant ist, dass sich die Bedeutung des Festes zu späteren Zeiten gewandelt hat. Der Ausschluss von Sauerteig als Triebmittel soll nicht nur an das Geschehen des Auszugs erinnern, sondern hat auch eine selbstständige Bedeutung:

Bei diesem Fest werden Proben der neuen (Gersten-) Ernte Gott dargebracht und gleichzeitig die ersten aus dem Korn der neuen Ernte gebackenen Brote verzehrt – und bei diesem feierlichen Erstlingsopfer soll kein „alter Sauerteig“ die Reinheit der Gabe trüben.

Aber auch Jesus hat diesem Fest der Ungesäuerten Brote eine neue Bedeutung gegeben, indem er ein Brot nahm, darüber das Dankgebet sprach, es in Stücke brach und seinen Jüngern mit den Worten gab: „Das ist mein Leib, der für euch geopfert wird“ (Lukas 22,19). Nicht das Brot ist entscheidend, auch wenn es symbolisch im Fest erhalten blieb. Wichtig ist die Bedeutung, wofür es steht: Für das Volk Israel als Erinnerung an den Auszug aus Ägypten und für Christinnen und Christen als Erinnerung daran, dass sich Jesus für alle Menschen hingegeben hat, damit sie erkennen, dass Gottes Liebe ihnen, und gerade ihnen, gilt. Wenn das kein Grund für ein ständig zu wiederholendes Fest ist! *Markus Bach*

♫ Das sollt ihr, Jesu Jünger, nie vergessen:
Wir sind, die von einem Brote essen,
aus einem Kelche trinken,
Jesu Glieder, Schwestern und Brüder.

Nach Johann Andreas Cramer 1780

29 Donnerstag FEBRUAR 2024

✷ 07:08 18:01
☽ 23:41 08:34

Bibellese: 2. Mose/Exodus 12,21-33.51

Mose befahl: „Auch wenn ihr in das Land kommt, dass der Herr euch zugesagt hat, sollt ihr an diesem Brauch festhalten.“ *(Vers 25)*

Schoul Ben Jaschrek weiß nicht mehr, was er heute Morgen zum Frühstück gegessen hat. Eigentlich weiß er nicht einmal mehr, ob es ein Frühstück gab. Da er aber keinen Hunger hat, nimmt er an, dass es etwa gegeben hat. Es ärgert ihn, dass er so vieles vergisst. Das war schon bei seinem Vater im hohen Alter so gewesen und nun also auch bei ihm. Seltsam, an die Gedächtniserkrankung seines Vaters kann er sich erinnern, aber nicht an seinen Namen. „Abba“ hat er zu ihm gesagt, das heißt „Vater“, weil er ja sein Vater war.

Eine junge Frau erscheint in seinem Zimmer. „Abba, du bist ja noch gar nicht bereit für den Gottesdienst“, sagt sie mit gehetzter Stimme. „Wir müssen uns beeilen!“ Erstaunt fragt sich Schoul, ob sie mit ihm spricht und wer sie eigentlich ist. Irgendwie kommt sie ihm

bekannt vor. Ob sie seine Schwester ist? Wieder legt sich die Trauer über das nicht vorhandene Gedächtnis wie ein graues Tuch über sein Leben.
Er lässt sich aber von ihr in Hemd und Hose helfen, zieht Jacke und Hut an. Mit dem Stock in der Hand kann er noch gut gehen und freut sich darauf, dass er auf andere Gedanken kommt, auch wenn er keine Ahnung hat, was ihn erwartet, als er mit ihr sein Zimmer verlässt und sich auf den Weg macht. Wohin es wohl geht, fragt er sich?
Als sie in der Synagoge ankommen, wendet er seinen alten Trick an und fragt immer zuerst: „Hallo, wie geht's?" Er weiß, er müsste eigentlich all die Leute kennen, was er aber nicht tut. Er reiht sich in die Reihe der Männer ein. Der Rabbi nimmt ein Brot in die Hand und fragt die Versammlung: „Was bedeutet es, dass wir dieses Brot teilen?" Und Schoul antwortet, ohne überlegen zu müssen: „Wir gedenken daran, dass uns der Herr aus der Knechtschaft Ägyptens befreit hat."
Warum kann ich mich daran erinnern, fragt sich Schoul, und nicht an den Namen meines Vaters?

Markus Bach

---

11 Morgen findet der Weltgebetstag statt, die größte ökumenische Basisbewegung von Frauen – vielleicht auch in Ihrer Nähe.

1 Freitag MÄRZ

2024

✷ 07:06 18:03
☽ -.- 08:49

Bibellese: Markus 10,32-45

Wieder nahm Jesus die Zwölf beiseite. „Hört zu!", sagte er. „Wir gehen jetzt nach Jerusalem. Dort wird der Menschensohn nach dem Willen Gottes den führenden Priestern und den Gesetzeslehrern ausgeliefert werden." *(Vers 32-33)*

Sag mal, hörst du mir eigentlich noch zu? Wo bist du denn mit deinen Gedanken?" Ich zucke zusammen. Eigentlich war es ein gutes Gespräch gewesen, anregend und in die Tiefe gehend. Irgendwann aber war ich nicht mehr bei der Sache, meine Gedanken sind auf Wanderschaft gegangen. Ich habe mich mit ganz anderen Dingen beschäftigt. Mein Gegenüber hat mich dabei ertappt, dass ich gar nicht mehr zugehört habe. Peinlich!

Jesus war mit seinen Jüngern unterwegs auf dem Weg nach Jerusalem. Mehrfach hatte er dabei die Ereignisse angesprochen, die bald eintreten werden. Vor allem hatte er darauf hingewiesen, dass er bald leiden wird. Die Menschen werden ihn verspotten und verhöhnen und am Ende sogar umbringen. Eindringlich hat Jesus betont, dass Nachfolge auch die Bereitschaft zum Leiden mit einschließen kann. Wenn sie ihm nachstellen, so werden sie vor seinen Jüngern später keinen Halt machen. Kreuzesnachfolge – kein einfaches Thema! Doch die Jünger haben offenbar nicht richtig zugehört. Sie haben sich damit beschäftigt, wer die besten Plätze in Gottes neuer Welt einnehmen wird und wer von ihnen wohl der wichtigste sei. Hätten sie doch mal besser zugehört, so geht es mir durch den Kopf. Doch bin ich wirklich anders als die Jünger damals? Bin ich mit meinen Gedanken bei dem, was Jesus zu sagen hat, oder beschäftige ich mich viel lieber mit dem, was mir wichtig erscheint? *Michael Schröder*

Gottes Führung fordert Stille.
Wo man auf sein Wort nicht lauscht,
wird des ewgen Vaters Wille
mit der eignen Wahl vertauscht.

Nikolaus Ludwig Graf von Zinzendorf 1722

Monatsspruch

Entsetzt euch nicht! Ihr sucht Jesus von Nazareth, den Gekreuzigten. Er ist auferstanden, er ist nicht hier.

(Markus 16,6 L)

2 Samstag MÄRZ 2024

✷ 07:04 18:05
☽ 00:57 09:07

Bibellese: Markus 10,46-52

Der Blinde fing an, laut zu rufen: „Jesus, Sohn Davids! Hab Erbarmen mit mir!" Viele fuhren ihn an, er solle still sein; aber er schrie nur noch lauter: „Sohn Davids, hab Erbarmen mit mir!" *(Vers 47-48)*

Die Urlaubsreise war zu Ende. Wir waren bereits am Flughafen angekommen und bald sollten wir an Bord gehen. Zunächst stiegen die Familien mit kleinen Kindern ein – und eine blinde Frau mit ihrem Begleithund. Auf den ersten Blick wirkte die Frau etwas verloren im Pulk der anderen Urlauber. Wenn man sie aber etwas länger und genauer beobachtete, so ergab sich ein anderer Eindruck. Auch wenn sie nicht sehen konnte, so schienen doch die anderen Sinne sehr geschärft zu sein. Sie nahm ihre Umgebung sehr wach wahr, und ich hatte den Eindruck, dass sie sogar mehr wahrgenommen und mehr gesehen hat als andere Passagiere.

So ähnlich war es wohl mit dem Blinden, der sich mit einem lauten Rufen Gehör verschaffte, als Jesus mit seinen Jüngern Jericho wieder verließ. Dass er sich ganz konkrete Hilfe erhoffte, kann man gut verstehen. Er bat Jesus um Erbarmen und sein Eingreifen. Doch es fällt auf, dass er ihn mit einem besonderen Titel anredete. „Jesus – Sohn Davids, hab Erbarmen mit mir." Die anderen Menschen hatten so nicht von Jesus gesprochen. In ihren Augen war er vor allem einer, der Wunder vollbringt, oder einer, der prophetisch reden kann. Der Blinde sieht an dieser Stelle sehr viel klarer und tiefer. In Jesus wendet sich Gott seinem Volk zu. Er erfüllt seine Verheißungen, die er Israel schon vor so langer Zeit gegeben hat. Jesus ist mehr, er ist der versprochene Retter! So wird der Blinde zu einem Vorbild für die Sehenden, er erkennt, dass in den Worten und dem Handeln Jesu Gott selbst am Werk ist: Er erfüllt seine Versprechen, er ist treu, auf ihn ist Verlass. *Michael Schröder*

Rätselfrage zur Bibellese im März
Was bestritten die Sadduzäer?

Bitte tragen Sie die Antwort auf dem Blatt ein,
das nach dem 31. Dezember folgt.

3 Sonntag MÄRZ

2024

✸ 07:02 18:07
☽ 02:15 09:34

Okuli (Meine Augen sehen stets auf den Herrn. Psalm 25,15)

Bibellese: Psalm 141

Meine Augen blicken zu dir,
mein Gott und Herr!
Bei dir suche ich Zuflucht,
lass mich nicht zugrunde gehen!
Bewahre mich vor der Schlinge,
die sie mir ausgelegt haben. *(Vers 8-9)*

Menschen seien von Anfang an Jäger und Sammler gewesen – so heißt es. Um Nahrung für sich und die Seinen zu bekommen, habe der Mensch den Tieren nachgestellt, um sie zu erlegen. Ob es sich nun um Vögel, Fische oder andere Wildtiere handelte – egal, es ging darum, das Überleben zu sichern.

David, der Beter dieses Psalms, greift die Sprache und die Bilder der Jagd auf. Er knüpft an allseits bekannte Vorstellungen an, wenn er von den Klappnetzen spricht, die man für die Vogeljagd benötigt. Aber hier geht es nicht um die Versorgung mit Lebensmitteln. Er erlebt, wie Menschen ihm auflauern und ihn in eine Falle locken wollen. Hinterhältig liegen sie auf der Lauer, um zu erleben, wie er in diese Falle tappt. Sie wollen ihn zur Strecke bringen. Warum sie ihm so feindlich begegnen, warum sie ihm auflauern – all das wird nicht gesagt. Aber es fällt nicht schwer, sich in entsprechende Situationen hineinzuversetzen. Vielleicht kennt man so etwas aus dem eigenen Leben, dass es Menschen gibt, die einem schaden möchten. Wenn man sich das Leben Davids anschaut, so wird einem klar, dass seine Feinde manchmal in seiner unmittelbaren Umgebung waren.

Doch er macht noch eine andere Erfahrung. Er weiß, dass er sich gerade in diesen schwierigen und bedrohlichen Umständen an Gott wenden kann. Er hat ganz konkret erlebt, wie Gott seine Zuflucht und sein Schutz geworden ist. Wenn er davon in diesem Gebet spricht, so macht er Mut, sich ebenfalls diesem Gott anzuvertrauen und eine ähnliche Erfahrung zu machen. Ja, es gibt solche, die uns schaden wollen und Fallen aufstellen. Es gibt aber auch einen, der seine Hand über uns hält und der uns vor und in Gefahren bewahrt. *Michael Schröder*

4 Montag MÄRZ

2024

✷ 07:00 18:08
☽ 03:31 10:13

Bibellese: Markus 11,1-11

Jesus schickte zwei seiner Jünger fort mit dem Auftrag: „Geht in das Dorf da drüben! Gleich am Ortseingang werdet ihr einen jungen Esel angebunden finden, auf dem noch nie ein Mensch geritten ist. Bindet ihn los und bringt ihn her!“ *(Vers 1-2)*

Jesus macht seinen Jüngern klare Ansagen. Der Einzug in Jerusalem ist detailliert geplant. Da gibt es Leute, die einen jungen Esel für Jesus im Nachbardorf bereithalten. Sie rücken ihn sofort raus, als zwei Jünger ihn einfach losbinden. Denn die haben auf die Rückfrage der Eigentümer das richtige Passwort: „Der Herr braucht es.“ Ob und welche Absprachen es zwischen Jesus und den Tierhaltern gab, ist nicht erkennbar. Deutlich wird nur, die Sache läuft nach Plan. Die kleine Episode mit dem ausgeborgten Esel macht deutlich, dass die Leidensgeschichte, die in den nächsten Stunden und Tagen geschehen wird, keine Verkettung unglücklicher Umstände ist. Es ist kein tragisches Scheitern. Für Markus ist klar: Was mit Jesus geschah, das musste so kommen. Der Weg von Jesus, sein Leiden, Sterben und Auferstehen ist so bestimmt. Mit dem Einzug auf diesem jungen Esel wird Jesus zeigen, dass er zu unserem Frieden kommt. So ist es geplant und so läuft es auch.

Verläuft mein eigenes Leben auch nach Gottes Plan? Man kann ja darüber nachdenken, wie detailliert Gott ein Menschenleben plant und Ereignisse bestimmt. Bei Millionen katastrophaler Lebensgeschichten in dieser Welt kann ich keinen Plan entdecken. Auf der anderen Seite erlebt man manchmal, meist hinterher, dass alles passt. Alles fügt sich. Zwischendrin ist das nicht immer klar. Manchmal scheinen Gott und ich an verschiedenen Haltestellen zu stehen. Da laufen die Sachen nicht wie am Schnürchen. Jesus bekommt jedenfalls seinen Esel. Ich kann einen Plan Gottes nicht immer entdecken. Aber vielleicht besteht Gottes Plan für uns einfach darin, dass wir herausrücken, was der Herr gerade von uns braucht. *Uwe Dammann*

Herr Jesus Christus, du kommst in unsere Welt als Friedenstifter und König des Friedens. Zeige deiner weltweiten Kirche, meiner Kirche, meiner Ortsgemeinde und mir ganz persönlich, was du für deine Mission brauchst. Du sollst es haben.

Uwe Dammann

5 Dienstag MÄRZ 2024

✷ 06:57 18:10
☽ 04:37 11:09

Bibellese: Markus 11,12-25

Jesus sagte: „Steht nicht in den Heiligen Schriften, dass Gott erklärt hat: ‚Mein Tempel soll eine Stätte sein, an der alle Völker zu mir beten können'?" *(Vers 17)*

Mit Religion kann man richtig gut verdienen. Wahrscheinlich sind es Milliardenumsätze, die auf der ganzen Welt zusammenkommen. Kultgegenstände, Musik, Literatur, Andenken, Personal, religiöser Tourismus. Religionen bringen Geld. Manches kostet und muss ja auch irgendwie sein. Wallfahrtsorte waren schon immer Orte, an denen man Glauben zu Geld machen konnte. In Jerusalem war das nicht anders. Es war ja hilfreich, wenn man vor Ort ein Opfertier kaufen konnte und es nicht auf langer Anreise mitschleppen musste. Und wenn der Tempel eine eigene Währung hatte, weil die römischen Münzen mit dem Bild des Kaisers nicht akzeptiert wurden, dann musste es ja Wechselstuben geben. Warum auch immer hatte sich die rege Geschäftstätigkeit nicht nur in der Stadt, sondern auch im

Tempelbezirk etabliert. Die Leute kommen und gehen, es wird gefeilscht und gehandelt, gekauft und verkauft. Der Tempel ist zum religiösen Basar verkommen.
Jesus bittet die Händler nicht höflich, das Anwesen zu verlassen. Der Friedenskönig und Lehrer der Gewaltlosigkeit wird handgreiflich. Man stelle sich vor, wie ein Mann lautstark auf einem Wochenmarkt Menschen vertreibt und Marktstände umwirft. Als Ruhe einkehrt, belehrt Jesus die irritierten Leute: Dies hier ist ein Ort des Gebets. Ihr macht daraus eine Räuberhöhle. Kirchen und Gemeindezentren sind nach evangelischem Verständnis nicht automatisch Orte der Gegenwart Gottes. Da muss schon Heiliges in ihnen geschehen. Es sind Räume, in denen Menschen zu Gott hin offen werden. Es ist schön, wenn in Gotteshäusern gelegentlich auch Gewusel ist. Aber bei allem Gemeindebetrieb ist zu fragen, ob er auch in die Gegenwart Gottes führt.

Uwe Dammann

♫ Dir öffn ich, Jesu, meine Tür,
ach komm und wohne du bei mir;
treib all Unreinigkeit hinaus
aus deinem Tempel, deinem Haus.

Heinrich Georg Neuß 1703
Aus: Ein reines Herz, Herr, schaff in mir

6 Mittwoch MÄRZ 2024

✹ 06:55 18:12
☽ 05:28 12:25

Bibellese: Markus 11,27-33

Jesus erwiderte den führenden Priestern, Gesetzeslehrern und Ratsältesten: „Ich habe nur eine Frage an euch. Die beantwortet mir, dann werde ich euch sagen, mit welchem Recht ich so handle." (Vers 29)

Jesus ist wieder im Tempel. Wahrscheinlich sind die Geldwechsler und Taubenverkäufer auch schon da und schauen mit Sorge zu Jesus, ob der wie gestern einen Aufruhr veranstaltet. Aber sie haben jetzt Anwälte. Hohepriester, Schriftgelehrte und Älteste stellen Jesus zur Rede. Jesus soll sich verantworten, wer ihm ein derart radikales Auftreten erlaubt oder sogar befohlen hätte. Jetzt könnte sich Jesus als der Gottessohn zu seinem Vater bekennen, der Messias zu dem, der ihn sandte. Macht er aber nicht. Jesus stellt eine Gegenfrage. Nicht er wird sich outen, seine Ankläger sollen es tun. Jesus fordert sie auf, zur Taufe des Johannes Stellung zu beziehen. War das von Gott oder war es von Menschen? Die Leute kommen in Erklärungsnot. Wenn sie zugeben, dass

Johannes von Gott gesandt war, dann müssten sie sich verantworten, warum sie ihm nicht folgten. Entdecken sie bei Johannes nur einen Menschen, bekommen sie Ärger vom Volk, das den Täufer als Mann Gottes verehrt. Also sagen sie lieber nichts. Die Bußpredigt des Johannes erreichte sie nicht und sein gewaltsamer Tod bewegte sie nicht.
Menschen, die nicht umkehren wollen, erleben Bußprediger immer als Störung. Menschen, die in ihrem Glauben festgelegt sind, sehen keinen Grund, sich zu hinterfragen. Und selbst wenn, dann geben sie es nicht zu. Mit Sicherheit haben sie eine Meinung zu Johannes. Aber sie stellen sich unwissend. Darum antwortet Jesus ihnen auch nicht. Was würde das auch bringen? Ihr Urteil steht ja schon länger fest: Jesus muss weg. Offensichtlich ist Jesus an einem Gespräch mit Menschen, für die schon alles klar ist, nicht interessiert. Er stellt noch eine Gegenfrage und das war es dann. Wenn man den Eindruck hat, dass ein Gespräch mit Jesus nicht so richtig in Gang kommt, könnte es ja sein, dass sich der Herr mit unseren fertigen oder verheimlichten Auffassungen nicht auseinandersetzen wird. Und wenn der Herr auf meine Frage nicht antwortet, ist vielleicht eine Antwort von mir an ihn noch offen.

Uwe Dammann

7 Donnerstag MÄRZ 2024

☀ 06:53 18:14
☽ 06:05 13:54

Bibellese: Markus 12,1-12

Jesus sagte: „Ein Mann legte einen Weinberg an, machte einen Zaun darum, baute eine Weinpresse und errichtete einen Wachtturm. Dann verpachtete er den Weinberg und verreiste. Zur gegebenen Zeit schickte er einen Boten zu den Pächtern, um seinen Anteil am Ertrag des Weinbergs abholen zu lassen." (Vers 1-2)

Da hat jemand viel investiert und ein gut ausgestattetes Unternehmen aufgebaut. Dann verpachtet er den Betrieb und zieht weg. Und natürlich will er irgendwann seinen Anteil an den erwirtschafteten Beträgen. So weit, so gut und recht. Aber dann wird es unvorstellbar kriminell. Die Pächtergemeinschaft verweigert nicht nur die Pacht, sie verprügelt die Boten, bringt sie sogar um. Selbst vor dem gesandten Sohn machen sie nicht Halt. Sie töten ihn! Stärker kann man den Eigentümer nicht verachten. Aber, so erzählt Jesus, die Verbrecher werden für ihre Vergehen bezahlen. Die Priester, Lehrer und Ältesten verstehen, dass Jesus sie mit den Verbrechern meint, und kochen vor Wut. Sie kennen ja die Geschichten von den Boten Gottes, die immer wieder forderten, was Gott will. Sie wissen auch, wie es mit denen ausging. Sie wissen, dass Gottes Volk von Gott etwas pachtete und ihm geben soll, was es schuldig ist. Sie sehen sich vielleicht aber auch selbst als Menschen an, die unermüdlich einfordern, was Gott will. Ja, sie sind Pächter und Boten. Aber dass sich Jesus von Nazaret als Sohn Gottes andeutet, das verwerfen sie. Auch die christliche Gemeinde sieht sich in den Rollen der Pächter und Boten. Wir sind nicht die Eigentümer von Gottes Sachen. Die Welt gehört uns nicht, nicht der Glaube und nicht die Kirche. Wir sind Menschen, die mit dem umgehen, was Gott uns anvertraut. Wir haben die Sachen Gottes im wahrsten Sinn des Wortes nur gepachtet. Als Boten haben wir davon zu sprechen, was Gott von uns und anderen erwartet. Wir sind Pächter und Boten. Darum klären wir immer wieder, wie wir mit dem Anvertrauten umgehen. Und wir fragen uns: Wozu sind wir im Augenblick gesandt? *Uwe Dammann*

Gott wird Boten finden, solange er Botschaften hat.

Charles Haddon Spurgeon (1834-1892), englischer baptistischer Pastor

8 Freitag MÄRZ 2024

✹ 06:51 18:15
☽ 06:31 15:28

Bibellese: Markus 12,13-17

Einige Pharisäer und dazu einige Parteigänger von Herodes sagten: „Ist es nach dem Gesetz Gottes erlaubt, dem römischen Kaiser Steuer zu zahlen, oder nicht?"

(Vers 14)

Vorsicht, Falle! So hieß eine Sendereihe im Fernsehen, in der vor Trickbetrügern gewarnt wurde. Das könnte man hier auch rufen. Die Pharisäer wollen Jesus nicht ans Geld, sie wollen ihm ans Leben. Sie wollen ihn unmöglich machen.

Das ist so schnell passiert! Ein Politiker muss nur ein falsches Wort sagen, und es kann ihn seine Karriere kosten. Im medialen Zeitalter geht eine Nachricht schnell viral. In wenigen Stunden haben Millionen Menschen sie gehört oder gesehen. Darum verlieren sich manche Politiker in nichtssagenden Sätzen. Man will schließlich nichts riskieren. Aber Jesus nicht. Er bleibt klar, ohne sich zu verheddern. Die eigentliche Frage lautet nicht: „Ist es erlaubt?" Sie lautet vielmehr: „Sollen wir etwa Steuern zahlen?" Da merke ich, dass mir die Frage der Pharisäer vielleicht nicht so fern ist, wie ich erst dachte. Für mich geht es nicht um Steuern, aber vielleicht um andere Dinge: Soll ich etwa meinem Nachbarn vergeben, der mich so verletzt hat? Soll ich etwa nicht das Geld einstecken, um das die Verkäuferin sich zu meinen Gunsten verrechnet hat? Darf ich als Christ etwa nicht rauchen oder mal einen Blick auf andere Frauen werfen? Natürlich: Ich will mit meinen Fragen Jesus nicht zu Fall bringen! Aber im Grunde weiß ich schon, welche Antwort ich hören will. Was würde Jesus wohl auf solche Fragen antworten? Man kann sich mit Fragen sehr gut vor Entscheidungen und konsequentem Handeln schützen. Zumal dann, wenn man keine konkrete Antwort erwartet. Jede ehrliche Frage aber beantwortet Jesus. Er schenkt uns die Klarheit, die wir brauchen. *Martin Simon*

Der fragende Mensch braucht eine Antwort, keine Worte. Der zweifelnde Mensch braucht Zuspruch, keine Sprüche. Der verzweifelte Mensch braucht Trost, keine Vertröstung.

Petrus Ceelen (1943), belgischer Geistlicher und Psychotherapeut*

9 Samstag MÄRZ 2024

✷ 06:49 18:17
☽ 06:50 17:03

Bibellese: Markus 12,18-27

Die Sadduzäer sagten: „Wie ist das nun bei der Auferstehung der Toten – wenn es eine gibt? Wem von den Männern soll die Frau dann gehören? Sie war ja mit allen sieben verheiratet!" (Vers 23)

Das ist doch eine gute Frage! Wie wird es sein, wenn wir bei Gott sind? Werden wir uns wiedererkennen? Werden wir wissen, wer von unseren Lieben bei uns ist und wer nicht? Aber was, wenn jemand fehlt? Und wie ist das, wenn ich mehrmals verheiratet war? Mit wem bin ich im Himmel zusammen, wenn die erste Ehe gescheitert ist oder mein Ehepartner früh gestorben ist?

Tatsächlich werde auch ich das öfter gefragt. Wie wird es sein? Leider weiß ich das auch nicht. Und auch Jesus gibt keine eindeutige Antwort auf alle Fragen. Aber eines sagt er schon: Es wird ganz anders sein. Wir werden wie die Engel sein. Aber wie sind die denn? Auch das wissen wir nicht. Wir werden uns also überraschen lassen müssen. Aber eines ist gewiss: Es wird unbeschreiblich schön sein, weil wir mit Gott in ungetrübter Gemeinschaft zusammen sein werden. Wir werden ihn sehen, wie er ist. Das wird so schön sein, dass wir an die alte Welt keinen Gedanken mehr verschwenden werden. Wir werden vollendet werden.

Ich glaube, wenn wir vor Jesus stehen, dann haben wir keine Fragen mehr. Dann wird Klarheit herrschen und wir werden anbeten. Ich halte nicht so viel von Berichten mancher Leute, die angeblich eine Zeit im Himmel waren und detailliert beschreiben können, wie dort alles vor sich geht. Genauso wenig halte ich von Beschreibungen der Hölle. Begnügen wir uns doch mit dem, was die Bibel sagt. Und die spricht höchstens in Andeutungen, auch in der Offenbarung, in der Johannes die Schönheit des neuen Jerusalems beschreibt. Das mag uns genügen.

Martin Simon

♫ Wenn nach der Erde Leid, Arbeit und Pein
ich in die goldenen Gassen zieh ein,
wird nur das Schaun meines Heilands allein
Grund meiner Freude und Anbetung sein.
Das wird allein Herrlichkeit sein,
wenn frei von Weh ich sein Angesicht seh.

Charles Hutchinson Gabriel 1900/1903
Dt: Hedwig von Redern 1905

10 Sonntag MÄRZ 2024

☀ 06:46 18:19
☽ 07:05 18:36

Lätare (Freuet euch mit Jerusalem! Jesaja 66,10)

Bibellese: Psalm 132

Ja, der Herr hat den Zionsberg ausgewählt,
er hat ihn zu seiner Wohnstätte bestimmt:
„Hier soll für immer mein Ruheplatz sein,
hier will ich wohnen, das ist mein Wille!“ *(Vers 13-14)*

Gott hat sich niedergelassen. Man müsste sogar sagen: Gott hat sich herniedergelassen. Er ist zu den Menschen herabgekommen und will bei ihnen wohnen. Wir sagen manchmal: Jemand ist „auf den Hund gekommen“ und meinen damit zweierlei: Er ist heruntergekommen, ins Elend geraten. Oder mehr im scherzhaften Sinn: Er hat seine Liebe zu Hunden entdeckt. Gott ist gewissermaßen auf den Menschen gekommen. Er kommt in unser Elend, um bei uns zu sein. Er tut das, weil seine Liebe zu uns so groß und unverwüstlich ist. Im Alten Testament wohnt Gott im Tempel. Er ist sesshaft geworden, nachdem er zunächst in einem Zelt seine Wohnung gehabt hatte. So ist es sein Wille. Er will einen festen Raum bei den Menschen haben. Warum ausgerechnet in

Jerusalem? Warum auf dem Zionsberg? Das wissen wir nicht. Es ist Gottes souveräne Entscheidung. Wichtig ist, dass Gott sich festlegt.
Heute können wir von 1. Korinther 3,16 und 6,19 ausgehend sagen, dass wir selbst der Tempel Gottes sind. Er wohnt durch seinen Heiligen Geist in uns. Die Sache wird ganz persönlich. Gott ist nicht nur auf den Menschen an sich gekommen, sondern auf dich und auf mich. Er will Raum in unserem Herzen und in unserem Leben haben. Die Frage ist, wie viel Raum wir ihm geben. Meine persönliche Erfahrung ist, dass ich dort heil werde, wo Gottes Geist Raum gewinnt. Diese Erfahrung wünsche ich Ihnen auch.

Martin Simon

Herr, komm in mir wohnen,
lass mein' Geist auf Erden
dir ein Heiligtum noch werden.
Komm, du nahes Wesen,
dich in mir verkläre,
dass ich dich stets lieb und ehre.
Wo ich geh, sitz und steh,
lass mich dich erblicken
und vor dir mich bücken.

Gerhard Tersteegen 1729
Aus: Gott ist gegenwärtig

11 Montag MÄRZ 2024

✹ 06:44 18:20
☽ 07:19 20:07

Bibellese: Markus 12,28-34

Der Gesetzeslehrer sagte zu Jesus: „Gott zu lieben von ganzem Herzen, mit ganzem Verstand und mit aller Kraft und unsere Mitmenschen zu lieben wie uns selbst, das ist viel wichtiger als alle die Brandopfer und anderen Opfer, die wir ihm darbringen.“ (Vers 32-33)

Worauf es ankommt, Teil 1: Wir waren im Sommerurlaub mit dem Auto unterwegs zum Nordkap. In Nordnorwegen wurde es richtig kalt und nass. Auf einem einsamen Parkplatz an der Landstraße stand ein junger Anhalter mit Rucksack im Regen. „Wir nehmen ihn mit“, sagte ich zu meinem Mann. „Wenn es unser reisebegeisterter Sohn wäre, der dort wartet, wäre ich auch froh, wenn das jemand für ihn tun würde.“ Ich denke gerne an die längere Autofahrt mit jenem tschechischen Studenten zurück, der in den Semesterferien in einer Touristeninformation jobbte und in seiner Freizeit mit möglichst kleinem Budget Norwegen erkundete. Der junge Mann hatte mein Mutterherz berührt und es fiel mir leicht, ihm in diesem Moment als meinem Nächsten zu begegnen. Oft sind Situationen deutlich unübersichtlicher und die Herausforderungen viel größer, das zu tun, worauf es ankommt.

Dem Gesetzeslehrer, der Jesus nach dem wichtigsten Gebot gefragt hat, leuchtet Jesu Antwort anscheinend ein. Er wiederholt sie als Zeichen, dass er verstanden hat, und fügt von sich aus hinzu: Das zu tun, worauf es wirklich ankommt, nämlich Gott und seine Mitmenschen zu lieben, ist wichtiger als das Befolgen von Vorschriften.

Hunderte von Geboten hat Jesus auf diese einfach zu merkenden zwei Prioritäten eingedampft. Wird es dadurch leichter, ein Leben im Einklang mit Gott zu führen? Ja und nein. Ja, weil der Druck wegfällt, jedes Einzelgebot im Kopf zu haben und es möglichst genau zu befolgen. Und nein, weil es unendlich herausfordernd ist, Gott wirklich die oberste Priorität im eigenen Leben einzuräumen und auch unbequemen Mitmenschen in echter Nächstenliebe zu begegnen. Wie kann es gelingen? Nicht immer, aber immer öfter, wenn wir unser Herz, unseren Verstand und unser Tun von Gott und den Mitmenschen berühren lassen. *Irene Kraft*

Bibellese: Markus 12,35-40

Jesus sagt: „Nehmt euch in Acht vor den Gesetzeslehrern! Sie zeigen sich gern in ihren Talaren und lassen sich auf der Straße respektvoll grüßen. Sie sprechen lange Gebete, um einen guten Eindruck zu machen.“

(Vers 38.40)

Worauf es ankommt, Teil 2: Ich bin, wie viele andere auch, stark davon geprägt, dass es wichtig ist, einen guten Eindruck zu machen. Und ich kann mich oft schwer davon lösen, was andere von mir denken oder wie sie mich sehen könnten. Manchmal bewundere ich Menschen, die es anscheinend überhaupt nicht kümmert, welchen Eindruck sie erwecken. Sie wirken, als ob sie in sich selbst ruhen, und tun das, was für sie dran ist, ganz egal, was andere davon halten. Gerade diese Unabhängigkeit sorgt bisweilen dafür, dass sie einen tiefen Eindruck auf mich machen.

Das größte Vorbild in dieser Beziehung ist für mich Jesus selbst. Er tut und sagt, was dran ist. Manche

irritiert und verärgert er damit, für andere eröffnet sich dadurch ein völlig neuer Horizont, der ihr Leben verändert. Nie geht es Jesus dabei darum, sich selbst in den Mittelpunkt zu stellen. In allem, was er sagt und tut, will er aufmerksam machen auf seinen himmlischen Vater und es ist sein Anliegen, Menschen mit Gott in Verbindung zu bringen.
Jesus ging es nie um den Schein, sondern immer um das Sein. Das ist für mich das Zweite, worauf es in einem Leben in der Nachfolge Christi wirklich ankommt: Tun, was dran ist ohne Hintergedanken und Bestreben, damit vor uns selbst, vor anderen oder vor Gott gut dazustehen. Das Sein ist für Gott immer wichtiger als der Schein! *Irene Kraft*

Komm, Herr, leg deine Hand auf mich,
nimm mich zu Eigen hin,
gestalte Sinn und Tun für dich,
bis ich ganz bei dir bin.

Mach mich zu deinem Reich bereit!
Was du verlangst, das gib:
die Höhe der Vollkommenheit,
die Tiefe schlichter Lieb.

Charles Wesley 1742, dt: Walter Klaiber 1987
Aus: Wie kann ich lieben dich, mein Gott

13 Mittwoch MÄRZ 2024

✷ 06:40 18:24
☽ 07:47 23:08

Bibellese: Markus 12,41-44

Jesus sagte zu seinen Jüngern: „Diese arme Witwe hat mehr gegeben als alle anderen. Die haben alle nur etwas von ihrem Überfluss abgegeben. Sie aber hat alles hergegeben, was sie selbst dringend zum Leben gebraucht hätte.“ (Vers 43-44)

Worauf es ankommt, Teil 3: Jesus beobachtet im Tempel, wie eine Witwe zwei Kupfermünzen in den Opferstock wirft. Der Betrag ist lächerlich klein, es sind nur ein paar Cent. Damit ist niemandem geholfen. Aber Jesus sieht und würdigt die Haltung dieser Frau: Sie, die als Witwe selbst ums pure Überleben kämpfen muss, teilt das Wenige, das sie hat. Sie ist auf Hilfe angewiesen und von der Unterstützung durch die Familie abhängig. Aber sie delegiert die Verantwortung nicht an diejenigen, die mehr Möglichkeiten haben als sie. Sie sieht sich nicht als eine, die nichts machen kann. Sie hat ein Herz für Menschen, die in einer ähnlichen oder noch schwierigeren Situation sind wie sie selbst, und ist solidarisch mit ihnen. Und ich verstehe ihre Gabe auch als Ausdruck des Vertrauens und der Erwartung: Gott wird mich nicht hängen lassen, er sorgt für mich. Wie beschämend ist das für alle, die zwar absolut betrachtet eine viel größere Spende geben, aber letztlich doch sehr genau darauf achten, genug für sich selbst zurückzubehalten.

Es ist eine dieser kleinen Geschichten, mit denen Jesus uns bis heute trifft und in Frage stellt: Wie weit halte ich an meinem Besitz fest und gebe nur das ab, worauf ich relativ leicht verzichten kann? In welchem Maß bin ich bereit, mit anderen zu teilen und solidarisch zu sein? Wie sehr hängt mein Herz am Besitz und wie groß ist mein Bedürfnis nach Absicherung? Wie viel Vertrauen habe ich in Gottes Fürsorge auch für mich?

Einer der roten Fäden, die sich durch die ganze Bibel ziehen, ist die klare Ansage, dass Gott auf der Seite der Armen steht, verbunden mit der Warnung vor Reichtum, der Menschen korrumpiert und sie in falscher Sicherheit wiegt. Positiv formuliert ist das Dritte, worauf es in der Nachfolge ankommt: „Geben macht glücklicher als Nehmen“ (Apostelgeschichte 20,35 Hoffnung für alle).

Irene Kraft

14 Donnerstag MÄRZ 2024

☀ 06:37 18:26
☽ 08:05 –.–

Bibellese: Markus 13,1-13

Jesus sagte: „Wenn sie euch verhaften und an die Gerichte ausliefern, dann macht euch keine Sorgen, wie ihr euch verteidigen sollt. Sagt, was euch in dem Augenblick eingegeben wird. Denn nicht ihr werdet dann reden, sondern der Heilige Geist wird aus euch sprechen.“ *(Vers 11)*

Ungefähr so wie im Bibelvers oben stellte ich mir als Schülerin die perfekte Klassenarbeit vor: Ich sah mich im Klassenzimmer am Tisch sitzen, das Heft aufgeschlagen und in makelloser Handschrift einen wundervollen Aufsatz schreiben. Ich stellte mir vor, dass ich, ganz im Flow, geniale Gedanken zu Papier brachte, die mir einfach so in den Kopf kamen und nun endlich verschriftlicht werden durften. Großartig! Natürlich geschah das niemals und Klassenarbeiten mussten vorbereitet werden – wobei ich auch nie den Mut hatte, unvorbereitet zur Schule zu gehen und zu schauen, ob es vielleicht doch klappen würde.

Jesus verspricht seinen Jüngern, dass sie, wenn sie in Bedrängnis und vor Gericht kommen, auf eine besondere Art von Eingebung hoffen dürfen: Der Heilige Geist wird aus ihnen sprechen. Sie sollen sich gar nicht vorbereiten, sondern sollen das sagen, was ihnen in diesem Fall eingegeben wird. Das ist eine Zusage, aber auch eine Herausforderung. Es trägt der Tatsache Rechnung, dass die Jünger wahrscheinlich gar nicht in der Lage waren, sich angemessen auf eine Gerichtsverhandlung vorzubereiten – und sie es daher erstmal gar nicht versuchen mussten. Es geht aber auch darum, dass der Heilige Geist immer der bessere Fürsprecher in einer Situation ist, als wir es selbst sein könnten.

Klingt super? Klingt auch unheimlich, so unvorbereitet in eine Verhandlung zu gehen. Jesus sagt: „Ihr seid nicht unvorbereitet. Habt Vertrauen in den Heiligen Geist. Er wird es für euch gut machen, besser als ihr selbst es könnt." Und diese Erinnerung können wir auch brauchen: Nicht alles haben wir in der Hand. Nicht alles können wir vorbereiten. Manchmal ist unsere Aufgabe vor allem: vertrauen.

Annika Enders

---

11 Vom 11. bis 24. März finden die Internationalen Wochen gegen Rassismus statt.

15 Freitag MÄRZ 2024

☀ 06:35 18:27
☽ 08:30 00:37

Bibellese: Markus 13,14-23

Jesus sagte: „Es werden so manche mit dem Anspruch auftreten, der versprochene Retter oder ein Prophet zu sein. Sie werden sich durch Aufsehen erregende Wunder ausweisen und würden damit sogar die von Gott Erwählten irreführen, wenn das möglich wäre. Darum seid auf der Hut!" (Vers 22-23)

Es sind düstere Zeiten, über die Jesus hier im Markusevangelium spricht. Zeiten voller Unsicherheit und Angst, bevor das Ende kommt. Von großer Bedrängnis wird gesprochen und die Bilder, die Jesus zeichnet, sind schwer zu fassen. Mitten in dieser Zeit werden Menschen auftreten, die irreführen: Sie tun Wunder oder erscheinen als besonders erwählte Menschen. Es gilt, sich vor diesen Menschen besonders zu hüten. Wunder sind in diesem Fall also nicht ein Zeichen von göttlicher Sendung. Eigentlich ungewöhnlich. Bisher waren Wunder doch immer ein Hinweis auf Gottes Eingreifen. Jetzt führen sie in die Irre. Der Unterschied ist, dass in diesem Fall Menschen versuchen, sich durch Wunder auszuweisen. Die Wunder sollen also ihren Anspruch legitimieren. Wie traurig, wenn Wunder dafür herhalten müssen. Sie werden nicht getan, um Menschen zu helfen, in Kontakt mit Gott zu kommen, sondern um die eigene Position zu festigen. So sind Wunder nicht gedacht und so sind sie auch nicht richtig. „Seid auf der Hut", sagt Jesus. „Lasst euch nicht blenden von Dingen, die schön, spannend oder aufregend sind. Wichtig ist, ob jemand mit Gott in Kontakt steht und ob sein Handeln davon bestimmt ist, Menschen Gott nahe zu bringen." Das gilt nicht nur für die Zeiten der Bedrängnis und nicht nur für auftauchende Propheten. Auch wir selbst müssen auf uns achten und uns nicht in Wundergedanken verlieren. Nicht alles, was Aufsehen erregt, führt uns zu Gott. Nicht jedes Event vertieft unseren Glauben. Auch hier gilt: Begegnung mit Gott findet statt, wenn ich mich auf ihn einlasse und mich nicht in Dinge verliere, die vielleicht toll aussehen, aber mein Herz nicht berühren. *Annika Enders*

Nichts verwirre dich, nichts erschrecke dich! Alles geht vorüber, Gott ändert sich nicht. Die Geduld erreicht alles. Wer Gott besitzt, dem mangelt nichts; Gott allein genügt.

Teresa von Ávila (1515-1582), spanische Karmelitin und Mystikerin

16 Samstag MÄRZ

2024

☀ 06:33 18:29
☽ 09:03 02:00

Bibellese: Markus 13,24-37

Jesus sagte: „Was ich euch vier Jüngern hier sage, das gilt für alle: Bleibt wach!“ (Vers 37)

Wach bleiben, wenn man doch eigentlich so müde ist, das ist ein fortwährendes Thema in unserer Familie. Da ist unser Jüngster, der es zuverlässig schafft, auf der kurzen Fahrt vom Kinderturnen nach Hause einzuschlafen – und dann zu Hause erst knatschig und dann zur Bettzeit hellwach ist. Oder unsere älteren Söhne, die unbedingt wach bleiben wollen, um noch länger im Wohnzimmer sitzen zu dürfen – während mir schon seit einer Stunde ständig die Augen zufallen. Lebhaft steht mir vor Augen, wie ich einmal beim Friseur immer wieder einschlief und er mich weckte, damit er meine Haare vernünftig zu Ende schneiden konnte.

Wach bleiben zu müssen, wenn man doch eigentlich so müde ist, kommt der Folter nahe. Trotzdem ist es manchmal notwendig, wach zu bleiben. Da gibt es dann Techniken: Kalte Luft, Ablenkung,

Bewegung – alles Ideen, die uns helfen sollen, unseren Körper zu überlisten, um den Schlaf hinauszuzögern. Und auch wenn im Bibeltext nicht wörtlich gemeint ist, dass wir nicht mehr schlafen sollen, ist dieses Prinzip ähnlich. Wenn Jesus sagt, dass seine Jünger, dass wir wach bleiben sollen, dann geht es darum, sich nicht überwältigen zu lassen. Von Trägheit oder einer Müdigkeit, die sich nicht mehr für die eigene Umgebung interessiert. Und auch da gibt es Techniken. Wenn ich feststelle, dass mein Interesse an Gott, an seinen Menschen, an geistlicher Begegnung erlahmt, dann ist es sinnvoll zu überlegen, wie ich es schaffen kann, wieder wacher zu werden. Hat mich der Alltag so im Griff, dass ich müde bin, bevor eine Gottesbegegnung zu mir durchdringt? Brauche ich neue Impulse, damit mein geistliches Leben nicht langweilig wird? Hilft mir eine neue Zeit oder eine andere Umgebung, um Gott neu zu sehen? Und vielleicht reicht es schon, sich selbst zu sagen: Ich will wach sein! Ich will da sein, offen sein für Gott und Begegnung mit ihm. Jetzt und heute! *Annika Enders*

♫ Er weckt mich alle Morgen,
er weckt mir selbst das Ohr.
Gott hält sich nicht verborgen,
führt mir den Tag empor ...

Jochen Klepper 1938

17 Sonntag MÄRZ 2024

☀ 06:31 18:31
☽ 09:49 03:11

Judika (Gott schaffe mir Recht! Psalm 43,1)

Bibellese: Psalm 130
Volk Israel, hoffe auf den Herrn!
Denn er ist gut zu uns
und immer bereit, uns zu retten.
Ja, er wird Israel retten von aller Schuld! *(Vers 7-8)*

Gerettet! Gerettet?
Wer weiß das genau?
War's Zufall, war's Glück?
Oder war es im Grunde
doch gar nicht so nötig – denn was ist denn Schuld?

Ich bin doch nicht schuldig – oder bin ich es doch?
In leichten Momenten, da denke ich mir:
Ich hab's doch im Griff! Ich komme gut klar.
Und eigentlich finde ich mich ganz okay.
Doch dann gibt's die andern, die dunkleren Tage:
Da weiß ich genau: Nichts hab ich im Griff.
Dann falle ich, wandre im finsteren Tal –
und, auch wenn ich's nicht gern sag:
Dann fürchte ich mich.

Vor Menschen, vor Lasten, vor Arbeit und Schuld.
Und Sünde, das Böse, das wirkt nicht mehr fern.

Ja, er wird retten, von aller Schuld.
Denn er ist gut und immer bereit.
Das ist uns versprochen und dennoch brauch ich
immer wieder ein Wort, gelesen, gesagt –
denn manchmal und gerade im Dunkeln, um vier,
da hilft's nicht zu wissen, zu ahnen, zu hoffen.

Da brauche ich einen, der mit mir geht.
Auf Wallfahrt.
Da brauche ich eine, die mit mir spricht.
Und betet.
Da brauche ich einen, der mit mir liest.
Und wartet.

Denn das ist Gemeinschaft und das ist Geschenk:
Vertrauen zu helfen und Hoffnung zu denken,
für jeden, der selbst grad nicht glauben kann.
Denn das ist Gemeinschaft und das ist Geschenk:
Sich mit in die Reihe derer zu stellen,
die Gott schon berührt hat, vor langer Zeit.
Gemeinsam zu beten und Vertrauen zu üben:
Gott rettet auch mich von aller Schuld.

Annika Enders

18 Montag MÄRZ 2024

☀ 06:28 18:32
☽ 10:48 04:07

Bibellese: Markus 14,1-11

Darauf ging Judas Iskariot, einer aus dem Kreis der Zwölf, zu den führenden Priestern, um ihnen Jesus in die Hände zu spielen. Sie freuten sich darüber und versprachen ihm Geld. *(Vers 10-11)*

Judas: wie abgründig, wie zerrissen diese Persönlichkeit. Ist es nicht fast zu gewagt, etwas über ihn zu schreiben? War er von Anfang an nur ein Mitläufer? Ein Scheinheiliger, dem es mit der Nachfolge nie wirklich ernst war? War er zunächst glühend begeistert von Jesus, bis seine Verehrung in Verachtung umschlug? Was aber hat ihn dann gegen Jesus so aufgebracht? Judas: von Jesus in den engsten Jüngerkreis berufen, so wie die übrigen elf auch. Dieser eine aber entfernt sich irgendwann innerlich so weit von Jesus, dass er sich zum nützlichen Idioten Satans machen lässt. Wie konnte es dazu kommen? Hat seine Geldgier auch eine Rolle gespielt? Jedenfalls lag hier ein deutlicher Schwachpunkt von ihm. Judas verwaltete die Jüngerkasse, war aber ein Dieb, denn er nahm immer mal etwas für sich selbst heraus (Johannes 12,6). Eines Tages dann die verhängnisvolle Initiative. Judas sucht die führenden Priester auf und will wissen, was sie ihm dafür bieten, wenn er ihnen eine günstige Gelegenheit nennt, Jesus festzunehmen. 30 Silberstücke: In damaliger Zeit der Monatsverdienst eines einfachen Arbeiters, im Alten Testament der Mindestschadensersatz für einen erschlagenen Sklaven, einen Esel hätte man für den Preis kaufen können. 30 Silberstücke zahlten die führenden Priester. Woher kam das Geld? Wohl kaum aus ihrer Privatschatulle, vermutlich doch aus dem Tempelschatz. Dessen Hauptzweck war es, Opfertiere damit zu kaufen. Das aber wollten jene Priester nicht, als sie Judas das Geld gaben. Doch genau das taten sie: Sie kauften ein Opfer, Jesus, das Opferlamm, das die Sünde der Welt tragen würde. Was soll man dazu sagen? Wie überlegen ist die Weisheit Gottes gegenüber den Winkelzügen und Machenschaften seiner Gegner. *Jan Karsten Hoekstra*

Verräter sind selbst denen,
deren Sache sie dienen, verhasst.

Publius Cornelius Tacitus (55-120), römischer Geschichtsschreiber

19 Dienstag MÄRZ

2024

✷ 06:26 18:34
☽ 11:57 04:48

Bibellese: Markus 14,12-16

Jesus schickte zwei seiner Jünger mit dem Auftrag weg: „Geht in die Stadt! Dort werdet ihr einen Mann treffen, der einen Wasserkrug trägt. Folgt ihm, bis er in ein Haus hineingeht.“ *(Vers 13-14)*

Ob die beiden Jünger sich gewundert haben: „In der Stadt einem Mann begegnen, der einen Wasserkrug trägt?“ Wo das Wasserholen damals doch Frauensache war. Doch sie tun, was Jesus sagt. Ein guter Entschluss. Und was folgt? Alles kommt so, wie von Jesus vorhergesagt. Der Mann mit dem Wasserkrug geht in ein Haus, sie hinterher. Dort treffen sie auf den Hausherrn und fragen ihn im Auftrag ihres Lehrers, Jesus also, wo der Raum für ihn sei, in dem er mit seinen Jüngern das Passamahl feiern kann. Daraufhin zeigt der Hausherr ihnen ein großes Zimmer im Obergeschoss, das mit Polstern ausgestattet und schon zur Feier hergerichtet ist. Waren die beiden jetzt gar nicht mal groß erstaunt, weil sie wussten, Jesus würde sie nicht ins Leere laufen

lassen und sie würden auf Menschen treffen, die vorbereitet sind? Und die Umstände, die Räumlichkeiten sind es auch. Vorbereitet von Gott für Jesus und seinen Weg an diesem Abend.
In eine von Gott vorbereitete Situation kommen, das gibt es auch heute. So geschehen in Äthiopien: Gebre war zu Fuß unterwegs, als plötzlich drei bewaffnete Männer aus dem hohen Gras traten und ihm den Weg versperrten: „Bist du ein Christ?" „Ja", antwortete Gebre, „was wollt ihr von mir?" „Wir wollen auch an deinen Gott glauben." Sie hatten ein Gerücht gehört, dass jemand diesen Pfad entlangkommen würde. Er würde ihnen von Gott erzählen, der Macht über die bösen Geister hat. „Bist du der, auf den wir gewartet haben?" „Das wird so sein", antwortete Gebre, „setzt euch und ich erzähle euch von unserem Gott." Doch die drei wollten, dass er mit ihnen in ihr Dorf ging. Dort wurden alle Verwandten zusammengerufen und der Anführer rief: „Er ist da!" Dann sagte er zu Gebre: „Jetzt erzähle uns von deinem Gott und wie wir ihn kennenlernen können!" Keiner dieser Menschen hatte jemals zuvor von Jesus gehört. Als am Abend die Sonne unterging, waren fünfzehn Bewohner dieses Dorfes zum Glauben an Jesus gekommen, unter ihnen auch die drei „Wegelagerer".

Jan Karsten Hoekstra

Zum 19. März 2024

Bescheidener Lehrer und Autor

Ich habe wieder zu meinem „Bussemer" gegriffen, ihn durchgeblättert und die vielen Unterstreichungen, manche Anmerkungen und Fragezeichen wahrgenommen. Das Buch von Konrad Bussemer „Die Gemeinde Jesu Christi – Ihr Wesen, ihre Grundsätze und Ordnungen" war für Jahrzehnte, bis in die 1990er Jahre hinein, das Standardwerk zum Gemeindeverständnis Freier evangelischer Gemeinden (FeG) in Deutschland.

Konrad Bussemer wurde heute vor 150 Jahren, am 19. März 1874, als Sohn des Müllers und Landwirts Friedrich Bussemer und seiner Ehefrau Wilhelmine in Eberbach (Neckar) geboren. Mit Unterstützung von Verwandten bekam Bussemer eine gute Schulbildung und konnte das Abitur machen. Im Unterricht hatten ihn besonders die alten Sprachen und Geschichte interessiert. Als Gymnasiast lernte er in St. Johann (Saar) eine christliche Gemeinschaft kennen, die sich zu einer Freien evangelischen Gemeinde entwickelte, und kam dort auch zum Glauben an Christus. In dieser Gemeinde begegnete er Gustav Friedrich Nagel aus Wetter (Ruhr), der zu dieser Zeit die Evangelische Predigerschule in Basel besuchte. Nagel veranlasste Bussemer, der diesen

Gedanken bereits gehegt hatte, Theologie zu studieren. Von 1892 bis 1898, unterbrochen von seiner Militärzeit, besuchte Bussemer ebendiese Schule. Nach seinem Abschluss nahm Bussemer Berufungen als Prediger in Freien evangelischen Gemeinde an: 1898 bis 1899 FeG Homberg (jetzt Duisburg-Homberg), 1899 bis 1908 FeG Langendreer (jetzt Bochum-Langendreer) und 1908 bis 1929 FeG Lüdenscheid. Während der Bochumer Zeit war er auch Schriftleiter der Bundeszeitschrift „Der Gärtner" (jetzt „Christsein heute"). Seit 1912 lehrte er nebenamtlich an der Predigerschule der Freien evangelischen Gemeinden in Wuppertal-Vohwinkel (jetzt Theologische Hochschule Dietzhölztal-Ewersbach). Ab 1929 lehrte er dort vollzeitlich bis zur kriegsbedingten Schließung. In seinen letzten Lebensjahren diente er als Prediger der FeG Köln. Nach einer schweren Erkrankung starb er am 16. Dezember 1944 und wurde in Lüdenscheid bestattet.

„In die Geschichte des Bundes Freier evangelischer Gemeinden ist Konrad Bussemer als theologischer Lehrer eingegangen. Wie kaum ein anderer hat er seine Schüler und ganze Generationen von Hörern in Freien evangelischen Gemeinden und auf Konferenzen tief beeindruckt" (Hartmut Weyel). Vor allem ist er durch sein oben genanntes Buch, das 1905 erstmals erschien und viele Auflagen erlebte, bedeutend geworden.

Hans-Werner Kube

Bibellese: Markus 14,17-26

Dann nahm Jesus den Becher, sprach darüber das Dankgebet, gab ihn seinen Jüngern, und alle tranken daraus. Dabei sagte er zu ihnen: „Das ist mein Blut, das für alle Menschen vergossen wird. Mit ihm wird der Bund in Kraft gesetzt, den Gott jetzt mit den Menschen schließt." *(Vers 23-24)*

Das Wik-Mungkan-Volk ist eine Gruppe der Aborigines, der Ureinwohner Australiens. Eine Mitarbeiterin von Wycliff, einer Organisation, die sich weltweit für Sprachforschung, Alphabetisierung und Bibelübersetzung einsetzt, lebte dort. Eine einheimische Frau, Mabel Pamulkan, half ihr bei der Arbeit. Dabei stießen sie auf die Formulierung „chapaar thetath". Das bedeutet: „Ein Mann gibt sein Blut." „Heute macht das niemand mehr", erklärte Mabel, „früher aber gehörte es dazu, wenn ein junger Mann ein Mädchen heiraten wollte. Dann ging er nämlich zu dem Vater des Mädchens und bat um die Einwilligung zur Hochzeit. Und was sagte der? ‚Komm her, ich werde dich mit dem Speer stechen, dann kannst du meine Tochter heiraten.' Dazu musste der junge Mann den unbekleideten Oberschenkel hinhalten. Der Vater stieß den Speer mit langer gezackter Spitze hinein. Dadurch bewies der junge Mann, dass es ihm ernst war mit der Bitte um die Hand der Tochter; so ernst, dass er sogar bereit war, diesen Schmerz für sie zu ertragen. Ein junger Mann gab in früherer Zeit sein Blut für das auserwählte Mädchen. Damit war der Weg in den Bund der Ehe für sie beide frei."

Ein nicht mehr praktizierter Brauch aus der Kultur eines uralten Volkes. In gewisser Weise auch eine Veranschaulichung für das, was Jesus zu tun bereit war: Er vergoss am Kreuz sein eigenes Blut. Damit hat er den Alten Bund, den zu Moses Zeiten Gott mit seinem Volk Israel geschlossen hatte, abgelöst. Seitdem ist der Neue Bund in Kraft. Jesus gab sein Blut für alle mit dem Ziel, an ihn zu glauben und Vergebung der Sünden zu empfangen. So fügt er Menschen seiner Gemeinde hinzu. Und wie nennt die Bibel die Gemeinde auch? Christi Braut.

Jan Karsten Hoekstra

Gottes Liebe ist niemals rosarot,
sondern stets blutrot.

Sven Kühne (1977), österreichischer Medienexperte*

21 Donnerstag MÄRZ 2024

☀ 06:22 18:37
☽ 14:24 05:36

Bibellese: Markus 14,27-31

Da sagte Petrus noch bestimmter: „Und wenn ich mit dir sterben müsste, ich werde dich ganz bestimmt nicht verleugnen!“ Das Gleiche sagten auch alle andern.

(Vers 31)

Anerkannt große Klappe, vielfach erprobt, gut erhalten, preiswert abzugeben!“ Einer meiner Klassenkameraden, ich sehe ihn noch vor mir, hatte dieses Inserat in die Schülerzeitung gesetzt. Ob der Jünger Petrus manchmal gedacht hat: „Hätte ich den Mund bloß nicht so voll genommen!“ Eins aber muss man sagen: Ein Maulheld war Petrus nicht. Wer ist denn der Tempelpolizei, als sie Jesus gefesselt abführte, bis in den Hof des Obersten Priesters gefolgt? Genau dort aber passiert Petrus das, was er in seiner Liebe zu Jesus für unmöglich gehalten hätte: Mehrfach mit Nachdruck zu bestreiten, diesen Menschen Jesus überhaupt zu kennen. In dem Moment kräht ein Hahn. Zugleich blickt Jesus von dort, wo er verhört wurde, Petrus an. Getroffen im

Herzen wie nie geht der weinend fort, bitter enttäuscht von sich und verzweifelt. Petrus wird sich an das erinnert haben, was er aus seiner Bibel, dem Alten Testament, kannte: „Hochmut kommt vor dem Fall" (Sprüche 16,18). Wer sich selbst überschätzt, darf sich nicht wundern, wenn er sich blamiert und scheitert.
Und was dann? Würde Petrus sich fortan hauptsächlich als radikalen Versager sehen, mit dem Jesus nichts anfangen kann? Sicher gehört diese einschneidende Erfahrung zu seinem Leben, doch prägend ist für ihn etwas anderes, was er wenig später durch Jesus erfährt: Als Versager darf er neu anfangen. Jesus macht weiter mit ihm seine Geschichte. Ohne diese Gnade ließe es sich schlecht leben – auch für mich, merke ich. Und Petrus, wie hatte er gesagt: „Und wenn ich mit dir sterben müsste ..." Man geht davon aus, dass der Apostel Petrus um das Jahr 64 im Zuge der Verfolgung der Christen durch den römischen Kaiser Nero den Märtyrertod starb. Das heißt: Aufgrund seines Bekenntnisses zu Jesus Christus wurde er umgebracht. Petrus: Einer, der bereit war, auf dem Weg mit Jesus in seiner Kraft auch schwerste Schritte zu gehen. *Jan Karsten Hoekstra*

22 Freitag MÄRZ 2024

✹ 06:19 18:39
☽ 15:37 05:51

Bibellese: Markus 14,32-42

„Abba, Vater", sagte Jesus, „alles ist dir möglich! Erspare es mir, diesen Kelch trinken zu müssen! Aber es soll geschehen, was du willst, nicht was ich will." (Vers 36)

Stellen wir uns einmal folgende Szene vor: Der Vater kommt nach Hause. Die Tochter flötet ihm entgegen: „Allerliebster Vater, wie schön, dass du nach Hause kommst." Sie umarmt und küsst ihn. – Natürlich gibt es auch die andere Variante: Die Mutter kommt nach Hause. Der Sohn öffnet ihr die Tür. „Beste Mutti aller Zeiten, komm, ich nehme dir die Taschen ab." – Schnell stellt sich das Gefühlt ein, dass hinter der Liebesbezeugung ein dringendes persönliches Anliegen steckt: „Kann ich heute zur Party gehen und erst später nach Haus kommen?" „Ich brauche heute dein Auto, das geht doch in Ordnung?" „Kann ich mehr Taschengeld haben?"

Unser Bibelvers beginnt sehr ähnlich. Hier ist es ein Sohn, der den Vater mit einem Superlativ beglückt: „Abba, Vater, dir ist alles möglich." Abba kommt aus der Kleinkindsprache und gibt lautmalerisch die ersten Sprachversuche eines Kindes wieder. Später kommt in dieser Anrede eine familiär-vertraute Eltern-Kind-Beziehung zum Ausdruck. Jesus hat so seinen Vater im Himmel angesprochen. Es folgt, wie in den Beispielen, eine Bitte: „Erspare mir, diesen Kelch trinken zu müssen." Damit endet allerdings der Vergleich.

Bei Jesus geht es nicht um ein Vergnügen wie Party, Autofahren oder Taschengeld. Der Kelch steht hier als Redewendung für ein schwer tragbares Geschick. Jesus steht der Tod vor Augen. Gott könnte diesen Tod abwenden. Aber ist das dann gut und richtig? Für Jesus wäre es das, aber wäre es auch im Sinne Gottes? Man kann den Zwiespalt spüren, in dem Jesus sich befindet. Soll er sich für sein eigenes Wohlergehen entscheiden oder sich nach dem Willen Gottes richten? Er entscheidet sich für den Willen Gottes. Er geht in den Tod, trinkt den Kelch und wird dadurch am Ende zum Türöffner für ein Leben in der Gemeinschaft mit Gott. Deshalb können auch wir jetzt zu Gott rufen: „Abba! Vater!" (Römer 8,15). Dieser liebe Vater hat gute Gedanken für uns. Nicht immer sind sie gleich sichtbar. Deshalb gehört zum Bittgebet auch die Frage: „Vater im Himmel, was ist dein Wille für mein Leben heute?"

Carl Hecker

23 Samstag MÄRZ 2024

☀ 06:17 18:41
☽ 16:47 06:03

Bibellese: Markus 14,43-52

Jesus sagte zu den Männern: „Warum rückt ihr hier mit Schwertern und Knüppeln an, um mich gefangen zu nehmen? Bin ich denn ein Verbrecher? Aber was in den Heiligen Schriften angekündigt wurde, muss in Erfüllung gehen." *(Vers 48-49)*

Ich erinnere mich an eine Filmszene. Schwer bewaffnete Polizisten dringen in eine Zeitungsredaktion ein, zerschießen die Computer und verwüsten die Akten. Es geht um brisante Informationen, die nicht an die Öffentlichkeit gelangen sollen. Aber nicht die Polizisten haben Angst vor den Unterlagen, die sie gerade vernichten, sondern ihre Auftraggeber im Hintergrund. – So auch in der biblischen Geschichte. Die Soldaten tun Jesus gegenüber nur ihre Pflicht. Die Frage muss gestellt werden: Wer hat sie geschickt und wovor haben die Auftraggeber Angst?

Schon am Anfang seines öffentlichen Wirkens gerät Jesus in Konflikt mit den Glaubenswächtern seiner Zeit. Ihr Anliegen ist es, den Glauben durch strikte

Einhaltung der religiösen Regelungen zu bewahren. Aber daran hält Jesus sich nicht, wenn er etwa am heiligen Sabbat Kranke heilt, die vielleicht auch am nächsten Tag hätten geheilt werden können. Es geht ihm darum, klarzumachen, dass Heilung im umfassenden Sinne grundsätzlich dem Willen Gottes entspricht. Immer detailliertere Regelungen und Gebote schützen nicht Gott, sondern bedrohen das Leben. Damit stoßen zwei unterschiedliche Sichtweisen aufeinander, die nicht in Einklang gebracht werden können. Es kann hier nur entweder die Botschaft Jesu und sein Handeln richtig sein oder die Vorstellung seiner Gegenspieler. Und die sitzen, menschlich gesehen, am längeren Hebel. Sie setzen ihre Autorität ein, um Jesus zum Schweigen zu bringen (Markus 3,6).
Steht die Frage im Raum, auf welcher Seite wir uns wiederfinden. Auch ein Leben „nach der Schrift", wie es die Schriftgelehrten bei Jesus führen wollten, schützt nicht davor, gegen den Willen Gottes zu handeln. Ihre Angst, den eigenen Einfluss zu verlieren, ist kein guter Ratgeber, wenn es um die Liebe Gottes zu den Menschen geht. Manchmal können wir Gott und dem Leben nur dadurch dienen, dass wir scheinbar unverbrüchliche Regeln übertreten. Möge Gott dazu heute Weisheit und Mut schenken – mit allen Konsequenzen. *Carl Hecker*

24 Sonntag MÄRZ

2024

✹ 06:15 18:42
☽ 17:57 06:13

Palmsonntag

Bibellese: Psalm 88

Alle meinen, mit mir sei es aus;
die Kräfte schwinden mir, ich kann nicht mehr.
Meine Freunde hast du mir entfremdet,
sie wenden sich voll Abscheu von mir ab.
Ich bin im Elend gefangen
und finde keinen Ausweg. *(Vers 5.9)*

Sie müssen sich nicht wundern, wenn Sie beim Lesen des Bibelverses den Eindruck haben, dass hier scheinbar alles nur dunkel, depressiv und hoffnungslos ist. Psalm 88 wird gemeinhin als der dunkelste Psalm der Bibel bezeichnet. Er gibt Einblick in die Gefühlslage eines Menschen, der übervoll ist an Leiden, kraftlos, dem Tode nahe, von Freunden verlassen, der sich schon vor sich selbst ekelt.
Kann man so leben? Manche Menschen müssen so leben. Durch persönliche Veranlagung oder äußere Einflüsse gelangen manche an den Rand des Erträglichen. Sie haben keine äußere und innere Kraft mehr, sich aus diesem dunklen Sog zu befreien. – In

anderen Zusammenhängen heißt es: Du kannst vielleicht deine Situation nicht ändern, aber du kannst dich ändern und damit anders mit einer schwierigen Lage umgehen. Der für mich einzige Lichtblick im Psalm ist, dass der Beter sich nicht in seiner Dunkelheit einschließt. Er erträgt die Situation, weil er sie vor Gott ausbreitet, Gott ins Ohr schreit. Fast unerträglich ist der Gedanke, der in seiner Klage laut wird: Gott ist verantwortlich für die große Not des Beters.

Sie meinen vielleicht, das sei nicht so ganz der richtige Umgang mit dem heiligen Gott? Dann dürfen Sie sich ein Beispiel an seinem Sohn nehmen. Am Kreuz, den Tod vor Augen und den Schmerz der Folter in den Gliedern, schreit Jesus seine Not dem himmlischen Vater ins Gesicht. Auch hier lässt Jesus deutlich werden, dass Gott hinter diesem schrecklichen Augenblick steht. Es gibt einfach Situationen, da passt der Jubel nicht, den wir gerne mit dem heutigen Palmsonntag verbinden. Angesichts persönlichen Leides und gesellschaftlicher Entwicklungen ist manchmal lautes Jammern und Klagen angesagt. Es ist entlastend, die Schuld am eigenen Leiden und den Schwierigkeiten in der Welt einfach einmal an Gott abzugeben. Er kann das aushalten. Das kann dann wirklich die Hilfe sein, eine schwierige Lebensphase zu überleben.

Carl Hecker

25 Montag MÄRZ 2024

✷ 06:12 18:44
☽ 19:06 06:22

Bibellese: Markus 14,53-65

Darauf fragte der Oberste Priester: „Bist du Christus, der versprochene Retter, der Sohn Gottes?“ „Ich bin es“, sagte Jesus, „und ihr werdet den Menschensohn sehen, wie er an der rechten Seite des Allmächtigen sitzt und mit den Wolken des Himmels kommt!“ (Vers 61-62)

Dramatischer Höhepunkt des Verhörs von Jesus vor der jüdischen Religionsbehörde, dem Hohen Rat: Gegen Jesus treten Zeugen auf, widersprechen sich aber. Man kann ihn keines Verbrechens überführen. So bleibt seinen Anklägern nur die Hoffnung, dass er gesteht. Dazu fordert ihn der Oberste Priester nun auf. Und tatsächlich: Jesus „gesteht“ oder richtiger gesagt: Er bekennt sich dazu, der Christus, also der Messias, der versprochene Retter, zu sein und damit zugleich der Sohn Gottes.

Danach nennt er sich auch Menschensohn. Auch das musste seine religiösen Gegner aufs Äußerste empören. Der Titel „Menschensohn“ klingt zwar zunächst unverdächtig. Ist nicht jeder Mann der Sohn eines Menschen? Aber der Hohe Rat wusste nur zu gut, dass Jesus hier eine Weissagung aus dem alttestamentlichen Buch Daniel (7,13-14) zitiert. Dort steht: „Danach sah ich in meiner Vision einen, der aussah wie ein Menschensohn. Er kam mit den Wolken und wurde vor den Thron des Uralten geführt", also vor den Thron des allmächtigen Gottes. „Der verlieh dem Menschensohn Macht, Ehre und Herrschaft. Seine Herrschaft wird niemals aufhören." Das heißt nichts anderes, als dass der Menschensohn aus dem Himmel kommen und auf Erden ewig herrschen wird. Jesus sagt hier also seinen Anklägern: Ich bin der, dem Gott seine Herrschaft für immer übergeben hat. Jetzt mussten sich seine Gegner entscheiden: War Jesus wirklich dieser Menschensohn? Oder war er ein Gotteslästerer? Sie entschieden sich, Jesus abzuweisen. Das kann man auch heute noch tun. Aber auch heute noch gilt die Ankündigung von Jesus: Ihr werdet den Menschensohn sehen, wie er mit den Wolken des Himmels kommt. Dann wird sich zeigen, ob unsere Entscheidung tragfähig war. *Uwe Swarat*

26 Dienstag MÄRZ 2024

✹ 06:10 18:46
☽ 20:17 06:32

Bibellese: Markus 14,66-72

Als die Dienerin des Obersten Priesters Petrus am Feuer bemerkte, sah sie ihn genauer an und meinte: „Du warst doch auch mit dem Jesus aus Nazaret zusammen!" Petrus stritt es ab: „Ich habe keine Ahnung; ich weiß überhaupt nicht, wovon du redest!" *(Vers 67-68)*

Und wenn ich mit dir sterben müsste, ich werde dich ganz bestimmt nicht verleugnen!", so hatte Petrus nur Stunden vorher Jesus geschworen (Vers 31). Aber Jesus wusste es besser. Er wusste, seine Jünger würden an ihm irrewerden, wenn er zum Tod verurteilt würde, auch Petrus, ihr Anführer. Darum hatte er Petrus vorhergesagt: „Heute, in dieser Nacht, bevor der Hahn zweimal kräht, wirst du mich dreimal verleugnen" (Vers 30). Und so kam es auch.

Es besteht für Christen von heute kein Anlass, über Petrus den Stab zu brechen oder auch nur den Kopf zu schütteln. Vielmehr müssen wir uns im Verleugnen des Petrus selber wiederkennen. Alle Christen stehen in der Gefahr, sich im entscheidenden

Augenblick nicht zu Jesus zu bekennen. Wie sagte Jesus an anderer Stelle (Vers 38): „Der Geist in euch ist willig, aber eure menschliche Natur ist schwach.“ Auch gläubige Menschen bleiben noch Sünder und bis an ihr Lebensende auf Vergebung angewiesen. Ja, es gibt auch Heldenmut unter Christen, und wir gedenken dankbar der unzähligen Märtyrer, die ihr Leben verloren, weil sie sich zu Jesus bekannten. Aber auch sie kannten Stunden der Schwachheit und des Versagens. Auch sie ziehen nicht als Helden, sondern als begnadigte Sünder in den Himmel ein. Auf den Grabstein des früheren Bundespräsidenten Johannes Rau ließen seine Hinterbliebenen den Satz schreiben: „Dieser war auch mit dem Jesus von Nazareth“. Was die Dienerin des Obersten Priesters gegenüber Petrus als Vorwurf meinte, das wird hier zum Bekenntnis. Wie schön, wenn das einmal auch von uns gesagt werden kann! *Uwe Swarat*

... Schau her, hier steh ich Armer,
der Zorn verdienet hat.
Gib mir, o mein Erbarmer,
den Anblick deiner Gnad.

Paul Gerhardt 1656, nach Arnulf von Löwen vor 1250
Aus: O Haupt voll Blut und Wunden

27 Mittwoch MÄRZ 2024

☀ 06:08 18:47
☽ 21:30 06:43

Bibellese: Markus 15,1-15
Pilatus fragte die Leute: „Was soll ich dann mit dem anderen machen, den ihr den König der Juden nennt? Was wollt ihr?" „Kreuzigen!", schrien sie. (Vers 12-13)

Hier äußert sich des Volkes Wille, und der ist manchmal fehlgeleitet. Der römische Statthalter Pilatus fragt die jüdische Volksmenge: „Was wollt ihr?" Aufgestachelt von den führenden Priestern antwortet sie im Sprechchor: „Kreuzige ihn, diesen Jesus von Nazaret! Er soll sterben!"

Schrecklich, nicht wahr? Eine zum Hass aufgehetzte Menge fordert den Tod eines unschuldigen Menschen. Sie sehen in ihm einen gefährlichen religiösen Verführer und erweisen sich selbst als verführt. Diese Begebenheit wurde im Laufe der Kirchengeschichte verschiedentlich dazu benutzt, um die Juden kollektiv als schuldig am Tod von Jesus Christus und als „Gottesmörder" zu erklären. Das ist aber eine grobe Missdeutung. Es sind ja nicht alle jüdischen Bewohner Jerusalems damals vor Pilatus erschienen, und diejenigen, die lautstark die Kreuzigung forderten, waren dazu aufgestachelt worden. Und bedenken wir auch: Wie viele Christen wurden schon aufgehetzt, um Juden zu töten – mit gutem Gewissen, weil sie meinten, Gott wolle das so! Wenn wir also lesen, wie die Volksmenge damals „Kreuzige ihn!" rief, dann schauen wir in einen Spiegel: Zu solch einer Untat sind Menschen imstande! Auch Christen sind und bleiben verführbar.

Beugen wir uns also demütig vor Gott in Anbetracht unserer Schwäche und Gefährdung! Bitten wir Gott darum, dass er uns vor Verführungen bewahrt und dass er unser Gewissen weckt, wenn jemand uns aufhetzen will. Und beten wir mit dem gekreuzigten Jesus für alle Verführten: „Vater, vergib ihnen! Sie wissen nicht, was sie tun" (Lukas 23,34)!

Uwe Swarat

Käme er, man würde ihn zum zweiten Mal kreuzigen.

Johann Wolfgang von Goethe (1749-1832), deutscher Dichter

28 Donnerstag MÄRZ 2024

✹ 06:06 18:49
☽ 22:46 06:56

Bibellese: Markus 15,16-23

Die Soldaten zwangen einen Mann, der gerade vorbeiging, für Jesus das Kreuz zu tragen. Es war Simon aus Zyrene, der Vater von Alexander und Rufus, der gerade vom Feld in die Stadt zurückkam. *(Vers 21)*

Die römischen Soldaten hatten es eindeutig übertrieben mit ihrer Folterung. Ein zur Kreuzigung bestimmter Mensch sollte eigentlich den Querbalken, an dem man ihn aufhängen würde, selber zur Hinrichtungsstätte tragen. So war es jetzt auch bei Jesus vorgesehen, aber der schaffte es körperlich nicht mehr. Sie hatten ihn so heftig ausgepeitscht und seinen Kopf mit dem Dornenkranz so brutal zugerichtet, dass er schon halbtot war und unter dem Balken zusammenbrach. So geriet die Hinrichtungsroutine der Soldaten aus dem Tritt. Der Balken musste irgendwie hin zur Kreuzigungsstätte. Dass die Soldaten ihn trugen, kam natürlich nicht in Frage. So schauten sie sich um und entdeckten einen jüdischen Mann, der gerade die Stadt betreten wollte.

Den schnappten sie sich: „Du trägst jetzt das Kreuz, das für den König der Juden bestimmt ist!" Da gab es kein Entkommen; der Mann musste gehorchen. Was er wohl gedacht hat, als er mit dem Kreuzesbalken auf den Schultern wieder aus der Stadt hinausging? Wir wissen es nicht. Aber wir kennen seinen Namen, weil der Evangelist Markus ihn überlieferte: Simon aus Zyrene, einer Stadt an der nordafrikanischen Mittelmeerküste. Der Evangelist sagt, er sei der Vater von Alexander und Rufus. Diese beiden waren den ersten Lesern des Evangeliums offenbar als Christen bekannt, ihr Vater vielleicht auch.
Welch eine überraschende Geschichte! Da begegnet jemand zufällig einem Hinrichtungskommando und muss ihm einen Hilfsdienst leisten. Das aber verändert sein Leben und das seiner Familie. Denn der, dessen Kreuz er tragen musste, war der, der die Sünde der ganzen Welt auf seinen Schultern trug. Das zu erkennen, verändert alles. Es macht alles neu.

Uwe Swarat

♫ ... Christe, du Lamm Gottes,
der du trägst die Sünd der Welt,
gib uns deinen Frieden. Amen.

Mittelalterlich / Braunschweig 1528

29 Karfreitag MÄRZ 2024

✹ 06:03 18:51
☽ –.– 07:13

Bibellese: Markus 15,24-41

Gegen drei Uhr schrie Jesus: „Eloï, eloï, lema sabachtani?“ – das heißt übersetzt: „Mein Gott, mein Gott, warum hast du mich verlassen?“ (Vers 34)

Ich las in der Zeitung von einer Frau, die jahrelang von ihrem Vater und ihren Brüdern missbraucht worden war. Sie sagte: „Wir hatten damals ein riesiges Kreuz über dem Ehebett hängen, das mein ganzer Halt wurde. Immer und immer wieder habe ich gesagt: ‚Jesus, du verstehst mich wenigstens. Du bist der Einzige, der mich versteht. Dir hat man auch sehr wehgetan, du wurdest auch alleingelassen.‘“

Jesus leidet nicht nur furchtbare Schmerzen, er leidet auch an dem Verlassensein. Die vielen Bewunderer, die ihn noch Tage zuvor haben hochleben lassen, sind nicht da. Auch nicht seine Schüler und Freunde; sie haben ihn verraten, verleugnet oder sind geflohen. Die frommen und angesehenen Führer des Volkes, die vor Gott alles richtig machen wollen, haben ihn im Namen Gottes zum Tode verurteilt und machen sich unter dem Kreuz noch über ihn lustig – im Hochgefühl der eigenen Rechtschaffenheit. Die beiden Schicksalsgenossen rechts und links neben ihn beschimpfen ihn. Kein Verständnis, kein Mitgefühl, keinen Zuspruch, keinen Rückhalt hat Jesus zu erwarten. Und sein himmlischer Vater, der doch für Gerechtigkeit sorgen könnte? Er rührt sich nicht, sondern schweigt. Es sieht ganz danach aus, dass selbst er, zu dem Jesus eine einzigartige Beziehung hatte, ihn verlassen hätte.

Trotzdem höre ich hier drei gute Nachrichten. Die eine: Jesus erleidet das, was wir eigentlich verdient hätten, nämlich dass Gott uns verlässt. Unser Verrat, unser Leugnen, unsere Selbstgerechtigkeit, unser Hass, unsere Gleichgültigkeit und anderes mehr trennen uns von Gott. Jesus erleidet die Gottverlassenheit an unserer statt. Damit unsere Schlechtigkeit weggewischt wird und nicht mehr trennt. Die zweite: Trotz seines Verlassenseins schreit Jesus zu seinem himmlischen Vater, mit Worten aus Psalm 22. Er ist immer noch sein Gott. So dürfen auch wir glauben: Es gibt keine noch so verzweifelte Situation, in der wir nicht nach Gott schreien und die Frage nach dem Warum herausbrüllen dürfen. Und die dritte: Ja, Jesus weiß, was Verlassenheit bedeutet. Und er versteht uns, wenn wir alleingelassen sind wie die Frau, von der ich anfangs schrieb. *Hans-Werner Kube*

Bibellese: Markus 15,42-47

Josef von Arimathäa wagte, zu Pilatus zu gehen und ihn um den Leichnam von Jesus zu bitten. Josef war ein hoch geachtetes Ratsmitglied und einer von denen, die auch darauf warteten, dass Gott seine Herrschaft aufrichte. *(Vers 43)*

Die Römer damals ließen am Kreuz Hingerichtete dort hängen. Die Leichname dienten der Abschreckung, als Fressen für wilde Tiere oder verwesten. Zur Exekution gehörte eben auch der Verlust der Totenehre. Wollten Angehörige den Leichnam bestatten, mussten sie sich erst die Erlaubnis des Statthalters verschaffen. Bei Hochverrat waren die Chancen allerdings gering. Anders bei den Juden: Selbst die schlimmsten Frevler galt es am selben Tag zu bestatten, und sei es in einem Massengrab. Ein Josef aus der Stadt Arimathäa, der ein neues Felsengrab außerhalb von Jerusalem besaß, erwies dem toten Jesus die letzte Ehre, indem er ihn in aller Eile in seinem Grab beisetzte. Es war gewagt, Pilatus um den Leichnam zu bitten. Auch als angesehener Ratsherr. Denn der Hohe Rat hatte Pilatus gehörig unter Druck gesetzt, um ein Todesurteil zu erreichen. Markus, der Verfasser des Evangeliums, lässt manche Fragen offen. Wo waren die Angehörigen oder die Jünger, die doch die Pflicht zur Bestattung hatten? War Josef ein heimlicher Jünger Jesu? War er bei der Verurteilung Jesu durch den Hohen Rat dabei? Und wenn ja: Hat er den Mund gehalten oder sich nicht Gehör verschaffen können? Glaubte er an Jesus, den Christus, oder wartete er zwar auf die Herrschaft Gottes, aber die Hoffnung, dass Jesus sie bringt, war jetzt mit diesem gestorben? Wir erfahren es nicht. Nur, dass Josef ein anständiger Mensch war, dem die Totenehre und Totenruhe Jesu am Herzen lag und der der Pflicht der Bestattung nachkam. Markus hat für die Nachwelt festgehalten, dass das Grab des mutigen Josef von Arimathäa zur Ruhestatt wurde für den gekreuzigten Jesus, wenn auch nur für anderthalb Tage.

Ich habe viele Menschen beerdigt. Mir ist ein ordentliches Begräbnis auch ein Anliegen. Die oder der Tote soll würdig bestattet werden. Die Angehörigen sollen sich würdig verabschieden und trauern können. Es spielt dabei keine Rolle, wer und was und wie der Mensch war. Das kann und wird nur Gott endgültig beurteilen. *Hans-Werner Kube*

31

Osterfest

Sonntag

MÄRZ

2024

☀ 06:59 19:54

☽ 02:19 09:09

Bibellese: Markus 16,1-8

Der junge Mann sagte: „Geht und sagt seinen Jüngern, vor allem Petrus: ‚Er geht euch nach Galiläa voraus. Dort werdet ihr ihn sehen, genau wie er es euch gesagt hat.'" Da verließen die Frauen die Grabkammer und flohen. *(Vers 7-8)*

Wenn ich einen Bibeltext lese oder höre, dann versetze ich mich gerne in die betroffenen Personen. Hier ist das relativ einfach, denn ich bin ja auch eine Frau. Aber ihre Welt und ihre Erfahrungen vor etwa 2 000 Jahren sind überhaupt nicht mit meiner zu vergleichen. Ihr Vorhaben, ihrem geliebten Jesus einen letzten Liebesdienst zu erweisen, ihn eigenhändig mit einem duftenden Öl einzureiben und wohlriechende Kräuter in seine Leichentücher zu stecken, entspricht nicht meinen Erfahrungen. Und dann wurde ihr Vorhaben krass vereitelt! Statt seinen malträtierten Leichnam vorzufinden, was ja schon eine schlimme Erwartung gewesen sein musste, fanden sie nicht nur das Grab geöffnet, sondern auch noch einen jungen Mann in einem gleißenden Gewand vor, der behauptete, dass dieser Jesus nicht tot sei, sondern lebendig! Und er trug ihnen auf, Jesu Jüngern als dem engsten Freundeskreis und unbedingt Petrus Bericht zu erstatten. Sie sollten sagen, dass Jesus nicht mehr im Grab zu finden, sondern dass er auferstanden sei. Auferstanden! Und dass er ihnen nach Galiläa vorausginge, wo sie sich treffen würden. So, wie er es ihnen ja vorausgesagt hätte. Eine unglaubliche Botschaft!

Das ganze Erlebnis war schrecklich aufregend, vielleicht sogar angsteinflößend! Wer begegnet schon gewohnheitsmäßig einem Engel? Einem außerirdischen Wesen? Und dazu noch dieser Auftrag!

Also, ich wäre darüber ebenfalls ordentlich erschrocken gewesen! Vermutlich wäre ich wie die drei Frauen von diesem seltsamen Ort und der erschreckenden Engelbegegnung weggerannt und wie sie hätte ich das alles erst einmal niemandem sonst erzählt, höchstens den Jüngern. Weil ich vermutet hätte, dass man mich für verrückt erklären würde. Aber selbst die Jünger hatten den Frauen erst einmal nicht geglaubt.

Und heute, fast 2 000 Jahre später, was macht diese Geschichte mit mir? Und wem soll ich davon erzählen? Das frage ich Gott jeden Tag. Er wird es mir schon zeigen. *Ilona Kube-Jakobson*

1 Ostermontag APRIL 2024

✹ 06:57 19:56
☽ 03:28 09:58

Bibellese: Markus 16,9-20

Dann sagte Jesus den Elf: „Geht in die ganze Welt und verkündet die Gute Nachricht allen Menschen!"

(Vers 15)

In die ganze Welt zu reisen und Gottes Gute Nachricht den Menschen anderer Kulturen zu bringen, diesen Wunsch, geboren aus Abenteuerlust und Fernweh, habe ich nie verloren. Gleichzeitig zieht es mich zur Gemeinschaft der Gläubigen. Ich liebe Veranstaltungen, in denen ich mehr über Gott, sein Wort und alles Drum und Dran lernen kann. Und ich freue mich auf Begegnungen mit Menschen, mit denen ich über meinen Glauben und was mich gerade in der Nachfolge besonders beschäftigt, sprechen kann. Mein eigenes Heimatland ist ja auch ein Teil der ganzen Welt, in dem Jünger Jesu seit der Römerzeit immer wieder die Gute Nachricht verkündet haben und heutzutage erst recht immer noch verkünden sollen. Sonst hätte unser Land und unser Erdteil keine christliche Geschichte und Kultur, von

der unsere ganze Gesellschaft, sogar die säkulare, immer noch zehrt.
Wäre meine Mutter nicht in einer Zeltevangelisation zum Glauben an Jesus Christus gekommen und hätte sie diesen Auftrag, ihren Glauben an Jesus zu bezeugen, nicht begeistert umgesetzt, wer weiß, was aus mir und meinen Brüdern in dieser Hinsicht geworden wäre? Mein erster Lehrmeister hinsichtlich geflüchteter Menschen aus einer anderen Kultur war ein Inder, ein engagierter Christ, der, bis er ermordet wurde, unser Familienmitglied war. Später lernte ich noch viele Menschen aus aller Welt kennen und manche von ihnen waren schon Christen. Manchmal trafen wir uns zu Bibelstunden, öfter zu Deutschkursen. Deutsch unterrichte ich ehrenamtlich immer noch und helfe ihnen im Alltag. Immer bete ich für meine Schülerinnen und Schüler und für meine Freunde aus aller Welt, besonders für meine eigene Familie, dass ich ihnen eine glaubwürdige Botschafterin der Liebe Gottes sein möge. Eine prima Möglichkeit, den Auftrag Jesu in die Tat umzusetzen.

Ilona Kube-Jakobson

Monatsspruch

Seid stets bereit, jedem Rede und Antwort zu stehen, der von euch Rechenschaft fordert über die Hoffnung, die euch erfüllt. *(1. Petrus 3,15 E)*

Zum 2. April 2024

Erinnerungen an die Worte der Propheten und Apostel

Einführung in den 1. und 2. Petrusbrief

Die Verfasserschaft des Apostels Petrus ist bei den Auslegern umstritten. Besonders der 2. Petrusbrief gilt als unecht, da er auch erst sehr spät in den Kanon der neutestamentlichen Schriften aufgenommen wurde. Aber immerhin: Er wurde aufgenommen. Und es gibt wie auch sonst keine zwingenden Argumente gegen die Verfasserschaft, so dass auch hier gilt: Im Zweifel für den Angeklagten!

Der erste Brief ist ein Rundschreiben an christliche Gemeinden in Kleinasien. Sie werden als „Erwählte Gottes" und gleichzeitig als „Fremde in dieser Welt, mitten unter Ungläubigen" bezeichnet (1,1). Diese Spannung zieht sich durch den ganzen Brief. Die Christen erleiden das typische Schicksal von Außenseitern: üble Nachrede (2,12), Verleumdung (3,16), Beschimpfung (4,4), Drohungen (3,6). Diese Konflikte und Anfeindungen werden jedoch als Missionschance und Gelegenheit zum furchtlosen und einladenden Zeugnis begriffen. Auch als verachtete Minderheit ist die Gemeinde „das erwählte Volk, das Haus des Königs, die Priesterschaft, das heilige Volk, das Gott selbst gehört" (2,9). Christen sind auch als Außenseiter nicht gegen, sondern für andere Menschen. Sie üben den aufrechten Gang, eine friedliche Grundhaltung, suchen konstruktiv nach Lösungen, geben selbstbewusst Zeugnis und haben Verständnis für andere, die ebenfalls am Rand stehen. So vollzieht sich Nachfolge in der Fremde. Abfassungsort ist Babylon (5,13), wahrscheinlich ein Deckname für das kaiserliche Rom.

Der zweite Brief hat keinen klaren Aufbau. Petrus wendet sich kurz vor seinem Tod (1,13-15) nicht an bestimmte Gemeinden, sondern an „alle, die aufgrund der Gerechtigkeit unseres Gottes und Retters Jesus Christus den gleichen kostbaren Glauben erhalten haben wie wir Apostel selbst" (1,1). Der heilschaffende Glaube ist also kein Privileg des Anfangs, sondern auch in der weiteren Geschichte des Christentums bleibend zugänglich. Um dieses kostbare Geschenk nicht zu gefährden, warnt der Verfasser vor falschen Lehrern (Kp 2) und Spöttern (3,3-5). Diese Warnungen unterstreicht der Verfasser mit massiver Polemik (2,12.22), mit Rückgriff auf seine Biografie und apostolische Autorität (1,16-18) und mit vielen Querverweisen zu anderen Texten der Propheten und Apostel (z. B. 3,15-16). Der Leser, die Leserin „wird mit den ... Herausforderungen nicht eines Tages fertig sein, sondern muss sich ihnen vielmehr immer wieder im aufmerksamen, aber auch kritischen Hinhören auf diesen Text stellen" (Wolfgang Grünstäudl).

Hans-Werner Kube

Bibellese: 1. Petrus 1,1-12

Jesus Christus liebt ihr, obwohl ihr ihn nie gesehen habt. Auf ihn setzt ihr euer Vertrauen, obwohl ihr ihn jetzt noch nicht sehen könnt. Und darum jubelt ihr mit unaussprechlicher und herrlicher Freude. (Vers 8)

Die Generalversammlung der Vereinigten Kirche in Kanada hatte 2022 das Thema: „Wer sagt denn ihr, dass ich sei?" Diese Frage hatte Jesus einmal den Menschen gestellt, die mit ihm unterwegs waren. Bei jener online stattfindenden Generalversammlung, an der ich als Gast teilnahm, gab es zu Beginn jeder Einheit ein paar Videoeinspielungen. Menschen erzählten, wie sie sich Jesus vorstellen und was er für sie bedeutet.

So unterschiedlich wie die Menschen waren, jung, alt, verschiedene Hautfarben, französisch- oder englischsprachig, Pastorinnen, Gemeindemitglieder ..., so verschieden waren ihre Bilder von Jesus: Jesus als Freund, als einer, der Gerechtigkeit bringt, als Heiland, als Erlöser, Jesus, der Leidende oder der

Auferstandene ... Keiner von ihnen hatte Jesus gesehen.
Was für die Leser des 1. Petrusbriefes galt, gilt für die Geschwister der Vereinigten Kirche in Kanada und für uns. Wir kennen Jesus nicht von Angesicht zu Angesicht und unsere Vorstellungen von ihm sind geprägt von unserem jeweiligen Kontext. Dennoch ist die Beziehung zu Jesus prägend für alle, die ihm vertrauen. Ich glaube: Jesus ist uns nah. Er weist den Weg. Er verbindet uns mit Gott und miteinander. Er steht uns zur Seite, gerade wenn uns das Leben und auch der Glaube schwerfallen. Liebe ich Jesus? Vor allem weiß ich mich von ihm geliebt. Ich will seine Liebe in mich aufsaugen, erwidern und weitergeben. So kann ich getrost, ja fröhlich durchs Leben gehen und voller Hoffnung sterben.

Rosemarie Wenner

♫ Gib, Jesu, gib, dass ich dich kann
mit wahrem Glauben fassen
und nie, was du an mir getan,
mög aus dem Herzen lassen;
dass dessen ich in aller Not
mich trösten mög und durch den Tod
zu dir ins Leben dringen.

Cyriakus Günther vor 1704 / Zürich 1998
Aus: Halt im Gedächtnis Jesus Christ

3 Mittwoch APRIL

2024

✹ 06:52 19:59

☽ 05:04 12:26

Bibellese: 1. Petrus 1,13-16

Lebt als gehorsame Kinder Gottes und nicht mehr nach euren selbstsüchtigen Wünschen wie damals, als ihr die Wahrheit noch nicht kanntet. *(Vers 14)*

Ist Gehorsam gut? Das kommt darauf an, wem wir gehorchen und was wir als gehorsame Menschen tun. Ich verabscheue Gräueltaten, von Soldaten ausgeführt, die blindlings einem Befehl gehorchen. Voller Hochachtung denke ich dagegen an Menschen, die zivilen Ungehorsam leisteten und so die Welt zum Guten veränderten.

Erst vor kurzem hörte ich von Harriet Tubman. 1820 als Sklavin in den Südstaaten der USA geboren, kämpfte sie für das Lebensrecht schwarzer Menschen. 1849 gelang ihr die Flucht in den Norden, wo sie als freie Bürgerin Fluchthelferin für zahlreiche Sklaven wurde. Dabei übertrat sie von Menschen gemachte Gesetze, um das zu tun, was in Gottes Augen zählte. Die Afrikanische Methodistisch-Bischöfliche Zionskirche, der Harriet Tubman angehörte, würdigt ihr Lebenswerk als einen Pflasterstein auf der langen Straße zu Gerechtigkeit und Frieden. Wie viele andere handelte Harriet Tubman aus der Überzeugung: Alle Menschen sind zum Bild Gottes geschaffen und verdienen damit Respekt und eine würdevolle Behandlung. Als gehorsame Kinder Gottes werden wir Regeln und Anweisungen daraufhin überprüfen, ob sie dem entsprechen, was wir als Gottes Willen erkennen. Wir lassen uns den Mut schenken, für das einzutreten, was uns als wahr und recht erscheint. Dabei geht es nicht um unseren persönlichen Vorteil, sondern um das, was dem Wohl aller und dem Erhalt der Schöpfung dient. Gehorsame Kinder Gottes können folglich unbequeme Zeitgenossen sein. Doch durch ihre Worte und Taten soll es gerechter und liebevoller zugehen in der Welt.

Rosemarie Wenner

Jeder große Traum beginnt mit einem Menschen, der ihn träumt. Denke immer daran, dass du die Stärke, die Geduld und die Leidenschaft in dir hast, nach den Sternen zu greifen, um die Welt zu verändern.

Harriet Tubman (1820-1913), afroamerikanische Fluchthelferin

Der Film „Harriet“ von Kasi Lemmons zeigt ihre Lebensgeschichte und kam 2019 in die Kinos.

4 Donnerstag APRIL

2024

✷ 06:50 20:01
☽ 05:32 13:56

Bibellese: 1. Petrus 1,17-21

Durch Christus habt ihr zum Glauben gefunden an Gott, der ihn von den Toten auferweckt und ihm göttliche Herrlichkeit gegeben hat. Darum setzt ihr nun euer Vertrauen und eure Hoffnung auf Gott. *(Vers 21)*

Kommt in bunten Kleidern. Wir wollen uns dankbar an den Verstorbenen erinnern." So stand es in der Todesanzeige, die ich gerade las. Schockiert musste ich die Nachricht verarbeiten, dass dieser Mann, der genauso alt war wie ich, nicht mehr lebte. Wenige Wochen zuvor hatte er die Diagnose erhalten: Krebs. Unheilbar. Was für ein Verlust! Es fiel mir schwer, der Bitte zu entsprechen und auf schwarze Kleidung zu verzichten.

Bei der Trauerfeier bezeugten dann Familienangehörige des Verstorbenen, wie sie Gottes Nähe auch durch Menschen erfuhren, die den Verstorbenen und sie auf dem schweren Weg begleitet hatten. So bunt wie die Kleidung der Mitfeiernden waren die Facetten von Dankbarkeit, Liebe und Zuversicht, die

da erklangen. Sie erfüllten den Raum genauso wie Tränen und Trauer.
Hoffnung, allen Umständen zum Trotz, das ist das Thema des 1. Petrusbriefs. In den Gemeinden war die Aufbruchstimmung der Gründungsjahre einer gewissen Ernüchterung gewichen. Dazu kam Druck von außen: Die Menschen im Umfeld der Gemeinden begegneten der christlichen Minderheit misstrauisch und feindselig. Dennoch hatten die Christen Grund zur Freude. Das lag weder an den äußeren Bedingungen noch an großartigen Gottesdiensten und geistlichen Höhenflügen. Das Vertrauen in Christus trug. Gott hatte ihn von den Toten auferweckt. Seither ist nichts mehr völlig dunkel und aussichtslos. Damals und heute ist die christliche Hoffnung bunt. *Rosemarie Wenner*

♫ Erstanden ist der heilig Christ,
halleluja, halleluja,
der aller Welt ein Tröster ist.
Halleluja, halleluja.

Und seit dass er erstanden ist,
halleluja, halleluja,
so loben wir den Herren Christ.
Halleluja, halleluja.

Nürnberg 1544 nach einer deutschen Fassung des „Surrexit Christus hodie" 13./14. Jahrhundert

5 Freitag APRIL

2024

✹ 06:48 20:02

☽ 05:53 15:27

Bibellese: 1. Petrus 1,22-2,3

Wie neugeborene Kinder nach Milch schreien, so sollt ihr nach dem unverfälschten Wort Gottes verlangen, um im Glauben zu wachsen und das Ziel, eure Rettung, zu erreichen. *(Vers 2)*

In mir wird ein Same gesät,
Gottes Wort, das wächst.
Leise bricht er auf, bahnt sich einen Weg.
Dringt vor, nach und nach.
Schlägt seine Wurzeln, verankert sich.
Breitet sich aus, verändert mich.
Wasser, Dünger, Liebe und Wort.
Es wächst und wächst, immer weiter.
Höher und höher, tritt an die Oberfläche.
Langsam wird sichtbar, was sich in mir
entwickelt und ausgebreitet hat.
Fängt an zu blühen.
Aus einem Samen entstanden,
zeigt es sich in seiner ganzen Blüte.
Schönheit, gemacht, um sie zu bestaunen,

zu bewundern,
Sehnsucht zu wecken, nach mehr.
Und so wird ein neuer Samen gesät.
Aus der einen Blüte
entsteht
eine ganze Wiese
voller Blumen.
Verschiedene Formen und Farben.
Jede für sich schön und einzigartig.
Im Ganzen noch viel schöner.
Prachtvoll.
So wird aus einem kleinen Samen
ein sichtbares Meer aus Blumen.

Gottes Wort wird sichtbar, wenn wir es mit anderen teilen. Ich glaube, es verändert uns zuerst in unserem Kern und überträgt sich nach und nach in unser ganzes Sein. Je mehr Platz wir dem Wort geben, desto mehr verändert es uns in unserem Verhalten und wird so sichtbar für andere. Wenn wir von Gottes Wort erfüllt sind, tragen wir dieses automatisch in die Welt und tragen dazu bei, dass es sich ausbreitet und mehr Menschen berührt. *Lena Bachmann*

Vielleicht pflanzen Sie diesen Frühling eine Blumenwiese? Das ist schön, ein Symbol und schafft einen Lebensraum für Bienen.

Lena Bachmann

6 Samstag APRIL

2024

✷ 06:46 20:04

☽ 06:09 16:59

Bibellese: 1. Petrus 2,4-10

Lasst euch selbst als lebendige Steine zu einem geistigen Haus erbauen, zu einer Priesterschaft, die Gott geweiht ist und die ihm, vermittelt durch Jesus Christus, Opfer darbringt, Opfer geistiger Art, an denen er Gefallen hat, nämlich den Opferdienst des ganzen Lebens.

(Vers 5)

Jesus ist der lebendige Stein und deshalb sollen auch die Menschen, die ihm nachfolgen, lebendige Steine sein. Diese Formulierung erinnert an seine Aussage: „Ihr werdet leben, weil ich lebe" (Johannes 14,19). Jesus ist das zukünftige Leben. Er schenkt uns nicht nur ewiges Leben, sondern macht uns auch in der Gegenwart, heute, lebendig. Auch wenn wir uns nicht immer so fühlen. Jesus ist eine Kraftquelle, die niemals versiegt. Jesus gibt uns sogar mehr, als wir brauchen. Wer als lebendiger Stein im geistigen Haus eingefügt ist, ist Teil von Gottes Tempel. Dieser Tempel ist nicht mehr ein physischer Ort, zu dem Menschen kommen, um Gott zu begegnen.

Gott macht die Gläubigen zu Teilen seines Tempels, damit andere durch sie die Möglichkeit einer Gottesbegegnung haben. So können Gottes Liebe und das Leben, das er schenkt, verbreitet werden.
Nicht jeder ließ sich von den Worten und Taten von Jesus begeistern. Das veränderte sich bis heute nicht. Trotzdem soll Gottes Wort und sein Werk verbreitet werden. Glauben wir an Gott und sind wir solche lebendigen Steine, sind wir auch Teil seines auserwählten Volkes. Dieser Gott, als Herrscher seines Volkes, beruft uns dazu, von ihm zu erzählen und ihn für die Menschen sichtbar zu machen. Er ist derjenige, der uns befähigt und als lebendige Steine in sein Haus einfügt. Jeden Stein sucht er sogfältig aus und platziert ihn an der richtigen Stelle. Aus Gnade und Liebe erwählte er uns, rief uns zu sich – aus der Finsternis in sein Licht. Bei all den Dingen, die auf der Welt passieren, ist es von großer Bedeutung, wenn wir dieses Licht in die Welt tragen. Lasst uns für all die strahlen, die in dunklen Zeiten leben.

Lena Bachmann

Rätselfrage zur Bibellese im April
Was wird im Feuer des Leidens geprüft?

Bitte tragen Sie die Antwort auf dem Blatt ein, das nach dem 31. Dezember folgt.

7 Sonntag APRIL 2024

☀ 06:43 20:06
☽ 06:23 18:30

Quasimodogeniti (Wie die neugeborenen Kindlein. 1. Petrus 2,2)

Bibellese: Psalm 134

Vom Zion, von seinem Tempel aus
segne dich der Herr,
der Himmel und Erde geschaffen hat! *(Vers 3)*

In tiefster Nacht,
wenn die Welt leise
und die Gedanken laut
sind,
richte ich mich auf,
hebe die Hände, beide,
streck sie dir entgegen.
Schließ die Augen.
Atme, bete, versuche ruhig
zu sein.
Doch mein Innerstes tobt,
wie ein Strom reißen mich
meine Gedanken weg,
weg von dir und deinem Licht,
zurück in die Finsternis.
Die mich umgibt,

mir Angst macht,
mich auf die Knie zwingt.
Doch hinein, in die Dunkelheit,
sprichst du zu mir.
Deine Stimme in meinem Herzen
wird lauter, lässt Angst verstummen,
richtet mich auf,
kann mich aus der Spirale
meiner Gedanken
befreien.
Also steh ich auf,
streck erneut meine Hände,
heb sie zu dir hinauf
und bete zur dir,
bete dich an.
Danke dir für das,
was du getan hast.
Und ich öffne mich dir.
Strecke meine Hände aus,
bereit, das Gute zu empfangen,
das du für mich bereithältst.
Deinen Segen schenkst du mir,
bin umgeben von deinem Frieden.
Und die Stimmen der Nacht verstummen.
Da ist nur noch eine,
die mich zu sich ruft.

Lena Bachmann

8 Montag APRIL 2024

☀ 06:41 20:07
☽ 06:36 20:01

Bibellese: 1. Petrus 2,11-17

Handelt als freie Menschen; aber missbraucht eure Freiheit nicht, um ein zuchtloses Handeln damit zu entschuldigen. Denkt daran, dass ihr nur frei seid, weil Gott euer Herr geworden ist. *(Vers 16)*

Reinhard Mey vermutete die grenzenlose Freiheit über den Wolken. Sein 1974 veröffentlichtes Lied gehört zu den bekanntesten Klassikern des Berliner Liedermachers. Andere Menschen suchen die Freiheit in unserer Welt und setzen sich aktiv dafür ein. Menschen wie Mahatma Gandhi und der Bürgerrechtler Martin Luther King riskierten und verloren dafür ihr Leben. Seit 2021 ist der Aktivist Alexei A. Nawalny in einem russischen Straflager inhaftiert und überlebte zuvor einen Giftanschlag nur knapp. Immer wieder riskieren Menschen ihr Leben für ein Leben in Freiheit. Ein anderer hat dafür auch sein Leben riskiert und es verloren. Ihm ging es darum, der ganzen Menschheit eine neue Freiheit zu schenken: Jesus, der Sohn Gottes.

Der Apostel Petrus wendet sich in seinem Brief an Menschen, die diese neue Freiheit durch Jesus Christus gefunden haben. Petrus geht es um die Freiheit, der Macht, die die Sünde ausübt, nicht ausgeliefert zu sein, weil Jesus jetzt Herr über das Leben geworden ist. Christen sollen ihre Freiheit einüben, indem sie ein Leben führen, das ihrer Beziehung zu Jesus entspricht (Philipper 2,5). Weil Jesus ihr Herr geworden ist, sind sie nicht länger ein Spielball zwischen Gut und Böse. Sie sind nicht nur von der Macht der Sünde befreit, sondern auch für ein Leben, das mit und für Jesus gelebt wird. Auf diese Weise werden sie Gott die Ehre geben und anderen Menschen ein Vorbild sein.
Diese Freiheit lebt davon, dass ich nahe bei Jesus bin und bleibe, auf ihn sehe und auf ihn höre. Dann wird Freiheit nicht über den Wolken gesucht, sondern bei Jesus gefunden und hier auf der Erde gelebt.

Jochen Schmidt

Ich bin frei, denn ich bin einer Wirklichkeit nicht ausgeliefert, ich kann sie gestalten.

Paul Watzlawick (1921-2007), österreichischer Philosoph, Psychotherapeut und Kommunikationswissenschaftler

9 Dienstag APRIL

2024

☀ 06:39 20:09
☽ 06:51 21:33

Bibellese: 1. Petrus 2,18-25

Unsere Sünden hat er ans Kreuz hinaufgetragen,
mit seinem eigenen Leib.
Damit sind wir für die Sünden tot
und können nun für das Gute leben.
Durch seine Wunden seid ihr geheilt worden!

(Vers 24)

Du bist für mich gestorben!" Als jemand diese Worte zu mir sagte, war klar, dass hier jemand nichts mehr mit mir zu tun haben wollte. Meine Kontaktdaten auf dem Handy wurden gelöscht und meine Telefonnummer gesperrt.

„Für die Sünde seid ihr gestorben." So beschreibt Petrus den neuen Status von Menschen, die an Jesus Christus glauben. Jesus hat ihre Sünde ans Kreuz hinaufgetragen. Damit sind sie mit Jesus gestorben und für die Sünde tot. Sie hat kein Recht mehr, Kontakt zu uns aufzunehmen und uns in ihren Bann zu ziehen. Ganz gleich, ob es sich um Lüge, Betrug, Gier, Geiz oder was auch immer handelt.

Wohlgemerkt: Nicht die Sünde ist tot. Sie lebt. Und sie wird alles versuchen, wieder Macht über unser Leben zu gewinnen. Versuchung nennt das die Bibel. Aber weil wir für die Sünde tot sind, hat sie kein Recht dazu. Jesus hat die Kontaktdaten gelöscht. Wenn sie also an die Tür klopft, Ansprüche anmeldet, dann kann ich ihr antworten: „Dir öffne ich nicht. Mein Leben gehört Jesus. Für dich bin ich tot."
Die andere Seite ist: Ich kann mein Leben nun positiv gestalten, Gutes tun und für Jesus leben. So zeigt sich, dass mein Leben heil wird. Ich starre nicht auf die Sünde wie das Kaninchen auf die Schlange, sondern gestalte das Leben nach Gottes Impulsen und Ideen. In welchen Lebensbereichen möchten Sie diese Lebensweise konkret einüben? *Jochen Schmidt*

Versuchungen sind Vagabunden: Wenn man sie freundlich behandelt, kommen sie wieder und bringen andere mit.

Mark Twain (1835-1910), US-amerikanischer Schriftsteller

10 Mittwoch APRIL 2024

✷ 06:37 20:11
☽ 07:07 23:05

Bibellese: 1. Petrus 3,1-7

Ihr Männer, seid rücksichtsvoll zu euren Frauen! Achtet und ehrt sie; denn sie haben mit euch am ewigen Leben teil, das Gott schenkt. Handelt so, dass nichts euren Gebeten im Weg steht. *(Vers 7)*

Das, was du tust, schreit so laut, dass ich nicht hören kann, was du sagst." So formulierte es der amerikanische Philosoph und Schriftsteller Ralph Waldo Emerson.

Es scheint, dass dies auch in unserer Beziehung zu Gott so ist. Petrus deutet an, dass in der damals patriarchalen Gesellschaft Männer ihren Frauen gegenüber ein Verhalten an den Tag legten, das ihrem Gebet im Weg stand. Wie kann Gott Gebete von Männern erhören, die ihre Frauen nicht achten und wertschätzen? Damit durchbricht Petrus das damalige System und stellt Männer und Frauen einander auf Augenhöhe gegenüber. Denn beide sind von Gott geliebt und beiden hat er ewiges Leben geschenkt.

Bis heute geht ein großer Anteil häuslicher Gewalt auf das Konto der Männer. Unter Christen wird das Thema leider totgeschwiegen. Und weil es häufig schambesetzt ist, gibt es viel zu selten und häufig viel zu spät einen entsprechenden Hilferuf. Petrus ist da ganz klar: Wer seiner Frau gegenüber nicht rücksichtsvoll ist, sie nicht achtet und nicht ehrt, der muss sich keine Hoffnungen auf Gebetserhörung machen. Denn seine Taten sprechen so laut, dass Gott nicht hört, was gebetet wird. Es sei nicht verschwiegen, dass auch umgekehrt Druck und Gewalt von Ehefrauen ausgeht und Männer häufig heimlich leiden, weil sie nicht den Mut aufbringen, darüber zu reden.
Es gibt einen Weg, diese psychische und physische Gewalt zu durchbrechen: einander rücksichtsvoll zu begegnen und aufeinander zu achten. In unserer heutigen Gesellschaft ist das wohl an beide gerichtet, an Männer und an Frauen. *Jochen Schmidt*

Wer das Gebet übt, bleibt nicht lange in der Sünde. Denn entweder wird er das Gebet oder die Sünde lassen, weil Gebet und Sünde nicht nebeneinander bestehen können.

Teresa von Ávila (1515-1582), spanische Karmelitin und Mystikerin

11 Donnerstag APRIL 2024

☀ 06:35 20:12
☽ 07:29 –.–

Bibellese: 1. Petrus 3,8-12

Vergeltet Böses nicht mit Bösem, und gebt Beleidigungen nicht wieder zurück! Im Gegenteil, segnet eure Beleidiger, denn Gott hat euch dazu berufen, seinen Segen zu empfangen. *(Vers 9)*

Auge um Auge, Zahn um Zahn." „Wie du mir, so ich dir." „Ich kann mir doch nicht alles gefallen lassen. Wo kämen wir denn da hin! Schließlich schallt es aus einem Wald so heraus, wie hineingerufen wurde." Solche und ähnliche Sätze höre ich immer wieder. Besonders dann, wenn es jemandem zu viel wird, wenn die Hutschnur reißt und der Blutdruck steigt. Wird man nicht psychisch krank, wenn man sich nicht wehrt? Kann man denn immer klein beigeben und zu allem schweigen?

Petrus würde dem wohl zustimmen. Ja, man muss sich wehren. Aber richtig. Der übliche Weg ist, dass Gewalt eskaliert und am Ende gewinnt das Böse. Damit ist niemandem geholfen, weil Beziehungen dauerhaft vergiftet werden. Mancher

Nachbarschaftsstreit geht über Jahre und Jahrzehnte und findet kein Ende. Deshalb setzt Petrus auf eine andere Lösung. Wer als Christ seiner Berufung entsprechend leben will, wird sich wehren. Aber richtig. Indem Gutes ausgesprochen wird über den, der Schlechtes über mich denkt und sagt. Das Gute soll sowohl in der Öffentlichkeit gesagt werden als auch im persönlichen Gebet. So wird sich dauerhaft etwas verändern. In mir wird sich so kein vergifteter Gedanke festsetzen, weil die bösen Worte anderer Menschen mich nicht bestimmen und prägen. Ich gewinne eine neue Freiheit. Ich zahle nicht mit gleicher Münze heim. Mir steht eine andere Währung zur Verfügung, die Jesus mir schenkt. Denn es geht nicht mehr nach dem Motto „Wie du mir, so ich dir!“, sondern „Wie Jesus mir, so ich dir!“.
Meine Frau und ich hatten es einmal sehr positiv erlebt, als wir bei einem Straßenfest nicht erwünscht waren. Die Worte trafen uns bis ins Mark: „Einen Pfaffen brauchen wir hier nicht.“ Wir entschlossen uns, nicht mit gleicher Münze zu bezahlen, sondern zu segnen, diesem Menschen Gutes zu wünschen. Gott hat es geschenkt, dass wir bei späteren Straßenfesten fröhlich nebeneinander saßen und die gemeinsamen Begegnungen genießen konnten. Das mag nicht immer gelingen, aber einen Versuch ist es allemal wert.

Jochen Schmidt

12 Freitag APRIL 2024

☀ 06:32 20:14
☽ 07:58 00:34

Bibellese: 1. Petrus 3,13-17

Kann euch überhaupt jemand Böses antun, wenn ihr euch mit ganzer Hingabe darum bemüht, das Gute zu tun? Wenn ihr aber trotzdem leiden müsst, weil ihr tut, was Gott will, dann dürft ihr euch glücklich preisen.

(Vers 13-14)

Als ab dem Sommer 2014 viele Menschen aus anderen Ländern, vornehmlich aus dem Nahen Osten und aus Afrika, an Deutschlands Bahnhöfen ankamen, war die Hilfsbereitschaft groß und ich habe in meinem Ort mit angepackt. Wir haben Kontakte geknüpft über Sprachbarrieren hinweg, haben Spielsachen für Kinder, Bügeleisen für die Mütter und später Sprachkurse für alle organisiert.

Für mich gehörte das zu meinem christlichen Auftrag. Was hätte denn Christus gemacht? Er gibt uns auf, im anderen den Nächsten zu sehen, der ebenso von Gott geliebt ist. Egal welche Hautfarbe die Menschen haben, welche Religion, welche Beweggründe zu kommen. Gastfreundschaft ist eine christliche

Tugend. Und das Teilen und Geben ohnehin. Wenn einer in Not ist, sollen wir das „freundliche Gesicht" in Deutschland sein. Und die Kirchen setzten sich an vielen Orten an die Spitze dieser Bewegung. Später kam das Wort vom „Gutmenschen" auf. Klingt freundlich, wurde aber von denen, die es benutzten, abfällig verstanden. Als spöttisches und herabsetzendes Wort gedacht, habe ich das immer mit Würde und mit Freude getragen. Ja, ich bin ein Gut-Mensch! Ich möchte gut sein. Mein Herz kann nicht anders.

Viele Beziehungen aus dieser Zeit sind geblieben, die für mich und für die Menschen gut sind. Zwei der jesidischen Mädchen, die ich zwei Jahre in der Grundschule begleitet habe, sind auf weiterführenden Schulen und haben gute Noten. Mit einem meiner Schützlinge habe ich den Irak besucht und dort einen anderen getroffen, der zurückgegangen ist.

Es war manchmal nicht leicht, den Gegenwind auszuhalten. Aber es war gut im Namen Jesu. Und darüber preise ich mich glücklich. *Anne Oberkampf*

♫ Hilf uns einander helfen, Herr,
des andern Kreuz zu tragen.
Lass jeden, wird's dem Nächsten schwer,
für ihn zu sorgen wagen.

Charles Wesley 1742, dt: Theophil Funk vor 1969

13 Samstag APRIL

2024

✹ 06:30 20:16
☽ 08:40 01:54

Bibellese: 1. Petrus 3,18-22

Auch Christus hat ja für die Sünden der Menschen gelitten, der Gerechte für die Schuldigen, ein für alle Mal. So sollte er euch – als Mensch getötet, aber durch den Geist Gottes zum Leben erweckt – den Zugang zu Gott eröffnen. *(Vers 18)*

Wenn meine Eltern mir etwas „ein für alle Mal" sagten, dann war die Strenge nicht zu überhören. In der Regel ging es dabei um Dinge, die gefährlich waren. „Das sag ich dir ein für alle Mal: Niemals ohne rechts und links zu schauen über die Straße gehen!" Meine Eltern sorgten sich um mich. Und sie wollten verhindern, dass ich denselben Fehler viele Male mache.

In der Bibel ist das Ein-für-alle-Mal keine Ermahnung, sondern eine Verheißung! Die Erinnerung daran, dass etwas einfach vom Tisch ist, erledigt, getan. Was hatten sich die Menschen des Alten Bundes aufgerieben, um immer wieder erneut mit der Last ihrer Schuld zurechtzukommen. Immer wieder diese

Frage: Hab ich alles gut gemacht? Richtig gelebt? Niemanden – auch nicht Gott – verletzt? Das kann einem das Gewissen beschweren. Und sobald etwas vom Tisch zu sein scheint, kommt das Nächste, über das ich mir Sorgen mache. Auch heute noch leben viele Menschen mit dieser Last. Zu meiner Überraschung auch viele Christen. Die Angst, etwas falsch zu machen, in den Augen der anderen und Gottes nicht zu genügen und einen riesigen Berg an Schulden aufzuhäufen, bestimmt ihr Leben.
Die Antwort Jesu Christi ist: „Ich habe ein für alle Mal für deine Schuld bezahlt. Auch wenn du es wieder tust. Diese Rechnung ist vom Tisch, erledigt. Mach dir keine Sorgen. Lebe erleichtert, denn für dich bin ich am Kreuz gestorben." Ein für alle Mal hat Jesus Christus für mich alles gerichtet. Die Gefahr ist gebannt. Ich darf leben. *Anne Oberkampf*

Herr Jesus Christus, hab Dank von ganzem Herzen, dass du mir endgültig die Tür zu Gott aufgestoßen hast. Ein für alle Mal hast du mich frei gemacht. Ich will das mit Dank für mein Leben gelten lassen. Gelobt seist du!

Anne Oberkampf

14 Sonntag APRIL 2024

☀ 06:28 20:17
☽ 09:35 02:59

Miserikordias Domini (Die Erde ist voll der Güte des Herrn. Ps. 33,5)

Bibellese: Psalm 136

Er allein tut große Wunder.
– Seine Liebe hört niemals auf!
Kunstvoll hat er den Himmel gewölbt.
– Seine Liebe hört niemals auf!
Über den Meeren hat er die Erde ausgebreitet.
– Seine Liebe hört niemals auf! *(Vers 4-6)*

Heute ist Sonntag, der Tag des Herrn. Auch vor diesem Tag machen die Krisen nicht Halt und schleichen sich Angst und Unsicherheit vor dem, was kommen mag, in mein Herz. Vielleicht gerade dann, wenn ich zur Ruhe komme. Aber heute ist Sonntag. Und gerade heute will ich Gott loben im Gottesdienst und zu Hause. Und gerade heute will ich meinem Leben die Note geben, die dieser Bibeltext vermittelt: Die Note der Erinnerung an die vielen Dinge und Erlebnisse, die Gott mir geschenkt hat. Und an seine Liebe. Und so mache ich heute meinen eigenen Psalm.

Gott tut große Wunder, auch in meinem Leben.

– Seine Liebe hört niemals auf.
Er hat mir Gesundheit geschenkt von Jugend auf.
– Seine Liebe hört niemals auf.
Mit einer guten Bildung und vielen Freunden und Freundinnen hat er mich beschenkt.
– Seine Liebe hört niemals auf.
Er hat mich gerufen in den Bund mit Christus.
– Seine Liebe hört niemals auf.
Er hat mir zwei gesunde Kinder geschenkt.
– Seine Liebe hört niemals auf.
In meiner größten Lebenskrise war er an meiner Seite und hat mich getröstet.
– Seine Liebe hört niemals auf.
Als ich fast aufgeben wollte, hielt er seine Hand über mir.
– Seine Liebe hört niemals auf.
Versöhnung und Vergebung werden möglich.
– Seine Liebe hört niemals auf.
Als ich umziehen musste, hat Gott mir neue, andere Menschen an die Seite gestellt und mich der Einsamkeit nicht preisgegeben.
– Seine Liebe hört niemals auf.
Meine Gemeinde ist lebendig und stärkt mich.
– Seine Liebe hört niemals auf.
Egal was kommt: Ich vertraue auf ihn bis zum letzten Atemzug – denn ich bin sicher: Seine Liebe hört niemals auf.

Anne Oberkampf

15 Montag APRIL 2024

✹ 06:26 20:19
☽ 10:42 03:47

Bibellese: 1. Petrus 4,1-11

Dient einander mit den Fähigkeiten, die Gott euch geschenkt hat – jeder und jede mit der eigenen, besonderen Gabe! Dann seid ihr gute Verwalter der vielfältigen Gnade Gottes. *(Vers 10)*

Im Wagen vor mir fährt eine christliche Familie. Ich erkenne es am aufgeklebten Fisch auf dem Auto. Ich fühle mich verbunden. Eine Dame erzählte mir von dem Coaching, das sie sich „gegönnt" hatte – bei einer christlichen Beraterin. Das war Bedingung. Ja. Es ist gut, wenn ich weiß, dass mein Gegenüber, dem ich persönliche Dinge mitteile, denselben Glauben und dieselben Werte hat wie ich. Das schafft von vornherein Vertrauen. Unsere Kirche hatte eine Zeit lang eine Liste mit christlichen Handwerkern. Und manche Flüchtlingshelfer haben den christlichen Flüchtlingen lieber geholfen. Es war von Anfang an mehr Vertrauen da, obwohl die orientalischen Christen oft genauso fremd waren. Unsere Bibellese allerdings hat noch einen ganz anderen

Hintergrund. Die Christen der ersten Zeit mussten sich aus ihrem gesamten Umfeld lösen. Sie mussten Feste absagen, gingen zu anderen Läden und konnten manche Berufe nicht mehr ausüben. Sie waren wie ausgestoßen aus ihrem alten Leben. Mehr noch: Ihre ehemaligen Freunde verspotteten sie. In dieser Situation war es besonders wichtig, wenigstens als Gemeinde zusammenzuhalten. Und einander zu dienen, gegenseitig gastfrei zu sein, liebevoll zu sein, um die Gnade Gottes im neuen Leben erfahrbar zu machen.

In einem Umfeld, in dem man Christ sein darf ohne Einschränkungen, ist das vielleicht nicht ganz so existentiell, aber dennoch ist es eine gute Sitte, an christliche Geschwister zu denken. An die in anderen Ländern, in denen Verfolgung herrscht. An Christen unter den Flüchtlingen, die gemobbt werden. An Christen in beruflichen und geschäftlichen Krisen, in denen sie die christliche Geschwisterschaft brauchen.

Anne Oberkampf

Gemeinschaftsstiftender Gott, gib mir ein offenes Ohr für Menschen, die wegen ihres Glaubens verfolgt werden und leiden.

Anne Oberkampf

16 Dienstag APRIL 2024

✹ 06:24 20:21
☽ 11:56 04:19

Bibellese: 1. Petrus 4,12-19
Ihr könnt euch glücklich preisen, wenn ihr beschimpft werdet, nur weil ihr euch zu Christus bekennt; denn dann ist der Geist Gottes bei euch, in dem Gottes Herrlichkeit gegenwärtig ist. *(Vers 14)*

Geradezu paradox klingt dieser Rat: Freut euch über euer Leiden! Aber zugleich schränkt der Autor diese Aufforderung ein. Entscheidend ist, dass sich das Leiden aus Benachteiligungen und Verfolgungen ergibt, die um des Glaubens willen erlitten werden. Es geht hier also nicht darum, dass Christinnen und Christen eine schlimme Krankheit, persönliche Schicksalsschläge oder andere negative Ereignisse einfach weglächeln sollen.
Ziel des Abschnitts ist es, den angeschriebenen Gemeinden eine neue Sicht auf ihre schwierige Situation zu vermitteln. Offenbar erleben sie gerade eine Zeit der Verfolgung und Benachteiligung. Sich zu Christus als dem wahren Herrn der Welt zu bekennen, konnte im Römischen Reich gefährlich werden.

Die höchste Verehrung hatte dem gottgleich verehrten Kaiser in Rom zu gelten und wer dabei nicht mitmachte, galt als gottloser Verräter, dem man sein Vermögen oder seine Freiheit wegnehmen durfte. Selbst die Verbannung oder eine Verurteilung zum Tode war möglich, zumindest aber Spott, Ausgrenzung und Beschimpfungen.
In dieser Situation empfiehlt der 1. Petrusbrief seinen Leserinnen und Lesern einen radikalen Blickwechsel. Weg vom eigenen Leiden, hin auf das Leiden von Jesus. Machte er nicht auch all das durch, was die Gemeinde nun erdulden muss? Dann aber bedeutet das erlittene Unrecht, dass die Gemeinde gerade in der Verfolgung ganz nah bei ihrem Herrn ist, ja geradezu Anteil an seinem Leiden hat (Vers 13). Und wenn sie sich trotz der Risiken nicht einschüchtern lässt, sondern sich treu zu ihrem Herrn bekennt, dann ist das zugleich ein klarer Beweis dafür, dass der Heilige Geist in ihnen diese Standhaftigkeit bewirkte. So festigt am Ende die Verfolgung die Gewissheit des Glaubens, den sie eigentlich ausrotten will.

Ralf Dziewas

Die Kirche schreitet auf ihrem Pilgerweg bis zum Ende der Dinge unbeirrbar voran, zwischen den Verfolgungen der Welt und den Tröstungen Gottes.

Augustinus von Hippo (354-430), lateinischer Kirchenvater

Bibellese: 1. Petrus 5,1-7

Überhaupt müsst ihr – das sage ich allen – im Umgang miteinander jede Überheblichkeit ablegen. Ihr wisst doch: „Gott widersetzt sich den Überheblichen, aber denen, die gering von sich denken, wendet er seine Liebe zu.“ *(Vers 5)*

Zwei Gruppen werden hier angesprochen. Die Ältesten als die, die die Gemeinde leiten, und die Jüngeren, die in der christlichen Gemeinschaft nicht viel zu sagen haben. Und dieser Gegensatz war in der damaligen patriarchal geprägten Gesellschaft überall zu finden. Die alten Männer hatten als Familienhäupter solange das Sagen, bis sie starben, und die jüngeren Familienmitglieder hatten die Entscheidungen eines Patriarchen einfach zu akzeptieren.
Und so gab es auch in den Gemeinden starke alte Männer, die das Sagen hatten. Sie aber werden hier als Erstes ermahnt, ihre Leitungsfunktion als Dienst an der Gemeinde zu verstehen. Sie sollen sich wie Hirten um ihre Herde kümmern, statt als

Beherrscher der Gemeinde aufzutreten. Sie sollen gerade dadurch Vorbilder für die Jüngeren sein, dass sie jede Überheblichkeit ablegen. Im Idealfall wird es dann zwischen Jung und Alt zu einer Begegnung auf Augenhöhe kommen, in der sich alle wechselseitig in Demut begegnen können. Und diese Demut kann ohne Gesichtsverlust gelebt werden, weil sie mit der Hoffnung verbunden ist, dass Gott sich am Ende den Überheblichen entgegenstellen und die Demütigen erhöhen wird.

Ralf Dziewas

Herr, lehre uns, nicht auf unseren eigenen Vorteil zu schauen, sondern darauf, was den anderen Menschen in der Gemeinde hilft.
Lass uns zu einer Gemeinschaft werden, in der die Jüngeren gleichberechtigt mit den Älteren das Gemeindeleben gestalten.
Schaffe durch deinen Geist ein Miteinander, in dem wir uns alle wechselseitig annehmen, achten und niemand ausgegrenzt wird.
Und wo Hochmut statt Demut unser Handeln bestimmt, da tritt du uns entgegen und bring uns auf den richtigen Weg zurück.

Ralf Dziewas

18 Donnerstag APRIL 2024

☀ 06:20 20:24
☽ 14:24 04:58

Bibellese: 1. Petrus 5,8-14

Petrus schreibt: Ich wollte euch ermutigen und euch bezeugen, dass ihr gerade in eurem Leiden die wahre Gnade Gottes erlebt. Bleibt fest in dieser Gnade!

(Vers 12)

Der 1. Petrusbrief endet mit einem Segenszuspruch: „Der Gott aller Gnade aber, der euch berufen hat zu seiner ewigen Herrlichkeit in Christus, der wird euch, die ihr eine kleine Zeit leidet, aufrichten, stärken, kräftigen, gründen. Ihm sei die Macht in alle Ewigkeit! Amen" (Vers 10-11 L). Noch ist die Zeit der Verfolgung und des Leidens für die Adressaten des Briefes nicht vorbei. Aber angesichts der anbrechenden Herrlichkeit kann dies eigentlich nur noch eine kleine Zeit des Unheils sein. Selbst in dieser Situation soll die Gemeinde die Erfahrung machen, von Gott getragen, gestärkt und immer wieder neu aufgerichtet zu werden. Sie sind nicht auf sich selbst gestellt, wenn die Last zu schwer ist, um sie alleine zu tragen. Sie haben einen machtvollen Gott an ihrer Seite, wenn es darum geht, Widerstand zu leisten gegen all die Unheilsmächte, die die Gemeinde bedrohen und sie verschlingen wollen wie ein wilder Löwe.

Der Autor will Mut machen. Er will ihren Glauben stärken, ihnen eine theologische Deutung für ihre Situation anbieten, damit sie die Standhaftigkeit haben, bis zum Ende treu im Glauben zu bleiben. Aber letztlich, dessen ist sich der Verfasser sehr bewusst, kann er das mit seinem kurzen Brief gar nicht leisten. Am Ende braucht es dazu die Gnade Gottes. Es ist die liebevolle Zuwendung Gottes zu den Schwachen und Angefochtenen, die den Sieg davontragen wird. Die Kraft der Gemeinde ist nun einmal begrenzt, aber den verfolgten Christinnen und Christen steht der Christus zur Seite, dessen Macht unbegrenzt ist und der sich daher in alle Ewigkeit durchsetzen wird. Nur aus dieser Hoffnung kann die Kraft erwachsen, auch in schweren Zeiten am Glauben festzuhalten. *Ralf Dziewas*

♫ Wenn sich die Sonn verhüllt,
der Löwe um mich brüllt,
so weiß ich auch in finstrer Nacht,
dass Jesus mich bewacht.

Anne Steele 1760, dt: Ernst Gebhardt 1875
Aus: Solang mein Jesus lebt

Zum 19. April 2024

Gemeindeordnungen

Einführung in den 1. und 2. Korintherbrief

Der Apostel Paulus und der Bruder Sosthenes schreiben diesen ersten Brief an die christliche Gemeinde in Korinth. Der Brief richtet sich an eine kleine, offensichtlich stark wachsende Gemeinde im heidnischen Umfeld mit ebenso wachsenden sozialen, kulturellen und religiösen Unterschieden und Spannungen. Sein Anliegen ist die Einheit der Gemeinde der Geheiligten in Christus Jesus. Der Brief richtet sich darüber hinaus an alle, die den Namen des Herrn Jesus Christus anrufen, an jedem Ort, also auch an uns.

Es geht um den Leib Christi (12,13) und es werden Gemeindethemen behandelt, so dass man sagen kann: Hier finden wir die erste praktische Ekklesiologie. In den ersten vier Kapiteln nimmt der Apostel Stellung zu den Spaltungen in der Gemeinde, die sie zu zerlegen drohen. In Kp 5-7 entwickelt Paulus eine christliche Sexualethik. Kp 8-11 behandeln das Essen von Götzen geweihtem Fleisch, eine Auswirkung des Aposteldekrets (Apg 15,28-29), gefolgt von Anweisungen zum Abendmahl. Kp 12-14 binden auffällige Wirkungen des

Heiligen Geistes in den Gottesdienst ein. Am Ende legt Paulus ein Traktat über die Auferstehung der Toten vor (Kp 15) und überliefert eine der ältesten Glaubensformeln, die er selbst übernommen hat (15,3-5). Er schließt mit Überlegungen zu einer Kollektensammlung für Jerusalem und gibt Einblick in das große Netzwerk von Mitarbeiterinnen und Mitarbeitern, das ihn umgibt.

Der zweite überlieferte Brief an die Gemeinde in Korinth stammt vom Apostel Paulus und dem Bruder Timotheus. Gleich im Eingangsgebet (1,3-11) tauchen alle Motive auf, die sich durch den Brief hindurchziehen: Bedrängnis, Leiden, Trost, Ermutigung, Rettung, Hoffnung. Der Anfang weist schon auf das Happy End: „Ich bin voller Zuversicht, wenn ich an euch denke; denn ich weiß: Wie ihr meine Leiden teilt, so habt ihr auch teil an dem Trost und der Ermutigung, die mir geschenkt werden" (1,7). Aber in der Zwischenzeit geht es turbulent zu, gab es mehrere Besuche und Schreiben. Konkurrierende Missionare machen in der Gemeinde Stimmung gegen Paulus. Höhepunkt ist die sogenannte „Narrenrede" (Kp 11-12), in der sich Paulus seiner Schwachheit rühmt: „Der Herr hat zu mir gesagt: ‚Du brauchst nicht mehr als meine Gnade. Je schwächer du bist, desto stärker erweist sich an dir meine Kraft.' Jetzt trage ich meine Schwäche gern, ja, ich bin stolz darauf, weil dann Christus seine Kraft an mir erweisen kann" (12,9).

Hans-Werner Kube

19 Freitag APRIL 2024

☀ 06:17 20:26
☽ 15:36 05:11

Bibellese: 1. Korinther 1,1-9

Paulus schreibt: Ich danke meinem Gott immerzu dafür, dass er euch durch Jesus Christus seine Gnade geschenkt hat. *(Vers 4)*

Schön, dass es Dich gibt!", steht auf dem Kaffeebecher vor mir. Dieses nette Geschenk von der Verwandtschaft zaubert mir jedes Mal ein Lächeln auf das Gesicht. So ähnlich beginnt Paulus seinen ersten Brief an die Korinther. Nach der Vorstellung der Absender – Sosthenes wird mitgenannt – drückt Paulus seine Freude über die Gemeinde in Korinth aus. Täglich dankt er Gott für diese Gemeinde, eine bemerkenswerte Treue im Gebet. Vor allem ist ihm wichtig, dass die Gnade Jesu Christi bei den Korinthern sichtbar wird. Sie haben nicht nur Jesus im Glauben angenommen, sondern sind auch geistlich gewachsen. Sie haben sich zu einer Gemeinschaft entwickelt, in der geistlicher Tiefgang zu spüren ist. Paulus lobt ihren Reichtum an geistlichen Gaben. Ihr Leben aus der Hoffnung ist zeugnishaft.

Die Gemeinde in Korinth war keineswegs ohne Probleme, aber Paulus betont zuerst das Positive an ihr. Das war allein ein Geschenk der Gnade in Jesus Christus.
Prüfen wir unser Reden über die Gemeinde. Sehen wir den Wert des Einzelnen oder tratschen wir über seine Schwächen? Spüren andere, wie wichtig uns die Gemeinde ist, oder verschweigen wir, wo wir sonntags hingehen? Beten und danken wir für die tragende Gemeinschaft, die wir in der Gemeinde gefunden haben? Bemerken wir die kleinen Dienste für die Gemeinde und zeigen wir Wertschätzung dafür? Sind Kinder in der Gemeinde willkommen und geliebt? Bei Paulus spürt man die herzliche Verbundenheit mit der Gemeinde.
Oft sind es die kleinen Dinge, in denen diese Liebe ihren Ausdruck findet. Mal einen Kuchen für die Jungscharkinder backen, mal seine Gartenfrüchte in die Gemeinde mitbringen, mal den Fahrdienst für eine ältere Person übernehmen, mit der trauernden Witwe zum Friedhof gehen und vieles mehr. Wer denkt, der dankt und findet Wege zu den Herzen der Mitmenschen.

Jutta Georg

20 Samstag APRIL 2024

✹ 06:15 20:27
☽ 16:45 05:22

Bibellese: 1. Korinther 1,10-17

Paulus schreibt: Brüder und Schwestern, im Namen von Jesus Christus, unserem Herrn, rufe ich euch auf: Seid einig! Bildet keine Gruppen, die sich gegenseitig bekämpfen! Haltet in gleicher Gesinnung und Überzeugung zusammen! (Vers 10)

In den letzten Jahren haben wir erlebt, dass Meinungsverschiedenheiten zu Spaltungen in Gemeinden führten, Freundschaften auf Eis gelegt wurden und in Familien bestimmte Themen nicht mehr angeschnitten werden durften. Wenn jemand eine andere Ansicht hatte, war es früher kein Grund, eine Freundschaft aufzukündigen. Heute kann das zum Abbruch langjähriger Beziehungen führen, was für beide Seiten schmerzlich ist.

Es ist gut, dass Paulus dieses Thema so offen anspricht. In Korinth gab es Gruppierungen, die sich jeweils einen anderen bekannten frommen Führer ausgesucht hatten. Vehement verteidigten diese Anhänger ihre Meinung. Es kam zu Konflikten, zu

Parteiungen und zum Rückzug aus der Gemeinde. Deutlich ruft Paulus zur Einigkeit auf. Dies geschah nicht aus dem Harmoniebedürfnis des Paulus heraus. Er ging Auseinandersetzungen nicht aus dem Weg. Aber die Einheit ist ihm wichtiger. Sie ist ein Zeugnis für gemeindeferne Menschen. Einheit meint nicht Gleichheit. Es darf unterschiedliche Meinungen, Gottesdienstformen oder Musikgeschmäcke geben. Es geht darum, die eigene Befindlichkeit zurückzustellen, um das liebevolle Miteinander in der Gemeinde nicht zu gefährden. Vielleicht ist manche Verteidigung nicht Rechtgläubigkeit, sondern nur Starrsinn. Den gibt es in jeder Altersstufe. Einig sein im Ziel, Christus und den Menschen zu dienen. Das fordert heraus, die eigene Meinung nicht zum Maßstab zu machen. *Jutta Georg*

♫ Lass uns so vereinigt werden,
wie du mit dem Vater bist,
bis schon hier auf dieser Erden
kein getrenntes Glied mehr ist,
und allein von deinem Brennen
nehme unser Licht den Schein;
also wird die Welt erkennen,
dass wir deine Jünger sein.

Nikolaus Ludwig von Zinsendorf 1725/1753
Aus: Herz und Herz vereint zusammen

21 Sonntag APRIL 2024

☀ 06:13 20:29
☽ 17:55 05:32

Jubilate (Jauchzet Gott, alle Lande! Psalm 66,1)

Bibellese: Psalm 96

Der Himmel soll sich freuen,
die Erde soll jauchzen,
das Meer soll tosen mit allem, was darin lebt!
Der Ackerboden soll fröhlich sein
samt allem, was darauf wächst;
alle Bäume im Wald sollen jubeln! *(Vers 11-12)*

Eifrig füllten die Kinder der Natur-AG ihre Becherlupen mit Wasser aus dem Bach. „Hier, ich hab was gefunden", rief jubelnd ein Junge. Alle eilten herbei und verglichen das kleine Tier mit den Abbildungen auf dem Zettel. „Die Larve einer Steinfliege ist das", erkannte ein Mädchen. Alle waren begeistert von ihren Entdeckungen.

Kennen wir das noch, die Freude an den Wundern der Natur? Die gelbe Löwenzahnwiese, die sich in ein paar Tagen in einen weißen, flauschigen Teppich verwandelt? Der übervolle Pflaumenbaum mit reifen Früchten? Blühender Rhododendron oder eine mächtige Sonnenblume? Bringt uns das noch zum

Staunen und Singen? Sind wir nicht eher bedrückt von den Botschaften der Klimakrise, dem Raubbau an der Erde, dem Abholzen der Wälder?
Mit Recht müssen wir lernen, verantwortungsvoll mit der Natur umzugehen. Aber dieser Psalm erinnert uns daran, dass Gott das Regiment nicht aus der Hand gegeben hat. Als Schöpfer sorgt er sich weiter um seine Schöpfung. Er ist der Erhalter unserer Erde und will uns mitbeteiligen, dass seine Werke nicht zerstört werden. Deshalb lasst uns einstimmen in den Jubel der Natur mit allen Sinnen. Mit Liedern, Bildern, Gedichten und anderen Gestaltungsmöglichkeiten lasst uns das Lob des Schöpfers vermehren. Das vertreibt die Angst und gibt Hoffnung.

Jutta Georg

♫ Dich predigt Sonnenschein und Sturm,
dich preist der Sand am Meere.
Bringt, ruft auch der geringste Wurm,
bringt meinem Schöpfer Ehre!
Mich, ruft der Baum in seiner Pracht,
mich, ruft die Saat, hat Gott gemacht;
bringt unserm Schöpfer Ehre!

Christian Fürchtegott Gellert 1757
Aus: Wenn ich, o Schöpfer, deine Macht

22 Montag APRIL 2024

✹ 06:11 20:31
☽ 19:05 05:41

Bibellese: 1. Korinther 1,18-25

Gott erscheint töricht – und ist doch weiser als Menschenweisheit. Gott erscheint schwach – und ist doch stärker als Menschenkraft. *(Vers 23)*

Wer sucht nicht sicheren Halt im Leben? Etwas, worauf man sein Leben bauen kann? Einsichtige Wahrheiten, erprobte Erfahrungen, Vorbilder, die Orientierung geben. In der damaligen Welt zur Zeit des Paulus gab es bestimmte Grundsätze. An diesen meinte man, sich orientieren zu können. Unter den Griechen war man überzeugt: An die Weisheit der Philosophen kann man sich halten. Denn diese fragten ja nach dem Grund und Sinn des Lebens. Und die Juden hielten Ausschau nach dem Kommen des Messias. Durch kraftvolle Zeichen sollte dieser sich zu erkennen geben, durch unwiderlegbare Beweise, dass er wahrhaftig von Gott gesandt ist. So oder so, durch Vernunft oder Erleben wollte man erkennen, wo Gott in dieser Welt handelt und uns begegnet.

Paulus sagt: So funktioniert das nicht! Beide Wege führen in die Sackgasse. Warum? Weil Gott sich an einer Stelle zu erkennen gegeben hat, an der niemand es erwartet hätte: am Kreuz! Nicht in den Tiefen der menschlichen Vernunft und auch nicht in den Höhen von geistlichen Erlebnissen. Nicht in der Gestalt großer Philosophen und auch nicht in der Gestalt eines mächtigen Herrschers, sondern im Leiden eines jämmerlich am Kreuz Umgekommenen. Darin hat er gezeigt, wer er ist: ein Gott der Liebe, der bereit ist mitzuleiden; ein Gott der Barmherzigkeit, der bereit ist, das Dunkel der Welt zu teilen, damit darin sein Licht aufleuchtet.
Das ist Gottes Weisheit und Logik, die so gar nicht den Vorstellungen der nach Argumenten und Erlebnissen suchenden Menschen entspricht. Paulus fasst es so in Worte: Das Wort vom Kreuz ist für viele etwas völlig Unsinniges, ein totaler Blödsinn. Doch die im Wort vom Kreuz sichtbare Weisheit Gottes ist der feste Grund, auf den wir unser Leben bauen und woran wir uns orientieren können. *Stefan Zürcher*

Je näher wir dem Gekreuzigten kommen,
desto näher kommen wir einander.

Willem A. Visser 't Hooft (1900-1985), niederländischer reformierter Theologe, erster Generalsekretär des Ökumenischen Rates der Kirchen

23 Dienstag APRIL 2024

✷ 06:09 20:32
☽ 20:18 05:52

Bibellese: 1. Korinther 1,26-31

Schaut doch euch selbst an, Brüder und Schwestern! Wen hat Gott denn da berufen? Es gibt ja nicht viele unter euch, die nach menschlichen Maßstäben klug oder einflussreich sind oder aus einer angesehenen Familie stammen. *(Vers 26)*

Was macht eine christliche Gemeinde aus? Ihre Größe? Top eingerichtete Gemeinderäume? Tolle Aktivitäten und Aktionen? Trendige, professionelle Veranstaltungen? Oder aber, dass in ihr Menschen sich angenommen erleben, die in unserer Gesellschaft nicht zu den Wichtigen und Großen zählen, die keine Leistungsnachweise vorzuweisen haben, die mit dem Leben und seinen Herausforderungen kämpfen, die den Vorgaben unserer Gesellschaft nicht genügen?

In denen, die gerne übersehen und überhört werden, ist Gottes Kraft mächtig. In ihnen begegnet uns der Gott, der Mensch geworden ist. Wer „in" sein will, wer in der Welt etwas gelten will, wer groß

herauskommen will, wird sich in einer Gemeinschaft mit Verlierern, Außenseitern, mit beeinträchtigten Menschen nicht wohlfühlen. Wer groß sein will, muss sich mit den Mächtigen vernetzen, muss die Meinungsmacher kennen, muss zur gesellschaftlichen Elite gehören.
Die Gemeinde Jesu dagegen orientiert sich an einem anderen Maßstab: an ihrem Herrn und seinem Bild. Und dieses zeigt der Welt eine Gestalt, die jämmerlich am Kreuz hängt. Wer sind seine Helferinnen und Helfer? Arme, Außenseiter, Gescheiterte, solche ohne besonderen Leistungsnachweis. Schaut seine Jünger an! Sie trugen allein durch das, was sie waren, weiter, was Jesus wichtig war. An ihnen wird sichtbar: In den Schwachen ist Gottes Kraft mächtig. Die kleinen Leute sind die wahrhaft Großen, weil sie durch Gott und mit Gott groß sind. Darum sind sie seine favorisierten Botinnen und Boten. Nicht auf glänzende Fassaden kommt es also an, sondern schlicht darauf, dass wir alle aufeinander achten und hören, besonders auf jene, die in unserer Gesellschaft nicht beachtet und gehört werden. Dass wir alle einander an der Hand nehmen und gemeinsam auf das Ziel zugehen.

Stefan Zürcher

24 Mittwoch APRIL 2024

✹ 06:07 20:34
☽ 21:33 06:04

Bibellese: 1. Korinther 2,1-5

Paulus schreibt: Als schwacher Mensch trat ich vor euch und zitterte innerlich vor Angst. (Vers 3)

Viele Menschen neigen dazu, Blendern auf den Leim zu gehen oder sie zu bewundern. Da wird geschaut, wie jemand auftritt und mit welchen Titeln oder Erfahrungen er sich wichtigmachen kann. Wer mit hochgestellten Personen in der Gesellschaft zu tun hat, fühlt sich manchmal auch über andere erhaben. Einer prominenten Person schon einmal die Hand geschüttelt zu haben oder ihr begegnet zu sein, erfüllt Menschen mit Stolz. Was vermeintlich gewichtige Menschen sagen, wird dann teilweise ungeprüft übernommen. Da wird alles, was man vorher lernte, einfach mal über Bord geworfen.

Paulus hat es nicht nötig, im großen Stil und mit Glanz und Glamour aufzutreten, obwohl er das auch gekonnt hätte. Er war Pharisäer und Schriftgelehrter, das heißt, er war theologisch, philosophisch und politisch gebildet, und besaß von Geburt an das römische Bürgerrecht – ein Privileg in der damaligen Zeit. Bevor er Christ wurde, war er mit Vollmachten vom Hohen Rat, der obersten jüdischen Behörde, in Jerusalem ausgestattet worden, um die Christen auch an anderen Orten verfolgen zu können. Er hatte außergewöhnliche Erfahrungen gemacht und Wunder erlebt. Aber Paulus gibt nicht mit diesen Dingen an und er lässt sich auch keinen roten Teppich ausrollen. Paulus sorgte sogar selbst für seinen Lebensunterhalt als Zeltmacher und ließ sich nicht von den Gemeinden aushalten. Warum machte er das nicht? Weil er wusste, dass es darauf nicht ankommt. Es ist egal, was ein Mensch kann oder was er besitzt. Es kommt einzig und allein darauf an, was Jesus Christus für uns tat und was er durch seinen Geist in uns wirkt. Daher kann Paulus als schwacher Mensch vor die Gemeinde treten. Er möchte das Augenmerk nicht auf sich selbst, sondern auf Jesus Christus lenken. Grundlage des Glaubens soll nicht menschliche Weisheit, sondern die Kraft Gottes sein (Vers 5). *Ellen Geyer*

Fragen zum Weiterdenken

Wovon lasse ich mich beeindrucken?
Von wem oder was lasse ich mich blenden?
Ist Jesus Christus mein Fokus, auf den ich schaue und von dem her ich die Dinge und mich selbst beurteile?

25 Donnerstag APRIL 2024

☀ 06:05 20:36
☽ 22:51 06:19

Bibellese: 1. Korinther 2,6-16

Paulus schreibt: Auch wir verkünden tiefsinnige Weisheit – für alle, die dafür reif sind. Aber das ist nicht die Weisheit dieser Welt und auch nicht die ihrer Machthaber, die zum Untergang bestimmt sind. *(Vers 6)*

In dem Lied „Wer Gott folgt, riskiert seine Träume" von Jörg Swoboda und Theo Lehmann heißt es: „Die Mächtigen kommen und gehen, und auch jedes Denkmal mal fällt. Bleiben wird nur, wer auf Gottes Wort steht, dem sichersten Standpunkt der Welt." Diese Strophe sagt sehr treffend aus, was Paulus über die Weisheit und Machthaber dieser Welt denkt, sofern sie nicht ihr Leben nach Jesus ausrichten. Es wird alles vergehen! Die Weisheiten dieser Welt werden die Erde und die Menschheit nicht retten. Das Einzige, was immer Bestand haben wird, ist das Wort Gottes, die Weisheit Gottes.

Doch diese Weisheit wollen viele nicht hören. Die Menschen glauben noch immer, dass sie diese Welt retten könnten durch eine fragwürde Klimapolitik, durch positives Denken oder durch gute Taten. Es ist gut, wenn Menschen sich dafür einsetzen, diese Erde mit ihren Lebewesen nicht weiter auszubeuten, sondern zu erhalten. Es ist auch gut, wenn Menschen positiv denken und sich für andere Menschen und auch Tiere einsetzen. Aber zur Rettung bedarf es des Schöpfers, der in Jesus Christus Mensch wurde und durch seinen Tod am Kreuz Gott und diese Welt versöhnte. Ein gekreuzigter und leidender Gott passte nicht in die Vorstellungswelt der Menschen damals und auch heute möchten sich die wenigsten Menschen mit der Schuld in ihrem Leben auseinandersetzen. Diese Weisheit Gottes kann nur mit Hilfe des Heiligen Geistes verstanden und angenommen werden. Paulus schreibt, dass die tiefsinnige Weisheit an die verkündigt wird, die dafür reif sind. Es bedarf also einer Vorbereitung des Herzens. Dazu gebe Jesus seine Gnade und den Heiligen Geist! *Ellen Geyer*

Herr Jesus Christus, hab Dank, dass du für meine Schuld am Kreuz gestorben und auferstanden bist und ich mit dir durch den Glauben ewiges Leben habe. Danke, dass ich durch dich freien Zugang zum Vater habe, und für das Geschenk des Heiligen Geistes. Hilf mir, auf deinen Wegen zu gehen und so zu leben, wie es dir gefällt.

Ellen Geyer

26 Freitag APRIL 2024

☀ 06:03 20:37
☽ –.– 06:40

Bibellese: 1. Korinther 3,1-4

Paulus schreibt: Ich gab euch Milch, nicht feste Nahrung, weil ihr die noch nicht vertragen konntet. Auch jetzt könnt ihr das noch nicht. *(Vers 2)*

Die Mails von Ben an das Sorgentelefon CHRIS zeigten eine sehr verwirrte Vorstellung von Gott und vom Glauben. Nach mehreren Mails dachte ich, wie soll aus diesem Durcheinander jemals eine klare Glaubensentscheidung und -gewissheit werden? Plötzlich änderten sich die Inhalte der Mails. Ein Freund hatte Ben mit in seine Gemeinde genommen und dort hatte er eine Entscheidung für Jesus getroffen. Jetzt war es ein geistlicher Hunger, der in seinen Fragen zum Ausdruck kam. Jahre später kam ein junger Mann am CHRIS-Stand vorbei. „Ich bin Ben! Ich mache gerade eine theologische Ausbildung!" Für mich war es eine große Freude, ihn persönlich kennenzulernen.
Es dauert, bis ein Mensch die Wahrheit in Jesus Christus erkennt. Sein Denken und Handeln muss sich

an neuen Erkenntnissen orientieren, sonst bleibt der Glaube in den Kinderschuhen stecken. Bis jetzt konnte Paulus den Korinthern nur Milch anbieten, keine geistliche Vollkost. Sie waren noch gefangen in menschlichen Vorstellungen. Sie banden sich an Menschen und versuchten ihnen zu folgen. Aber zur geistlichen Reife gehört, dass man sich von Jesus abhängig macht. Damit wird man unabhängig von Menschen, auch von geistlichen Führern. Der Glaube muss wachsen durch Herausforderungen, durch Selbstständigkeit und eigene Erfahrungen. Dadurch wird das Gottvertrauen gestärkt. Die intensive Beschäftigung mit dem Wort Gottes ernährt den Glauben. Ich werde herausgefordert, mich selbst zu prüfen, wie weit ich Gottes Zielen entspreche. Mein Glaube bekommt Biss, um auf Zeitfragen überzeugend zu antworten. Er erkennt, wo wir uns vom Zeitgeist gefangen nehmen lassen und Gottes Sicht aus dem Blick verloren haben. *Jutta Georg*

♫ Unser Wissen und Verstand
ist mit Finsternis umhüllet,
wo nicht deines Geistes Hand
uns mit hellem Licht erfüllet ...

Tobias Clausnitzer 1663
Aus: Liebster Jesu, wir sind hier

27 Samstag APRIL 2024

☀ 06:01 20:39
☽ 00:09 07:11

Bibellese: 1. Korinther 3,5-8

Paulus schreibt: Ich habe gepflanzt, Apollos hat begossen; aber Gott hat es wachsen lassen. *(Vers 6)*

Wer leitet die größte Gemeinde? Wer ist der gefragteste Konferenzredner? Wer ist die beliebteste Jugendleiterin? Wer hat das beste Examen gemacht? Solche Fragen werden nicht immer laut gestellt, aber sie sind unterschwellig sehr deutlich vorhanden. Jeder hofft, besser dazustehen als der andere. Aber viel Not kommt aus dem Vergleichen.

Paulus zeigt einen anderen Weg auf. Nicht vergleichen, sondern die unterschiedlichen Aufgaben des anderen sehen und wertschätzen. Sein Bild für die Arbeit im Reich Gottes ist das Anlegen eines schönen Gartens. Paulus hat gepflanzt, Gemeinden gegründet, zum Glauben gerufen. Das ist doch das Wichtigste, oder? Nein, genauso wichtig ist das Bewässern der Pflanzen. Sie verkümmern, wenn sie nicht gepflegt, umsorgt und beschützt werden.

Apollos hat den Glauben der neugewonnen Christen gefördert. Er hat sie durch Verkündigung und Seelsorge zum Glaubenswachstum angeregt.
Ohne solche nachgehende Pflege kann auch bis heute der Glaube nicht wachsen. Es sind die kleinen, unscheinbaren „Gartenarbeiten", die weiterbringen. Die Jungscharmitarbeiterin, die zusätzlich einen Bibelkurs mit den Interessierten macht. Die ältere Frau, die eine telefonische Gebetspartnerschaft für die einsame Studentin am neuen Studienort beginnt. Der Senior, der ein offenes Singen im Pflegeheim anbietet. Für mich war immer eine alte, kleine Schwäbin ein Vorbild, die sich extra von ihrer türkischen Nachbarin türkisches Kochen beibringen ließ, um später mit ihr über den Glauben zu sprechen. Diese kleinen Arbeiten lassen den Garten des Glaubens erblühen. Sie alle tragen dazu bei, dass sich ein blühendes Gemeindeleben entwickelt.
Aber es liegt nicht allein an unserem menschlichen Bemühen. Gott muss das Gedeihen schenken! Dass wirklich ein schöner Garten entsteht, ist allein Gottes Werk. Aber wir dürfen gemeinsam daran mitwirken.

Jutta Georg

28 Sonntag APRIL 2024

✸ 05:59 20:41
☽ 01:20 07:55

Kantate (Singet dem Herrn ein neues Lied! Psalm 98,1)

Bibellese: Psalm 149

Rühmt den Herrn mit festlichem Reigentanz,
singt ihm zum Takt der Tamburine,
ehrt ihn mit eurem Saitenspiel! *(Vers 3)*

Musik erhebt. Musik verstört. Musik tröstet. Musik baut auf. Musik ärgert. An der Musik scheiden sich die Geister. Und zwar gründlich. In der Musik spiegeln wir uns mit unseren Emotionen und unserem Glauben. Und so unterschiedlich wir Menschen sind, so unterschiedlich ist unser Zugang zur Musik. Welten können zwischen Musikgeschmäcken und -vorlieben liegen. Manche Gemeinde hat sich schon zerlegt, weil man sich nicht einigen konnte. Zu viel Orgel, zu wenig Worship, zu langweilig, zu laut, zu englisch. Wir könnten uns vermutlich lange und schmerzliche Geschichten darüber erzählen.
Es ist zu einfach, sich „nur“ auf den kleinsten gemeinsamen Nenner zu besinnen: Alle Musik dient der Ehre Gottes. Wenn wir es wirklich so glauben würden, würde nicht so viel um Musik gestritten werden.

Nein, in der Musik werden auch unsere Theologie, unsere Glaubens- und Gottesdienstkultur und unsere persönlichen Wege, Gott zu erleben, transportiert. Und das ist nicht wenig. Und da sollten wir immer wieder um gegenseitiges Verständnis ringen. Trotzdem: Es hilft schon, sich immer wieder darauf zu besinnen, dass es um Gottes Ehre geht, nicht zuerst und zuletzt um menschlichen Musikgeschmack. Musik darf nicht zum Selbstzweck oder gar zur Waffe werden, um die eigene Position möglichst fromm zu vertreten. Demut ist gefragt, Stolz fehl am Platz. Manchmal helfen nur getrennte Gottesdienstformate, um gemeinsam zum Ziel zu kommen: Gott mit ganzem reinem Herzen zu loben und zu preisen. Und die Menschen, die das auch tun, aber eben ganz anders als ich, nicht zu verachten, sondern zu ehren. Dieses „neue Lied" am Sonntag Kantate wäre wohl auch in Gottes Sinn. *Ulrike Burkhardt-Kibitzki*

Eine der schönsten und herrlichsten Gaben Gottes ist die Musik, damit man viel Anfechtung und böse Gedanken vertreibt.

Martin Luther (1483-1546), deutscher Reformator

29 Montag APRIL

2024

☀ 05:58 20:42

☽ 02:20 08:55

Bibellese: 1. Korinther 3,9-17

Das Fundament ist gelegt: Jesus Christus. Niemand kann ein anderes legen. Es wird auch nicht verborgen bleiben, was jemand darauf baut, ob Gold, Silber oder wertvolle Steine, ob Holz, Schilf oder Stroh.

(Vers 11-13)

In früheren Zeiten haben Menschen häufig selbst mit angefasst, um ein neues Kirchengebäude oder eine Kapelle zu errichten. Der Baugrund wurde oft gestiftet und dann machten sich die Maurer, Zimmerleute, Fliesenleger und Installateure an die Arbeit – ehrenamtlich wohlgemerkt. Der Reichtum unserer Kirchen wird gespeist aus dem Fleiß und der Opferbereitschaft früherer Generationen. Heute überlassen Gemeinden Profis die Bautätigkeiten, am liebsten aus einer Hand und schlüsselfertig. Energetisch auf dem neuesten Stand, Smarthome, neueste Tontechnik, viel Licht und Transparenz – das sind nur einige Aspekte, die beim Bauen eine wesentliche Rolle spielen. Dass das Fundament solide sein muss,

versteht sich von selbst. Dafür sorgen Statiker und Kampfmittelräumdienste, die die Baugrundstücke untersuchen.
Paulus versteht sich als Architekt des Gemeindebaus (Vers 10), der verantwortlich ist für die Stabilität des Fundaments. Das Fundament selbst aber ist er mit seiner Botschaft nicht. Das geistige Fundament jeder Kirche ist Jesus Christus, macht Paulus klar. Eigentlich eine Binsenweisheit, die langjährige Christen in- und auswendig kennen. Und doch zerren unterschiedliche Überzeugungen, Kulturen, Vorlieben, Persönlichkeiten an diesem Fundament und bringen damit die Statik des ganzen Gebäudes in Gefahr. Manchmal werden Fundament und Aufbauten, ob nun aus feuerfestem oder leicht brennbarem Material, verwechselt. Bestimmte strittige Themen, gerne aus dem Bereich der Ethik, besonders der Sexualethik, oder der Politik, bekommen eine fundamentale Bedeutung, die ihnen so gar nicht zusteht. Denn sie sind nicht das Fundament der Gemeinde. Das ist und bleibt Jesus Christus. Bei allen schwierigen Debatten in unseren Kirchen und Gemeinden dürfen wir das nie aus dem Blick verlieren. Es könnte sonst sein, dass das Bauwerk dem gerechten Urteil Gottes nicht standhält (Vers 14-15).

Ulrike Burkhardt-Kibitzki

30 Dienstag APRIL 2024

✹ 05:56 20:44
☽ 03:04 10:11

Bibellese: 1. Korinther 3,18-23

Was die Menschen für Tiefsinn halten, ist in den Augen Gottes Unsinn. In den Heiligen Schriften heißt es: „Gott fängt die Klugen im Netz ihrer eigenen Schlauheit.“

(Vers 19)

Auch Christen pflegen gern von sich ein bestimmtes Selbstbild. Früher war es geprägt von Tugenden wie Fleiß, Beständigkeit, Ehrlichkeit, Verlässlichkeit und Treue – zu Menschen und zur Gemeinde. Wer diese Tugenden mit seiner Person lebte, konnte nicht nur von sich selbst überzeugt sein, ein guter Christ zu sein. Er oder sie konnte auch davon ausgehen, dass die Mitmenschen das ebenso sahen.

Das hat sich zwischenzeitlich sehr verändert. Heute gelten Christen als hip, wenn sie innovativ und unkonventionell sind, sich für Diversität und Internationalität stark machen – und sehr offen sind für Experimente. Gerne pflegt man dann von sich und der eigenen „Blase“ das Selbstbild, christliche „Avantgarde“ zu sein.

Das Selbstbild der Korinther könnte man durchaus mit dem mancher heutigen Christen vergleichen. Da war quirliges und buntes Leben in der Gemeinde, da war das Wirken des Geistes mächtig spürbar und viel Energie floss. Das war höchst attraktiv. Neue Leute bekehrten sich zu Christus, und dies wiederum ließ die Gemeinde weiter pulsieren. Paulus aber sieht auch die Schattenseite. Wer auf der Erfolgsspur unterwegs ist, unterliegt schnell dem Trugschluss, die richtigen Methoden einzusetzen und die richtigen Überzeugungen zu vertreten. „Was sind wir nicht schlau, vital und geisterfüllt." Das wird zwar nicht offen gesagt, aber umso häufiger gedacht. Denn sonst wäre doch der Segen nicht in dieser Weise sichtbar! Es ist schon ganz schön mutig von Paulus, dieser durchaus von Stolz durchdrungenen Haltung einen Spiegel vorzuhalten. Nicht die experimentellen Ideen, die verlässliche Konstanz oder die intellektuelle Brillanz an sich sind verwerflich. Gott geißelt die Haltung des Hochmuts, die sich dahinter breitmachen kann. Je mehr Menschen von sich und ihren geistigen und geistlichen Leistungen überzeugt sind, desto mehr geben sie sich eigentlich der Lächerlichkeit preis. Gott ist immer noch schlauer.

Ulrike Burkhardt-Kibitzki

1

Tag der Arbeit

Mittwoch
MAI

2024

✷ 05:54 20:45
☽ 03:36 11:37

Bibellese: 1. Korinther 4,1-5

Urteilt nicht vorzeitig, bevor Christus kommt, der das Verborgene ans Licht bringen und die geheimsten Gedanken enthüllen wird. Dann wird Gott das Lob austeilen, so wie jeder und jede es verdient. *(Vers 5)*

Manchmal liegen die Dinge eng beieinander. Dann kann man sie leicht verwechseln. So ist das auch bei Kritik und Verurteilung. Selbstverständlich ist Kritik im Leben und Zusammenleben erlaubt und willkommen. Jedenfalls dann, wenn sie konstruktiv ist. Denn Kritik ist die Kunst der Unterscheidung. Und – so formulierte es einmal jemand schön – wer unterscheidet, hat mehr vom Leben. Kritik, wenn sie taktvoll geäußert und gut begründet wird, hat das Zeug dazu, das Leben bunter und reicher zu machen.

Anders verhält es sich mit der Verurteilung. Denn Verurteilungen sind Schuldsprüche. Und damit muss man sehr behutsam umgehen. Vor allem dann, wenn Verurteilungen vorschnell getroffen werden.

Das aber geschieht selbst in unserem Gemeindeleben leider nur zu häufig. Der Stuhl des Richters ist oft so verlockend hoch. Und ein Urteil ist oft so schnell gefällt. Ja, sogar sich selbst kann man unter Umständen hart verurteilen. Vorsicht! Hier kann ein Blick auf Gottes Urteil im letzten Gericht heilsam sein. Denn das Urteil Gottes unterscheidet sich von allen menschlichen Urteilen dadurch, dass es unfehlbar ist. Gott allein durchschaut alle Zusammenhänge des Lebens. Er allein kennt unser aller Geheimnisse. Darum spricht auch er allein das letzte Urteil. Wer sich das vor Augen hält, wird zumindest beim vorschnellen Verurteilen hilfreich gestört. Gott spricht das letzte Wort über unser Verhalten und Tun. Auch darüber, wie wir seinen Auftrag als Verwalter seiner guten Botschaft ausführen. Das sollte uns nicht schrecken, sondern im Gegenteil: Das sollte uns Mut machen. Gott ist gerecht. Er wird Lob austeilen für das, was Lob verdient. Und wenn selbst ein Apostel das erwartet, dann kann es ja nicht verkehrt sein, auf die Anerkennung unserer Mühe als Gottes Helferinnen und Helfer zu hoffen. *Volker Spangenberg*

Monatsspruch

Alles ist mir erlaubt, aber nicht alles dient zum Guten.
Alles ist mir erlaubt, aber nichts soll Macht haben über mich. *(1. Korinther 6,12 L)*

2 Donnerstag MAI

2024

✹ 05:52 20:47
☽ 03:58 13:05

Bibellese: 1. Korinther 4,6-13

Wer gibt dir denn das Recht, dir etwas einzubilden? Kommt nicht alles, was du hast, von Gott? Wie kannst du dann damit angeben, als hättest du es von dir selbst? *(Vers 7)*

Frösche sind faszinierende Tiere. Viele Arten besitzen Schallblasen, die die Männchen dann gewaltig aufpumpen, um lauter quaken zu können. Mit diesem schlauen Mechanismus erweitern sie ihre akustische Reichweite bei der Partnersuche. Auch Menschen können sich bekanntlich aufblasen. Nur haben sie dafür keine Schallblasen, sondern benutzen dazu in der Regel Worte und Gesten. Die sollen ihre Bedeutung steigern und transportieren im Kern immer dieselbe Botschaft: Schaut her, was ich aus mir gemacht habe. Das wirkt oft lächerlich und ist leicht durchschaubar.

Wenn sich dann aber auch noch Christen aufblasen, so wirkt das nicht nur lächerlich, sondern ist auch zutiefst traurig. Denn sie sollten es besser wissen.

Gehört es doch zu den Grundeinsichten des Glaubens, dass sich alles, was wir Menschen haben, der Güte Gottes verdankt. Dazu zählt an erster Stelle die Tatsache, dass wir überhaupt da sind, dass wir leben. Jeder Atemzug, den wir tun, ist nicht unser Verdienst. Auch die Erde, die uns trägt, schufen wir nicht. Und unsere Mitmenschen sind nicht unser Werk. Darum ist es geradezu absurd, wenn auch in der Christenheit Einbildung und Angeberei grassieren. Schließlich besteht dabei immer die Gefahr, dass am Ende auch unser Heil und unsere Rettung zum eigenen Verdienst erklärt werden.
Gegen die menschlich-allzu-menschliche Gefahr, sich aufzublasen, gibt es ein wirksames Gegenmittel. Das ist das tägliche Gebet. Man kann sich dafür Worte aus Martin Luthers „Kleinem Katechismus" leihen (aus: Der erste Artikel): „Ich danke Gott, dass er mich reichlich und täglich versorgt, mich behütet und bewahrt und das alles aus lauter väterlicher, göttlicher Güte und Barmherzigkeit, ohn all mein Verdient und Würdigkeit." Man kann es aber auch ganz schlicht sagen: „Danke, lieber Vater im Himmel, dass ich alles, was ich bin und habe, aus deiner Hand empfangen darf."

Volker Spangenberg

3 Freitag MAI

2024

✹ 05:50 20:49
☽ 04:15 14:33

Bibellese: 1. Korinther 4,14-21

Paulus schreibt: Ich bitte euch: Nehmt mich zum Vorbild! *(Vers 16)*

Das wäre einmal eine interessante Umfrage bei den Mitgliedern von Kirchen und Gemeinden: Haben Sie Vorbilder? Und wenn ja, welche? Vielleicht würden manche Mitglieder dann Personen aus der Bibel nennen. Oder auch Gestalten aus der Kirchengeschichte. Vielleicht würden sie aber auch auf Menschen verweisen, die ihnen persönlich begegnet sind und die für ihr Leben von besonderer Bedeutung wurden: auf die eigenen Eltern etwa oder auf einzelne Mitglieder in der Gemeinde. All das könnte und würde man bei einer derartigen Umfrage wohl erwarten.

Aber würde bei all diesen Nennungen von Vorbildern auch der Völkerapostel Paulus dabei sein? Derjenige also, der sich selbst seinen Adressaten als Vorbild empfahl? Da könnte es bei manchen zumindest Rückfragen geben: Wieso denn ausgerechnet der?

Wir können den Apostel selbst nicht mehr fragen. Aber wir können versuchen, in seinem Sinne zu antworten. Zuerst fällt auf, dass das Vorbild Paulus selbst ein Vorbild hat. Sein Vorbild verweist auf Jesus Christus. Wie bei einem Transparent leuchtet hinter der Existenz des Apostels das Bild des Gekreuzigten auf. Von ihm sollten alle Lebensvollzüge bestimmt und geprägt werden. Das aber hat dann wiederum konkrete Auswirkungen für die Selbsteinschätzung. Nicht die eigene Stärke und die eigene Kraft sind vorbildlich. Sondern die Kraft des für uns gestorbenen und auferstandenen Christus. Nicht kraftstrotzend, sondern um Kraft bittend ist Paulus ein Vorbild. Diese bittende Haltung prägt dann auch seinen vorbildlichen Umgang mit Mitmenschen und Mitchristen. Immer steht dabei das Bemühen um Einheit im Vordergrund. Darum wirbt der Apostel für die Wahrheit des Evangeliums so, dass auch notwendige Warnungen und Mahnungen nicht vom Gift der Bitterkeit durchtränkt sind. Sondern vom Geist der Liebe und der Sanftmut. Also von jenem guten Heiligen Geist, der uns in unserer großen Verschiedenheit zusammenhält. *Volker Spangenberg*

Bibellese: 1. Korinther 5,1-8

Reinigt euch! Entfernt den alten Sauerteig, damit ihr wieder ein frischer, ungesäuerter Teig seid! Denn das seid ihr doch, seit Christus als unser Passalamm geopfert wurde. *(Vers 7)*

Eigentlich ist es doch ganz einfach zu verstehen, worum es Paulus geht: Die Freiheit, zu der wir als Christen berufen sind, ist kein Freifahrtschein für jedes Fehlverhalten. Paulus erinnert dabei an das Passafest, die jüdische Feier der Befreiung aus der Sklaverei in Ägypten. Zu diesem Fest wurde ungesäuertes Brot gebacken und jeder Sauerteig vorher entfernt. Da Christus zu einem neuen Lebensstil befreit hat, hat der alte Sauerteig der Sklaverei auf Dauer keinen Platz in der christlichen Gemeindeküche. Unrecht oder Bosheit sind wie alter Sauerteig.

Dann ist doch alles klar – oder? Ich will ehrlich sein: Ich mag dieses Kapitel nicht und daran wird vermutlich kein neuer Zugang, keine Auslegung etwas ändern. Zu oft wurden und werden in unseren

Gemeinden schreckliche Inquisitionen mit Verweis auf diese Verse durchgeführt. Und nicht selten bedeutete das schlimme Folgen für die Beteiligten. Endlose Diskussionen über Sexualethik lenken uns von unserem eigentlichen Auftrag ab, nämlich Licht und Salz zu sein, hinauszugehen in alle Welt. Und überhaupt, dieses ständige Thematisieren von Sexualität – Mensch Paulus, war das wirklich nötig?
Offenbar ja. Denn selbst bei liberaler Einstellung oder großer seelsorgerlicher Umsicht gibt es erkennbares Fehlverhalten, dass wir klar ansprechen und wo wir handeln sollten. Ich glaube außerdem, dass es Paulus auch um den Schutz der Gemeinde ging. Denn meiner Erfahrung nach hatte eine Kirche oder Gemeinde fast nie genug Einfluss auf die betreffende Person, um Veränderung zu bewirken. Hier sind vielmehr Gottes Geist und nahestehende Menschen gefragt. Deshalb: Von welchen Freunden oder Angehörigen, Bekannten oder Leitern lasse ich mich auch kritisch hinterfragen? *Tobias Lang*

Rätselfrage zur Bibellese im Mai
Wer ist zum Abschaum der ganzen Welt/Menschheit geworden?

Bitte tragen Sie die Antwort auf dem Blatt ein,
das nach dem 31. Dezember folgt.

5 Sonntag MAI

2024

✹ 05:47 20:52
☽ 04:42 17:29

Rogate (Betet!)

Bibellese: Psalm 129

Der Herr ist treu!
Er hat mich aus der Gewalt der Bösen befreit,
die Stricke hat er zerschnitten! (Vers 4)

Lolas Freund Manni ist ein kleinkrimineller Kurier, der versehentlich eine Plastiktüte voller Bargeld in der U-Bahn liegen lässt. Nun hat er nur noch 20 Minuten Zeit für eine Lösung, sonst geht es ihm an den Kragen. Verzweifelt ruft er seine Freundin an, die sofort losrennt, um zu helfen. „Lola rennt" ist ein buchstäblich atemberaubender deutscher Kinofilm, der 1998 international für Furore sorgte. Der Action-Thriller zeigt drei packende Episoden, wie die Geschichte ausgehen könnte.
An diesen grandiosen Streifen des deutschen Regisseurs Tom Tykwer musste ich denken, als ich diesen Vers las. Wie wäre es, wenn ich meinen Lebensfilm zurückspulen und mir zumindest eine alternative Version anschauen könnte? Wie wäre mein Leben ohne Gott verlaufen? Vielleicht gar nicht so spek-

takulär anders. Mein Glaube hat mich nicht aus dem Gefängnis oder aus einer Drogenabhängigkeit gerettet. Und doch sind sie da: Die ganz besonderen Segensspuren und Befreiungen in meinem Leben. Mein erbärmlich ausgeprägtes sportliches Talent und andere Schwächen habe ich annehmen und gleichzeitig meine Begabungen dankbar erkennen können. Rückschläge und Zurückweisungen haben mich nicht verbittert. Einem Menschen, der mich tief verletzt hat, konnte ich vergeben und damit viel Negatives hinter mir lassen. Ob ich all das in der Version meines Lebens ohne Gott auch so erfahren hätte?

Aus vielen Begegnungen und Gesprächen, aber auch durch gute Vorträge habe ich gelernt, wie sehr Menschen gefangen sein können durch unheilvolle Beziehungen, durch negative Prägungen, Verlust, schlimme Erlebnisse und so viel mehr. An der Stelle halte ich den Film mit der alternativen Lebensgeschichte mal an. Und ich finde: Auch wenn in meinem Original zwei, drei Happy Ends mehr schön gewesen wären: Es ist gut, wie es ist. Und Gott ist gut, der Herr ist treu – Halleluja! *Tobias Lang*

6 Montag MAI 2024

✸ 05:45 20:53
☽ 04:55 18:58

Bibellese: 1. Korinther 5,9-13

Paulus schreibt: Warum sollen wir über die Außenstehenden zu Gericht sitzen? Eure Aufgabe ist es, die eigenen Leute zur Rechenschaft zu ziehen. *(Vers 12)*

Geld, Macht, Sex – ein Kapitel lang behandelt Paulus die drei großen Spannungsfelder der Menschheit. Ich versuche mich mal an einer schlichten Übertragung: Kümmert euch lieber um euren eigenen Kram, aber vor allem: Kümmert euch!

Zum Beispiel, wenn es um unerlaubte sexuelle Beziehungen geht. Meiner Erfahrung nach verhandeln Christen mit großer Hingabe, wer mit wem schlief und vor allem wann. Wäre es nicht wichtiger, wir würden uns – wie übrigens auch Paulus in diesem Kapitel – auf wirklich Verbotenes fokussieren? Traurige Statistiken belegen, dass Missbrauchsfälle kein Alleinstellungsmerkmal der römisch-katholischen Kirche sind. Gute Schutzkonzepte sind nicht nur etwas für besonders ehrgeizige Gemeinden, polizeiliche Führungszeugnisse kein lästiger

Behördenkram. Und wer sagt dem altehrwürdigen Onkel oder dem weltweit beliebten Pastor, dass zu lange Umarmungen oder manche Berührungen unangemessen sind?
Zum Beispiel, wenn es um Habgier geht. Für mich ein reales, aber sehr unsichtbares Problem in christlichen Kreisen. Der Tod des reichen Kornbauern (Lukas 12,16-21) würde heute vermutlich in vielen Gemeinden vor allem große Trauer und Bestürzung auslösen, weil ein so sympathisches und erfolgreiches Mitglied aus ihrer Mitte gerissen wurde. Frage: Ab wann wird eigentlich aus dem Streben nach Erfolg und aus Sparsamkeit Habgier?
Doch was tun? Viel wichtiger als wachsame Augen für Missstände sind für mich das Interesse aneinander und die Fürsorge, aber auch eine gute und barmherzige Gemeinschaft, in der Schwierigkeiten offen angesprochen werden können. Und dabei brauchen wir dringend Gottes Unterstützung. Denn in der Praxis ist so ein Miteinander nicht einfach. Ich persönlich kann zum Beispiel nur schwer mit Kritik umgehen. Reflexartig rechtfertige ich mich oder suche nach Ausweichmöglichkeiten. Aber was, wenn es gar nicht darum geht, mich persönlich anzugreifen? Vermutlich wäre es besser, ich würde mich erst einmal für den Hinweis bedanken und in Ruhe drüber nachdenken. *Tobias Lang*

7 Dienstag MAI

2024

✹ 05:43 20:55
☽ 05:10 20:30

Bibellese: 1. Korinther 6,1-11

Paulus schreibt: Ich sage dies, damit ihr euch schämt. Hat denn unter euch niemand so viel Verstand und kann einen Streit unter Brüdern und Schwestern schlichten? (Vers 5)

Streit kommt in der besten Familie vor, so sagt man ja. Das war schon damals so und ist auch heute nicht viel anders – auch in christlichen Gemeinden. Ich denke an zwei Brüder, die beide in dieselbe Gemeinde gehen, aber nur das Nötigste miteinander reden. Streit gab es wohl auf Grund von Erbschaftsfragen – wird mir gesagt. Ein typischer, fast klassischer Grund. Und schon einige Zeit her. Aber bisher hat sich wohl niemand mit „so viel Verstand" – oder „nicht einen Vernünftigen" (BasisBibel) – gefunden, der es versucht hätte, das Problem mit den beiden anzugehen. Und so einfach ist das ja auch nicht. Wir wissen sehr gut: Zum Beginn eines Streits braucht es nur eine Person, die den Streit will. Zur Beendigung müssen mindestens beide, wenn nicht noch mehr

Personen, mitmachen und zustimmen. Einfach als Pastor beide Parteien einbestellen und ihnen mal so richtig die Meinung sagen – könnte man machen, aber führt mit großer Sicherheit zu katastrophalen Ergebnissen. Also bleibt nur der mühsame Weg, Vertrauen aufzubauen, im Gespräch zu sein – mit beiden Brüdern – und auf den richtigen Moment zu warten, um mit allen ein erstes Gespräch zu führen. Das habe ich zusammen mit einer erfahrenen und geachteten Person aus der Gemeinde gemacht. Und es gelang uns immerhin, beide Brüder zu Gesprächen an einen Tisch zusammenzubringen. Ich kann nicht behaupten, dass beide danach wieder ein Herz und eine Seele waren, aber zumindest war das Verhältnis zwischen den beiden wieder etwas normaler. Um es mit Worten aus dem Lied „So ist Versöhnung" auszudrücken: Es war noch kein „Fest nach langer Trauer", aber doch ein „Tor in einer Mauer". Versöhnung ist eben nicht so einfach und letztlich kann sie nur Gott im Herzen der Beteiligten schaffen. Aber wie Paulus richtig bemerkt: Es ist unsere Aufgabe als Gemeinde, Geschwister nicht im Zustand des Streites untereinander verharren zu lassen. Sondern Möglichkeiten des Gesprächs und der Versöhnung anzubieten. Auch und gerade weil es oft mühsam ist.

Frank Aichele

8 Mittwoch MAI 2024

✹ 05:41 20:57
☽ 05:29 22:01

Bibellese: 1. Korinther 6,12-20

Ihr sagt: „Mir ist alles erlaubt!“ Mag sein, aber nicht alles ist gut für euch. Alles ist mir erlaubt; aber das darf nicht dazu führen, dass ich meine Freiheit an irgendetwas verliere. *(Vers 12)*

Endlich mal tun und lassen können, was man will. „Mir ist alles erlaubt!“, oder noch kürzer: „Ich darf alles!“ (BasisBibel). So haben die ersten Christen in Korinth die Botschaft des Paulus verstanden und danach haben sie gelebt. Unter ihnen auch viele Judenchristen. Frei von all den Verboten und Geboten, den kleinteiligen Vorschriften, was man essen darf und was nicht, welche Bräuche und Gewohnheiten erlaubt sind und vielem mehr, das im Alten Testament und den jüdischen Gesetzten sehr genau geregelt ist. Das war zuerst eine große Befreiung. Nicht mehr vielfältige Verbote und Gebote bestimmen das Leben der Christen. Sie genießen die große Freiheit. „Mir ist alles erlaubt!“ Klar ist aber auch, dass jede Freiheit an der Freiheit des anderen ihre

Grenzen hat. Und, wie Paulus hier sehr klar ausführt, eine Grenze da, wo mir die Freiheit nicht guttut, sie in eine neue Abhängigkeit führt.
Der anglikanische Pfarrer John Wesley hat der methodistischen Bewegung im englischen Arbeitermilieu von Anfang an diese Grenzen der Freiheit aufgezeigt. Deshalb waren und sind in Großbritannien Alkohol und Glücksspiele für Methodisten tabu, zumindest im Kirchengebäude. Alkohol, Glückspiel und andere Drogen können abhängig machen und dann kann ich meine Freiheit verlieren, schade mir und meiner Familie. Mir selber wurde das während eines Sozialpraktikums in einer Einrichtung für suchtkranke Menschen sehr deutlich. Da waren zum Teil hochqualifizierte Menschen zusammen, die der Alkohol in eine Unfreiheit, eine enorme Abhängigkeit geführt hatte, die für ihr eigenes Leben und ihre Gesundheit genauso gefährlich war wie für andere um sie herum. Ich erinnere mich an den praktischen Arzt, der jahrelang unter Alkoholeinfluss Diagnosen gestellt oder an den Vorarbeiter auf dem Bau, der wegen des Alkohols die Sicherheitsvorschriften nicht mehr richtig umsetzte.
Christus hat den Menschen viel Freiheit eröffnet und uns doch vor allem in die Verantwortung genommen, unser Leben gut für uns und unseren Nächsten zu gestalten.

Frank Aichele

9

Christi Himmelfahrt

Donnerstag

MAI

2024

✹ 05:40 20:58

☽ 05:54 23:28

Bibellese: Philipper 2,5-11

Vor Jesus müssen alle auf die Knie fallen –
alle, die im Himmel sind,
auf der Erde und unter der Erde;
alle müssen feierlich bekennen:
„Jesus Christus ist der Herr!“
Und so wird Gott, der Vater, geehrt. *(Vers 10-11)*

Es ist Himmelfahrt. Für die Jüngerinnen und Jünger war es eine gänzlich unbekannte und unerwartbare Situation. Der auferstandene Christus war ihnen erschienen und sie dachten an einen Neuanfang, nun als der große Durchbruch für sie erreicht war. Christus hatte auf Golgota dem Tod die Macht genommen. Ein neues Leben konnte beginnen.
Aber es kam anders. Jesus rief sie zusammen und dann verabschiedete er sich von ihnen. Die Botschaft von der Auferstehung und der großen Versöhnung mit der Schöpfung und den Geschöpfen brauchte eine größere Dimension. Deshalb verließ er die Jüngerinnen und Jünger, aber ohne sie zu

verlassen. Jesus kehrte in seine göttliche Dimension zurück und versprach ihnen eine neue Nähe durch den Geist, den er senden würde. Er verschwand vor ihren Augen, aber er blieb in ihren Gedanken und Gefühlen, in ihrer Rückerinnerung und in der Erwartung einer gänzlich unbekannte Zukunft.

Die Jüngerinnen und Jünger trafen sich „im Obergemach", blieben beieinander, entwickelten keinen Aktionismus, sondern warteten auf den verheißenen Geist. In ihrem Verhalten wird tiefes Vertrauen, Zuversicht und Hoffnung deutlich. Dann kam der Geist, er erfüllte Mensch und Raum und eine neue Ära begann. Die Gemeinde von Jesus wurde geboren und mit ihr ging die junge Christenheit Schritte hin zur weltweiten Mission, um Menschen das Evangelium, die gute Botschaft zu bringen, dass es vollbracht ist und Gott und Mensch versöhnt sind. Niemandem müssen mehr die Knie vor Angst und Schrecken weich werden, sondern in einer tiefen Ergebenheit stimmen alle in das große Bekenntnis ein: „Jesus Christus ist der Herr!", zum Wohle der Menschen und zur Ehre Gottes. *Michael Noss*

10 Freitag MAI 2024

✹ 05:38 21:00
☽ 06:30 –.–

Bibellese: 1. Korinther 7,1-16

Paulus schreibt: Es wäre mir lieber, wenn alle ehelos lebten wie ich. Aber Gott gibt jedem Menschen seine besondere Gnadengabe. Den einen gibt er diese, den andern eben andere. *(Vers 7)*

Ein heißes Thema, das Paulus in seinem Brief an die Korinther behandelt. Aber er muss reagieren, denn die Anfragen aus der Gemeinde in Korinth sind bedrängend. Korinth, eine Weltstadt, die bekannt ist für das freizügige Leben der Menschen dort. Die Fragen zum Thema von damals sind bis heute geblieben. Jede Generation arbeitet sich daran ab und findet darauf ihre eigenen Antworten und die sind, wie könnte es anders sein, sehr kontrovers. Da stellt sich die Frage, wie gehen wir denn mit diesem Thema um und zu welchen Antworten sind wir denn gekommen?

Nehmen Sie sich ruhig einen Augenblick Zeit, und überlegen, wie Ihre Haltung in dieser Frage aussieht. Paulus verschließt sich den Fragenden nicht, er gibt Antwort, wohlwissend, dass auch er keine abschließende Meinung zu formulieren weiß. So redet er von seiner Erfahrung und seiner Einsicht, die ihm sein Lebens- und Glaubensweg gezeigt hat. Er schreibt: „Es wäre mir lieber, wenn alle ehelos lebten wie ich", denn, so könnten wir den Satz fortsetzen, dann müsste ich mich jetzt nicht mit diesen Fragen herumschlagen. Aber das wäre zu einfach und wohl auch zu schade, wenn Paulus damit recht hätte.

Eines aber wird deutlich, es ist ein sensibles Thema, in dem große Freude und großes Leid eng beieinander liegen. So spricht Paulus viele Fragen an, die zeigen, wie sehr er sich doch mit diesem Thema auseinandersetzt, auch mit der Frage: Wer hat Macht über den anderen? Wie sollen sich Ledige und Witwen verhalten, heiraten oder nicht? Paulus benennt die Probleme, aber bleibt sehr offen in den Antworten und legt vieles in die Entscheidung der Einzelnen. Jeder hat seine Gaben von Gott bekommen und aus diesen Erfahrungen heraus erfolgt ihr Handeln.

Zwei Aussagen sind wichtig in diesem Abschnitt: Keiner hat Macht über den anderen und: „Gott hat euch zu einem Leben in Frieden berufen" (Vers 15). Zum Frieden aber braucht es Achtung und Respekt voreinander und vor allem Liebe. *Winfried Bolay*

11 Samstag MAI 2024

☀ 05:36 21:01
☽ 07:20 00:42

Bibellese: 1. Korinther 7,17-24
Alle sollen Gott an dem Platz dienen, an dem sein Ruf sie erreicht hat. *(Vers 20)*

Wo würden Sie dienen, wenn Sie dort wären, wo der Ruf Sie erreicht hat? Was meint Paulus eigentlich mit dieser Aussage? In der Bibellese wird schnell deutlich, auf was es Paulus ankommt: Wir alle nehmen in der Gesellschaft eine bestimmte Position ein. Schon durch die Geburt kommen wir in ein ganz bestimmtes soziales Milieu. Damals gab es die Freien und die Unfreien, die Begüterten und die weniger Begüterten, die Begabten und die weniger Begabten. Paulus sagt: Jede und jeder hat seinen Platz. Vor Gott sind alle Menschen gleich.
Die junge christliche Gemeinde praktizierte dies, indem alle Menschen eingeladen waren, zur christlichen Gemeinschaft dazuzukommen. Im Galaterbrief drückt das Paulus so aus: „Es hat darum auch nichts mehr zu sagen, ob ein Mensch Jude ist oder Nichtjude, ob im Sklavenstand oder frei, ob Mann

oder Frau. Durch eure Verbindung mit Jesus Christus seid ihr alle zu einem Menschen geworden" (Galater 3,28). Im Klartext heißt das: Alle haben die gleiche Würde, den gleichen Wert, ihr alle seid Gottes geliebte Töchter und Söhne. Eine in der Zeit des Paulus revolutionäre Botschaft. Ich gehöre dazu, woher ich auch komme, welchen sozialen Status ich habe oder wie begabt ich auch bin. Ich muss also nicht erst zeigen, was ich kann oder was ich habe. Ich bin eingeladen, zur Gemeinschaft der Glaubenden zu gehören, und darf mich dort mit meinen Gaben einbringen.

Gerade in unserer Leistungsgesellschaft ist das ein hoffnungsvolles Zeichen: Ich muss nicht mehr um meinen Platz kämpfen, gehöre einfach selbstverständlich dazu. Es geschieht das Wunder, dass ich meine Gaben, die Gott in mein Leben gelegt hat, entdecken und leben darf und damit die Gemeinschaft bereichere. Und ich habe Menschen um mich, die mich auf meine Gaben aufmerksam machen, die ich selber nicht sehe.

Wir merken, wie bereichernd das ist für Familie und Gemeinde, wenn es gelingt, sich gegenseitig mit seinem Geworden-Sein und seinen Gaben anzunehmen. Wo dies geschieht, finde ich meinen Platz, an dem ich Gott dienen kann. *Winfried Bolay*

12 Sonntag MAI 2024

✹ 05:35 21:03
☽ 08:24 01:38

Exaudi (Herr, höre meine Stimme! Psalm 27,7)

Bibellese: Psalm 131

Herr! Ich denke nicht zu hoch von mir,
ich schaue auf niemand herab.
Ich frage nicht nach weit gesteckten Zielen,
die unerreichbar für mich sind. *(Vers 1)*

Sehr viel Bescheidenheit oder Demut spricht aus diesem Vers. Fast etwas zu viel, könnte man meinen. Da zieht sich einer ganz und gar aus allem zurück, was wir Menschen doch so gut kennen. Wenn man annimmt, dass David diesen kurzen Psalm dichtete, kann man sich nur wundern, dass diese glänzende Gestalt der Bibel so klein, einfältig und fast naiv von sich redet. Aber es ist wohl nicht die Aussage eines alt gewordenen Menschen, der mit sentimentaler Wehmut an seine Vergangenheit denkt. Es ist genau das Gegenteil. Mit diesen Gedanken beschreibt er einen Prozess, der sich in seinem Leben verdeutlichte und den er durchlief. Es ist kein Vorgang des Verfalls, sondern das Ergebnis eines langen Wachstumsprozesses. Am Ende steht die

Erkenntnis, dass letztlich alles Streben nach Anerkennung oder der Versuch, sich von anderen abzuheben, in die Irre führt. Er erkennt, dass hohe Ziele eine Bedeutung haben, aber auch immer ein Scheitern enthalten können.
Es geht nicht um einen naiven Rückzug aus aller Verantwortung für das eigene Leben, für die gestellten Aufgaben, für die gesetzten Ziele. Es geht um die Erkenntnis, dass letztlich das Leben und die Sendung ins Leben mit Gott zu tun haben und ihm die Ehre gehört. Es geht nicht um eine Selbstbestätigung, die sich selbst immer auf die Schultern klopft und darin ihre Zufriedenheit erlangt. Es geht um die Erkenntnis, dass das Leben ein pures Geschenk ist. Es ist letztlich Gnade, dass wir sind, und es ist Gnade, dass wir den Geber und Erhalter des Lebens kennen. So können wir in den Psalm einstimmen, Gott die Ehre geben und dann auch wieder fröhlich an unsere Aufgaben gehen, im Zusammenwirken mit andern, das große Ziel vor Augen, das uns längst in Christus erreichte. *Michael Noss*

Heute wird der „Internationale Tag der Pflege" von Pflegefachpersonen weltweit gefeiert, an dem Geburtstag von Florence Nightingale, die als Begründerin der professionellen Krankenpflege gilt.

13 Montag MAI 2024

✹ 05:33 21:04
☽ 09:38 02:18

Bibellese: 1. Korinther 7,25-40

Paulus schreibt: Ich meine also, dass es wegen der bevorstehenden Notzeit das Beste ist, wenn jemand unverheiratet bleibt. *(Vers 26)*

Welche Lebensweise ist in Notzeiten die beste? Zugespitzt ist diese Frage auf die Überlegung: Soll ich heiraten oder ist es besser, in der Notzeit das nicht zu tun? Hindert mich die Beziehung am Leben und Dienst für Gott? Würden Sie dem Ratschlag des Apostels folgen und sagen: Ja dann bin ich freier und unabhängiger, muss nicht sorgen für meinen Partner, meine Partnerin. Andere fragen: Kann ich es verantworten, in solch einer Zeit, in der es Krieg, Verfolgung und eine beispiellose Klimakatastrophe gibt, Kinder in die Welt zu setzen?

Paulus, der das nahe Ende der Welt kommen sieht, hat sich entschieden. Es ist besser, für sich zu bleiben, nicht zu heiraten, und wenn man es tut, dann innerlich so frei zu sein, als wäre man nicht verheiratet. Wenn man das Leben des Paulus anschaut,

dann wäre eine Ehe für sein Leben nicht denkbar. Da handelt er sehr verantwortlich. Sein oberstes Ziel ist es, Gott zu dienen, indem er das Evangelium hineinträgt in die Welt. Jede Familienbindung hätte ihm das unmöglich gemacht.
Aber Paulus bleibt in dieser Frage auch selbst sehr fragend. Er schließt nicht aus, dass die Entscheidung auch anders getroffen werden kann, und er missbilligt sie nicht, verordnet nicht, ehelos zu bleiben. Ganz ohne Wertung bleibt er allerdings in dieser Frage nicht. Was aus seiner Sicht besser wäre, sagt er klar und deutlich: nicht heiraten. Wer seine Bibel kennt, weiß natürlich – und Paulus kannte die Thora – dass er dabei gegen den Schöpfungsauftrag Gottes an die Menschen verstößt: „Seid fruchtbar und vermehrt euch“ (1. Mose/Genesis 1,28). Hier gibt es keinen Zusatz: aber in Notzeiten nicht. Doch Paulus ist frei, seine Meinung zu sagen, und man spürt es ihm ab, dass er es ehrlich und redlich tut. Für ihn ist sein Missionsauftrag, so wie er ihn lebt, das allerwichtigste. Es ist sympathisch und klug, dass er diese Frage offen lässt, nicht verurteilt und nicht rigoros seine Meinung durchsetzen möchte. Damit lässt er den Raum, sich nach dem eigenen Gewissen zu entscheiden. Eine Haltung, die in vielen Fragen der Lebensgestaltung Modell sein könnte. Damit hält er die Gemeinde beieinander. *Winfried Bolay*

14 Dienstag MAI 2024

☀ 05:32 21:06
☽ 10:54 02:45

Bibellese: 1. Korinther 8,1-6

Grundsätzlich ist es schon richtig: „Wir alle haben ‚Erkenntnis'." Aber Erkenntnis allein macht überheblich. Nur Liebe baut die Gemeinde auf. (Vers 1)

Jetzt begreif es doch endlich!" – „Wie oft soll ich dir das noch erklären?" – „Wenn du nicht dazugehören willst, musst du ja nicht mitmachen!" Motivierend, oder? Etwa nicht? Und doch ist uns wahrscheinlich schon der eine oder andere dieser Sätze herausgerutscht. Denn Erkenntnis zu haben, während der andere sie noch sucht oder gar nicht haben will, kann eine harte Geduldsprobe sein. Besonders, wenn es einem am Herzen liegt, dass der andere mit seinem Leben weiterkommt oder ein Thema endlich vorangebracht werden kann.

Was kann uns helfen, liebevoll und aufbauend und nicht überheblich zu sein? Mir hilft es oft, wenn ich versuche, mich in die Lage des Suchenden hineinzuversetzen: Was hilft denn mir, wenn ich etwas anders sehe oder nicht verstehe? Annahme ist wichtig. Auch

wenn ich anderer Meinung bin, verliere ich dadurch nicht meinen Wert als Gegenüber. Nur ein angenommener Mensch kann sich ehrlich hinterfragen. Zeit und Geduld spielen auch eine Rolle. Fast niemand ändert seine Meinung über Nacht; im Gegenteil, Zeitdruck erzeugt Stress und macht stur. Wirkliches Umdenken erfordert Recherche. Die Motivation der Person, die mich an ihrer Erkenntnis teilhaben lassen will, kann ebenfalls entscheidend sein: Soll ich als letztes querstehendes Rädchen im Getriebe endlich gefügig gemacht werden oder bin ich dem anderen als Person wichtig? Werde ich mit meinem Problem ernst genommen? Darf ich Fragen stellen, die nicht augenrollend, sondern wertschätzend beantwortet werden? Und hält unsere Gemeinschaft es aus, wenn ich meine Meinung nicht ändere? Oder fühle ich mich dann ausgestoßen? Würde der andere es ehrlich zugeben, wenn er doch nicht im Recht wäre? Hinterfragt er sich auch?
Guter Umgang mit Erkenntnis erfordert Begegnung auf Augenhöhe. Und die Einsicht, dass die eigene Erkenntnis auch immer nur Stückwerk sein kann (1. Korinther 13,9). *Corinna Lang*

Was kann der Mensch Besseres kennenlernen als die Liebe Christi, die höher ist als alle Erkenntnis?

Jim Elliot (1927-1956), US-amerikanischer Missionar

15 Mittwoch MAI 2024

☀ 05:30 21:07
☽ 12:09 03:04

Bibellese: 1. Korinther 8,7-13

Gebt acht, dass nicht die Freiheit, die euer Verhalten bestimmt, die Schwachen in der Gemeinde zu Fall bringt. *(Vers 9)*

Ich liebe Freiheit! Dieses Gefühl, mich nicht einschränken zu müssen, genießen zu dürfen, mich frei bewegen zu können und keine Gedanken an Grenzen zu verschwenden. Ich liebe Freiheit so sehr, dass ich regelrecht über die Verse der heutigen Bibellese stolpere.

Kann denn Freiheit Sünde sein? Gesellschaftlich haben wir als Grenze festgelegt, dass meine Freiheit niemand anderen in seiner Freiheit einschränken darf. Das ist für die meisten Menschen nachvollziehbar. Legt man diese Grenze an den Bibelabschnitt an, könnte man zu dem Schluss kommen, dass es doch völlig in Ordnung ist, von seiner Freiheit bei der Auswahl der Speisen, in diesem Fall dem Verzehr von den Götzen geweihtem Opferfleisch, Gebrauch zu machen. Gott erlaubt es und wer es nicht machen

möchte, kann es ja lassen; es wird schließlich niemand gezwungen.
Paulus geht aber einen Schritt weiter: Wir können mit unserer Freiheit Schwache zu Fall bringen, selbst wenn wir etwas tun, das in Gottes Augen in Ordnung ist. Denn wenn die Schwachen uns trotz schlechten Gewissens nachahmen – ja, was passiert dann eigentlich? Warum ist es so wichtig, dass das nicht geschieht? Die Person überschreitet eine Grenze, ihre Beziehung zu Gott wird gestört. Dass diese überschrittene Grenze rein „gesetzlich" gar nicht da ist, spielt interessanterweise keine Rolle. Warum nicht? Weil unsere Beziehung zu Gott immer oberste Priorität hat und alles, was diese Beziehung beeinträchtigt, zu einem Problem für uns wird. Und wenn jemand das Gefühl hat, er würde sich durch eine Handlung von Gott entfernen, dann ist das für ihn ein Problem. Und da wir als Gemeinde ein Leib sind, wird es auch für uns zum Problem.
Will der Bibeltext uns sagen, dass wir jetzt gar nichts mehr dürfen und vorsichtshalber am besten ganz unfrei leben? Klingt nicht sehr verlockend und passt auch nicht zu dem Gott, der einen hohen Preis für unsere Freiheit bezahlt hat. Wir können aber etwas für unsere Mitmenschen tun: Darauf achten, dass sie in unserer Gegenwart ihre bestmögliche Beziehung zu Gott entfalten können. *Corinna Lang*

16 Donnerstag MAI 2024

✹ 05:29 21:09
☽ 13:22 03:18

Bibellese: 1. Korinther 9,1-18

Paulus schreibt: Worin besteht mein Lohn? Mein Lohn ist, dass ich die Gute Nachricht ohne Entgelt verbreite und auf das verzichte, was mir dafür zusteht. (Vers 18)

Ich erinnere mich gut an den Sommer 2022, als seit fast fünf Monaten Krieg in Osteuropa herrscht. Der Flüchtlingsstrom aus der Ukraine reißt nicht ab. Täglich kommen immer noch zwei- bis dreitausend Flüchtlinge am Hauptbahnhof in Berlin an. Ein großes Zelt mit der Überschrift „Willkommenszelt", bewirtschaftet von der „Berliner Stadtmission", versorgt die Menschen mit dem Nötigsten. Dies ist nur durch Volontäre zu stemmen. Der Senat ist überfordert. Rund um die Uhr werden rund 50 Freiwillige benötigt. Jeden Tag. Sie bekommen nicht einmal das Fahrgeld erstattet. Was ist ihr Lohn?
Der Kirchenvater Augustinus von Hippo soll sinngemäß gesagt haben: „Verkünde das Evangelium zu jeder Zeit und an allen Orten. Wenn es unbedingt nötig sein sollte, benutze auch Worte dafür." Der

Inhalt des Evangeliums ist die unbegrenzte Liebe Gottes zu allen Menschen. Ich kann von dieser Liebe reden und ich kann diese Liebe leben. Gelebte Liebe ist überzeugender als manches Wort über die Liebe. Liebe ist, wenn man das leise tut, was die anderen laut sagen. Liebe kann nicht vergütet werden.
So erlebe ich es im „Willkommenszelt". Was ist mein Lohn? Natürlich die Dankbarkeit der Menschen. Aber vor allem, dass ich die erfahrene Liebe Gottes – und damit das Evangelium – so konkret leben und verkündigen darf. *Johannes Rosemann*

Frage zum Weiterdenken
Was kann mich daran hindern, in anderen Menschen Jesus zu „sehen"?

Unser Christsein wird heute nur in zweierlei bestehen: im Beten und im Tun des Gerechten unter den Menschen. Alles Denken, Reden und Organisieren in den Dingen des Christentums muss neu geboren werden aus diesem Beten und aus diesem Tun.
Dietrich Bonhoeffer (1906-1945), deutscher evangelischer Theologe

17 Freitag MAI 2024

✹ 05:28 21:10
☽ 14:32 03:30

Bibellese: 1. Korinther 9,19-23

Paulus schreibt: Ich stellte mich allen gleich, um überall wenigstens einige zu retten. *(Vers 22)*

Als Kind bin ich buchstäblich mit ihnen aufgewachsen: Schwalben. In unserem Kuhstall und an der Außenwand nisteten sie ständig. Sie waren dort zu Hause. Es gab jede Menge Nester. Was für ein Gezeter, wenn die Jungen geschlüpft waren und die Eltern kaum mit der Fütterung hinterherkamen. Schwalben bauen ihr Nest an guten und an schlechten Häusern. Ihnen ist es egal, ob ein Haus herausgeputzt oder vom Zerfall bedroht ist. Es bindet sie keine Regel, kein Gesetz. Und wenn sie an schlechten Häusern bauen, sind dies keine schlechten Häuser mehr, denn durch sie hat neues Leben Einzug gehalten.

So empfinde ich die Gnade Gottes. Sie „nistet" in jedem Leben, in dem sie ihr „Nest bauen darf". Auch sie ist an kein Gesetz und keine Regel gebunden. Sie ist bei heruntergekommenen Menschen ebenso wie bei Menschen mit Schlips und Kragen zu finden. Wo die Gnade Gottes einzieht, zieht Leben ein, selbst wenn die äußeren Umstände die alten bleiben. Dies erfuhr Paulus im eigenen Leben. Nach dieser Erfahrung richtet er sein Leben aus. Deshalb konnte er sich allen gleichstellen.

Seit Kriegsbeginn in der Ukraine begegne ich Flüchtlingen jede Woche im „Willkommenszelt" am Hauptbahnhof. Ich sehe die mit Schlips und Kragen und die Heruntergekommenen. Im Zelt sind sie alle gleich. Da zählt nicht mehr, was sie auf dem Konto oder auf dem Kerbholz haben. Alle sind gleichermaßen auf der Flucht. Der Krieg stellt sie auf eine Stufe. Da teilt der Analphabet mit dem Doktor der Physik die kleine Bank, die ihnen zugewiesen wird. Da sind beide dankbar für den Kaffee oder Tee, die Banane und die Suppe. Und jeder wird – unabhängig von Aussehen und Ansehen – gleich liebevoll und freundlich behandelt.

Im „Zelt der Gnade Gottes" sind wir alle gleich. Da sind wir Flüchtlinge, die vor dem Anspruch und Zuspruch des Schöpfers flohen und endlich Zuflucht fanden. Wer sein Zuhause im „Zelt der Gnade Gottes" fand, dem fällt es leichter, sich wie Paulus allen gleichzustellen, um das rettende Evangelium durch Hand und Mund weiterzugeben.

Johannes Rosemann

18 Samstag MAI 2024

☀ 05:26 21:12
☽ 15:41 03:40

Bibellese: 1. Korinther 9,24-27

Paulus schreibt: Ich laufe wie einer, der das Ziel erreichen will. Darum kämpfe ich wie ein Faustkämpfer, der nicht danebenschlägt. *(Vers 26)*

Lieber Paulus, dein erster Vergleich gefällt mir. Das Bild vom Laufen. Mit dem Bild vom Faustkampf habe ich so meine Probleme. Jemanden zu schlagen, war noch nie so mein Ding. Übrigens ließ Jesus sich schlagen. Und statt zurückzuschlagen, fragte er zurück. Auseinandersetzungen trage ich lieber mit Worten aus statt mit Fäusten. Aber darum geht es dir ja gar nicht. Dein Vergleichspunkt ist das Ziel, das man anstrebt. Und da bin ich ganz bei dir. Also: Mit dem Laufen kenne ich mich aus. Wenn ich nicht bei jedem Marathon das Ziel vor Augen hätte, würde ich nie durchhalten. Das Ziel ist es, was mich ungefähr ab Kilometer 25 durchhalten lässt. Denn ab da beginnen die Schmerzen, die Zweifel, die Selbstvorwürfe: „Wer hat dich nur geritten, dich wieder darauf einzulassen?“ Die letzten fünf Kilometer sind mörderisch. Da läuft nicht mehr mein Körper. Da läuft nur noch mein Wille, die Ziellinie zu erreichen. Nach dem Motto: Den Berg bezwingt man nie, man bezwingt nur sich selbst. Dies hat bei mir bisher immer funktioniert. Und was für ein Gefühl, über die Ziellinie zu laufen und eine Medaille umgehängt zu bekommen. Unbeschreiblich. Unvergleichlich. Das Glücksgefühl lässt alle Schmerzen vergessen.

Schon oft half mir dein Bild vom Laufen – und natürlich meine konkreten Lauferfahrungen – auch im Lauf des Glaubens und Lebens. Denn manchmal war der Lebens- und Glaubenslauf für mich so anstrengend, schmerzhaft und hart, dass ich glaubte, ich schaffe es nicht mehr. Ich halte das nicht durch. Ich gebe auf. Und dann nahm ich das Ziel neu in den Blick: Einmal von Gott beim Überschreiten der Ziellinie empfangen zu werden, die Medaille umgehängt zu bekommen und von ihm zu hören: „Du hast durchgehalten. Du hast es geschafft. ‚Komm zum Freudenfest deines Herrn' (Matthäus 25,21.23)." Ja, ich gebe dir recht: Wenn ich das Ziel aus den Augen verliere, verliere ich. Mich selbst. Den Sinn und Inhalt meines Lebens. Danke für diesen tollen Vergleich, lieber Paulus, der mich schon so oft zum Durchhalten und Weiterlaufen motivierte.

Johannes Rosemann

19 *Pfingstfest* Sonntag MAI 2024

✹ 05:25 21:13
☽ 16:51 03:49

Bibellese: Epheser 1,3-14
Gepriesen sei unser Gott,
der Gott und Vater unseres Herrn Jesus Christus!
Denn durch Christus hat er uns Anteil gegeben
an der Fülle der Gaben seines Geistes
in der himmlischen Welt. *(Vers 3)*

Im buntesten Kiez von Berlin gibt es ein Segensbüro. Einen Glaskasten auf einem sehr belebten Platz in Neukölln. Er ist an eine Kirche angebaut und vorne an der Tür steht ganz groß „Segensbüro" dran. Die Pfarrerinnen dort sind regelmäßig da und verschenken Segen, überall, wo Menschen in ihrem Leben besondere oder ganz alltägliche Herausforderungen erleben und dafür Segen brauchen. Bei einem Umzug, vor einer Prüfung, vor einem Arztbesuch oder weil man gerade die große Liebe gefunden hat. Wenn man gerade erfahren hat, dass man schwanger ist, ein Haustier gestorben ist, weil man Geburtstag hat. Und es kommen Menschen, die ein Gespräch suchen, einen Platz zum Ausruhen, einfach

mal über ihre Ideen reden wollen oder eine Auskunft brauchen.
Es geschieht viel an diesem Ort, sagen die Verantwortlichen: Wir sind mitten bei den Menschen, in ihren Leben, bei ihren Fragen und Freuden. Und das bedeutet auch, dass alles Mögliche schiefgeht. Der Heilige Geist tickt offensichtlich anders als wir. Oft haben wir das Gefühl, nicht zu dem zu kommen, was wir uns vorgenommen haben, weil wieder jemand reinschneit und was von uns will. Und dann merken wir, dass in der Ablenkung das Eigentliche stattfindet – die Begegnung, der Austausch, der Segen. Der Heilige Geist weht, wo er will. Beim ersten Pfingstfest ging es ja auch drunter und drüber. Und die Fülle der Gaben seines Geistes, die können wir austeilen, dort, wo Menschen nach ihnen fragen, auch in der irdischen Welt. *Ute Armbruster-Stephan*

O komm, du Geist der Wahrheit,
und kehre bei uns ein,
verbreite Licht und Klarheit,
verbanne Trug und Schein!
Gieß aus dein heilig Feuer,
rühr Herz und Lippen an,
dass jeglicher getreuer
den Herrn bekennen kann.
Karl Johann Philipp Spitta 1827

20 Pfingstmontag 2024
MAI

✷ 05:24 21:14
☽ 18:03 03:59

Bibellese: Psalm 150

Lobt Gott mit klingenden Zimbeln,
lobt ihn mit schallenden Becken!
Alles, was atmet,
soll den Herrn rühmen!
Preist den Herrn – Halleluja! *(Vers 5-6)*

Heute am Pfingstmontag ist an den meisten Orten was los. Der Gesangverein feiert sein Gartenfest, die Freiwillige Feuerwehr lädt zum Tag der offenen Tür und die Kirchengemeinde feiert den Gottesdienst im Grünen mit Posaunenchor und anschließendem Picknick. Jeder, der nicht über die Feiertage weggefahren ist, kann am Ort ein schönes Fest feiern und sich gut unterhalten. Meist ist auch Musik im Spiel. Eine Kapelle, eine Band oder ein Chor. Gerade so, wie der Psalmbeter sich das vorstellt. Singen und Musik machen mit unterschiedlichen Instrumenten zur Freude der Menschen – und zum Lob Gottes! Das ist ganz entspannt, gechillt, so wie es sich für einen Feiertag gehört und es uns gut tut. Zeit zum Durchatmen und Abstand gewinnen. Der Pfingstmontag hat etwas von dieser Heiterkeit, dieser Leichtigkeit. Loben – atmen – preisen. Ob bei der Bergtour im Kurzurlaub, mit dem Posaunenchor im Kirchengarten oder beim Spaziergang an der Nordsee. Es ist so ein schönes Geschenk, dass sich an das Pfingstfest am Sonntag noch ein weiterer arbeitsfreier Feiertag anschließt. Zeit zum Durchatmen, Abstand gewinnen und wieder neue Kraft schöpfen. Den Geist wehen lassen, neue Inspiration bekommen, Gottes Liebe und Güte in unserem Alltag dankbar wahrnehmen. In der Musik, dem Zusammenspiel unterschiedlicher Instrumente, zart und gewaltig wie Zimbel und Becken, und im Miteinander der Schöpfung. *Ute Armbruster-Stephan*

Du Heilger Geist, bereite
ein Pfingstfest nah und fern;
mit deiner Kraft begleite
das Zeugnis von dem Herrn!
O öffne du die Herzen
der Welt und uns den Mund,
dass wir in Freud und Schmerzen
das Heil ihr machen kund.

Karl Johann Philipp Spitta 1827
Aus: O komm, du Geist der Wahrheit

Bibellese: 1. Korinther 10,1-13

Du meinst sicher zu stehen? Gib acht, dass du nicht fällst! *(Vers 12)*

Die korinthischen Christen kannten den Wohlstand und die Sicherheit einer Metropole mit guter Infrastruktur, internationalem Handel und Industrie, einem starken Bankensystem, einer blühenden Tourismusbranche, einer blühenden Wirtschaft sowie starken akademischen und medizinischen Zentren. Außerdem sind die „Wissenden" in der korinthischen Gemeinde von ihrer Standhaftigkeit im Glauben so überzeugt, dass sie meinen, die Teilnahme an heidnischen Kultmahlzeiten könne sie nicht gefährden. Obwohl sie sich von diesen heidnischen Religionen bekehrt hatten, halten diese Christen das Essen von Fleisch aus Tempelschlachtungen infolge einer falschen Selbstsicherheit für unbedenklich. Sie spielen mit dem Feuer und setzen ihren christlichen Glauben den kultischen Praktiken aus, das heißt, sie vermischen andere Religionen mit ihrem christlichen Glauben. Sie wollen jedoch nicht radikal mit den einstigen heidnischen Bräuchen brechen und meinen, dass ihr Glaube stark genug ist, um sich noch daran zu beteiligen, jetzt aber als Christen. Sie überschätzen sich und glauben, dass ihr Glaube stärker ist, als er wirklich ist. Der Vers 12 der Bibellese ist eine Warnung vor dem übertriebenen Selbstvertrauen, das unter den Korinthern allzu verbreitet ist.

Wer mit dem Feuer spielt, mit dem gefährlichen Wagnis einer gemischten Religion, läuft Gefahr, sich zu verbrennen. Es genügt nicht, in den christlichen Bund aufgenommen worden zu sein; wir brauchen Wachsamkeit, um unsere Privilegien richtig zu nutzen. Ein tief verwurzelter Glaube an Jesus Christus ist wie die Saat, die auf guten Boden fällt, und nicht wie die Saat, die auf Felsen oder Dornen fällt. Ihre Wurzeln sind schwach und sie verkümmern schnell unter dem Druck ihrer Umstände (Markus 4,3-8). Vorsicht vor falscher Sicherheit! Vielmehr müssen die Wurzeln des Glaubens tief in Christus selbst verankert sein – was einen radikalen Bruch mit verlockenden Praktiken bedeutet, die nicht zu einer christlichen Lebensweise passen.

Gert J. Steyn

22 Mittwoch MAI

2024

✷ 05:21 21:17
☽ 20:35 04:25

Bibellese: 1. Korinther 10,14-22

Ihr könnt nicht aus dem Becher des Herrn trinken und zugleich aus dem Becher der Dämonen. Ihr könnt nicht am Tisch des Herrn essen und am Tisch der Dämonen.
(Vers 21)

Eine Wahl – eine wichtige Wahl – das ist es, womit die Christen in Korinth konfrontiert sind. Sie müssen sich entscheiden, entweder ganz für Christus zu leben oder die Praktiken ihres heidnischen Lebens fortzusetzen. Christus nachzufolgen ist kein „Add-On". Es ist kein Extra. Es ist keine „Zugleich-Religion". Beides können sie nicht. Christus nachzufolgen bedeutet, der bisherigen heidnischen Lebensweise den Rücken zu kehren. Das bedeutet einen totalen und radikalen Bruch mit den Praktiken der Vergangenheit. Gewohnheiten, Rituale und ethische Handlungen, bei denen Christus nicht im Mittelpunkt steht, gehören nicht zu Christen, die sich für Jesus entschieden haben. Es ist nicht nur undenkbar, sondern unmöglich, Teilhaber der Gemeinschaft mit

Christus am Tisch des Herrn zu werden und gleich darauf wieder Teilhaber der Gemeinschaft mit den Dämonen beim Götzenmahl. Es handelt sich um die absolute Unvereinbarkeit beider Handlungen. Es muss das eine oder das andere sein: Zwei Herren kann nicht gleichermaßen gedient werden. Wer in die Gemeinschaft mit Christus eingetreten ist, hat sich ganz und endgültig mit dem Dienst des einen Gottes, des Vaters, und des einen Herrn, Jesus Christus, verbunden (1. Korinther 8,6). Eine solche Person darf nicht gleichzeitig mit den Heidengöttern Gemeinschaft haben. In diesem Sinne essen die sogenannten Christen in Korinth nicht nur mit Freunden in den heidnischen Tempeln, sie beschäftigen sich mit Götzendienst, der die Anbetung von Dämonen beinhaltet.

Auch wir, zeitgenössische Christusgläubige, sollten vorsichtig sein, wenn wir unsere täglichen Entscheidungen treffen. Die Verlockungen und Versuchungen eines Lebensstils, der nicht zu Christen passt, können oft bequem neben Christus als Art „Add-Ons" gestellt werden. Im Leben der Christen gibt es jedoch keinen Platz für Götzendienst. Es gilt entweder – oder. Christus – ganz oder gar nicht.

Gert J. Steyn

23 Donnerstag MAI 2024

✹ 05:20 21:19
☽ 21:54 04:45

Bibellese: 1. Korinther 10,23-11,1

Ihr sagt: „Alles ist erlaubt!" Mag sein, aber nicht alles ist deshalb auch schon gut. Alles ist erlaubt, aber nicht alles fördert die Gemeinde. *(Vers 23)*

Das Leben besteht aus Entscheidungen. Aber welches Kriterium hilft uns praktisch, diese Entscheidungen zu treffen, die zu einem christlichen Lebensstil passen? Paulus erwähnt zwei Dinge hier in Vers 23: was gut ist und was die Gemeinde fördert. Eine christliche Lebensweise wird nicht durch Regeln oder Gesetze bestimmt, sondern durch besondere Beziehungen. Christliches Handeln findet in Beziehung zum Nächsten und zu Gott statt. Daher ist theoretisch alles möglich – nach dem Motto: „Mir ist alles erlaubt" (auch 1. Korinther 6,12). Für die Korinther bedeutete dies das „Recht", zu handeln, wie sie es für richtig hielten. Für Paulus bedeutete es jedoch das „Recht", Sklave aller zu werden (1. Korinther 9,12.18), oder, wie hier, das „Recht", andere in der Gemeinde aufzubauen.

In der Praxis bedeutet dies, dass Christusgläubige nur in einer aufbauenden und konstruktiven Beziehung zu anderen und zum Herrn handeln sollen und dürfen. Bei der Ausführung täglicher Entscheidungen als Christ soll auf die Verantwortung gegenüber dem schwächeren Nächsten geachtet werden sowie darauf, Gott zu verherrlichen. Die christliche Freiheit wird durch den Begriff „christlich" qualifiziert. Nur ein Verhalten, das sich mit der Liebe und Fürsorge Christi reimt, befreit die Gläubigen von der gesetzlichen Sklaverei. Wörtlich heißt es hier in Vers 23: „Nicht alles baut auf." Es geht also darum, Dinge zu tun, die das geistige Leben des Nächsten nicht niederreißen, sondern aufbauen – unabhängig davon, ob ich mich frei fühle zu tun, was ich will. Ich sollte als Christ zuerst das Wohl meines Nächsten bedenken und dies bei meinen Entscheidungen und dem nachfolgenden Handeln berücksichtigen. Dabei stehen nicht ich und meine eigenen Bedürfnisse im Mittelpunkt, sondern Christus steht für mich als Vorbild im Mittelpunkt und die Bedürfnisse und Schwächen meines Nächsten stehen über meiner eigenen Freiheit. Unser Verhalten soll dem irdischen Wirken von Jesus nachempfunden sein, das heißt, durch Fremdbezogenheit und nicht Ichbezogenheit gekennzeichnet sein.

Gert J. Steyn

Bibellese: 1. Korinther 11,2-16

Paulus schreibt: Die Frau muss ein Zeichen der Unterordnung und zugleich der Bevollmächtigung auf dem Kopf tragen. Damit genügt sie der Ordnung, über die die Engel wachen. *(Vers 10)*

Die Bibellese endet mit Vers 16: „Weder ich noch die Gemeinden Gottes kennen eine andere Sitte im Gottesdienst." Es geht also um Sitten und Gebräuche. Und was hat sich da nicht alles im Laufe der Jahrhunderte geändert. Andere Zeiten, andere Sitten. 1356 wurde den Frauen in Straßburg und Speyer per Dekret verboten, ihr Haar offen herabfallend zu tragen. Ja, es gab im Mittelalter sogar Dekrete, die genau bestimmten, wie viel Geld jemand für seine Kleidung ausgeben durfte, welche Farben für welchen Stand erlaubt waren. An der Kleidung musste man ablesen können, wen man vor sich hatte: Adeliger, freier Bürger, Leibeigener ...
Man stelle sich einmal vor, die Bundesregierung würde derart in unser Privatleben eingreifen. Sitten

und Gebräuche sind in der Regel kulturell und zeitlich immer wieder anders. Sie sind nicht in Stein gemeißelt. War die Gesellschaft früher hierarchisch strukturiert, stand oben einer, der alles vorgab und Gewalt über die Untertanen hatte, leben wir heute in einer demokratischen Gesellschaft, in der jeder gefordert ist, sich einzubringen. Die Gesetzgebung geht vom Volk aus. Gesetze, die nicht mehr zeitgemäß sind, werden entsprechend geändert. Auch das Verständnis von Ehe und Familie änderte sich. Statt in einer hierarchischen Struktur vom männlichen Oberhaupt ausgehend, leben wir in der Regel ein partnerschaftliches Modell und berufen uns dabei auch auf die Schöpfungsgeschichte: Gott schuf den Menschen als Mann und Frau. Oder wir führen den Vers an: „Es hat darum auch nichts mehr zu sagen, ob ein Mensch Jude ist oder Nichtjude, ob im Sklavenstand oder frei, ob Mann oder Frau. Durch eure Verbindung mit Jesus Christus seid ihr alle zu einem Menschen geworden" (Galater 3,28). Den Rang eines Menschen erkennt man an der Kleidung heute nur noch in bestimmten beruflichen Zusammenhängen wie dem Militär oder der Feuerwehr. Gott sei Dank!

Silke Tosch

Bibellese: 1. Korinther 11,17-26

Paulus schreibt: Bevor das gemeinsame Mahl beginnt, fangen die Anwesenden schon einmal an zu essen, was sie mitgebracht haben; und wenn dann die später Kommenden hungrig eintreffen, sind die Ersten schon betrunken. *(Vers 21)*

Menschen verschiedenster Herkunft feierten in Korinth gemeinsam Gottesdienst. Diese Treffen fanden in der Regel abends, im Anschluss an die Arbeit, statt. Man brachte sich etwas zu essen mit und danach gab es das Abendmahl. Einige konnten es sich leisten, ihre Arbeit frühzeitig zur Seite zu legen, vielleicht waren es Unternehmer, Selbstständige oder Privatiers. Andere, die in Abhängigkeiten lebten, vielleicht waren sie Sklaven oder Hausfrauen, kamen nicht so schnell weg.

Die Gruppe, die frühzeitig da war, verhielt sich jedenfalls exklusiv. Man genoss die Gemeinschaft miteinander, stellte leckere Dinge auf den Tisch und natürlich Wein. Wenn die anderen dann endlich eintrafen,

wurden sie von satten und angetrunkenen Gemeindemitgliedern begrüßt. Rituell feierte man das Mahl des Herrn an einem Tisch, aber praktisch leisteten sich die Wohlhabenden eine nette exklusive Runde im Vorfeld.
Geistlich gesehen ist das ein Schlag ins Gesicht dessen, der die Gemeinde als Einheit und Leib des Herrn betrachtet. Daher nennt Paulus dieses Verhalten unwürdig. Er betont hier den Gemeinschaftsaspekt als einen von vielen Aspekten, die im Abendmahl stecken. Das Abendmahl führt Menschen in der Gegenwart Gottes zusammen. Leider ist kirchengeschichtlich das Abendmahl missbraucht worden, um Menschen auszuschließen im Sinne der Gemeindezucht. Das ist unwürdig. Ebenso ist es nicht gut, sich selbst vom Abendmahl fernzuhalten, weil man mit seinen Eltern oder den Kindern einen Streit hatte, weil man sich über dies oder das geärgert hatte. Gerade dann hat man eigentlich das Abendmahl als geistliche Nahrung nötig. Man erinnert sich an die durch Christus gestiftete Versöhnung und nimmt sie für sich in Anspruch. So ist Gemeinschaft wieder möglich. Ich mag es daher auch besonders, wenn beim Abendmahl dazu aufgefordert wird, die anderen bewusst wahrzunehmen. *Silke Tosch*

26 Sonntag MAI 2024

☀ 05:17 21:22
☽ 00:14 06:48

Trinitatis (Dreieinigkeit)

Bibellese: Psalm 68,1-19

Singt zur Ehre Gottes,
preist ihn mit Liedern!
Baut eine Straße für den Wolkenreiter
– Herr ist sein Name –
freut euch und jubelt vor ihm! *(Vers 5)*

Wenn ich ehrlich bin, gefällt es mir nicht, wie dieser Psalm beginnt. Da begegnet mir ein Gott, der mir sehr ungerecht erscheint und mit zweierlei Maß misst. Er erzählt von den Feinden, die vor Gottes Angesicht fliehen, und wenn es ihnen nicht gelingt, werden sie wie Rauch verfliegen oder wie Wachs schmelzen, weil sie Frevler sind. Die Gerechten aber sollen Gott singen und ihm zujubeln und sich freuen, weil sie sein Angesicht sehen dürfen. Was soll das für ein Gott sein? Haben es nicht gerade die am nötigsten sein Angesicht zu schauen, die nichts von ihm halten? Müsste er sich nicht genau ihnen zuwenden und sie ansehen? Die Erlösten sind doch schon die Glücklichen! Und die sollen singen

und jubeln im Angesicht des Leids der Verlorenen? Wo bleibt denn da die Liebe?
Die Antwort darauf finden wir im Neuen Testament. Die Liebe ist mit dem gekommen, der die Liebe selbst ist. Gottes Sohn, der mit seinem Kommen in die Welt viele bis dahin gültige Muster und Denkweisen des Alten Bundes aufbricht. Als einmal die Pharisäer und Schriftgelehrten gegen seine Jünger aufbegehrten und fragten: „Warum esst und trinkt ihr mit den Zöllnern und Sündern?“, bekommen sie von Jesus folgende Antwort: „Nicht die Gesunden brauchen den Arzt, sondern die Kranken. Ich bin nicht gekommen, solche Menschen in Gottes neue Welt einzuladen, bei denen alles in Ordnung ist, sondern solche, die Gott den Rücken gekehrt haben“ (Lukas 5,31-32). Jesus stellt einmal mehr den alten Glauben auf den Kopf und sagt uns, dass erst dann Grund zum Jubeln und zur Freude ist, wenn Menschen sich von Jesus finden lassen, der sie sucht. Heute sind wir diejenigen, die sich mit den Verlorenen an einen Tisch setzen sollen, um Gemeinschaft mit ihnen zu haben und ihnen von der unglaublichen Liebe, die Leben verändern kann, zu erzählen. Um dann gemeinsam mit ihnen den Auftrag aus dem Psalm zu erfüllen: Singt zur Ehre Gottes, preist ihn mit Liedern! Freut euch und jubelt vor ihm!

Judith Bader-Reissing

27 Montag MAI 2024

✹ 05:16 21:24
☽ 01:04 08:01

Bibellese: 1. Korinther 11,27-34

Paulus schreibt: Meine Brüder und Schwestern, wenn ihr zusammenkommt, um das Mahl des Herrn zu feiern, dann wartet aufeinander. *(Vers 33)*

Ich bin kein geduldiger Mensch.
Ich will nicht immer auf alle warten.
So kommt nichts zustande und wir nicht vorwärts!
Haben wir nicht viel zu lange gewartet?
Klimawandel.
Alternde Gemeinden.
Sterbende Gemeinden.
Und mir kommt der Satz von dem Friedensnobelpreisträger und baptistischen Pastor Martin Luther King in den Sinn: „Kein Problem wird gelöst, wenn wir träge darauf warten, dass Gott sich darum kümmert."
Ich bin Kümmerin.
Ich bin lösungsorientiert.
Jedenfalls bei Problemen.
Und dennoch:

Ich verstehe Paulus. Meine ich zumindest.
Es geht um die Gemeinschaft.
Es geht um das Miteinander.
Wer nicht auf den anderen wartet, ist unsozial. Jedenfalls war es so in der Gemeinde in Korinth.
Auf der Internetseite Duden.de werden bei „unsozial" folgende Verweise angeführt:
- gesellschaftsfeindlich
- widermenschlich
- menschenunwürdig
- misanthropisch
- inhuman
- unmenschlich.

Auf Menschen warten ist wichtig.
Menschen sind keine Probleme.
Vielleicht haben sie Probleme, warum sie spät dran sind: lange Arbeitszeiten, schlechte Verkehrsanbindung, Verständnisschwierigkeiten, Hörprobleme oder Übersetzungsprobleme.
Gemeinschaft gelingt nur, wenn wir nicht unseren Vorteil suchen, sondern aufeinander eingehen. Ein lebenslanges Lernfeld in der Gemeinde und immer wieder eine Gradwanderung. *Silke Tosch*

Geduld ist die Vollendung der Liebe.
Marie von Ebner-Eschenbach (1830-1916), österreichische Schriftstellerin

28 Dienstag MAI

2024

☀ 05:15 21:25

☽ 01:39 09:24

Bibellese: 1. Korinther 12,1-11

Es gibt verschiedene Wunderkräfte, doch ein und derselbe Gott schenkt sie – er, der alles in allen wirkt.

(Vers 6)

Um welche Kräfte oder Kraftwirkungen geht es? Es sind allesamt Kräfte, die einem gelingenden Miteinander in der Gemeinde dienen, Kräfte, die dem Leben der Gemeinde nutzen. Dabei sind die Kräfte vielfältig gewirkt und verliehen durch den einen Gott, bewirkt durch den Geist Gottes. Das Wirken des Geistes Gottes zeigt sich vielfältig bei jedem und jeder auf eine andere Weise: Die einen können mit Weisheit reden, die anderen Einsicht vermitteln, wo ich nicht durchblicke. Die einen haben ein besonderes Maß an Glauben, wo mein Glaube schwach ist. Verliehen werden die Gaben zu heilen, Wunder zu tun, prophetisch zu reden, die Geister zu unterscheiden, in unbekannten Sprachen zu reden oder zu beten und diese Sprachen zu deuten. Wie wunderbar. Was für ein Reichtum, welche Vielfalt, durch den einen Geist bewirkt zum Nutzen der Gemeinde. In Spannung dazu stehen meine Erfahrungen im November 2022: „Unsere Gesellschaft zusammenhalten“, das wird als wichtigste Herausforderung und Aufgabe von Politikern beschworen. Von ganz rechts bis ganz links, von Corona-Leugnern, Impfgegnern über Verschwörungstheoretiker bis hin zur „Letzten Generation“. Unsere sogenannte „offene Gesellschaft“ scheint zunehmend gespalten, extreme Positionen haben Zulauf, auch durch Christen. Ja, der Riss geht auch durch christliche Gemeinden. Auch hier höre ich oft den Satz, der die pluralistisch-offene Gesellschaft markiert: „Das muss jeder für sich entscheiden!“

Wie geht Einheit in Vielfalt? Durch den einen Gott, der durch seinen Geist die vielfältigen Gaben in uns wirkt. Wozu? Zum Nutzen der ganzen Gemeinde, zum Nutzen für alle!

Wie wäre es, wenn wir erkennen und respektieren würden, dass jeder und jede seine und ihre Begabung durch den Heiligen Geist auf die je eigene Weise bekommt. Wie wäre es, wenn ich mich an der Begabung des oder der anderen einfach freuen würde, weil sie mich bereichert und herausfordert. Die Einheit der Gemeinde in der Vielfalt der Gaben wäre ein leuchtendes Beispiel in unserer zerrissenen Gesellschaft.

Jost Stahlschmidt

29 Mittwoch MAI 2024

✷ 05:14 21:26
☽ 02:03 10:52

Bibellese: 1. Korinther 12,12-26

Wenn irgendein Teil des Körpers leidet, leiden alle anderen mit. Und wenn irgendein Teil geehrt wird, freuen sich alle anderen mit. *(Vers 26)*

Paulus vergleicht die Gemeinde Jesu mit einem menschlichen Körper, mit unserem Organismus. Unser Körper ist ein Wunderwerk der Schöpfung, von der kleinsten Zelle bis in jede Bewegung und Regung hinein perfekt organisiert. Ein Freund meinte im dritten Semester seines Medizinstudiums ganz fasziniert: „Ich kann nicht verstehen, wie man Medizin studieren kann und nicht an Gott glauben." Im menschlichen Körper hängt alles voneinander ab, alles ist aufeinander bezogen. In früheren Jahren hatte ich häufiger Migräne, starke Kopfschmerzen. Völlig bewegungsunfähig lag ich nur auf dem Boden. Manchmal halfen nicht einmal starke Schmerzmittel. Setzen wir an Stelle von Körper oder Leib mal Gemeinde Jesu. Alle Glieder sind aufeinander bezogen, ergänzen einander, sind voneinander abhängig,

miteinander organisiert. Was passiert, wenn es in der Gemeinde zu einer Störung oder gar Spaltung kommt? Schlimmstenfalls ist sie bewegungsunfähig, zumindest aber gelähmt. Darunter leiden alle Glieder. Ist der Leib, die Gemeinde aber gesund und lebendig, haben alle an dieser Lebensfreude Anteil. Kann ich erkennen, wie sehr die Mitglieder einer Gemeinde aufeinander angewiesen sind? Wie sehr sie sich mit ihren verschiedenen Gaben und Fähigkeiten ergänzen, einander brauchen, damit die Gemeinde ein lebendiger Organismus sein kann? Oft genug steht mein Freiheitsbedürfnis dagegen. Und außerdem sehe ich so viel Krankheit und Spaltung. Ja, daran leide ich mit.
Gottes Geist will uns mit unseren verschiedenen Funktionen, Gaben und Fähigkeiten zu einem lebendigen Organismus vereinen. Kann ich mich an den Gaben und Fähigkeiten, an der Kraft, an dem Glauben und dem Leben des anderen freuen, dafür dankbar sein, weil ich erkenne, dass das auch mein Leben reich macht? *Jost Stahlschmidt*

---

11 Vom 29. Mai bis zum 2. Juni findet der Deutscher Katholikentag in Erfurt statt unter dem Leitwort „Zukunft hat der Mensch des Friedens“.

Zum 29. Mai 2024

Verteidiger des Glaubens

In den 1980ern oder 1990ern las ich alle Kurzgeschichten mit Father Brown im Mittelpunkt. Dieser kleine, runde Priester mit großem schäbigen Regenschirm, diese eher Mitleid erregende unbeholfene Gestalt, löst die kniffligsten Kriminalfälle. Nicht mit äußerer Logik des Tathergangs, sondern mit innerer Logik der Motivation des Täters. Denn er kennt das Böse aus seiner Beichtpraxis genau und lässt sich nicht von der neuesten Mode, was Esoterik, Ideologie und Philosophie angeht, irritieren. Erfunden hat diese literarische Figur **Gilbert Keith Chesterton,** ein englischer Schriftsteller und Journalist, der **heute vor 150 Jahren,** am 29. Mai 1874, im Londoner Stadtteil Kensington **geboren** wurde.

Von Hause aus Protestant, trat er jedoch 1922 in die römisch-katholische Kirche ein. In seinen Romanen, Essays und Kurzgeschichten setzte er sich intensiv mit modernen Philosophien und Denkrichtungen auseinander. Er führte öffentliche Debatten mit dem Schriftsteller H. G. Wells, dem Philosophen Bertrand Russell und dem Staranwalt Clarence Darrow. Sein wichtigster Diskussionspartner war aber der Dramatiker George

Bernhard Shaw, dessen Ansichten, unter anderem die Sympathie für linken und rechten Faschismus, er bei aller Freundschaft ablehnte. Chesterton kämpfte gegen Euthanasie, Rassenkunde und Eugenik. Er lehnte den britischen Kolonialismus ab. Seine Opposition sowohl gegenüber dem Kapitalismus als auch dem Marxismus verband er allerdings mit antisemitischen Denkmustern. Beides waren für ihn Instrumente der Juden zur Erlangung der Weltherrschaft. Er trat für Demokratie ein und verlangte, dass die Stimme der Ärmsten gehört und nicht von oben herab über deren Wohl entschieden werden sollte.

Chesterton hat den christlichen Glauben in einer Vielzahl von entschiedenen, sehr pointierten und originellen Schriften bezeugt. Nach seinem Tod am 14. Juni 1936 in seinem Haus in Beaconsfield (Buckinghamshire) wurde er von Papst Pius XI. mit dem Titel Fidei defensor (Verteidiger des Glaubens) geehrt. Ein im Jahre 2013 eröffnetes Seligsprechungsverfahren wurde jedoch wegen Chestertons Mangel an persönlicher Spiritualität nicht weiter verfolgt. C. S. Lewis sah in ihm seinen geistlichen Vater und schrieb aus eigener Erfahrung: „Ein junger Mann, der überzeugter Atheist bleiben möchte, kann mit der Auswahl seiner Lektüre nicht vorsichtig genug sein." Der US-amerikanische Journalist Philip Yancey schrieb über die Lektüre von Chestertons Werken: „Er erweckte meinen sterbenden Glauben zu neuem Leben."

Hans-Werner Kube

30 Donnerstag MAI 2024

✹ 05:13 21:27
☽ 02:21 12:19

Bibellese: 1. Korinther 12,27-31

Gott hat in der Gemeinde allen ihre Aufgabe zugewiesen. *(Vers 28)*

Schuster, bleib bei deinem Leisten!", lautet ein antikes Sprichwort. Apelles, ein Maler des Altertums, tadelte damit einen Schuster, der an einem Bild des Malers etwas auszusetzen hatte. „Nicht, Schuster, über die Sandale hinaus!", rief ihm Apelles zu.

Wollen wir nicht auch manchmal „über die Sandale hinaus", anstatt bei unserem „Leisten" zu bleiben? Auch in der Gemeinde Jesu? Mir fällt seit Längerem auf, dass wir fast nur noch Leiterkongresse und Leiterkonferenzen haben. Soeben bekam ich eine E-Mail mit einer „Leiterumfrage". Wollen wir alle Leiter und Leiterinnen sein? Jesus, unsere Leitfigur, war und ist unser aller Diener. Wir sind manchmal sehr verliebt in große Aufgaben. Welche Aufgabe entspricht wirklich meinen Gaben und Fähigkeiten? Mit welcher Aufgabe kann ich mich in den Leib Christi, in die Gemeinde, einfügen und ihr dienen?

Paulus spricht hier von den Aufgaben in einer Ortsgemeinde. Offenbar gibt es in Korinth Klärungsbedarf. Da ist einiges in Unordnung geraten und es gibt Konflikte, weil einige Gemeindemitglieder nach besonderen Aufgaben streben. Paulus malt der Gemeinde das Bild vom menschlichen Körper vor Augen, von seinen vielfältigen Gliedern und Funktionen, und wendet es auf die Ortsgemeinde an. Allen Aufgaben voran stehen hier die der Apostel, Propheten und Lehrer. Ihr Dienst scheint grundlegend für den Glauben und das Leben der Gemeinde. Darüber hinaus gibt es weitere Aufgaben bis hin zur Fähigkeit, anderen Hilfe zu leisten. Was bedeutet das kurzgefasst für mich und uns und ein gelingendes Miteinander in der Gemeinde? Wichtig erscheint mir, meine Gaben und Fähigkeiten richtig einschätzen zu können. Dazu ist es hilfreich, auf Schwestern, Brüder und Freunde zu hören, wie sie mich einschätzen, meine Gaben, Fähigkeiten, Stärken und Schwächen. Dann sollten wir uns gegenseitig ermutigen, unsere Gaben einzusetzen. Manche Fähigkeiten scheinen nicht zum Programm unserer Gemeinde zu passen. Vielleicht können wir dann unseren Horizont oder unser Spielfeld erweitern. Dann würde ein Schuster nicht danach streben, ein Manager zu werden, sondern die Schuhe der Gemeindemitglieder reparieren. Eine sehr vornehme Aufgabe. *Jost Stahlschmidt*

31 Freitag MAI 2024

✹ 05:12 21:28
☽ 02:36 13:44

Bibellese: 1. Korinther 13,1-7

Paulus schreibt:
Wenn ich die Sprachen aller Menschen spreche
und sogar die Sprache der Engel,
aber ich habe keine Liebe –
dann bin ich doch nur ein dröhnender Gong
oder eine lärmende Trommel. *(Vers 1)*

Am Ende einer Tangokurswoche erwartet mich und die anderen Teilnehmenden eine überraschende Einheit. Es geht um die Frage: „Was bedeutet meine innere Haltung für mein Tanzen?" Um das zu erfahren, sollen wir versuchsweise mit einer bestimmten Emotion tanzen. Ich entscheide mich für „teilnahmslos". Überrascht bin ich, wie strukturiert mein Tanzen sich dabei anfühlt. Nach dem Tanzen bin ich noch mehr über die Rückmeldung meiner Tanzpartnerin überrascht. Sie sagt: „Ich habe mich gefragt, warum du überhaupt tanzt, wenn du nur nach Schema F tanzt." Mehr als bisher wird mir bewusst: Ob ich mich innerlich von der Musik und von der gemeinsamen Bewegung berühren lasse oder nicht, das ist nicht egal! Im Gegenteil: Ohne innere Beteiligung und persönliche Hingabe wird mein Tanzen blutleer und hohl. Auf Ähnliches will der Apostel Paulus die Gemeinde in Korinth hinweisen. Dort schauen manche auf andere herab, weil diese beim Sprachengebet nicht zu hören sind. Aus diesem Grund hebt Paulus hervor: Auch geistliches Leben kann hohl und blutleer sein! Allerdings nicht dadurch, dass eine bestimmte Geistesgabe fehlt. Hohl und blutleer wird mein geistliches Leben, wenn ich meine Begabungen nicht in einer Haltung der Liebe auslebe. Denn ohne herzliche Verbundenheit zu Gott und seinen Geschöpfen bleibt jeder Ausdruck geistlichen Lebens am Ende geistlos. Umso mehr wünsche ich mir, dass Gott mit seiner Liebe immer neu mein Herz berührt und zum Tanzen bringt – in inniger Verbundenheit zu ihm und seinen Geschöpfen!

Marco Alferink

♫ Ich bete an die Macht der Liebe,
die sich in Jesus offenbart.
Ich geb mich hin dem freien Triebe,
mit dem auch ich geliebet ward.
Ich will, anstatt an mich zu denken,
ins Meer der Liebe mich versenken.

Gerhard Tersteegen 1757

1 Samstag JUNI

2024

✷ 05:11 21:29

☽ 02:49 15:09

Bibellese: 1. Korinther 13,8-13

Denn unser Erkennen ist Stückwerk,
und unser prophetisches Reden ist Stückwerk. *(Vers 9)*

Wenn ich unterwegs bin, kann ich mich meistens gut orientieren. Oft passiert es, dass sich auch andere darauf verlassen. „Du weißt bestimmt, wo wir jetzt lang müssen!", bekomme ich dann zu hören. Sehr oft ist das tatsächlich der Fall. Dennoch versagt meine Orientierung gelegentlich völlig. Meistens dauert es dann eine Weile, bis ich meinen Irrtum bemerke. So zum Beispiel, als ich einmal mit anderen in der französischen Stadt Avignon war. In wenigen Minuten wollten wir in unserer Ferienwohnung sein, um pünktlich um Mitternacht auf das neue Jahr anzustoßen. Doch leider irrten wir um diese Zeit noch in einer fremden Gasse herum. Nicht einmal von den anderen hatte ich mich vom falschen Weg abbringen lassen. Für mich war das eine schmerzliche, aber heilsame Erfahrung. Ich musste einsehen: Auch mein Orientierungssinn hat seine Grenzen.

Wenn ich daran denke, trösten mich die Worte von Paulus an die Christen und Christinnen in Korinth. Sie sagen mir: Auch besondere Geistesgaben, die Gott seinen Kindern schenkt, sind in ihrer Wirkung begrenzt. Als Beispiele nennt Paulus die Erkenntnis der Weisheit Gottes und die Begabung, Gottes Willen in unserer Zeit klar anzusagen. So beeindruckend diese Begabungen sind, so sehr macht Paulus klar: Wer sie hat, hat sie nur in begrenztem Umfang. Außerdem werden sie eines Tages erlöschen. Umso wichtiger ist es für mich, von der Liebe erfüllt zu sein, die alles umfängt. Denn einzig von der Liebe sagt Paulus: Sie wirkt unbegrenzt und wird niemals vergehen. *Marco Alferink*

Monatsspruch
Mose sagt: Fürchtet euch nicht! Bleibt stehen und schaut zu, wie der Herr euch heute rettet!
(2. Mose/Exodus 14,13 E)

Rätselfrage zur Bibellese im Juni
Was begann in Etam?

Bitte tragen Sie die Antwort auf dem Blatt ein, das nach dem 31. Dezember folgt.

2 Sonntag JUNI 2024

☀ 05:10 21:30
☽ 03:01 16:35

1. Sonntag nach Trinitatis

Bibellese: Psalm 133

Wie wohltuend ist es, wie schön,
wenn Brüder, die beieinander wohnen,
sich auch gut verstehen. *(Vers 1)*

Also mal Hand aufs Herz: Schwestern und Brüder zu haben, auch geistliche Schwestern und Brüder, ist ja schön. Aber „beieinander wohnen"? Zur Studentenzeit haben wir selbst den Versuch unternommen und mit „Schwestern und Brüdern", mit Freunden in einer Wohngemeinschaft gelebt. Die WG-Romantik wurde schnell von der Realität unserer Verschiedenheit eingeholt. Da half auch unser sehr schön dekorierter Gebetsraum nicht viel. Nach dem Studium sind wir unterschiedliche Wege gegangen, haben uns selten gesehen, sind aber in Kontakt geblieben und bis heute Freunde.

Ich habe noch eine Schwester und einen Bruder, wir schätzen und lieben uns und würden immer füreinander einstehen. Würden wir beieinander wohnen, würde es sicher häufiger krachen.

„Fein und lieblich“ und „einträchtig“ übersetzt Martin Luther. Und David, der hier den verheißenen Segen besingt, meint die Schwestern und Brüder des Volkes Gottes. Ich übertrage das auf die Gemeinde Jesu. Offen gestanden würde ich mir da manche nicht aussuchen, um mit ihnen Gemeinschaft zu haben, geschweige denn beieinander zu wohnen. Also doch nur geistliche oder soziale Romantik, ein beschworenes Ideal? Oder schaut David schon über das irdische Leben hinaus, wenn er vom „Leben bis in Ewigkeit“ singt (Vers 3)?
Wie also könnte es gelingen, dass wir an dem verheißenen Segen Gottes teilhaben? Wie finden wir immer wieder zu einem „einträchtigen“ Miteinander? Der französische Schriftsteller Antoine de Saint-Exupéry hat sinngemäß geschrieben: „Liebe besteht nicht darin, einander anzusehen, sondern darin, in die gleiche Richtung zu blicken.“ In der Gemeinde Jesu blicken wir auf das Kreuz, an dem Jesus unsere Schwachheit trägt und uns vergibt. Der Schlüssel zu einem einträchtigen, „lieblichen“ Miteinander liegt darin, einander vergeben zu können, wie Jesus uns vergeben hat.

Jost Stahlschmidt

3 Montag JUNI 2024

☀ 05:10 21:31
☽ 03:15 18:03

Bibellese: 1. Korinther 14,1-11

Denkt an die Musikinstrumente, an die Flöte oder die Harfe. Wenn sich die einzelnen Töne nicht deutlich unterscheiden, ist keine Melodie zu erkennen. *(Vers 7)*

Da ist sie wieder: Diese Spannung vor einem Konzert. Alle Instrumentalisten sind auf der Bühne, stimmen ihre Instrumente, spielen nochmal die eine Passage, die ganz wichtig ist. Im Zuschauerraum ist eine gespannte Erwartung zu spüren. Dann beginnt die Musik: Geigen und Oboen, Harfe und Flöten, alles in perfekter Harmonie, miteinander und unterscheidbar. Ich mag das erwartungsvolle Durcheinander, diesen Klangteppich, der noch keine richtige Musik ist. Doch was wäre, wenn sich das durch den ganzen Abend ziehen würde? Das würde mir nicht mehr gefallen.

Das ist das Bild, mit dem Paulus den Korinthern zeigt, wie sich jemand bei ihnen im Gottesdienst fühlen muss, der neu dazukommt, weil er gerne wissen möchte, was es denn mit dem Glauben der

Christen auf sich hat. Jemand, der fragt: Was lehren die Christen? Kann das auch für mein Leben Bedeutung haben? In der Gemeinde in Korinth gab es jedoch Menschen, die ihren Glauben und ihre Geistlichkeit besonders dadurch zeigen wollten, dass sie viel in einer für sie und andere nicht verständlichen Sprache beteten. So zu beten, schreibt Paulus, ist eine gute Gabe des Heiligen Geistes. Aber im öffentlichen Gottesdienst geht es darum, dass Menschen verstehen, was da gesagt wird. Heute ist es in vielen Gemeinden nicht das Sprachengebet, das Besuchern unverständlich erscheint, sondern die Sprache, in der über den Glauben geredet und gesungen wird, kann fremd und unverständlich klingen, selbst dann, wenn die Formen oder die Musik modern sind. Darum gilt die Mahnung des Paulus auch jetzt: Achtet darauf, dass die Menschen wirklich verstehen, wovon ihr redet! Bemüht euch um eine verständliche Sprache. Sonst fühlt sich der Gottesdienst wie ein schöner Klangteppich an, aber die Bedeutung des Glaubens für das Leben wird nicht verstanden. *Andrea Kallweit-Bensel*

Frage zum Weiterdenken
Wie können wir unseren Nachbarn und Arbeitskollen das Evangelium verständlich weitersagen?

4 Dienstag JUNI

2024

✹ 05:09 21:32
☽ 03:32 19:32

Bibellese: 1. Korinther 14,12-25

Paulus schreibt: In der Gemeindeversammlung spreche ich lieber fünf verständliche Sätze, um die anderen im Glauben zu unterweisen, als zehntausend Wörter, die niemand versteht. *(Vers 19)*

Neulich sagte mir die Teilnehmerin eines Kurses, den ich zwei Jahre zuvor gegeben hatte, dass ein Satz sie seitdem immer begleitet. Dieser Satz sei ihr sehr wichtig geworden. Es war ein kurzer Satz, den ich selbst schon wieder vergessen hatte. Schließlich hatte ich in diesem Kurs mehr als zehntausend Worte gemacht, die hoffentlich auch alle verstanden wurden.

Manchmal ist es ein Satz, der einen Menschen mitten ins Herz trifft, ein Satz, der Glauben weckt oder der jemandem eine Richtung weist. Manchmal sind es wenige Worte, die einem Menschen helfen, Krankheit oder andere Lasten zu tragen. Manchmal kann ein Wort aufrichten und Mut machen. Solche Worte sind kostbar. In der Gemeinde in Korinth gab es Menschen, die gerne viele Worte machten. Aber sie wollten damit zeigen, wie geistlich sie selbst sind, indem sie möglichst viel in Sprachen beteten. Solche Gebete sind gut für den Beter, schreibt Paulus. Doch im Gottesdienst ist es wichtig, dass Menschen verstehen, wovon geredet wird. Die Worte, die gesagt werden, sollen die Herzen berühren, Glauben wecken und verändernde Kraft haben. Diese Worte sind geistgewirkt, ob sie nun lange und sorgfältig vorbereitet sind oder ob sie spontan kommen. Paulus sagt, dass es besser ist, fünf Sätze zu sagen, die einen anderen berühren, als zehntausend, die nur dem Redner guttun. Ich bete darum, dass Jesus mir immer wieder die richtigen Worte schenkt, die nicht nur mir, sondern auch anderen guttun.

Andrea Kallweit-Bensel

♫ Lehr mich den Weg zum Leben,
gib mir dein Gnadenwort,
so will ich Zeugnis geben
von dir, mein Heil und Hort.
Durch deinen Geist, Herr, stärke mich,
dass ich dein Wort fest halte,
von Herzen fürchte dich.

Cornelius Becker 1602; nach Psalm 119
Aus: Wohl denen, die da wandeln

5 Mittwoch JUNI 2024

☀ 05:08 21:33
☽ 03:54 21:00

Bibellese: 1. Korinther 14,26-33a

Gott liebt nicht die Unordnung, sondern er schafft Frieden! *(Vers 33)*

Du sollst nicht dazwischenreden! Einer nach dem anderen!" Wie oft müssen Eltern das ihren Kindern sagen! Und in manch leidenschaftlichen Diskussionen in der Familie, in der Gemeinde oder am Arbeitsplatz fällt es ihnen dann selber schwer, sich daran zu halten. Je emotionaler man dabei ist, desto stärker drängt es einen, das zu sagen, was einem wichtig ist.

Im Gottesdienst der Gemeinde in Korinth waren die Menschen voller Leidenschaft. Sie erzählten einander gerne, was sie mit Jesus erlebt hatten. Sie teilten einander ihre neuesten Erkenntnisse mit und das, was ihnen über das Leben mit Jesus wichtig geworden war. Im Gottesdienst damals konnte jeder zu Wort kommen und mit den anderen den Glauben teilen. Das taten die Korinther gerne und mit großer Leidenschaft. Auch Sprachengebet und

prophetische Eindrücke hatten ihren Platz neben Singen, Beten und dem Hören auf das Wort Gottes. In ihrer Leidenschaft sind sie einander dann auch immer wieder ins Wort gefallen. Manche unterbrachen die anderen auch, weil sie ihre eigene Erkenntnis für wichtiger hielten als die des anderen. Das sorgte dann für Unfrieden. Paulus schreibt ihnen also: „Redet nicht dazwischen. Redet der Reihe nach. Achtet auf das, was der andere zu sagen hat. Hört auf den anderen. Durch den Bruder und die Schwester spricht Jesus zu euch. Unordnung führt zu Reibereien, auch in der Gemeinde. Gott will aber Frieden."
Eigentlich wünsche ich mir in den Gemeinden heute auch solch eine Leidenschaft. Es wäre schön, wenn viel mehr Menschen einander von ihren Glaubenserfahrungen erzählen wollten und Paulus uns ermahnen müsste: „Einer nach dem anderen!" Ich erlebe es eher, dass Diskussionen dann leidenschaftlich werden, wenn es um die Ordnung in der Gemeindeküche geht oder um die Schriftgröße der Liedfolien. Aber auch da gilt: Gott will den Frieden in seiner Gemeinde. Wir sollen aufeinander hören. Dann lernen wir uns kennen, auch das, was dem anderen wichtig ist. Und dann werden wir vielleicht auch den Mut bekommen, Glaubenserfahrungen miteinander zu teilen.

Andrea Kallweit-Bensel

6 Donnerstag JUNI

2024

✷ 05:08 21:34
☽ 04:24 22:20

Bibellese: 1. Korinther 14,33b-40

Ist denn die Botschaft Gottes von euch in die Welt ausgegangen? Oder ist sie nur zu euch gekommen?

(Vers 36)

In den Gottesdiensten der Gemeinde von Korinth ging es damals sehr turbulent zu. Man fiel einander ins Wort, weil jeder seine eigene noch größere Erkenntnis mitteilen wollte oder weil einige das Sprachengebet als besondere geistliche Auszeichnung betrachteten und es darum intensiv öffentlich praktizierten. Die Korinther teilten ihren Glauben, aber sie fielen auch einander ins Wort.

In den Versen vorher ermahnt Paulus die Gemeinde, aufeinander zu hören und in guter Ordnung und im Frieden nacheinander zu reden. Jetzt wendet er sich speziell an die Frauen: Auch wenn sie in der Gemeinde genau wie die Männer beteten und prophetisch redeten, auch wenn sie ihre Glaubenserkenntnisse teilten, wenn sie also verkündigten, sollten sie doch darauf achten, dass sie dabei ihre Männer oder Väter nicht beschämten. In der Gemeinde waren Frauen und Männer gleich geachtet (1. Korinther 11,5). Das war etwas Neues und wurde in der Umgebung der Gemeinde sicherlich kritisch beobachtet. Umso höher war darum die Verantwortung der Frauen, mit ihrer Freiheit so umzugehen, dass Gemeinde gebaut wurde. Damals bedeutete das: Sie sollten ihre Männer nicht unterbrechen, um etwas scheinbar noch Wichtigeres zu sagen oder sie zu korrigieren und damit bloßzustellen. Auch heute wäre das unhöflich, damals war das eine tiefe Beschämung.

Ich frage mich, wen Paulus heute ermahnen würde. Vielleicht einen, der aufgrund seiner eigenen Auffassungsgabe im Bibelgesprächskreis denjenigen übergeht, der mehr Zeit braucht, um etwas zu verstehen? Vielleicht eine, die in ihrer zupackenden Art übersieht, dass sie jemand anderen überrumpelt? Vielleicht einen Hauskreis, der in seiner Begeisterung über sich nicht merkt, dass ein anderer Hauskreis Unterstützung brauchen könnte? Paulus würde dann mahnen: Achtet aufeinander, dass ihr bei eurer eigenen Begeisterung den anderen nicht beschämt. „Glaubst du, das Wort Gottes sei von dir ausgegangen?" Das würde Paulus dann fragen. Und die beste Antwort darauf ist, von jetzt an aufeinander zu achten.

Andrea Kallweit-Bensel

7 Freitag JUNI

2024

✷ 05:07 21:35
☽ 05:07 23:25

Bibellese: 1. Korinther 15,1-11

Paulus schreibt: Ich bin der geringste unter den Aposteln, ich verdiene es überhaupt nicht, Apostel zu sein; denn ich habe die Gemeinde Gottes verfolgt. Aber durch Gottes Gnade bin ich es dennoch geworden.

(Vers 9-10)

Wieder holt Paulus seine Vergangenheit ein. Es ist nicht nur eine Szene, sondern seine damalige Einstellung und ihre Konsequenzen, die ihn beschäftigt. Sie lässt ihn zu dem Schluss kommen: Ich verdiene es nicht. Szenen der eigenen Vergangenheit beschäftigen Menschen. Manchmal scheinbar Vergessenes kommt irgendwann wieder aus den Tiefen der Erinnerung hoch. Unschönes und Verletzendes finden sich da, schwarze Flecken, Narben und schlecht Verheiltes.

Es ist gut nachzuvollziehen, dass sich dann ein Mensch dieselbe Frage wie Paulus stellt: Was war eigentlich in meinem Leben wirkmächtig? Was oder wer hat dazu geführt, dass ich der Mensch werden konnte, der ich geworden bin? Trotz allem? Mit all dem, was mich eben auch ausmacht? Die Antwort darauf ist schlicht und kurz: Gott wirkt das in seiner Gnade, seiner Treue, seiner liebevollen Zuwendung. Denn Gott will nicht, dass Menschen wegen ihrer Geschichte zerbrechen. Er will das Leben. Und er schenkt und erhält es.

Der evangelische Theologe und Widerstandskämpfer im sogenannten Dritten Reich, Dietrich Bonhoeffer, schrieb während seiner Haftzeit im Gefängnis Berlin-Tegel einmal ein Gedicht mit dem Titel „Wer bin ich?" Er stellt viele Fragen darin:

„Bin ich das wirklich, was andere von mir sagen?
Oder bin ich nur das, was ich selbst von mir weiß?
Bin ich heute dieser und morgen ein anderer?
Bin ich beides zugleich?"

Das Gedicht endet mit der Zeile:

„Wer ich auch bin, Du kennst mich,
Dein bin ich, o Gott!"

Vergangenheit und Gegenwart eines Menschen, Innensicht und Außensicht – Gottes gütige Zuwendung hält ein Menschenleben mit seinen so unterschiedlichen Seiten zusammen. Ein Grund, schlicht dankbar zu sein und auf Gottes Gnade jeden Tag neu zu trauen.

Ulrich Ziegler

8 Samstag JUNI

2024

✹ 05:07 21:36

☽ 06:06 –.–

Bibellese: 1. Korinther 15,12-19

Wenn es keine Auferstehung der Toten gibt, dann ist auch Christus nicht auferweckt worden. *(Vers 13)*

Dann hat der Tod das letzte Wort. Dann bleiben am Ende Ungerechtigkeit und Gewalt. Dann braucht es keinen Gott. Ja, dann gibt es keinen Gott, der sich mit seinem Willen zum Leben und mit seiner Liebe zeigt und durchsetzt. Paulus argumentiert und versucht die Korinther davon zu überzeugen, dass von dem Glauben an die Auferstehung und dem Glauben an den Auferstandenen alles abhängt. Es geht nicht um eine Meinung, die man teilen kann oder auch nicht. Es geht um das Herzstück des christlichen Glaubens. Deshalb ringt der Apostel mit seiner Gemeinde und unternimmt immer neue Anläufe, sie zu überzeugen. Wobei er weiß, auch Argumente reichen nicht wirklich aus, um die Auferstehung plausibel zu machen. Was aber dann?
Nicht von ungefähr endet dieses lange Kapitel über die Auferstehung mit einem staunenden Dank an

Gott: „Dank sei Gott, dass er uns durch Jesus Christus, unseren Herrn, den Sieg gibt" (Vers 57). Gott zeigt sich und erschließt sich in Jesus. Es ist wie das Wunder, dass einem Menschen die Augen aufgehen, etwas auf- und einleuchtet, was ich gedanklich zwar erfassen kann, aber mein ganzes Leben und Sein betrifft. Viel mehr als nur meinen Verstand. Nicht erst der Abschied von einem Menschen an einem Grab stellt die Frage nach der Auferstehung und der bleibenden und tragenden Liebe Gottes. Mitten im Leben stellt sich die Frage nach Gott und seiner Wirklichkeit und es gibt unterschiedliche, persönliche Antworten auf die Frage nach der Auferstehung. Etwa so: Das, was mich als Menschen trägt und hält, der, der mich mit seiner Liebe hier und für alle Zeit umhüllt, diesem Gott, der in Jesus sein Gesicht zeigt, ihm will ich mich anvertrauen. Er wird mich gerade im Tod halten und tragen. *Ulrich Ziegler*

Ach, denk ich, bist du hier so schön
und lässt du's uns so lieblich gehn
auf dieser armen Erden:
Was will doch wohl nach dieser Welt
dort in dem reichen Himmelszelt
und güldnen Schlosse werden?

Paul Gerhardt 1653
Aus: Geh aus, mein Herz, und suche Freud

9 Sonntag JUNI 2024

☀ 05:07 21:37
☽ 07:17 00:12

2. Sonntag nach Trinitatis

Bibellese: Psalm 36
Bleib immer denen gut, die dich kennen;
bleib allen in Treue zugewandt,
die dir mit redlichem Herzen folgen! (Vers 11)

Tätowierungen sind beliebter denn je. Die Anzahl der gekauften Tattoos hat sich in den letzten Jahren sogar verdoppelt. Einer Umfrage zufolge ist bereits mehr als jeder fünfte Bundesbürger tätowiert. Das beliebteste Tattoo-Motiv ist dabei mit Abstand der Schriftzug. Aber auch Symbole sind beliebt. Sie werden danach ausgewählt, was der Trägerin beziehungsweise dem Träger im Leben als sehr wichtig erscheint. Die bewusst ausgewählten Motive sind damit ein Ausdruck von persönlichen Werten, Sehnsüchten und Hoffnungen.
Seit einigen Jahren nehme ich Tattoos daher gerne zum Anlass, um mit anderen ins Gespräch zu kommen. Manchmal erhalte ich über deren Bedeutung nur eine kurze Antwort. Ab und zu aber gelingt anknüpfend ein Austausch darüber, woran ich

persönlich glaube und was mir selbst als Christ wichtig ist. Dabei habe ich die Erfahrung gemacht, dass die meisten stolz auf ihre Tätowierungen sind und darüber gerne Auskunft geben.

So fiel mir vor einigen Monaten ein Anker-Symbol auf, das ein junger Mann an seinem Oberarm trug. „Durch den Anker", so erklärte er mir bereitwillig, „liegt ein Schiff sicher im Hafen. Ein Anker ist daher ein Symbol für Treue und Zuverlässigkeit." Dies seien Werte, die er selbst in seiner Partnerschaft zu geben bereit sei, die er aber auch gerne seitens seiner Partnerin und guten Freunden erleben wolle. Die Sehnsucht danach, Treue im Sinne von Zuverlässigkeit zu erfahren, konnte ich ebenfalls gut nachvollziehen. So entfaltete sich ein interessantes Gespräch. Darin konnte ich auch auf die Treue hinweisen, die Gott mir jeden Tag auf Neue schenkt.

Der Wunsch unserer Bibellese, dass Gott „allen in Treue zugewandt" bleibe, die ihm „mit redlichen Herzen folgen", ist nämlich auch Teil meines persönlichen Glaubens. Ergänzt wird dies durch die neutestamentliche Zusage aus 2. Timotheus 2,13: „Und doch bleibt er treu, auch wenn wir ihm untreu sind; denn er kann sich selbst nicht untreu werden." So ist letztlich Gott der Inbegriff des Ankers und damit der Treue an sich!

Peter Mergler

10 Montag JUNI 2024

✷ 05:06 21:37
☽ 08:34 00:45

Bibellese: 1. Korinther 15,20-28

Wenn aber alles Christus unterworfen sein wird, dann unterwirft auch er selbst, der Sohn, sich dem Vater, der ihm alles unterworfen hat. Dann ist Gott allein der Herr – über alles und in allem. *(Vers 28)*

Vater und Sohn, Gott und Jesus – in späterer Zeit haben sich viele schlaue Menschen ihren Kopf darüber zerbrochen, wie sie zusammenzudenken sind. Und dann noch der Heilige Geist dazu. Erst viele Jahre nach der Zusammenstellung des Neuen Testaments formulierte die Kirche eine Trinitätslehre. Der Apostel Paulus versucht hier, mit seinen begrifflichen Möglichkeiten Gott und Jesus, Vater und Sohn zusammenzudenken. Gott, der Vater, der schöpferische Gott über alles und in allem. Mindestens im Ansatz lässt Paulus erkennen, wie weit und umfassend er Gott denkt. Und dazu Jesus mit dem für uns heute merkwürdigen Wort „unterwerfen". Eine Deutung: Jesus lebte ein Leben für andere. In seiner selbstlosen Liebe und Zuwendung war er für

andere da. Bis dahin, dass er sein Leben „für die vielen" gab. Als der Auferstandene gibt er sich genauso. Er ist und bleibt Jesus Christus, der sich für andere hingibt. Er wird nicht ein neuer Herrscher. Dass ist das Neue an Jesus. Er tut nichts für sich selber, sondern für andere. Er schwingt sich nicht zum Alleinherrscher im Himmel auf, sondern bleibt seiner Sendung treu: dem Leben für andere, der Zuwendung, der Liebe.
Und Gott? Bei dem Apostel Paulus öffnet sich hier ein Horizont, den er nicht weiter ausformuliert. Gott ist der Herr über alles und in allem. Die ganze Schöpfung, alle und alles, findet in Gott ihr Ziel. Vielleicht lässt sich davon am ehesten betend singen, etwa mit der unten angefügten Liedstrophe. *Ulrich Ziegler*

Wenn ich, o Schöpfer, deine Macht,
die Weisheit deiner Wege,
die Liebe, die für alle wacht,
anbetend überlege:
So weiß ich, von Bewundrung voll,
nicht, wie ich dich erheben soll,
mein Gott, mein Herr und Vater.
Christian Fürchtegott Gellert 1757

11 Dienstag JUNI 2024

✷ 05:06 21:38
☽ 09:51 01:07

Bibellese: 1. Korinther 15,29-34

Paulus schreibt: Wenn die Toten nicht auferweckt werden, dann halten wir uns doch lieber an das Sprichwort: „Lasst uns essen und trinken, denn morgen sind wir tot!“ (Vers 32)

Erstaunlich, was Christen so alles glauben – oder auch nicht glauben. Nicht erst heute, sondern schon in den ersten Gemeinden. In Korinth gehörten Menschen zur Gemeinde, die mit der Auferweckung der Toten nichts anfangen konnten, präzise: mit der Auferweckung zu neuer Leiblichkeit. Ihre Vernunft nahm daran Anstoß.

Ich finde es bemerkenswert, dass diese Leute ihre Auffassung offen vertraten – und vertreten konnten. Auch Paulus verurteilt sie deswegen nicht. Er stellt ihren Glauben, ihr Vertrauen auf Jesus, ihr Angenommensein durch Gott, nicht in Frage. Er wirft ihnen keinen Irrglauben vor. Später reagierte die Kirche bekanntlich ganz anders und mit erschreckender Härte gegen Menschen, die von der offiziellen kirchlichen Lehre abwichen. Paulus aber sieht Menschen vor sich, deren Erkenntnis im Blick auf Gott und die Welt noch sehr ausbaufähig ist. Deshalb geht er geduldig auf sie ein. Er nimmt ihre gedanklichen Voraussetzungen ernst. So kann er von einem gemeinsamen Standpunkt aus argumentieren. An unterschiedliche Beobachtungen und Erfahrungen anknüpfend zeigt er: Die Vorstellung der Auferweckung der Toten legt sich als denkerische Konsequenz nahe.

Wenn Paulus den Slogan aufgreift: „Lasst uns essen und trinken, denn morgen sind wir tot", kann er davon ausgehen, dass seine Gesprächspartner die sich darin ausdrückende Lebenseinstellung aus Überzeugung ablehnen. Sie steht im Widerspruch zu ihren Idealen und Werten, vor allem aber zu der Haltung, für die Jesus stand. Jesus ließ keinen Zweifel daran: Es ist nicht gleichgültig, wie ich lebe. Sondern jeder Mensch ist vor Gott verantwortlich für sein Handeln. Diesen Gedanken hält die Vorstellung von der leiblichen Auferweckung der Toten fest. Auch deshalb ist sie unverzichtbar.

Norbert Groß

Dass Jesus Christus von den Toten auferweckt wurde, ist der einzige Grund meiner Hoffnung, dass auch ich auferweckt werde am Jüngsten Tag.

Dietrich Bonhoeffer (1906-1945), deutscher evangelischer Theologe

Bibellese: 1. Korinther 15,35-49
So könnt ihr euch auch ein Bild von der Auferstehung der Toten machen. Was in die Erde gelegt wird, ist vergänglich; aber was zum neuen Leben erweckt wird, ist unvergänglich. *(Vers 42)*

Wie sollen wir uns die Auferstehung der Toten vorstellen? Diese Frage beschäftigte Christen zu allen Zeiten immer wieder neu. Aus Korinth, wo man sich vor allem mit der Vorstellung einer leiblichen Auferstehung schwertat, wurde Paulus die Frage gestellt: „Was für einen Leib werden die Auferweckten haben?" In der heutigen Bibellese verweist der Apostel auf das Samenkorn, aus dem auf geheimnisvolle Weise eine neue Pflanze entsteht. Nun ist die Auferweckung der Toten kein Prozess, im Laufe dessen sich aus Totem neues Leben entwickelt. Sondern Auferstehung ist das Ergebnis eines Schöpferhandelns Gottes. Der Vergleich mit dem Samenkorn kann deshalb nur verdeutlichen: So wenig die konkrete Gestalt und Beschaffenheit der neuen Pflanze aus der Gestalt und Beschaffenheit des Samenkorns abgeleitet werden kann, so wenig können wir die konkrete Gestalt und Beschaffenheit des Auferstehungsleibes vorhersagen.

Entscheidend in diesem Zusammenhang ist: Wir sind Menschen, die sterben werden. Unser irdischer Leib ist vergänglich. Er verwest. Es bleibt nichts Irdisches von uns übrig. Vor Gott und bei Gott aber bleiben wir, mag das auch unser Vorstellungsvermögen übersteigen. Auferstehung oder Auferweckung der Toten bedeutet, dass Gott uns in einem neuen Schöpfungsakt neues Leben in einem neuen Leib schenken wird. Dieser Leib wird nicht mehr vergänglich sein. Sterben, Tod und Verwesung werden ihm nichts mehr anhaben können.

Ich kann mir das nicht konkret vorstellen. Ich halte es mit dem Apostel Johannes: „Wir sind schon Kinder Gottes. Was wir einmal sein werden, ist jetzt noch nicht sichtbar. Wenn es offenbar wird, werden wir Gott sehen, wie er wirklich ist“ (1. Johannes 3,2). Ich lasse mich überraschen.

Norbert Groß

---

11 Heute ist der Welttag gegen Kinderarbeit. Er soll auf die Ausbeutung von weltweit über 200 Millionen Kindern aufmerksam machen, verbunden mit der Forderung, der Kinderarbeit ein Ende zu bereiten.

13 Donnerstag JUNI 2024

✹ 05:05 21:39
☽ 12:17 01:36

Bibellese: 1. Korinther 15,50-58

Wenn das Vergängliche mit Unvergänglichkeit überkleidet wird und das Sterbliche mit Unsterblichkeit, dann wird das Prophetenwort wahr: „Der Tod ist vernichtet! Der Sieg ist vollkommen!“ (Vers 54)

Zum Ende seiner Ausführungen zur Auferstehung der Toten geht Paulus auf die Frage ein, was denn die Menschen zu erwarten haben, die noch gar nicht gestorben sind, wenn Gott die Toten auferwecken wird. Seine Antwort in einem Bild: Wie man ein neues Kleid anzieht, so werden sie von Gott mit dem gleichen unvergänglichen Leib bekleidet, wie ihn die vom Tode Auferweckten erhalten werden. Ich halte für mich fest: Gott wird niemanden vergessen, wenn der Tag der Auferstehung anbricht.

Dieser Tag markiert das Ende der Welt, wie wir sie kennen. Denn er bedeutet das Ende der Vergänglichkeit, der nicht nur wir Menschen unterworfen sind, sondern mit uns alles Geschaffene. Paulus schreibt im Brief an die Römer: Die ganze Schöpfung wartet sehnsüchtig auf den Tag, an dem auch sie von der Versklavung an die Vergänglichkeit befreit werden wird und teilhat an der unvergänglichen Herrlichkeit der Kinder Gottes (Römer 8,19-22). Mit dem Ende der Vergänglichkeit aber ist auch der Tod am Ende, und nun endgültig. Seine Macht ist mit der Auferweckung von Jesus von den Toten an Ostern schon gebrochen. Aber noch bekommen wir sie täglich zu spüren in allem, was Leben einschränkt und zerstört, ob durch Krankheit oder Leid, Krieg oder Katastrophen, Unrecht oder Gewalt.

Es kommt nicht auf die Vorstellungen an, die wir uns von der Auferstehung der Toten machen. Sondern der Ausblick darauf soll und wird uns im Glauben stärken und motivieren, uns mit ganzer Kraft für die Sache des Herrn einzusetzen (Vers 58). Christinnen und Christen sind Menschen, „die beten und das Gerechte tun und auf Gottes Zeit warten", wie es der Theologe Dietrich Bonhoeffer formulierte.

Norbert Groß

♫ Wenn wir dich haben, kann uns nicht schaden
Teufel, Welt, Sünd oder Tod;
du hasts in Händen, kannst alles wenden,
wie nur heißen mag die Not ...

Cyriakus Schneegaß 1598
Aus: In dir ist Freude in allem Leide

14 Freitag JUNI 2024

✹ 05:05 21:40
☽ 13:26 01:47

Bibellese: 1. Korinther 16,1-12

Paulus schreibt: Ich möchte euch diesmal nicht nur flüchtig auf der Durchreise besuchen. Ich hoffe, dass ich einige Zeit bei euch verbringen kann, wenn der Herr es erlaubt. *(Vers 7)*

Heute startet die Fußball-Europameisterschaft der Männer „UEFA EURO 2024" mit dem Eröffnungsspiel in München. Insgesamt 24 Mannschaften ringen dabei in 51 Spielen um den Titel. In den Stadien erwartet man bis zu zweieinhalb Millionen Fans aus ganz Europa, die hier in Deutschland zu den Spielen „flüchtig auf der Durchreise" sind. Hinzu kommen mehrere Milliarden Zuschauerinnen und Zuschauer an den Bildschirmen. Diese Vielfalt hat man bereits im Motto und im Logo versucht aufzugreifen: So will das Motto „Vereint im Herzen Europas" darauf hinweisen, dass alle Durchreisenden herzlich willkommen sind. Dazu wurden die Grundfarben des Turnierlogos den Landesflaggen der 55 UEFA-Mitgliedsverbände entlehnt.

Wenn der Apostel Paulus in unserer Bibellese nun hofft, die Gemeinde zu Korinth „nicht nur flüchtig auf der Durchreise" zu besuchen, dann deshalb, weil es ihm wichtig war, genügend Zeit dafür zu haben, den Nationen die Frohe Botschaft von der Liebe Gottes in Jesus Christus näherzubringen. Dazu hielt sich der Völkerapostel beispielsweise in der Großstadt Ephesus (Vers 8) zur Verkündigung und Lehre über zweieinhalb Jahre auf. Oftmals aber war es ihm jedoch auf seinen Missionsreisen nicht möglich, so viel Zeit an einem Ort zu verbringen. Stattdessen konnte er den Menschen sozusagen „nur flüchtig" von Christus erzählen (zum Beispiel in Ptolemaïs – Apostelgeschichte 21,7-8). Aber egal, ob Paulus längere Aufenthalte möglich waren oder ob ihm nur eine kurze Zeit zur Verfügung stand: Er nutzte die zur Verfügung stehende Zeit, um Menschen mit Jesus Christus in Verbindung zu bringen.
Während der heute beginnenden Fußball-Europameisterschaft kommen die Nationen nun als Durchreisende sogar zu uns. Beten wir für sie und werden wir kreativ, um sie in der zur Verfügung stehenden Zeit willkommen zu heißen und ihnen Jesus Christus zu verkünden. *Peter Mergler*

14.-16. Juni 2024: FeG-Kongress im RuhrCongress Bochum. Ein Fest – 150 Jahre Bund FeG.

15 Samstag JUNI

2024

✷ 05:05 21:40

☽ 14:36 01:57

Bibellese: 1. Korinther 16,13-24

Seid wachsam! Steht im Glauben fest! Seid mutig und stark! Alles, was ihr tut, soll von der Liebe bestimmt sein. *(Vers 13-14)*

Gerade im Hinblick auf die vielen Missstände, die im Laufe des ersten Korintherbriefs offen angesprochen werden, fordert der Apostel Paulus am Ende seiner Briefzeilen ausdrücklich dazu auf, „mutig und stark" zu sein. Tatsächlich erfordert es viel Mut und Stärke, Fehlverhalten nicht einfach hinzunehmen. Zu schnell kann es nämlich passieren, dass man sich innerhalb einer Gemeinde, Kirche oder im Alltag mit Missständen arrangiert, diese verharmlost oder einfach wegschaut.

Der heutige „Internationale Welttag gegen die Misshandlung älterer Menschen" stellt deshalb eine besondere Herausforderung dar. Denn Gewalt gegen Ältere ist keine Seltenheit, sondern zunehmend traurige Wirklichkeit. Um die Öffentlichkeit und die Politik mehr für dieses Thema zu sensibilisieren, hat

die Generalversammlung der Vereinten Nationen deshalb bereits im Jahr 2006 beschlossen, den 15. Juni zum Welttag gegen die Misshandlung älterer Menschen zu erklären. Wer im Alter Gewalt erfährt, ist oftmals nicht in der Lage, sich Hilfe zu suchen. Viele schämen sich zu sehr, um überhaupt über die Vorfälle zu sprechen. Heute geht man davon aus, dass gesundheitspolitische und gesellschaftliche Missstände, die Überforderung von Pflegekräften und Angehörigen sowie die häufig schwache finanzielle Situation im Alter mögliche Misshandlungen und Diskriminierungen begünstigen.
Mich persönlich erinnert dieser Welttag ganz besonders daran, dass auch ich einmal – so Gott will – alt werden darf und ich mir dann im Alter ein Leben in Würde und ohne Angst wünsche. Deshalb möchte ich mich schon jetzt dafür einsetzen, dass ältere Menschen in unser Gemeinde respektvoll behandelt werden. Ihre Erfahrungen sind wertvoll. Ihre Standpunkte gilt es in Entscheidungsprozessen zu berücksichtigen. Im privaten Bereich ist es mir zudem wichtig, meiner 95-jährigen Mutter regelmäßig ein offenes Ohr für ihre Anliegen zu schenken und ihr mit Liebe zu begegnen. Dazu gehört manchmal auch, „mutig und stark" auf Missstände im Pflegeheim aufmerksam zu machen, wenn ihr oder mir diesbezüglich etwas auffällt. *Peter Mergler*

16 Sonntag JUNI 2024

✹ 05:05 21:41
☽ 15:46 02:06

3. Sonntag nach Trinitatis

Bibellese: Psalm 53
Gott blickt vom Himmel herab auf die Menschen.
Er will sehen, ob es da welche gibt,
die Verstand haben und nach ihm fragen. *(Vers 3)*

Der sogenannte „Templeton-Preis" ist mit einem Preisgeld von über 1,3 Millionen US-Dollar weltweit die dritthöchste dotierte Auszeichnung für einzelne Personen. Um den Stellenwert der Spiritualität zu betonen, übersteigt die jährlich verliehene Auszeichnung dabei bewusst die Höhe des Nobelpreises. Mit dem Tempelton-Preis werden nämlich Verdienste an der Schnittstelle zwischen Wissenschaft und Religion ausgezeichnet.
Vor wenigen Jahren erhielt beispielsweise der amerikanische Genetiker und Direktor der wichtigsten US-Behörde für biomedizinische Forschung, Francis Collins, diese Anerkennung. Als Christ und Wissenschaftler leitete Collins auch das „Humangenomprojekt", in dem Hunderte von Wissenschaftlern erfolgreich an der vollständigen Entschlüsselung

des menschlichen Erbguts arbeiteten. Jedoch war er viele Jahre lang zunächst ein überzeugter Atheist. Noch während seines Studiums hielt er den Glauben an Gott sogar für einen „aus der Mode gekommenen Aberglauben". Im Lauf eines längeren Denkprozesses und Ringens mit seinen gottfernen Positionen fand er aber im Alter von 26 Jahren zum lebendigen Glauben an Jesus Christus.

Heute bekennt der kommissarische Wissenschaftsberater im Kabinett von Präsident Joe Biden: „Ich glaube, Gott hat uns zwei Bücher geschenkt. Das Buch der Worte Gottes, also die Bibel, die ich jeden Tag lese, und das Buch der Werke Gottes, das die Schöpfung ist." Als Wissenschaftler bekennt er, dass er „durch die Wissenschaft die Erhabenheit der Schöpfung Gottes schätzen kann". Wie man an Collins und vielen anderen namhaften Wissenschaftlern sehen kann, ist Verstand zu haben und nach Gott zu fragen keinesfalls ein Widerspruch. Verstand zu haben und nach Gott zu fragen bedingt sich vielmehr wechselseitig: Gott ist derjenige, der dem Menschen Verstand geschenkt hat. Nun steht der Mensch auch in der Verantwortung, diesen Verstand dazu zu gebrauchen, um nach seinem Schöpfer zu fragen. Menschen zu finden, die so mit dieser einzigartigen Gottesgabe, nämlich ihrem Verstand, umgehen, ist letztlich die große Sehnsucht Gottes. *Peter Mergler*

17 Montag JUNI 2024

✹ 05:05 21:41
☽ 16:59 02:17

Bibellese: 2. Mose/Exodus 13,17-22

Mose nahm die Gebeine Josefs mit, wie dieser es vor seinem Tod ausdrücklich erbeten hatte. Damals hatte Josef zu seinen Brüdern gesagt: „Gott wird euch nicht vergessen. Dann müsst ihr meine Gebeine von hier mitnehmen.“ *(Vers 19)*

Von Josef und seinen Brüdern ist in diesem biblischen Text die Rede. Die Ereignisse, die dahinterstehen, möchte ich kurz erzählen. Die Brüder waren neidisch auf Josef, weil er der eindeutige Liebling seines Vaters war. Sie verkauften ihn nach Ägypten, dort machte er Karriere. Er wurde zum zweiten Mann im Staat nach dem Pharao. Als es in Israel eine Hungerkatastrophe gab, reisten Josefs Brüder nach Ägypten, um Lebensmittel zu erwerben. Sie standen vor Josef mit ihrem Anliegen. Josef hätte sich an seinen Brüdern rächen können. Er tat es nicht. Säcke voller Getreide konnten sie nach Hause mitnehmen. Sie konnten erleben, dass ihr Bruder trotz allem zu ihnen steht. Wie aber steht Gott zu Josefs Brüdern?

Wird er sie bestrafen? In ihre Ängste hinein macht Josef ihnen folgende Zusage: „Gott wird euch nicht vergessen." Diese Zusage gilt nicht nur Josefs Brüdern, sondern dem Volk Israel.
Immer wieder machte das Volk Israel die Erfahrung der Liebe und Nähe Gottes. Gott hat das Volk herausgeführt aus der Sklaverei in Ägypten. Als Israel durch die Wüste zog, hat Gott es mit Manna gesättigt. Gott vergisst sein Volk nicht. Das können wir übertragen auf uns, die christliche Gemeinde. Auch in unserem Leben läuft vieles nicht so, wie Gott es möchte. Gott hätte allen Grund, sich von uns zu distanzieren. Er tut es nicht. Jesus macht uns die Zusage: „Ich bin bei euch alle Tage bis an der Welt Ende" (Matthäus 28,20 L). Im Vertrauen auf Gott können wir getrost in diesen Tag gehen. *Christoph Georgi*

♫ Bei Gott bin ich geborgen, still wie ein Kind,
bei ihm ist Trost und Heil.
Ja, hin zu Gott verzehrt sich meine Seele,
kehrt in Frieden ein.

Taizé 1993

18 Dienstag JUNI 2024

✷ 05:05 21:41
☽ 18:15 02:30

Bibellese: 2. Mose/Exodus 14,1-14

Als dem König von Ägypten gemeldet wurde, dass die Israeliten geflohen waren, bereuten er und seine Minister ihre Nachgiebigkeit. Sie sagten: „Was für eine Dummheit haben wir gemacht! Wir haben die Israeliten laufen lassen, unsere Arbeitskräfte!" (Vers 5)

Mit einer Gruppe von Jungen und Mädchen besuchten wir die Synagoge in Dresden. Polizisten erregten die Aufmerksamkeit der Jugendlichen. Warum Polizeipräsenz vor der Synagoge? Immer wieder gab es Anschläge. Zum Beispiel wurde die Synagoge mit Hakenkreuzen beschmiert. In Halle wurden vor einer Synagoge zwei Menschen erschossen. Darum bewachen Polizisten die Synagoge zum Schutz der jüdischen Gemeinde.

Die Israeliten waren zur Zeit Josefs nach Ägypten gekommen und dort geblieben, waren heimisch und zahlreich geworden. Nun machten sie den Ägyptern Angst und wurden von ihnen unterdrückt (2. Mose/Exodus 1,13-14). Als Sklaven mussten sie hart arbeiten. Dann erhielt Mose von Gott den Auftrag, das Volk aus der Sklaverei zu führen, und nach zähen Verhandlungen mit dem Pharao verließen die Juden das Land. Schnell bereute der Pharao seine Entscheidung und fragte: „Warum haben wir die Juden laufen lassen, unsere Sklaven, unsere Arbeitskräfte?"

Drangsal gegen das jüdische Volk hat sich in der Geschichte oft wiederholt. In vielen Ländern und zu allen Zeiten. Zur Zeit des Nationalsozialismus in unserem Land wurden die Juden grausam gedemütigt, verfolgt und viele ermordet. Nach dem Zweiten Weltkrieg war zu hören: Das soll nie wieder geschehen! Ereignisse wie dieser Tage in Dresden, Halle und anderen Orten unseres Landes lassen uns fragen, ob wir Deutschen aus der Geschichte doch nichts gelernt haben.

In Chemnitz gibt es ein jüdisches Restaurant. Uwe Dziuballa, dem das Restaurant gehört, hat nicht nur Aufgeschlossenheit, sondern viele Anfeindungen erlebt. So gab es zum Beispiel vor der Gaststätte Rufe wie „Sieg Heil" und „Judensau verschwinde". Das ist erschreckend und beschämend. Bekennen wir unsere Schuld! Lassen wir Gottes auserwähltes Volk spüren, dass es von uns geachtet und geliebt wird. Vielleicht bei einem Besuch in einem jüdischen Restaurant.

Christoph Georgi

19 Mittwoch JUNI 2024

✷ 05:05 21:42
☽ 19:34 02:47

Bibellese: 2. Mose/Exodus 14,15-31

Nun streckte Mose seine Hand über das Meer aus, und der Herr ließ die ganze Nacht über einen starken Ostwind wehen, der das Wasser zurücktrieb. Das Wasser teilte sich, es stand auf beiden Seiten wie eine Mauer, und die Israeliten gingen trockenen Fußes mitten durchs Meer. (Vers 21-22)

Das Volk Israel ist auf dem Weg in die Freiheit. Auf diesem Weg haben sie Hindernisse zu überwinden. Vor ihnen liegt das Meer und hinter ihnen kommen die Soldaten des Pharao. Sie haben keine Wahl. Werden sie ertrinken und nie das Ziel erreichen? Gott steht ihnen bei. Mose streckt seine Hand über das Meer. Die Wassermassen teilen sich und die Israeliten gehen trockenen Fußes hindurch.

In der ehemaligen DDR war es der größte Wunsch vieler Bürger, dass die Mauer, die Deutschland trennte, fällt und freie Reisen in den anderen Teil Deutschlands möglich werden. Erich Honecker, Staatsoberhaupt der DDR, prophezeite noch am

19. Januar 1989, dass die Mauer „in 50 und auch in 100 Jahren noch bestehen wird". In Leipzig und anderen Orten der DDR gab es weiterhin Demos und auch in Westdeutschland blieb die Hoffnung auf die Einheit Deutschlands bestehen. Damals war ich Pastor in Gelenau im Erzgebirge. Mit der evangelischen Gemeinde luden wir zu Friedensgebeten mit anschließender Demo ein. Auf Transparenten war unter anderem zu lesen: „Wir sind das Volk", „Freie Wahlen", „Pressefreiheit". Am 9. November fiel die Mauer und wir machten als Familie unsere erste Westreise. Wir sind dankbar für die Wende. Dass sie gewaltfrei ablief, haben wir unserem Gott zu verdanken. Die Mauer in Berlin ist Geschichte. Wenn ich heute an die Ereignisse von 1989 denke, erfüllt mich große Freude.

Als ich diese Andacht verfasse, ist Krieg in der Ukraine. Täglich bitten wir Gott, dass Friede werde, auch in anderen Ländern, wo es kriegerische Auseinandersetzungen gibt. Manchmal frage ich mich: Macht das Beten Sinn? Trotz unserer Gebete geht der Krieg weiter. Die Erinnerung an 1989 zeigt mir: Beten macht Sinn. Gott hört unsere Gebete und er kann Frieden schaffen. Darum bete ich weiter um Frieden mit der Gewissheit, dass mit mir viele Menschen zu Gott rufen: „Herr erbarme dich."

Christoph Georgi

20 Donnerstag JUNI 2024

☀ 05:05 21:42
☽ 20:52 03:11

Bibellese: 2. Mose/Exodus 15,1-21

Die Prophetin Mirjam, die Schwester Aarons, nahm ihre Handpauke, und alle Frauen schlossen sich ihr an. Sie schlugen ihre Handpauken und tanzten im Reigen.

(Vers 20)

Was passiert nicht alles, wenn wir singen. Der Körper schüttet Glückshormone aus. Stresshormone werden abgebaut. Singen löst Ängste und entspannt. Unser Gefühlszustand wird verbessert. Überglücklich besingt Mirjam den Durchzug durch das Schilfmeer. Die Wüste, Verfolgung und Ausbeutung liegen hinter ihnen als Volk. Ein Wunder. Gottes Wunder, das besungen und betanzt wird.

Doch nicht nur zu wundersamen Zeiten gehört der Gesang. Gerade in schweren Zeiten kann das Singen seine verändernde Kraft entfalten. Singen ist gesund, intensiviert das Atmen und reduziert den Stress. Lieder, die Gott loben oder ihm klagen, geben Mut, Zuversicht und Durchhaltevermögen. Die Gospels der schwarzen Sklaven können ein Lied davon

singen. „When Israel was in Egypt's Land, let my people go ..." Viele Spirituals wählten die Geschichten der Bibel, wie das Exodusgeschehen, um ihre Sehnsucht nach Rettung und Heilung in Worte zu fassen. Es sind Lieder, in denen sich bis heute Menschen mit ihren Wüstenerfahrungen und Rettungsgeschichten entdecken können. So wird der Gesang der Mirjam bis heute weitergegeben.
Welches ist Ihr Lied, das sie begleitet und vielleicht auch zum Tanzen animiert? Mich begleitet seit Jahrzehnten der Psalm 23 und das Lied „Vertraut den neuen Wegen, auf die der Herr uns weist" von Klaus Peter Hertzsch. Zum allerersten Mal wurde es bei einer Hochzeit gesungen und begleitete dann die Wendezeit 1989/90. Ängste, Ungewissheit und Mut waren die Begleiter der friedlichen Demonstranten und der Gesang.

Vera Kolbe

Das Lied finden Sie unter:
www.youtube.com/watch?v=8ZbC0PfEY8c

21 Freitag JUNI 2024

✹ 05:06 21:42
☽ 22:02 03:46

Bibellese: 2. Mose/Exodus 15,22-27

Der Herr sagte zu den Leuten von Israel: „Achtet genau auf das, was ich, euer Gott, euch sage, und handelt danach! Dann werde ich euch keine von den Krankheiten schicken, mit denen ich die Ägypter geplagt habe. Ich, der Herr, bin euer Arzt!" (Vers 26)

Vielleicht hatten die Leute von Israel das Loblied noch auf den Lippen, als sie aufbrachen. Das Gelobte Land stand ihnen vor Augen. Doch statt Milch und Honig erlebten sie drei Tage Hunger und Durst. So sah die Realität aus. Eine bittere Enttäuschung für sie. Das Wasser der rettenden Quelle ist ungenießbar, vergiftet, bitter. Auf Gottes Geheiß aufbrechen, neue Wege beschreiten, wunderbare Bewahrung erleben, doch dann kommen die Durststrecken und Wüstenzeiten des Lebens. Das ist eine bittere Erfahrung. Da muss man sich Luft machen: Wie steht es um dein Begleiten, Gott? Mose ist angefragt und mit ihm letztlich Gott. Es wird gemurrt und gemäkelt.

Das ist verständlich, denn Durststrecken des Glaubenslebens sind wahrlich keine schönen Zeiten. Eine Oase ist erfreulich und lebensspendend. Die Wüste ist karg, bedrohlich und lebensfeindlich. Gott maßregelt das Murren nicht. Er erhört das Schreien und die stellvertretende Bitte von Mose. Das Bittere wird durch ihn verändert.

Es ist ein Wunder, wenn das Bittere im Leben verwandelt wird und das Lebensbedrohliche sogar das Weiterleben nähren kann. Manchmal benötigt solch ein Prozess lange Zeit im Leben und kann erst rückblickend als heilsam beschrieben werden. Das Ziel ist die lebensspendende Oase, mit einer Fülle an Wasserquellen und Palmen (Vers 27), auch wenn der Weg dorthin sandig und steinig ist. Mitten drin – wie in unserem Text – zwischen Wüste und Oase steht die Verheißung, den Weg nicht alleine gehen zu müssen. „Ich, der Herr, bin euer Arzt! Ich bin der Gott, der dich heilsam begleitet!" Wie wertvoll ist es, sich diesem heilsamen Gott mit seinem Leben anzuvertrauen. *Vera Kolbe*

Du sollst nicht in der Wüste des Murrens und Haderns herumirren, sondern in dem verheißenen Land der Zufriedenheit und Ruhe wohnen.

Charles Haddon Spurgeon (1834-1892), englischer baptistischer Pastor

22 Samstag JUNI 2024

✷ 05:06 21:42
☽ 22:59 04:37

Bibellese: 2. Mose/Exodus 16,1-16

Hier in der Wüste rottete sich die ganze Gemeinde Israel gegen Mose und Aaron zusammen. Sie murrten: „In Ägypten saßen wir vor vollen Fleischtöpfen und konnten uns an Brot satt essen. Aber ihr habt uns herausgeführt und in diese Wüste gebracht, damit die ganze Gemeinde verhungert!“ *(Vers 2-3)*

Mit der Redewendung „Sich nach den Fleischtöpfen Ägyptens zurücksehnen“ ist diese Geschichte des Volkes Israels in unsere Sprache eingegangen. Der Sinn: Man sehnt sich zurück nach den „guten alten Zeiten“: der Selbstständige denkt an die Zeit als Angestellter mit geregelten Arbeitszeiten und weniger Sorgen, der Diabetiker an die Zeit, in der er unbeschwert genießen konnte, der Ehemann und Vater daran, als er noch mehr Freiheiten und weniger Verantwortung zu tragen hatte.

Bei der Sehnsucht nach den Fleischtöpfen Ägyptens ist die verengte Wahrnehmung aber ein wesentliches Merkmal. Mag sein, dass Israel in Ägypten besser versorgt war (4. Mose/Numeri 11,5) als jetzt auf dem Weg durch die Wüste. Aber: Die fehlende Freiheit, die täglich neue gnadenlose Arbeit unter der heißen Sonne Ägyptens und die Peitschenschläge der Aufseher werden ausgeblendet, als ob es sie nicht gegeben hätte. Auch geistlich hat diese Sehnsucht nach den Fleischtöpfen Ägyptens bedenkliche Auswirkungen. Erstens: Das Volk Israels ist undankbar über das Eingreifen Gottes mit der Befreiung aus der Sklaverei und die Errettung durchs Schilfmeer vor den Ägyptern. Zweitens: Gott und die von ihm geschenkten Freiheit wird durch die Sehnsucht nach Fremdherrschaft missachtet. Drittens: Das Staunen über Gottes Macht und das Rechnen mit Gottes Fürsorge entfallen. Was für eine logistische Glanzleistung Gottes: Circa zwei Millionen Menschen (2. Mose/Exodus 12,37) plus das mitziehende Vieh in der Wüste täglich mit Wasser und Essen zu versorgen! Viertens: Die von Gott geschenkte Zukunftsvision, nämlich das Leben in Gemeinschaft mit ihm im Gelobten Land, im Land, darin Milch und Honig fließt, wird aufgegeben.

Wenn ich das nächste Mal wie das Volk Israel murre, mir die Fleischtöpfe Ägyptens zurückwünsche, dann will ich Gott um die Gnade bitten, mir zu zeigen, was ich mit diesem Sehnen aus dem Blick verliere und geistlich aufs Spiel setze. *Achim Brückel*

23 Sonntag JUNI 2024

☀ 05:06 21:42
☽ 23:39 05:46

4. Sonntag nach Trinitatis

Bibellese: Psalm 42

Warum bin ich so mutlos?
Muss ich denn verzweifeln?
Auf Gott will ich hoffen!
Ich weiß, ich werde ihn noch einmal preisen,
ihn, meinen Gott, der mir hilft. *(Vers 6)*

Ich liebe Filme, deren Handlung komplex ist, und bei denen ich am Ende, nachdem alles aufgelöst wurde, verwundert und erstaunt denke: „So einfach ist das? Das war alles, was dahintersteckte?“ Mutlosigkeit und Verzweiflung, von denen im Psalm die Rede ist, haben einen einfachen Grund: „Wann werde ich dahin kommen, dass ich Gottes Angesicht schaue?“ (Vers 3 L), „Ich sage zu Gott, meinem Fels: Warum hast du mich vergessen?“ (Vers 19 L). Die fehlende Nähe Gottes, die Sehnsucht nach seinem Eingreifen, das Nichtverstehen seiner Wege – hier haben Mutlosigkeit und Verzweiflung ihren Ursprung. Die Erfahrung „Meine Gedanken sind nicht eure Gedanken, und eure Wege sind nicht meine Wege“ (Jesaja

55,8 L) hinterlässt in unserem Leben tiefe Spuren und viele Fragen. Wie eine Narbe, die immer wieder aufbricht und nicht heilen will, kann diese Gotteserfahrung für einen glaubenden Menschen sein. Aber wir können mehr als nur darauf hoffen, wir können erwarten, damit rechnen, dass Mutlosigkeit und Verzweiflung, innere Not und Anfeindungen von Menschen, wie sie in dem Psalm beschrieben werden, nicht das Ende vom Lied sind. Denn eins bleibt unumstößlich und das hält der Psalmbeter zweimal mit großer innerer Gewissheit seinem aktuellen Gotteserleben entgegen: „Harre auf Gott; denn ich werde ihm noch danken, dass er meines Angesichts Hilfe und mein Gott ist" (Vers 12 L).
Gott wird sich zeigen! Er wird eingreifen! Das ist keine billige Vertröstung, sondern gemachte Erfahrung, die hier zur Unterweisung an andere weitergegeben wird. Das heißt: Auch anderen geht es mit Gott ähnlich wie mir. Dann klingt das „Harre auf Gott" nicht wie eine lieblose Forderung, sondern wie eine liebevolle Einladung hin zu der Erfahrung, dass Gott meine Hilfe und mein Gott ist! Dann führt uns das als Glaubende zusammen und eint uns. Es führt zu einem gemeinsamen Suchen Gottes, dem gemeinsamen Bitten um die Erfahrung seiner verändernden Gegenwart und dem gemeinsamen Lob nach dem gemeinsamen Warten. *Achim Brückel*

Bibellese: 2. Mose/Exodus 16,17-36

Morgen für Morgen sammelte nun jeder aus dem Volk, so viel er brauchte. Sobald die Sonne höher stieg, zerschmolz der Rest, der nicht aufgesammelt worden war. *(Vers 21)*

Haben ist besser als brauchen", ein Motto, das heute immer weiter um sich greift. Man weiß ja nicht, was kommt. „Sicher ist sicher"! Mehr haben wollen als man braucht, war auch schon eine Versuchung für das Volk Israel. Was aber ist die treibende Kraft hinter diesem Denken und Handeln? Die Angst, zu kurz zu kommen, das Nachsehen zu haben? Das Misstrauen, ob Gott Wort hält und sie versorgt? Angst und Misstrauen scheiden bei den Israeliten nach den bisher gemachten Erfahrungen mit Gott aus! Aber warum bewahrten sie dann entgegen dem Willen Gottes von der Speise auf, legten sich einen Vorrat an? Spielt die Bequemlichkeit eine Rolle? Diesem „Morgen für Morgen sammelte nun jeder" konnte man aus dem Weg gehen, indem

man sich einen Vorrat für morgen anlegte. In dem „Morgen für Morgen" steckt noch ein Grund für das Bevorratungsverhalten Israels: die Abhängigkeit von Gott, das Angewiesensein auf ihn. Gott wollte mit der Erfahrung seiner täglich neuen Güte und Zuverlässigkeit sein Volk an sich binden, sie Vertrauen in ihn lehren. Aber das entsprach so gar nicht den Lebensvorstellungen der Israeliten. Sie wollten vorsorgen und unabhängig sein von Gott!
Und wir heute? Es fällt schwer, sich ehrlich bittend an Gott zu wenden mit dem „unser tägliches Brot gib uns heute" angesichts gefüllter Gefriertruhen und einer vollen Vorratskammer zu Hause. Da geht das unmittelbare Erleben der täglich neuen Güte Gottes verloren. Da fällt der Dank an Gott schwer, weil man sich selbst zu helfen weiß. Und: Welche großen, welche weltweiten Folgen würde es haben, wenn wir heute wie das Volk Israel lebten, wenn wir darauf vertrauten, dass uns Gott ausreichend versorgt und genug für alle da ist – jeden Tag neu? *Achim Brückel*

Der Christ hat nichts anzubieten aus einem Vorrat, über den er verfügt. Er hat nichts gesammelt. Er ist nur Gast am Tisch des Herrn, und als Botschafter des Evangeliums lädt er die anderen dazu ein.
Afrikanisches Sprichwort

25 Dienstag JUNI 2024

✷ 05:07 21:42
☽ 00:07 08:37

Bibellese: 2. Mose/Exodus 17,1-7

Der Ort wurde Massa und Meriba (Ort der Probe und Anklage) genannt, weil dort die Israeliten Mose angeklagt und den Herrn auf die Probe gestellt hatten. Denn sie hatten gefragt: „Ist der Herr mitten unter uns oder nicht?“ *(Vers 7)*

Eigentlich erübrigt sich diese Frage. Klar ist Gott mitten unter ihnen! In den letzten Tagen haben wir von all den Wundern gehört, die das Volk Israel seit ihrem Auszug aus Ägypten erlebt hat. Wieso nur haben sie es immer noch nicht begriffen? Gott ist gut und meint es gut mit ihnen! Ihr Gemurre ist unerträglich und nervt! Wie viel müssen sie denn noch erleben, bis sie Gott ganz vertrauen können? Manchmal ertappe ich mich dabei, dass ich fast ein wenig eifersüchtig wünsche, ähnliche Wunder mit Gott zu erleben. Ich würde bestimmt ganz anders reagieren und Gott viel mehr zutrauen.

Stimmt das? Wie reagiere ich, wenn an meiner Komfortzone gerüttelt wird? Wenn Sachen, die ich geplant habe, anders verlaufen, als ich es für richtig halte? Wenn Ereignisse eintreffen, die ich so niemals gewünscht hätte? Seit vielen Jahren erlebe ich Gottes Liebe, Führung und Leitung. Trotzdem kann ich problemlos Gott mit meinen Anliegen bestürmen, wenn ich Sorgen oder Ängste habe. Ist das auch eine Form von Misstrauen oder gar Murren? Und mein oben formulierter Wunsch, ähnliche Wunder wie die Israeliten zu erleben? Reicht es mir nicht, wie Gott in meinem Leben wirkt? Ja, ich kenne Orte wie Massa und Meriba, Orte der Probe und Anklage. Auch ich klage Gott an, leider. Dabei bin ich überzeugt, dass er mitten unter uns ist und wirkt! Der heutige Text macht mich demütig und öffnet mir die Augen über mein Glaubensleben. *Karin Hadorn-Ingold*

Gott, schenke mir Vertrauen, dass du den Überblick über alles hast und behältst – auch wenn ich ihn nicht habe. Deine Wege sind gute Wege. Lass mich mutig vorwärtsgehen. Danke für deine Geduld mit mir!

Karin Hadorn-Ingold

26 Mittwoch JUNI 2024

✷ 05:07 21:42
☽ 00:27 10:06

Bibellese: 2. Mose/Exodus 17,8-16

Als Mose die Hände immer schwerer wurden, brachten Aaron und Hur einen Stein herbei, auf dem Mose sitzen konnte. Sie selbst standen rechts und links von ihm und stützten seine Hände, bis die Sonne unterging.

(Vers 12)

Als Kind fand ich diese Geschichte sehr lustig. Ich sah das Schauspiel des Kampfes vor meinen Augen: Gottes Volk ist am Gewinnen, bis Mose ermüdet die Arme sinken lässt. Sofort formiert sich die Gegenseite und prescht wieder vor, aber nur, bis Mose die Arme wieder hebt. Ich fand das eine originelle und kreative Art von Gott, wie er Kriege gewinnt.

Heute fasziniert mich viel mehr die symbolische Handlung. Es ist zwar nicht so, dass Gott nur handelt, wenn wir mit erhobenen Händen beten. Trotzdem sehe ich darin einen wichtigen Punkt. Gebet vermag Dinge zu ändern und fokussiert den Beter weg von seinen Problemen hin auf Gott. Aber die

Geschichte verrät uns noch mehr! Wenn wir nicht mehr beten können – und da kann es unterschiedliche Gründe geben – sind andere gefordert, für und mit uns zu beten! Als Mose körperlich und vielleicht auch seelisch keine Kraft mehr hatte, kamen Aaron und Hur, um ihn zu unterstützen und zu entlasten. Mose durfte sich setzen und die anderen übernahmen das Gebet.

Kennen Sie solche Situationen? Vielleicht beten Sie schon lange für etwas Konkretes und langsam verlässt Sie die Hoffnung, dass Gott auf das Gebet reagiert. Wie wertvoll kann es dann sein, wenn wir Freunde und Geschwister haben, die für uns und unser Anliegen eintreten! Interessanterweise haben Außenstehende manchmal „größeren" Glauben für bestimmte Sachen als wir selbst. Unser konkretes Detailwissen kann uns hindern, Gott eine Veränderung der Situation zuzutrauen. Zudem kann durch den Austausch mit anderen unser Herz auf etwas gelenkt werden, das wir allein nicht sehen konnten. Wie auch immer, auf dem gemeinsamen Gebet liegt eine besondere Verheißung. Darf ich heute Mose sein und Hilfe im Gebet annehmen oder Aaron und Hur und jemandem im Gebet unterstützen?

Karin Hadorn-Ingold

27 Donnerstag JUNI 2024

✹ 05:08 21:42
☽ 00:43 11:32

Bibellese: 2. Mose/Exodus 18,1-12

Moses Schwiegervater kam mit den Familienangehörigen Moses zu ihm an den Lagerplatz in der Wüste, zum Gottesberg. *(Vers 5)*

Zwei Personen treten hier in Erscheinung: Jitro, der Schwiegervater von Mose, und natürlich Mose selbst. Jitro hatte von den Großtaten Gottes an und mit seinem Volk gehört. Da wollte er bei Mose direkt nachfragen. Und Mose empfing ihn, herzlich und ohne Vorbehalte. Er ging ihm entgegen und küsste ihn. So konnten sie einander begegnen. Und noch eins: Diese Begegnung fand am Gottesberg statt, also vor Gott. Deshalb auch das Weitere: Nach dieser Begrüßung feierten sie „das Mahl vor Gott", dankten und lobten Gott miteinander. Und dann kam es zum Gespräch der beiden miteinander. Auch hier: kein Vorwurf an Mose, keine Rüge, sondern Anteilnahme durch Nachfrage.

So also verlief die Begegnung der beiden. Jede Menge Hinweise für uns, egal, wen wir heranziehen.

Ob Jitro, der hört und daraufhin zu Mose geht und nachfragt, ohne Vorwürfe zu machen oder zu maßregeln. Auch der Beginn des Gesprächs, der gemeinsame Blick auf Gott in Dank und Anbetung. All das ist nachdenkenswert und vorbildhaft. Oder nehmen wir das Verhalten Moses. Er begrüßt den Schwiegervater, herzlich und ehrerbietend, ohne Vorbehalte und hintergründige Gedanken, Vermutungen oder Befürchtungen. All das kann und würde das Gespräch schon im Voraus belasten.
Wie oft ist das bei uns der Fall? Wir haben Angst vor dem, was kommen könnte. Oder es kommen Fragen auf, die von vorneherein die Atmosphäre bestimmen: „Warum ist der andere gekommen? Was will er? Was will er von mir?" Skepsis würde sich breitmachen und von Anfang an vorbehaltlose Begegnung behindern. Mose und Jitro, ein Beispiel für eine gelungene Begegnung. *Bernd Gerle*

Herr Jesus Christus, lass mich bereit sein für solche Begegnungen, sei es, indem ich hingehe und anteilnehme am Ergehen und Erleben des anderen;
sei es, indem ich ihn vorurteilslos empfange und mich einlasse auf sie oder ihn.

Bernd Gerle

28 Freitag JUNI 2024

✹ 05:08 21:42
☽ 00:56 12:57

Bibellese: 2. Mose/Exodus 18,13-27

Als sein Schwiegervater sah, wie viel Arbeit Mose hatte, fragte er ihn: „Was machst du dir da für eine Mühe? Die Leute drängen sich vor dir vom Morgen bis zum Abend. Musst du das alles alleine tun?“ (Vers 14)

Berechtigte Frage, auf die man alleine nicht so schnell kommt, wenn man so voll drin ist. Da kann einer von außen durchaus helfen; und sei es mit der richtigen Frage, auf die wir für uns so gar nicht gekommen wären. Und dann ein Vorschlag zur Lösung, der geradezu als genial zu bezeichnen wäre. Ein Coach heutzutage oder ein Berater könnte das wahrscheinlich auch so sagen. Auf die Lösung hätte man auch selbst kommen können, aber der Blick von außen ist oft hilfreich.

Ist es nicht so, dass wir oftmals Situationen, ja auch uns selbst, nur schwer einschätzen können? Wir sind so im Geschehen drin, dass wir das nicht mehr überblicken. Wir halten uns für unentbehrlich. Wenn auch oft ohne große und tiefgründige Hintergedanken und Analysen. Wir kommen gar nicht erst auf den Gedanken, andere miteinzubeziehen, so selbstverständlich ist alles.

Dann kommt die Rückfrage: „Was machst du dir da für eine Mühe? Musst du das alles alleine tun?" Ähm, eigentlich ... Erkenntnis entsteht, Einsicht wächst. Dann kommt auch noch der Vorschlag zur praktischen Lösung: Aufteilung, Abgeben von Arbeit und Verantwortung, mehrere und andere miteinbeziehen in die Erledigung der Aufgaben. Das würde allen helfen und auch gemeinsam weiterbringen. Das würde wahrscheinlich sogar effektiver sein und ein größeres Pensum ermöglichen. *Bernd Gerle*

Fragen zum Weiterdenken

Wo könnte ich andere einbeziehen in meine Arbeit und Aufgaben?

Wo kann und sollte ich auch Verantwortung abgeben?

Was könnte dadurch vielleicht sogar besser laufen?

Herr Jesus Christus, lass mich erkennen, wo ich vielleicht sogar im Weg stehe für deine Gedanken und Vorhaben mit uns. Sende Menschen, die uns darauf aufmerksam machen, und mach uns bereit, darauf eingehen zu können.

Bernd Gerle

29 Samstag JUNI

2024

☀ 05:09 21:42
☽ 01:09 14:22

Bibellese: 2. Mose/Exodus 19,1-15

Der Herr sagte zu Mose: „Geh zum Volk und sorge dafür, dass sie sich heute und morgen auf die Begegnung mit mir vorbereiten. Sie sollen alles meiden, was unrein macht, und sollen ihre Kleider waschen.“ *(Vers 10)*

Es wird ein schwieriges Gespräch werden. Es gibt „atmosphärische Störungen“ in unserer Beziehung. Ich bin froh, dass der andere es genauso sieht und darüber reden möchte. Ich bereite mich auf diese Begegnung vor: Ich versuche, die Situation genau in den Blick zu bekommen. Ich lege mir ein paar Sätze zurecht. Und ich bitte Gott um innere Ruhe, Sachlichkeit, Verständnis und einen guten Ausgang.

Die Begegnung, von der im Bibelvers die Rede ist, fällt demgegenüber total aus dem Rahmen. Denn wann begegnet man schon Gott? Umso mehr also das meiden, was den „Dreck am Stecken“ vergrößert und auf das achten, mit dem ich meine Nacktheit verhülle. Ich frage mich angesichts dieser Bibelworte,

ob mein Bild von Gott nicht zu harmlos ist. Habe ich Gott irgendwie „praktikabel“ gemacht, gehe ich zu selbstverständlich mit dem „Geheimnis“ um, „das Furcht und Zittern auslöst“, wie der Theologe Rudolf Otto gesagt hat? Etwas zu meiden in meiner Beziehung zu Gott, bedeutet vielleicht zu fragen: Was ist wie ein hinderlicher Ballast, der mich davon abhält, mich dem befreienden Gott anzuvertrauen?
Wann und wie begegne ich Gott? Mich faszinieren die Gedanken von Alfred Delp. Und ich freue mich, dass hier davon berichtet wird, dass Gott Menschen „zu sich bringen“ möchte (2. Mose/Exodus 19,4). Gott handelt wie ein Liebender. Er bringt uns zu sich – und damit auch zu uns selbst. Dafür offen zu sein, möchte ich jeden Tag einüben. *Matthias Walter*

Die Welt ist Gottes so voll. Aus allen Poren der Dinge quillt er gleichsam uns entgegen, wir aber sind oft blind. Wir bleiben in den schönen und den bösen Stunden hängen und erleben sie nicht durch bis an den Brunnenpunkt, an dem sie aus Gott herausströmen. In allem will Gott Begegnung feiern und fragt und will die anbetende, hingebende Antwort.
Alfred Delp (1907-1945), deutscher Jesuit und Opfer der Nazis

30 Sonntag JUNI 2024

✸ 05:10 21:42
☽ 01:22 15:47

5. Sonntag nach Trinitatis

Bibellese: Psalm 73

Und dennoch gehöre ich zu dir!
Du hast meine Hand ergriffen und hältst mich;
du leitest mich nach deinem Plan
und holst mich am Ende in deine Herrlichkeit.
Wer im Himmel könnte mir helfen,
wenn nicht du?
Was soll ich mir noch wünschen auf der Erde?
Ich habe doch dich! *(Vers 23-25)*

Ich erinnere mich gut an eine Szene in meiner Kindheit. Fernsehen war ein beschränktes Gut. Nicht nur, weil es seinerzeit nur drei Programme gab, sondern auch, weil meine Eltern darauf achteten, dass das Angebot nur in kleinen Portionen genossen wurde. Sehr zum Unmut von uns Kindern. Eines Nachmittags wollte ich unbedingt etwas anschauen, hatte aber weder meine Hausaufgaben noch sonstige Pflichten erledigt, so dass der Fernseher ausblieb. Völlig verzweifelt argumentierte ich dagegen und rief immer wieder „trotzdem“, um die

Argumente meiner Eltern beis… wischen. Trotz aufgestampftem Fuß und wieder… er lauter Trotzdems hatte es mir damals nichts ge… zt. Diese Szene schoss mir in den Ko… als ich den Beginn des Bibellesetextes sah. „U… dennoch“, wie es hier heißt. Trotzdem! Fast kann m… sich ein Fußaufstampfen dazu vorstellen. Asaf, d… Psalmschreiber, will mit diesem „und dennoch“ ab… nichts ertrotzen oder beiseitewischen. Vielmehr ist es ein Erstaunen und eine Erkenntnis, die ihn hier trifft und die er sich in seiner gegenwärtigen Verfassung zurufen muss. Völlig frustriert von seiner Umwelt und der Vergeblichkeit seiner eigenen Anstrengungen hadert er mit Gott. Den Gottlosen geht es gut, ihm geht es schlecht. Das kennen wir auch, oder? Und dann beginnt das Selbstmitleid. Interessant ist zu sehen, was die Situation verändert: In Vers 17 steht: „Doch dann kam ich in dein Heiligtum.“ Hier wird das Gedankenruder herumgerissen. Schlagartig ändert sich die Perspektive, denn Asaf erkennt, wie Gott seine Argumente entkräftet. Gottes Trotzdem kann zu Asafs Trotzdem werden, so dass er ausrufen kann: „Und dennoch gehöre ich zu dir!“ Ist bei Ihnen das Gras des Nachbarn auch immer grüner und sind die Kirschen der anderen immer etwas röter? Lassen Sie uns eine Rast im Heiligtum einlegen, um die Perspektive zu wechseln.

Edda von Gerlach

1 Mor… g
JU…

2024

✷ 05:10 21:41

☽ 01:37 17:14

Bibellese… Mose/Exodus 19,16-25

Am Morgen des dritten Tages, als es gerade hell wurde, begann es zu donnern und zu blitzen, eine dichte Wolke bedeckte den Berg und mächtiger Posaunenschall war zu hören. Das Volk im Lager zitterte vor Angst. (Vers 16)

Trägt der kleine Stein vom Berg Sinai, der in einem Sandbett hinter Glas in meinem Bücherregal ruht, noch etwas in sich von diesem erschütternden Ereignis, von dem dieser Bibelvers berichtet? Die Welt erzittert, die Israeliten machen sich bereit für die Begegnung mit ihrem Gott. Sie bereiten sich vor, stellen sich auf dieses großartige Ereignis ein. Ein gewaltiger, ein lauter Moment mit Donner und Posaunen. Da kann einem angst und bange werden. Ist es aber nicht so, dass unsere – äußerst seltenen und sehr subjektiven – Gotteserfahrungen viel unauffälliger sind und eher leise daherkommen? Ich erinnere mich an die geradezu dröhnende Stille, die mich einmal in einer alten Kirche umfangen hat, als ich ganz allein dort war. Ganz nahe war mir dort die

Gottesbegegnung des Propheten Elija (1. Könige 19,12). Der jüdische Religionsphilosoph Martin Buber übersetzt diesen leisen Hauch, in dem Elija Gott begegnete, mit „einer Stimme verschwebenden Schweigens". Sachte und behutsam und doch ganz da. Keine Sensation, keine äußere Erschütterung ist nötig und doch kann es hell werden in meinem Leben. Gott kommt mir ganz nahe.
Gott lässt dem Volk Israel drei Tage Zeit, damit sie sich für die Begegnung mit ihm vorbereiten können. Am Morgen des dritten Tages, bei Sonnenaufgang, ist es dann soweit. Der dritte Tag bricht an. Ein besonderer Tag, wenn es nach der Bibel geht: Am dritten Tag wird Abrahams Glaube auf die Probe gestellt. Nach drei Tagen voller Unsicherheit überschreitet das Volk Israel den Jordan hinein in ein neues Land. Und schließlich beginnt für uns Christen das neue Leben jenseits des Todes am dritten, dem österlichen Tag. Das sind alles keine Alltagserfahrungen, sondern eindrückliche Erschütterungen. Aber am Ende wird es hell – und wir müssen keine Angst haben. Denn Gott ist Liebe (1. Johannes 4,8.16) und falsche „Furcht" hat hier keinen Platz. *Matthias Walter*

Monatsspruch
Du sollst dich nicht der Mehrheit anschließen, wenn sie im Unrecht ist. *(2. Mose/Exodus 23,2 E)*

2 Dienstag JULI 2024

✹ 05:11 21:41
☽ 01:56 18:41

Bibellese: 2. Mose/Exodus 20,1-21

Dann gab Gott dem Volk seine Gebote. Er sagte: „Ich bin der Herr, dein Gott! Ich habe dich aus Ägypten herausgeführt, ich habe dich aus der Sklaverei befreit. Du sollst keine anderen Götter neben mir haben." *(Vers 1-3)*

Wir befinden uns noch ganz am Anfang der Bibel, aber Gott hat bereits mit seinem Volk Geschichte geschrieben. Die Menschen haben etwas mit Gott erlebt und darauf bezieht sich Gott nun in seinem ersten Gebot: Er ist der Herr! Und weil die Menschen schon damals ein ziemlich kurzes Gedächtnis hatten, will er diesen Teil der gemeinsamen Geschichte, die Errettung aus der Sklaverei, ein für alle Mal festhalten. Er kennt Vergangenheit und Zukunft seines Volkes. Er weiß, was hinter ihnen liegt und was sie im Gelobten Land noch erwartet. „Ich bin alles, was ihr braucht", will er ihnen sagen. „Seht doch unseren gemeinsamen Weg an. Denkt daran, wenn ihr auch in Zukunft immer wieder auf die vielen anderen Götter eurer Nachbarn trefft."

Und heute? Lang ist sie her, die Rettung aus Ägypten. Und die Götter – sie kommen in Tarnfarben daher. Das merke ich an mir selbst, wenn ich über diesen Teil des Gebotes gerne hinweglese. Bei mir gibt es keinen Buddha, Brahma, Wischnu und so weiter in der Wohnung – keinen Altar, auf dem ich irgendeinem anderen höheren Wesen etwas opfere, auch mit Schutzengeln und Talismanen habe ich nichts am Hut. Aber vielleicht mache ich es mir hier zu einfach. Heißt es nicht, woran dein Herz hängt, da ist dein Schatz, da ist dein Gott? Denn wer bestimmt mein Handeln, meine Maßstäbe, meine Prioritäten? Immer wieder muss ich mich fragen: „Hat Gott der Herr hier das erste Wort oder bin ich ‚schatzgesteuert'? Mein Lebenspartner, mein Bankkonto, meine Karriere – wer diktiert den nächsten Schritt?" Wenn ich ehrlich bin, verstecken sich also doch eine ganze Menge Götter in meinem Umfeld. Gott weiß, was passiert, wenn wir die Augen von ihm abwenden und uns anderen Dingen zuwenden.
Lassen Sie uns gemeinsam dem Rat des Beters von Psalm 121 (L) folgen: „Ich hebe meine Augen auf zu den Bergen. Woher kommt mir Hilfe? Meine Hilfe kommt vom Herrn, der Himmel und Erde gemacht hat. Er wird deinen Fuß nicht gleiten lassen, und der dich behütet, schläft nicht. Siehe, der Hüter Israels schläft noch schlummert nicht." *Edda von Gerlach*

Bibellese: 2. Mose/Exodus 23,1-9

Beutet die Fremden nicht aus, die bei euch leben.

(Vers 9)

Diese Zeilen hätten auch von heute sein können. Diese Verse aus dem Alten Testament sind an Aktualität nicht zu überbieten. Und wir müssen uns vergegenwärtigen, dass 2. Mose/Exodus 23 nicht die einzige Stelle im Alten Testament ist, in der Ausländern ein besonderer Rechtsstatus zugedacht wird, auch in 5. Mose/Deuteronomium 10,18-19. Dies zieht sich konsequent durch das Alte Testament, weil die Fremden unter Gottes besonderem Schutz stehen. Sogar im Lob- und Anbetungspsalm 146 wird Gott als der gepriesen, der Ausländern zu ihrem Recht verhilft.

Das Verhältnis der Juden zu Ausländern war ein Stimmungsbarometer für ihr Verhältnis zu Gott: Sag mir, wie es um dein Verhältnis zu Ausländern steht, und ich sage dir, wie es um deine Beziehung zu Gott steht. Das gilt für uns heute noch genauso, denn

Jesus widerrief das Alte Testament nicht, sondern erfüllte es: Zur Sozialkritik des Propheten Jesaja sagt Jesus in Lukas 4,21: „Heute, da ihr dieses Prophetenwort aus meinem Mund hört, ist es unter euch in Erfüllung gegangen." Das ist unser Auftrag, so zu leben und zu handeln, wie Jesus es tat.

Als Missionar in Kamerun war ich ein Fremdling. Ich wurde weder ausgebeutet noch ausgegrenzt, sondern mit viel Gastfreundschaft empfangen und aufgenommen. Das veränderte und prägte mich. Es hilft mir, der Aufforderung aus 2. Mose/Exodus 23 gerecht zu werden. Der Theologe Dietrich Bonhoeffer schrieb 1944: „Unser Christsein kann heute nur in zweierlei bestehen: im Beten und im Tun des Gerechten unter den Menschen. Alles Denken, Reden und Tun muss neu geboren werden aus diesem Beten." Und zum Tun von Gottes Gerechtigkeit gehört die Gastfreundschaft gegenüber Ausländern und deren Gleichbehandlung. *Christoph Haus*

Ik bün bi di, wor Du mit een Utlänner geihst,
und dorför proodst, umdat de Lüt worn free.
Ik bün bi di, wor Du bien anner Minschke steihst,
gliek wo groot sein Malleur, wo deep sein Fall ok weer.

Christoph Haus/Munterholl'n

Zum 3. Juli 2024

Reformer und seiner Zeit voraus

Schluck deine Sehnsucht hinunter, / wisch dir die Angst vom Gesicht. / Frag nicht, warum alles ist, wie es ist, / denn die Großen wissen es nicht." Als Jugendlicher begegneten mir irgendwo diese Zeilen, die mich faszinierten. Sie stammten aus dem Jazzmusical „Halleluja Billy", geschrieben von Ernst Lange und uraufgeführt auf dem Kirchentag 1956. **Ernst Lange starb heute vor 50 Jahren,** am 3. Juli 1974. Sein kurzes Leben, geprägt von inneren und äußeren Spannungen und wiederkehrenden Depressionen, beendete er selbst.

Ernst Lange wurde am 19. April 1927 in München geboren. Er musste 1943 die Schule ohne Abitur verlassen, da er Halbjude war. Nach einer Optikerlehre und dem Abitur 1945 studierte er bis 1950 Theologie. 1947 heiratete er Beate Heilmann. Dem Ehepaar wurden vier Kinder geschenkt. Ernst Lange arbeitete als Vikar und Pfarrer in Berlin-Spandau (1950-1953), als Verlagslektor und Dozent in Gelnhausen (1954-1959), als Hilfsschlosser in Berlin (1959-1960) und wieder als Pfarrer in Berlin-Spandau (1960-1967). Kurze Zeit lehrte er an der Kirchlichen Hochschule Berlin (1963-1965), bevor der Ökumenische Rat ihn nach Genf berief (Foto,

1968-1970). Zuletzt wurde er als Oberkirchenrat nach Hannover berufen. 1972 erhielt er die Ehrendoktorwürde durch die Universität Tübingen.

1954 reiste Ernst Lange zur 2. Vollversammlung des Ökumenischen Rates der Kirchen in die USA. Dort lernte er die „East Harlem Protestant Parish" in New York kennen. Theologiestudenten hatten in einem leerstehenden Metzgerladen eine Gemeinde ins Leben gerufen, die zum Treffpunkt der Jugendlichen wurde. Seine Erfahrungen dort verarbeitete er im oben genannten Musical. 1960 baute er als Pfarrer in einer ehemaligen Bäckerei die „Ladenkirche am Brunsbütteler Damm" auf. Die Ladenkirche wurde zu einem der meistbeachteten Reformprojekten der evangelischen Kirche.

Ernst Lange beschäftigte sich von Anfang an mit der Frage, wie sich die Glaubwürdigkeit Gottes in der Welt erweisen kann. Sein Konzept einer unideologischen, glaubens- und lebensweltorientierten Predigtpraxis erlangte erhebliche Bedeutung und schlug sich nieder in den „Predigtstudien" (seit 1968). Zwei Theologen legen darin einen Bibeltext der Perikopenreihe aus, ein „Anwalt des Textes" und ein „Anwalt des Hörers".

Oft zitiert werden seine Worte aus einer Radioansprache zum Totensonntag: „Der Tod ist kein Argument gegen das Leben, kein Argument gegen die Liebe, kein Argument gegen die Hoffnung auf Vollendung der Welt. Ganz schlicht: Kein Argument gegen Gott." Das gilt auch für Ernst Langes Tod. *Hans-Werner Kube*

4 Donnerstag JULI

2024

☀ 05:13 21:40
☽ 03:00 21:13

Bibellese: 2. Mose/Exodus 23,10-19

Sechs Jahre lang sollst du dein Land bearbeiten und den Ertrag ernten, den es dir bringt. Aber im siebten Jahr lass es brachliegen. *(Vers 10-11)*

In Nordkamerun gibt es rund 20 Baptistengemeinden, die gemeinsam ein Klimaschutzprojekt realisieren. Sie pflanzen ungefähr 30 000 Bäume im Jahr gegen das Fortschreiten der Wüste und die Bodenerosion. Zu dem Projekt gehört es auch, dass sie regelmäßig Teile ihrer Äcker einfrieden und brachliegen lassen, damit sich der Bewuchs erholt und in der Regenzeit das Wasser besser aufgenommen wird. Auf die Frage, warum sie das machen, geben sie nicht nur forstwirtschaftliche Begründungen, sondern zitieren auch 2. Mose/Exodus 23. Hier wird auf die Schöpfung verwiesen, in der Gott sechs Tage tätig war und am siebten Tag ruhte. Daraus wiederum ergab sich der Sabbat (Vers 12). Der Sieben-Tage-Rhythmus wird hier erweitert in einen Sieben-Jahre-Rhythmus für das Ackerland.

Die Ernten der Bauern der Gemeinden in Nord-Kamerun sind größer, das Mikroklima in diesen Dörfern ist besser, ihre Landwirtschaft ist nachhaltiger und die Gemeinden können mit ihren Hirse- und Maisspeichern Bedürftigen helfen: Die Armen deines Volkes sollen davon essen, den Rest mögen die Tiere des Feldes fressen (Vers 11).
Wir können uns inspirieren lassen von diesem Text: Am siebten Tag sollen wir ruhen. Zwar kennen auch andere antike Kulturen festgesetzte Ruhetage. Aber ein von Gott eingesetzter Wochentag, an dem man ruht oder Gottesdienst feiert, ist ein Alleinstellungsmerkmal der jüdischen Religion, über das auch Christen sich heute noch freuen können. Einkehr, Besinnung auf die wesentlichen Dinge im Leben, Erholung von den Themen des Alltages sind wichtig. Und ein Geschenk Gottes an uns Menschen.

Christoph Haus

Gott möge uns seine Schulter geben, damit wir uns von Zeit zu Zeit bei ihm anlehnen können. Er möge uns die Pausen geben, die wir brauchen. In denen wir bei ihm ausruhen, von Zeit zu Zeit, von Ewigkeit zu Ewigkeit, getröstet und ermutigt.

Christoph Haus

5 Freitag JULI 2024

☀ 05:13 21:39
☽ 03:52 22:06

Bibellese: 2. Mose/Exodus 23,20-33

Der Herr sagte: „Ich verspreche euch, ich werde einen Engel vor euch hersenden, der euch unterwegs beschützt und euch sicher in das Land bringt, das ich für euch bestimmt habe.“ *(Vers 20)*

Das ist eine sehr schöne Verheißung, die Gott hier an Mose und das Volk Israel richtet. Wie gerne würden wir das heute so anschaulich und konkret erleben: Gott bestimmt ein Ziel für uns und stellt uns einen Engel an die Seite, der uns unterwegs beschützt und sicher ans Ziel bringt.

Ganz ehrlich, oft erlebte ich in meinem Leben Situationen, in denen ich an Weggabelungen stand und mich nicht entscheiden konnte. Und ich dachte: Jetzt wäre eine klare Ansage durch Gottes Engel sehr hilfreich. Ich versuchte dann meistens, verschiedene Türen zu öffnen, und bin durch die gegangen, die offen war. Im Nachhinein stelle ich fest: Ganz bestimmt war Gottes Engel in diesen Entscheidungssituationen bei mir und sorgte dafür, dass bestimmte

Türen geschlossen blieben und andere sich öffneten. Gott löste sein Versprechen ein und sorgte auf meinem Weg dafür, dass ich nicht stolperte. Er war bei mir, als ich losgegangen bin, und er war schon da, als ich an meinem Ziel angekommen bin.
Aber der Schutzengel ist nicht nur Wegbereiter und Beschützer, wie wir in den nachfolgenden Versen lesen, sondern auch eine geistliche und moralische Instanz. Er ist Gottes Erinnerung und Mahnung, dass ich mich unterwegs nicht ablenken lasse von Gottes Willen, seinen Maßstäben und seiner Nähe. Denn auf dem Weg zu Gottes Ziel für uns betreten wir hier und da Neuland. Unbekanntes Terrain. Und begegnen Herausforderungen und Versuchungen, die unsere Beziehung zu Gott gefährden können. Schärfen wir also unser geistiges Auge, damit wir den Engel Gottes im Blick haben. Und hoffen wir, dass unser geistiges Auge keine Alterserscheinungen wie Netzhautablösung oder Grauen Star erleidet. Und vertrauen wir darauf, dass Gott mit seinem Schutzengel auch bei uns ist, wenn wir ihn gerade nicht spüren oder gar nicht mit ihm rechnen. *Christoph Haus*

Wenn ik ünnerwegns bün, kiekt he up mien Footen und wiest mi de richtige Pad, kum ik dann naar Hus hen und maakt de Döör up, dann seggt he man: „Ik bün all daar.“ *Christoph Haus/Munterholl’n*

6 Samstag JULI

2024

✷ 05:14 21:39

☽ 04:58 22:44

Bibellese: 2. Mose/Exodus 24,1-18

Mose nahm das Buch, in dem er das Bundesgesetz aufgeschrieben hatte, und las es den versammelten Israeliten laut vor. Sie versprachen: „Wir wollen alles gehorsam tun, was der Herr uns befiehlt." (Vers 7)

Was wäre wohl passiert, wenn das so geklappt hätte? Wenn das Volk sein Versprechen gehalten und sie alles gehorsam getan hätten, was der Herr ihnen befohlen hatte? Völlig beeindruckt von der Inszenierung, ergriffen von der Innigkeit und Erhabenheit dieses Moments. Sie waren sich bestimmt in diesem Moment ganz sicher, dass sie das wollten und könnten. Mit hehrem Ernst haben sie dieses Versprechen abgegeben. Wie wäre die Geschichte dann weitergegangen?

Sie hätten Gott als einzigen Herrn ihres Lebens angebetet und keine anderen Götter neben ihm gehabt. Sie hätten sich keine Bilder gemacht und Gottes Namen nicht missbraucht. Den Ruhetag hätten sie in Ehren gehalten und Vater und Mutter geehrt. Sie

hätten nie gemordet, nicht die Ehe gebrochen, nicht gestohlen, nichts Unwahres gesagt und hätten nie begehrt, was einem anderen gehört. Wie klingt das? Nach Paradies klingt das – und ein bisschen langweilig? Wo blieben all die Geschichten, die das Leben so schreibt? Die Spannung, die Tragödien und Komödien? – Wie sähe es wohl in unserem Leben aus, wenn wir alle unsere Versprechen, die wir je gegeben haben, gehalten hätten? Versprechen an Eltern und Kinder, Versprechen bei der Konfirmation, der Einsegnung, der Hochzeit, Versprechen gegenüber Freunden und Kollegen. Wie sähe es in unserem Leben aus, wenn wir alle guten Vorsätze durchgezogen, alle wohlmeinenden Pläne in die Tat umgesetzt hätten? Ja, dann wären wir wohl perfekt, dann gäbe es nichts an uns auszusetzen.
Die Israeliten haben sich überschätzt. Und sind dann wieder mitten in den Realitäten des Lebens gelandet. Bei Versuch und Irrtum, beim Auf und Ab, bei Liebe und Vergebung. *Ute Armbruster-Stephan*

? Rätselfrage zur Bibellese im Juli
Was soll man tun, wenn der Esel eines Feindes unter seiner Last zusammenbricht?

Bitte tragen Sie die Antwort auf dem Blatt ein,
das nach dem 31. Dezember folgt.

7 Sonntag JULI 2024

✹ 05:15 21:38
☽ 06:14 23:10

6. Sonntag nach Trinitatis

Bibellese: Psalm 139

Steige ich hinauf in den Himmel –
du bist da, Herr.
Verstecke ich mich in der Totenwelt –
dort bist du auch. *(Vers 8)*

Der Himmel wäre mir ehrlich gesagt lieber als die Totenwelt. Oben, hell, luftig, leicht. Mal hellblau mit Schäfchenwolken oder dunkelblau ohne alles oder grau vor Regen oder gemischt. „Über den Wolken muss die Freiheit wohl grenzenlos sein. Alle Ängste, alle Sorgen, sagt man, blieben darunter verborgen und dann würde, was uns groß und wichtig erscheint, plötzlich nichtig und klein", das hat Reinhard Mey gedichtet und viele haben es schon mitgesungen. Lieber steige ich in den Himmel und erwarte dort etwas Großes, Schönes und Weites. Gott ist dort – so muss das sein. Der Himmel ist sein Reich und es scheint, von unten gesehen, ein guter Ort zu sein. Der Himmel ist der höchste Punkt der mythischen Welt, das war die Vorstellung

des Psalmbeters. Doch nicht nur dort ist Gott zu finden, wo man ihn sofort vermutet. Seine Gottesvorstellung ist so groß und weit, dass für ihn kein Ort denkbar ist, der aus dem Machtbereich Gottes herausfiele, und dass es keine Lebenslage geben kann, um sich aus dem Wirklichkeitsbereich Gottes zu entfernen. Die Totenwelt ist der tiefste Punkt der mythischen Welt. Der Ort für das Ende, die Stille, die Einsamkeit. Das genaue Gegenteil vom Himmel, der Ort, wo niemand sein will und der doch auf jeden Menschen wartet. Ist das ein Trost zu wissen, dass Gott dort auch sein wird, wenn ich mich bei den Toten betten werde (Vers 8 L)?
Mit gefällt die Weite in diesem Psalmvers. Weit geht es hinauf und tief hinunter in unserem Leben. Und alles mit aktiven Verben. Ich kann hinaufsteigen und Gott ist da und ich kann mich in der Tiefe verstecken und Gott ist auch da. Ich empfinde das nicht als bedrohlich und übergriffig, sondern als sehr tröstlich. Weil ich daran glaube, dass Gott mich mit liebenden Augen betrachtet und mich mit seinem Geist leitet. So kann ich mich in diesen Dimensionen bewegen und die Ebenen ausloten und meinem Leben, Denken und Handeln eine Richtung geben. „Und wenn ich in Gefahr bin, mich von dir zu entfernen, dann bring mich zurück auf den Weg zu dir!" (Vers 24).

Ute Armbruster-Stephan

8 Montag JULI 2024

✷ 05:16 21:38
☽ 07:32 23:28

Bibellese: 2. Mose/Exodus 25,1-22

Der Herr befahl Mose: „Die Israeliten sollen eine Lade aus Akazienholz anfertigen: eineinviertel Meter lang, drei viertel Meter breit und ebenso hoch." (Vers 1.10)

Der Abenteurer Indiana Jones, gespielt von Harrison Ford, macht sich 1981 in dem Hollywoodfilm als „Jäger des verlorenen Schatzes" auf die Suche nach der verschollenen Bundeslade. Zahlreiche Mythen ranken sich darum und es gibt viele Interessenten, die sich um dieses wertvolle Stück streiten. Am Ende wird sie gefunden und dann doch für immer weggesperrt. Sie ist zu unkalkulierbar, zu mächtig, zu bedrohlich. Sehr spannend, diese Geschichte. Die Lade aus der alten biblischen Geschichte hat es auf die große Kinoleinwand geschafft.

Unsere Bibellese erzählt über ihre Entstehung, den ersten Einsatzort und ihre Aufgabe. Die Israeliten tragen in der Wüste ihre letzten Schätze zusammen und sie sollen daraus ein Heiligtum errichten, in dem

Gott unter ihnen wohnen will (Vers 8). So wird der transportable Schrein für das wandernde Gottesvolk gebaut und die beiden Gesetzestafeln mit den zehn Geboten hineingelegt. Diese Lade aus Akazienholz ist der Ort, von dem Gott zu Mose sagt: Dort will ich dir begegnen (Vers 22). Die Truhe hat das Volk durch seine Geschichte begleitet, fand später in Jerusalem und im Allerheiligsten des Tempels ihren Platz. Was nach der Zerstörung des Jerusalemer Tempels 586 vor Christus mit ihr geschah, bleibt offen. Mythen ranken sich darum. Hollywood will uns erzählten, dass der Abenteurer Indiana Jones auf ihre Spur gekommen ist und sie wiedergefunden hat ...
Die Bundeslade war ein Symbol für die Gegenwart Gottes für das Volk Israel in Zeiten großer Bewegung und Veränderung. Heute haben wir Kirchen, Heiligtümer und andere Orte und Symbole, wo Menschen Gott suchen und finden. Doch seine Wohnung will in unseren Herzen sein, ganz unspektakulär.

Ute Armbruster-Stephan

---

www.youtube.com/watch?v=tr6RcRlakWc
Bundeslade: Berühren verboten! Terra X

Indiana Jones, Jäger des verlorenen Schatzes,
Steven Spielberg 1981

9 Dienstag JULI

2024

✸ 05:17 21:37
☽ 08:48 23:42

Bibellese: 2. Mose/Exodus 31,18-32,14

Alle nahmen ihre goldenen Ohrringe ab und brachten sie zu Aaron. Er schmolz sie ein, goss das Gold in eine Form und machte daraus das Standbild eines Jungstiers. *(Vers 3-4)*

Wie schnell Situationen sich doch wenden! So lange ist es nicht her, dass Mose aufgebrochen ist. Und da hatten sie ihm hoch und heilig versprochen: „Wir wollen alles tun, was der Herr uns befiehlt!" (2. Mose/Exodus 24,3). Wirklich alles! Aber jetzt, wo Mose auf dem Berg ist und gerade nicht wiederkommt, da spricht ein anderer Herr: Aaron. Denn der Druck auf ihn wächst. Eine gewaltige Opposition bildet sich. Sie stellen Forderungen. Aaron soll sichtbare Götter machen. Die vorweggehen. Unglaublich. Götter machen? Waren sie nicht auf einem ganz anderen Weg? Mit Gott, dem Herrn, der sie mit starker Hand aus der Sklaverei in Ägypten geführt hatte? Und jetzt sind sie innerlich auf Distanz gegangen. So schnell.

Komisch, denke ich. „Denn was aus diesem Mose geworden ist, niemand weiß es“ (Vers 1). Allein diese Formulierung spricht Bände. Was wohl in Aaron vorgeht? Er lässt sich mitreißen und hinreißen. Gibt nach. Schaut dem Volk aufs Maul, sammelt ihr Gold ein und wird zum Hobbygoldschmied. Ein Kalb kommt dabei heraus. Da steht es nun, prächtig und goldig. Vorangehen tut es nicht. Wie auch? Dieser Klumpen Gold ist starr und unbeweglich. Und doch zieht er alle in seinen Bann. So, dass sie tatsächlich für dieses goldene Vieh einen Altar bauen und opfern. Und mit einem Mal scheint alles wieder gut zu sein. Sie feiern rund ums goldene Denkmal und vergessen den, der ihr eigentlicher Befreier ist.

Und bevor wir jetzt mit dem Finger auf das Volk Israel zeigen – denken wir daran: Wenn wir mit dem Finger auf andere zeigen, zeigen gleichzeitig immer drei auf uns zurück. Nein, unseren Goldschmuck schmolzen wir höchstwahrscheinlich noch nie ein, um uns daraus einen Gott zu basteln. Aber oft genug gingen wir auf Distanz zu dem Gott, dem wir wieder und wieder versprachen, mit ihm zu leben. Mit allem, was wir sind und haben. Diesem Gott, der in Jesus Christus uns rettete. Den wir „Herr“ nennen. Wie schnell Situationen sich doch wenden ... Hoffentlich bleiben wir bei Gott oder wenden uns ihm heute wieder zu.

André Carouge

10 Mittwoch JULI 2024

✷ 05:18 21:36
☽ 10:01 23:53

Bibellese: 2. Mose/Exodus 32,15-29

Als Mose näher kam, sah er das Stierbild und das wild tanzende Volk. Da packte ihn der Zorn und er zerschmetterte die Tafeln auf dem Felsboden am Fuß des Berges. *(Vers 19)*

Vorgewarnt war er ja schon. Von Gott. Oben auf dem Berg. Und allein diese Information bewegt ihn, direkt fürbittend für das Volk einzutreten. Was für ein Leiter! Der selbst in der größten Enttäuschung vermittelt und den Ruf Gottes dabei im Blick behält. Nein, die Ägypter sollen nicht sagen, dass Gott die Israeliten ins Unglück führte. Ganz im Gegenteil! In die Freiheit führte Gott sie. Nun steigt Mose vom Berg herab. Hier wartet eine große Herausforderung auf ihn, denn von etwas zu hören und etwas zu sehen, das ist zweierlei. Als Mose und Josua im Lager angekommen sind, da packt Mose der Zorn. Aber so richtig. Wie konnten sie nur? Gerade ist er, Mose, weg – und das nicht irgendwohin, sondern zu Gott auf den Berg – und schon nimmt das Unheil seinen

Lauf. Sein Zorn führt zur Handlung. Er zerschmettert die Tafeln. Nicht irgendwelche Tafeln, sondern die, die Gott selbst beschrieb mit seinem Gesetz. Das eigentlich gelten sollte für das jetzt um das goldene Kalb feiernde, tanzende und grölende Volk.
Da liegen sie nun, kaputt. Und ja, sie zeugen davon, dass etwas kaputt gegangen ist in der Beziehung Gottes zu seinem auserwählten Volk. Die zerbrochenen Tafeln illustrieren, dass der Bund mit Gott definitiv zerbrochen ist. Ja, Mose hatte sich direkt fürbittend für das Volk eingesetzt. Und es gereute den Herrn, was er angedroht hatte. Trotzdem: Der Bruch hat Konsequenzen. Für manche unmittelbar. Viele verlieren an diesem Tag ihr Leben. Denn Schuld zieht Konsequenzen nach sich. Und mit diesen Konsequenzen müssen Menschen leben. Jeden Tag. Bis heute. Und doch: Das Zerbrochene wird geheilt. Das Leben geht weiter. Gut, wenn auch anders. Am Ende des Abschnitts ist von Segen die Rede. Gericht und Gnade sind die zwei Seiten ein und derselben Medaille. Am Ende dieser hässlichen Geschichte ist das goldene Kalb pulverisiert. Aber der Gott Israels ist immer noch da. Mächtig. Vor allem aber auch so: „barmherzig und gnädig und geduldig und von großer Gnade und Treue“ (2. Mose/Exodus 34,6 L). Davon leben wir als Menschen – jede Generation aufs Neue!

André Carouge

Bibellese: 2. Mose/Exodus 32,30-33,6

Der Herr ließ eine Seuche unter den Israeliten wüten, weil sie Aaron dazu verleitet hatten, für sie das Götzenbild zu machen. *(Vers 35)*

Das Opferfest ist vorbei. Die Gesänge sind verstummt. Das goldene Kalb ist Geschichte. Ein neuer Tag beginnt. Und doch – das Alte steht immer noch im Raum. Die Abkehr von Gott. Das Schaffen eines Götzenbildes. Und seine Verehrung. Mose, der damit aber nun auch wirklich nichts am Hut hat, zieht sich nicht verletzt und beleidigt zurück. Im Gegenteil: Er setzt sich für das Volk ein. Noch einmal. Fürbittend. Vor Gott. Wieder steigt er auf den Berg. Vielleicht kann er etwas bewirken. So dass das, was in der Beziehung zwischen Gott und dem Volk kaputt gegangen ist, ja doch irgendwie wieder in Ordnung kommen kann, nämlich so, dass Gott Schuld vergibt. Dabei wirft er alles in die Waagschale. Wirklich alles. Nämlich sich selbst. Soweit geht seine Fürbitte. Mose ist und bleibt dem Volk treu, obwohl sie sich nicht an das hielten, was sie ihm und was sie vor allem Gott versprachen. Und Gott? Er macht keinen Rundumschlag, bei dem er wahllos alle trifft. Er macht keinen verantwortlich, der mit der Geschichte nichts zu tun hat. Gott hat wahrlich keine Freude daran, Gericht zu üben. Am Ende wütet eine Seuche. Sie wird als Bestrafung gedeutet, weil das Volk Aaron dazu verleitete, für sie das Götzenbild zu machen.

Zwei Sachen fallen mir in diesem Abschnitt auf. Zum einen: Für mein Verhalten bin ich verantwortlich. Und für die Konsequenzen, die daraus entstehen, ebenso. Zum zweiten: Mich beschäftigt die Frage, wie wir mit denjenigen umgehen, die Verantwortung tragen. Im Großen und im Kleinen. Im Staat und in der Gemeinde. Aaron wurde massiv unter Druck gesetzt. Am Ende gab er nach. Nicht, dass er dadurch schuldlos ist. Aber es liegt auch an mir, ob Menschen in meiner Nähe Angst bekommen oder aufatmen können. Am Ende geht die Geschichte weiter. Anders weiter. Zum verheißenen Land. Gott macht weiterhin seine Geschichte mit seinem Volk. Das macht mir Hoffnung. Auch für mich selbst und meinen Weg mit Gott.

André Carouge

12 Freitag JULI

2024

☀ 05:20 21:34

☽ 12:21 00:03

Bibellese: 2. Mose/Exodus 33,7-11

Mose schlug jedes Mal, wenn das Volk Rast machte, außerhalb des Lagers ein Zelt auf. Er nannte es das Zelt der Begegnung mit Gott. Wer von den Leuten im Volk eine Weisung oder Entscheidung des Herrn suchte, musste dorthin gehen. *(Vers 7)*

Die meisten meiner Predigten sind im Wald entstanden. Wenn ich den Text mit Hilfe meiner theologischen Bücher und der im Studium erlernten Verfahren erschlossen und verstanden hatte, begann die eigentliche Arbeit. Dazu musste ich mich in der Natur bewegen. Ich hätte zwar mit meinen Gedanken sofort mühelos die Predigtzeit ausfüllen können. Aber ich wusste nicht, was von all den biblischen Richtigkeiten für meine Zuhörerinnen und Zuhörer aus Gottes Sicht besonders relevant war. Und ich wusste auch nicht, wie ich das so vermitteln konnte, dass mir die Zuhörer nicht nur zustimmen, sondern dass es sie trifft und bewegt. Der Spaziergang im Wald war immer eine ganz besondere Zeit, und fast immer erlebte ich, wie die Predigt im Gespräch mit Jesus Gestalt annahm. Immer wieder merkte ich: Der Heilige Geist ist doch der beste und kreativste Prediger. Ich erlebte, wie Gedanken und Ideen in mir entstanden, über die ich selbst nur staunen konnte. Es denkt in mir, habe ich diese Erfahrung gerne genannt. Auch andere wichtige Entscheidungen und Projekte sind auf diese Weise entstanden. Natürlich muss es nicht der Wald sein, um Gott zu begegnen und „eine Weisung oder Entscheidung vom Herrn" zu suchen, wie es in unserer Bibellese formuliert wird. Aber ein Ort außerhalb des Lagers sollte es schon sein. Ein stilles Kämmerlein, ohne andere Menschen. Ein Platz ohne die Betriebsamkeit des Alltags. Eine Umgebung, die mich nicht sofort an tausend Pflichten und Möglichkeiten erinnert. Ja, es stimmt natürlich, dass Gott nicht unsere Stille braucht, um zu uns zu reden. Die Bibel berichtet durchaus vom unerwarteten Reden Gottes mitten im Alltag zur totalen Überraschung der Angesprochenen. Und es gibt auch das Stoßgebet aus dem Chaos und der Verzweiflung heraus. Aber für die Kontaktaufnahme unsererseits mit dem Ziel, von Gott eine Weisung oder Entscheidung zu erbitten, gilt das Prinzip aus der Wüstenwanderung nach wie vor. Oder wie sehen Sie das? *Wolfgang Kraska*

Bibellese: 2. Mose/Exodus 33,12-23

Der Herr sagte zu Mose: „Hier auf dem Felsen neben mir kannst du stehen. Wenn meine Herrlichkeit vorüberzieht, werde ich dich in einen Felsspalt stellen und dich mit meiner Hand bedecken, bis ich vorüber bin.“

(Vers 21-22)

In vier Gemeinden über ganz Deutschland verteilt habe ich im Laufe meiner Dienstzeit als Pastor gearbeitet. Jeder Umzug von einem Ort zum anderen war mit großen Veränderungen und neuen Herausforderungen verbunden. Nicht nur für mich, sondern auch für meine Familie. „Warst du eigentlich immer sicher, dass es Gottes Berufung war, der du gefolgt bist?“, wurde ich gelegentlich gefragt. Die Antwort lautet: Njain. Ich hatte immer genügend Gewissheit, um mich auf den Weg zu machen. Fünfzig Prozent plus eine Aktie, wie man so schön sagt. Mehr nicht, aber es hat mir gereicht. Dass es wirklich Gottes Ruf und Auftrag war, das wusste ich letztlich erst im Rückblick.

Natürlich wünscht man sich als Mensch Klarheit und Eindeutigkeit. Besonders von Gottes Seite. Dass Gott zu einem redet, wie ein Mann zu seinem Freund. Diese wunderbare Aussage über das Verhältnis zwischen Mose und Gott steht am Ende der gestrigen Bibellese. Aber allzu banal darf man sich das nicht vorstellen, wie die Fortsetzung im heutigen Text zeigt. Nein, Gott direkt ins Angesicht schauen, das geht auch für Mose nicht. Und doch ist eine ganze Menge möglich, indem Gott drei Einschränkungen macht. Mose steht im Felsspalt. Da ist kein neugieriges Sich-Umschauen nach rechts und links möglich, sondern nur der fokussierte Blick auf Gott selbst. Im entscheidenden Moment verdeckt Gott die Sicht, indem er seine Hand über Mose hält. Die Erkenntnis des Mose bleibt somit schemenhaft und ungenau. Und schließlich darf er Gott hinterherschauen. Nur hinterherschauen. Aber das reicht, um zu wissen, dass er wirklich Gott begegnet ist. Und das reicht, um den mühsamen Weg durch die Wüste auch ohne ständige übernatürliche Erfahrung weitergehen zu können.

Im Prinzip, wenn auch weit weniger spektakulär, empfinde ich auch meinen eigenen Weg so. Im Nachhinein, im Rückblick weiß ich, dass ich Gott begegnet bin und mit ihm unterwegs war.

Wolfgang Kraska

14 Sonntag JULI 2024

✹ 05:23 21:33
☽ 14:41 00:23

7. Sonntag nach Trinitatis

Bibellese: Psalm 119,25-32

Herr, bewahre mich vor jeder Art von Falschheit, in deiner Güte lehr mich dein Gesetz! (Vers 29)

Wahrheit offenbart sich in Begegnung – dieser Satz ist tief in mir hängengeblieben auf meiner persönlichen Suche nach Wahrheit. In Psalm 119, dem längsten Psalm der Bibel, bittet der Psalmist immer wieder darum, Gottes Gesetze zu erkennen und danach zu leben. Falschheit – was bedeutet das eigentlich? Wie oft trage ich eine Maske? Wie oft verstecke ich mich, mein wahres Ich, vor anderen, vor Gott, vor mir selbst? Fühle ich mich manchmal „falsch" oder denke ich, dass ich nicht dazugehöre, nicht genug bin? Tue oder sage ich Dinge, die nicht mit meinen Werten und meinem Glauben übereinstimmen?

Falschheit muss sich nicht nur in den offensichtlichen Dingen offenbaren, vielmehr können es die kleinen Momente sein und die inneren Überzeugungen, die nicht übereinstimmen mit dem, was

Gott über mich oder dich sagt. Das Gegenteil von Falschheit ist Echtheit, Ehrlichkeit, Wahrhaftigkeit. Wahrheit offenbart sich in echten Begegnungen, in denen wir unsere Masken fallen lassen und so, wie wir sind, vor unseren Gott kommen. Um Echtheit zu leben, muss ich in der Lage sein, mir mein Inneres und meine Überzeugungen anzuschauen und ehrlich mit mir selbst zu sein: Ist da etwas, das mich abhält, authentisch und frei vor Gott und meine Mitmenschen zu treten? Echtsein bedeutet, meine Gefühle zuzulassen und wahrzunehmen – alle Gefühle: die Wut, die Scham, die Trauer, die Angst. Und ebenso die Freude und die Liebe. Es bedeutet, präsent zu sein. In diesem Moment, mit dem, wer ich bin und was gerade in mir ist. Echtheit, Ehrlichkeit und Wahrhaftigkeit fordern etwas von mir. Doch während Falschheit mich in unechte Beziehungen, emotionale Isolation und Illusionen führt, so führt die Konfrontation mit meiner Echtheit in eine tiefere Beziehung zu Gott, zu mir selbst und zu meinen Mitmenschen. Sie erlöst von dem Zwang, eine Maske zu tragen. Sie erlöst davon, meine Energie dafür aufzuwenden, mich zu verstecken. Sie macht frei, den Auftrag, den Gott mir aufs Herz legte, authentisch zu leben. Was bedeutet Echtsein für Sie – heute, in Ihrer aktuellen Situation? *Dana-Sophie Jansen*

15 Montag JULI 2024

☀ 05:24 21:32
☽ 15:55 00:35

Bibellese: 2. Mose/Exodus 34,1-10

Mose sagte: „Herr, wenn ich in deiner Gunst stehe, dann sei doch in unserer Mitte und zieh mit uns in das Land! Es ist ein widerspenstiges Volk, aber vergib uns unsere Schuld und unseren Ungehorsam und nimm uns als dein Volk an!“ *(Vers 9)*

Mose kann nicht anders, als für sein Volk einzustehen – ist er doch ein Teil davon. Obwohl alles Mögliche gegen das Volk spricht und Moses Bruder Aaron das Volk offenbar schon innerlich aufgegeben hat: „Du weißt doch, wie sehr das Volk zum Bösen neigt“, wusste er zu sagen (2. Mose/Exodus 32,22). Mose selbst war Gott nahe. „Wenn ich in deiner Gunst stehe ...“, kann er von sich sagen. Wie könnte dieser Satz weitergehen? Vielleicht: „ ... dann sorge für mich, dann sei mir gnädig, dann lass es mir gutgehen.“ Nach dem Motto: Ich bin Gott nahe, und Gott kümmert sich um mich.

Mose aber hat einen weiteren Blick: Er sieht immer noch eine Chance für das ganze Volk. Das Volk ist

halsstarrig, aber mit dem barmherzigen Gott kann es eine Zukunft geben.
Es ist ein ungeheurer Gemeinsinn, den ich da spüre. Wie schnell finde ich mich eher bei Aaron wieder: Ach, es hat eh keinen Sinn, zu vieles läuft falsch. Mose aber kann immer noch für die anderen sprechen und sieht auch deren Zukunft mit Gott. Er lässt sie nicht fallen, obwohl er sich um sich selbst keine Gedanken machen muss. Daran möchte ich mir ein Vorbild nehmen und den Mut nicht verlieren in einer Zeit, die ich oft als verrückt und schlimm empfinde, als fern von Gott und fern von den Mitmenschen. Diese Welt nicht fallenzulassen, sondern mit Taten und immer wieder mit Gebet einzustehen für die Menschen und den Weg zu bereiten für Gottes Barmherzigkeit, das ist mein Wunsch und meine Aufgabe.

Christine Guse

Du, Herr, hast selbst in Händen
die ganze weite Welt,
kannst Menschen Herzen wenden,
wie dir es wohlgefällt;
so gib doch deine Gnad
zu Fried und Liebesbanden,
verknüpf in allen Landen,
was sich getrennet hat.

Paul Gerhardt 1653
Aus: Zieh ein zu deinen Toren

16 Dienstag JULI 2024

☀ 05:25 21:31
☽ 17:12 00:50

Bibellese: 2. Mose/Exodus 34,27-35

Als Mose mit den beiden Tafeln den Berg Sinai hinabstieg, wusste er nicht, dass sein Gesicht einen strahlenden Glanz bekommen hatte, während der Herr mit ihm sprach. *(Vers 29)*

Eigentlich braucht es gar keine Andacht heute. Dieser eine Satz genügt: Wenn wir mit Gott sprechen, hören, empfangen, auf Gott konzentriert sind, dann verändern wir uns zum Guten, zu Gott hin. Der Mensch, der in Gottes Licht tritt, wird zu einem Spiegel von Gottes Herrlichkeit. Beten, ob mit Worten oder ohne, das prägt, das verändert, das erfüllt, das lässt strahlen, so ganz von innen. Ja, ein Mensch geht gesegnet aus einem solch tiefen, konzentrierten Gebet heraus. Und Mose kann erneut das in die Welt bringen, was es zum Zusammenleben braucht. Also: Bitte beten, das hilft. Das reicht für den Tag heute!

Aber – wenn das so selbsterklärend ist, warum machen es dann nicht alle? Ich merke immer wieder, dass mir oft schon allein die Ruhe zum konzentrierten Beten fehlt – so vieles geht mir durch den Kopf. Ich sitze unruhig. Ich kann auch innerlich nicht recht still werden. Vom Hören ganz zu schweigen. Wie schnell sind dann Worte gefunden – oft solche, die man getrost als „plappern" bezeichnen kann. Vielleicht braucht es das auch gar nicht immer, Worte zu finden. Es tut gut, einfach dazusitzen und Gott zu sagen: Hier bin ich. Nichts weiter. Hier bin ich, und hier bist du. Gerade dann, wenn man viel um die Ohren hat.

Als Mose den Namen Gottes angerufen hatte, neigt er sich und betet an (Vers 8). Die Erfahrung von Gottes Gegenwart verändert ihn. Gottes barmherzige, liebende Gegenwart lässt ihn erstrahlen. So, dass er es gar nicht merkt. Der Mensch, der in Gottes Licht tritt, wird zu einem Spiegel von Gottes Herrlichkeit. Ich frage mich, ob die heutige Unruhe und Vielbeschäftigung auch dazu dienen könnte, vor einer inneren Veränderung durch Gott wegzulaufen?

Christine Guse

Fragen zum Weiterdenken:

Was hindert mich an einem ruhigen Gebet?

Warum könnte es mir unangenehm sein?

Was kann mir helfen, mein Herz für Gottes Gegenwart zu öffnen und still zu werden?

17 Mittwoch JULI 2024

☀ 05:26 21:29
☽ 18:30 01:10

Bibellese: 2. Mose/Exodus 35,4-29

Viele aus dem Volk trieb es, etwas zu dem Werk beizutragen, das der Herr durch Mose angeordnet hatte. Sie alle, Männer wie Frauen, brachten dem Herrn ein freiwilliges Opfer. *(Vers 29)*

Die Stiftshütte soll gebaut werden. Bisher zog Gott in einer Feuer- und Wolkensäule vor dem Volk her. Für alle sichtbar, aber nur für Mose nahbar. Mose war der Mittler zwischen Gott und dem Volk Israel. Gott spürt die Unsicherheit seines Volkes und beauftragt Mose, das Volk in die Schaffung der Stiftshütte mit einzubeziehen. Jeder Mann und jede Frau soll seine, soll ihre Expertise einbringen. Gott gibt alle Details seiner neuen Wohnung inmitten seines Volkes vor, doch er beteiligt die Menschen daran, seinen Plan umzusetzen. Ihm ist es wichtig, mitten unter den Menschen zu sein. Das Volk Israel begreift, dass Gott nur das Beste für sie im Sinn hat. Alle sind aufgefordert und viele beteiligen sich aus freien Stücken am Bau der Stiftshütte. Sie bringen ihre Besitztümer ebenso ein wie ihre handwerklichen Möglichkeiten.

In vielen Gemeinden in unserem Land ist es noch heute so, dass jeder das einbringt, was er oder sie einbringen möchte. Dabei kann es sich um materielle Dinge oder kreative Gaben handeln. Beispiele sind Gottesdienste für Groß und Klein oder der Musikbereich. Manche Menschen dienen ihm im Hintergrund mit Gebet für ihre Hauptamtlichen, mit Seelsorge für die Menschen in ihrer Umgebung, mit Kuchen beim Kirchen-Kaffee, beim Putzdienst oder als Kassierer. Gott bezieht uns auch heute noch in seinen Dienst an uns ein. Er nimmt jede Gabe, die wir ihm bringen, mit Freuden an. Er wohnt mitten unter uns, in unseren Häusern, in dem Raum, den wir ihm bereiten, in unseren Herzen. Er kennt uns und freut sich an unserer Begeisterung für ihn.

Cora Zacher

Gott, dir seien unser Dank und unser Lob gebracht ebenso wie unsere Tränen und Sorgen. Nimm du all unser Bemühen und gib deinen Segen dazu.

Cora Zacher

Wilhelm Faix, Gemeinde kommt von gemeinsam. Mit Teamarbeit Gemeinde bauen, Neukirchener Verlag, ISBN 978-3-7615-6873-6

18 Donnerstag JULI 2024

✷ 05:27 21:28
☽ 19:45 01:40

Bibellese: 2. Mose/Exodus 35,30-36,7

Der Herr hat Bezalel mit seinem Geist erfüllt, ihm Weisheit und Einsicht gegeben und ihn zu jeder handwerklichen und künstlerischen Tätigkeit befähigt. (Vers 31)

Gott befähigt damals wie heute Menschen und setzt sie gabenbetont ein. Niemand ist unfähig. Gott selbst befähigt uns und schenkt uns seinen Geist, dass wir mit Weisheit und Einsicht handeln. Bezalel erhält Kunstfertigkeit im Handwerk und den Überblick über die Fähigkeiten seiner Mitarbeitenden. Oft wünsche ich mir diese Weisheit und Einsicht, die Stärken und Schwächen anderer zu erkennen, sie zu fördern, ihnen die richtige Hilfe zu geben, um Wachstum zu ermöglichen. Gottes liebevoller Geist schenkt diese Weisheit und Einsicht. Er schenkt ebenso den Mut, Neues zu wagen, er ermutigt uns, unsere Fähigkeiten auszubauen und zu erweitern und unsere Erfahrungen weiterzugeben.

Wozu sind Sie berufen? Mit welchen Fähigkeiten sind Sie begabt worden? Veränderte sich Ihre

Begabung in Ihrem Leben? Im Sommer 2022 war ich in Griechenland auf der schönen, aber kargen Insel Limnos. Bei einem Spaziergang durch die Marktstraße entdeckte ich einen Laden, in dem Ikonen hergestellt werden, und ich schaute der Malerin über die Schulter. Die leuchtenden Farben und die Bilder faszinieren mich hier immer wieder. Künstler, die ihre Gabe einsetzen, um Menschen Gottes Wort in Bildern zu erzählen, so farbenfroh und mitreißend. Nun ja, hier in der Marktstraße wohl eher, um ihren Lebensunterhalt zu verdienen, aber trotzdem blieb ich stehen, freute mich an dem künstlerischen Können und wurde erinnert, was Gott in mich legte. Seinen Geist der Weisheit und der Einsicht in seine Welt, schon jetzt hier auf Erden bis in seine Ewigkeit.

Cora Zacher

Fragen zum Weiterdenken

Wem kann ich Mut machen, seine Fähigkeiten weiterzuentwickeln?

Welche Fähigkeiten legte Gott in mich hinein und wie kann ich ihm damit heute dienen?

Heinrich Christian Rust, Zuhause in der Schöpfungsgemeinschaft. Dimensionen einer ökologischen Spiritualität, Neufeld Verlag, ISBN 978-3-8625-6176-6

19 Freitag JULI 2024

✹ 05:29 21:27
☽ 20:48 02:23

Bibellese: 2. Mose/Exodus 40,1-17

Der Herr sagte zu Mose: „Lege Aaron die heiligen Gewänder an, salbe ihn mit dem Öl und weihe ihn dadurch zum Priesterdienst für mich." *(Vers 1.13)*

So prachtvoll wie bei Aaron sind Ordinationen heute nur selten. Das gilt besonders im freikirchlichen Bereich. Warum auch, wo doch seit dem Kommen von Jesus das allgemeine Priestertum gilt. Die neutestamentliche Gemeinde soll ein Königreich von Priestern sein, in dem jede und jeder am Bau des Reiches Gottes mitwirkt. Und doch lohnt es sich, darüber nachzudenken, warum Gott diese öffentliche Amtseinführung gebietet und worin ihr Sinn letztlich besteht.

Gott schafft Klarheit – für Aaron wie auch für das Volk. Etwas zu können und gerne zu wollen reicht nicht aus, um im öffentlichen Raum eine Aufgabe anzupacken. Immer wieder scheitern selbsternannte Akteure an fehlender Autorität und Akzeptanz. Das Sollen muss hinzukommen. Jeder Talar, jede Robe

und jede Uniform machen deutlich: Hier redet und handelt nicht etwa Herr X oder Frau Y als Privatperson, sondern dieser Mensch erfüllt einen Auftrag, der ihm von außen gegeben worden ist. Im Raum der Gemeinde ist das der Auftrag von Gott, der von Menschen bestätigt und dann auch als solcher respektiert wird.
Nein, besondere Kleidungsstücke sind dafür nicht nötig. Aber auch wir brauchen Klarheit, dass wir berufen sind zu dem, was wir tun. Denn sonst werden wir in Krisen die Flinte genauso schnell ins Korn werfen, wie wir sie ergriffen haben. Ein Gemeindeältester, die Jungscharleiterin und der Pastor müssen wissen, dass sie nicht einfach einem Hobby nachgehen oder einen Job ausüben, sondern dass sie ihrer Berufung folgen. Dazu gehört eine angemessene Einführung in die Aufgabe und ebenso ein entsprechender Abschluss, eine Verabschiedung oder Entpflichtung. Und solange ich meinen Dienst versehe, darf ich erwarten, dass meine Mitchristen mir nicht in den Rücken fallen, sondern mich darin unterstützen.
Wem fielen an dieser Stelle nicht Namen und Gesichter von Menschen ein, die uns im Namen Gottes dienen und die unseren Respekt, unsere Unterstützung und Fürbitte brauchen. *Wolfgang Kraska*

Bibellese: 2. Mose/Exodus 40,34-38

Während der ganzen Wanderschaft richteten sich die Israeliten nach der Wolke über der Wohnung des Herrn. Solange die Wolke auf ihr ruhte, blieben sie an ihrem Lagerplatz. Sobald sie sich erhob, zogen sie weiter.

(Vers 36-37)

Mit diesem Vers verbinden sich für mich sofort persönliche Erinnerungen. Es war der Text der Losung an meinem 50. Geburtstag. Im Vorfeld hatte ich in einem Heft von „Psychologie Heute" gelesen, dass man mit 50 seine Rolle neu suchen müsse, um sich nicht auf dem Erreichten auszuruhen und von der Vergangenheit zu leben. Fast gleichzeitig trug der bekannte Pastor, Autor und geistliche Berater Gordon MacDonald auf einem Willow-Creek-Kongress ähnliche Gedanken im Blick auf die geistliche Entwicklung vor. Und dann dieses Bibelwort an diesem markanten Datum. Natürlich habe ich es ernst genommen und meine Sensibilität für Gottes Signale erhöht.

Wenn das nur so einfach wäre wie damals: Eine Wolke, die nachts auch noch feurig beleuchtet ist, als untrügliches Zeichen. Aber mir scheint, das größte Problem besteht nicht im eindeutigen Erkennen der Führung Gottes, sondern vielmehr in der Bereitschaft, jederzeit aufzubrechen. Oder auch das Gegenteil: auszuharren und zu bleiben, wo ich doch schon so lange auf der Stelle trete und lieber heute als morgen fliehen würde. Aber darf ich das? Will Gott das? Gerade hat man sich bequem eingerichtet und mit den Gegebenheiten arrangiert, da eröffnet Gott neue Perspektiven und möchte, dass ich mich auf sie einlasse. Und ein andermal bete ich immer wieder, dass Gott mir Alternativen eröffnet und ich meine Situation verlassen oder zumindest verändern kann, und nichts geschieht.

Die entscheidende Frage an mich lautet deshalb: Halte ich Gott für unberechenbar und willkürlich? Oder glaube ich, dass sein Weg für mich gut ist? Auch wenn er überraschend anders und anstrengender ist als gedacht. Ich weiß ja, was in Jesaja 55,9 (L) steht: „So viel der Himmel höher ist als die Erde, so sind auch meine Wege höher als eure Wege und meine Gedanken als eure Gedanken." Höher – und damit bisweilen unverständlich. Aber doch nie gegen uns gerichtet. *Wolfgang Kraska*

21 Sonntag JULI 2024

✹ 05:31 21:25
☽ 22:08 04:43

8. Sonntag nach Trinitatis

Bibellese: Psalm 119,33-40

*Herr, lass mich deine Regeln klar erkennen,
damit ich sie befolge, mir zum Lohn.* *(Vers 33)*

Es gibt unterschiedliche Persönlichkeitstypen: Menschen, die Regeln gern befolgen, und Menschen, die Regeln hinterfragen oder sich gegen sie auflehnen. Für mich müssen Regeln nachvollziehbar und sinnvoll sein und ich muss darauf vertrauen können, dass sich jemand etwas Gutes dabei dachte. Durch Regeln im Straßenverkehr kann mehr Sicherheit geboten und somit Leben bewahrt werden. Regeln sind schwerer zu befolgen, wenn sie keinen Sinn ergeben oder wenn die Intention der Person, die sie aufstellte, nicht transparent ist. Es stellt sich die Frage, ob es sich dabei um Machtausübung, Unterdrückung anderer Meinungen oder Menschen und Aufrechterhaltung ungesunder Strukturen handelt.

Der Psalmist in Psalm 119 möchte Gottes Regeln „klar erkennen" – er möchte sie verstehen und nachvollziehen können. Er hat das Vertrauen zu Gott, dass Gottes Regeln gut und gesund sind und dass sie ihm zum „Lohn" werden. Dahinter steht die feste Überzeugung, dass Gott Gutes für uns möchte, dass seine Regeln und Gesetze lebensbejahend sind und einen Sinn haben. Es handelt sich um Gesetze, die uns eine Struktur und einen Raum zum Wachsen geben können. Diese Regeln stehen in einer Beziehungsdynamik: Wir dürfen darum bitten, „klar zu erkennen". Es geht nicht um blinde, unhinterfragte und unreflektierte Befolgung von Regeln, sondern um eine persönliche Beziehung zu Gott, um offenbarte Erkenntnis und Vertrauen. Bei Gott dürfen wir Fragen stellen. Letztendlich geschieht es in der Begegnung mit ihm, dass uns Antworten offenbart werden, die uns helfen, den Weg des Lebens einzuschlagen und zu gehen. *Dana Sophie Jansen*

Frage zum Weiterdenken
Gibt es etwas, was ich mir heute wünsche, „klar zu erkennen"?

Gott, du kennst mein Herz, meine Fragen und Sehnsüchte. Danke, dass ich alles vor dich bringen darf. Danke, dass du mich auf dem Weg des Erkennens begleitest. Danke, dass du Geduld mit mir hast.
Dana Sophie Jansen

22 Montag JULI 2024

✵ 05:33 21:23
☽ 22:32 06:13

Bibellese: Markus 3,7-12

Weil Jesus schon so viele geheilt hatte, stürzten sich alle Kranken auf ihn und wollten ihn berühren. (Vers 10)

Hungernde, dürstende Menschen in den Krisenregionen der Welt stürzen sich bei der Ankunft von Hilfskonvois auf die Hilfsgüter. Von überall strömen Menschen dazu, weil sie gehört haben, dass Hilfe nah ist. Meist verlangt niemand von ihnen, dass sie sich geordnet und ruhig hinten anstellen. Zu groß ist die Not, die sie treibt. Mütter kämpfen für ihre unterernährten Kinder um das Notwendigste zum Leben. Wer etwas ergattert hat, zieht mit den Paketen, Säcken und Flaschen erleichtert ab. Das Überleben ist gesichert, zumindest für eine Zeitlang. Es vergeht kein Jahr, in dem nicht solche Bilder in den Fernsehnachrichten zu sehen sind. Wenn die Not existenziell ist, gibt es kein Halten mehr, sobald Hilfe in Sicht ist.

So ähnlich wird es zur Zeit von Jesus gewesen sein, nachdem leidende Menschen die beeindruckenden

Berichte über die von ihm gewirkten Heilungen gehört hatten. Auch damals gab es kein Halten mehr, weil Hilfe in Sicht war. Getrieben von großen Krankheitsnöten und geplagt von unheilvollen Mächten, wollten sie unbedingt mit Jesus in Kontakt kommen. Jesus heilte viele und erlöste sie von lebensfeindlichen bösen Geistern. Dass sie sich etwas davon versprachen, Jesus lediglich zu berühren, kann heute Stirnrunzeln auslösen. Vielleicht war tatsächlich ein magisches Verständnis im Spiel. Aber das war damals kein Thema. Jesus tadelte die notleidenden Leute nicht. Er fragte auch nicht den korrekten Glauben ab, bevor er sie heilte. Das kann bis heute ermutigen: Wer in Not ist, darf zu ihm kommen – ohne Vorbedingungen. Er schenkt mit göttlicher Vollmacht, was heilsam ist und zum Leben hilft.

Elisabeth Dreckhoff

♫ O Herr, du bist mein Heil und Licht.
Vor wem sollt mir denn grauen?
Auf dich kann ich voll Zuversicht
in jeder Not vertrauen.
Du bist ein starker, sichrer Hort.
Auf dich und dein allmächtig Wort
lässt felsenfest sich's bauen.

August Rücker 1926

23 Dienstag JULI 2024

✹ 05:34 21:22
☽ 22:49 07:44

Bibellese: Markus 3,13-19

Die Zwölf sollten die Vollmacht bekommen, die bösen Geister auszutreiben. (Vers 15)

Es ist eine der Geschichten, in denen Jesus auf einen Berg geht. Ein Berg, das ist ein besonderer Ort. Es ist gerade Sommer und manche sind verreist. Die Berge sind da beliebte Reiseziele: Auf ihnen kommt man dem Himmel näher und spürt doch die Tragfähigkeit des Bodens unter den Füßen. Auch abgeschieden kann es dort sein – ruhiger als in den Straßen der Stadt oder dem Platz im Dorf.

Jesus sucht Orte auf Bergen auf. Mitten in der Welt ist er da seinem Vater im Himmel nah. Und er ruft Leute zu sich – dorthin auf den Berg. In der Bibellese werden sie namentlich genannt. Jesus hat etwas mit ihnen vor: Sie sollen nicht auf dem Berg bleiben. Sie sollen auf die Plätze im Dorf und die Straßen der Stadt.

Jesus sendet Menschen aus – immer noch. Nun sollen wir in den Städten nicht bloß Cappuccino trinken und in den Dörfern um den Maibaum tanzen. Jesus gibt Menschen einen Auftrag: Die Gute Nachricht sollen sie verkünden und – hier sind wir bei dem für diesen Tag besonders herausgehobenen Vers – die Fähigkeit bekommen, die bösen Geister auszutreiben. Das gehört zusammen: Das Gute klarmachen und dem Bösen die Tür weisen. Es ist dabei oft nicht ganz leicht, die Gute Nachricht zur Sprache zu bringen, wenn man Menschen wirklich erreichen und nicht bloß zutexten will. Aber: böse Geister austreiben? Das klingt noch herausfordernder. Diese Herausforderung begegnet uns heute. Denn: Der Glaube will ins ganze Leben. *Ulf Beiderbeck*

Kennst du sie: Die Kräfte, die das Leben hindern, Freude ersticken und Liebe erkalten lassen? Vielleicht begegnest du heute diesen „bösen Geistern". Ob du ihnen in göttlicher Vollmacht begegnen kannst, so dass die Gute Nachricht Raum gewinnt? Heute wäre der Tag, damit Erfahrungen zu machen.
Ulf Beiderbeck

Zum 23. Juli 2024

Emma Elsholz: Demut als geheime Kraft

Heute vor 100 Jahren, am 23. Juli 1924, **starb** die Oberin des Diakonissenhauses Tabea **Emma Elsholz** in Hamburg. Sie wurde am 3. November 1856 in Halle/Saale geboren. Dort setzte sie sich früh mit Gedanken des Theologen Martin Kähler, ihrem evangelischen Pfarrer und einem Kreis gläubiger Studenten auseinander. Diese Studenten diskutierten die Lehren von Pastor Otto Stockmayer. Er war Mitbegründer des Evangelischen Gnadauer Gemeinschaftsverbands und gehörte der Heiligungsbewegung an. Er setzte sich bei den Blankenburger Konferenzen ein, aus denen später die Deutsche Evangelische Allianz entstand. Außerdem war Emma Elsholz befreundet mit der Oberin des Diakonissenhauses in Halle. Das weckte ihr Interesse für diakonische Lebensformen. Sie betreute zudem Fabrikarbeiterinnen, machte so erste Erfahrungen im sozialen Bereich. Sie kam zur Erkenntnis der Glaubenstaufe und wurde 1900 Mitglied der örtlichen Baptistengemeinde und Gemeindeschwester.

1907 berief sie das Diakonissenhaus Tabea in Hamburg, heute Diakoniewerk Tabea e.V., zur Oberin. Es war 1899 gegründet worden. 1907 trat die vorherige

Oberin Albertine Assor mit acht Schwestern aus und gründete das Albertinen Diakoniewerk, heute Immanuel Albertinen Diakonie (Hamburg/Berlin). In der Festschrift zum 100-jährigen Bestehen von Tabea heißt es: „Es gefällt Gott, sein Werk nicht durch menschliche Fehler scheitern zu lassen und Gott hat beide (Diakoniewerke) zum Segen für viele wachsen lassen." Bis zu ihrem Tod leitete sie als „Mutter Elsholz" das Werk. In dieser Zeit erweiterte sie gemeinsam mit dem Vorsitzenden Hermann Renner den Gebäudekomplex. Aber sie prägte es auch nach innen durch ihre Herzensfrömmigkeit und Verbundenheit mit dem Heiligen Geist, wie es im Bericht zum 50-jährigen Jubiläum des Werks heißt. Sie empfahl, ein Pflegeheim einzurichten und schloss für alle Diakonissen eine Kranken- und Rentenversicherung ab. Ihr war die geistliche Erziehung der Schwestern wichtig, „dass sie Zeugen Christi sind", wie sie schrieb, legte Wert auf Allgemeinbildung, gute Umgangsformen und ordentliche Haltung. Einer ihrer Schwestern schrieb sie: „Lerne doch, abzusehen von dir, lass dich nicht so leicht kränken und entmutigen." Aus einem anderen Brief: „Ja, das Werk kann noch etwas Großes werden! Es kommt nur darauf an, ob wir Intelligenz genug haben, Demut uns als Ziel zu setzen. Der Herr hat mir dies als geheime Kraft gezeigt."

Nicola Bourdon

24 Mittwoch JULI 2024

✷ 05:35 21:21
☽ 23:03 09:15

Bibellese: Markus 3,20-30

Einige Gesetzeslehrer sagten: „Jesus ist von Beelzebul besessen! Der oberste aller bösen Geister gibt ihm die Macht, die Geister auszutreiben.“ (Vers 22)

Jesus ist also wieder in den Niederungen des Alltags angekommen. Die Abgeschiedenheit auf dem Berg ließ er hinter sich und ist wieder zu Hause. Das bleibt nicht unbemerkt. Nicht mal zum Essen kommt er mit seinen Jüngern. So kann das sein. Auch die liebe Familie stellt sich ein und kennt ihren Jesus nicht wieder. Sind eigentlich sie schräg oder er? Sie sagen: „Er muss verrückt geworden sein.“ Es ist für die Familie von Jesus nicht klar, warum er auf einmal diese Attraktivität entfaltet. „Ist doch verrückt!“ Oder sind sie es vielleicht? Kann schon sein, dass für einen selbst etwas oder jemand „verrückt“ ist, weil man selbst nicht ganz klar ist.

Die Religiösen seiner Zeit heben die Sache entsprechend auf ihre Ebene: Sie bringen die bösen Geister ins Spiel oder die Dämonen. Dass Jesus auf eine Art

befreiend wirkt, die nicht in ihr religiöses System passt, regt sie auf: Ein besonders mächtiger böser Geist muss ihm die Macht geben, andere Geister auszutreiben. Manchmal ist für einen selbst aber vielleicht etwas böse, weil einem selbst das Gute nicht mehr so recht zugänglich ist. „Verrückt“ oder mit einem „bösen Obergeist“ verbündet ... Erklärungsmuster für etwas, das irritiert und verunsichert. So schiebt man es weg, damit es nicht mehr stört und die alte Ordnung wiederhergestellt ist.
Nur: Jesus ist unterdessen sehr klar und räumt im Machtbereich des Bösen auf. Jesus für verrückt zu erklären oder den Geist, in dem er handelt, zu dämonisieren, verhindert Vergebung und Befreiung von der eigenen Schuld. Dabei hätten wir die doch so bitter nötig in den Niederungen des Alltags: Damit wir Wege zum Leben finden. *Ulf Beiderbeck*

Um Kriterien für eine „Unterscheidung der Geister“ zu finden, empfiehlt es sich, ergänzend 1. Johannes 4,1-6 zu lesen.

Ulf Beiderbeck

25 Donnerstag JULI 2024

✸ 05:37 21:19
☽ 23:16 10:42

Bibellese: Markus 3,31-35

Rings um Jesus saßen die Menschen dicht gedrängt.
(Vers 32)

Freude kommt auf, wenn viele Menschen zum Gottesdienst kommen und nicht nur die Kerngemeinde in Treue da ist. Dazuzugehören und bei den Gläubigen beheimatet zu sein, ist wohltuend. Auch bei Jesus war das Haus gelegentlich sehr voll, erfahren wir in der Bibellese. Ohne eingeladen zu sein, waren die Menschen bei ihm zusammengelaufen. Nicht nur die zwölf durch Jesus berufenen Jünger waren anwesend. Man hatte wohl alle möglichen Menschen ins Haus gelassen, alle, die kommen wollten. Es war keine exklusive Angelegenheit, nah bei Jesus zu sein, ihn zu hören und zu erleben. Wer weiß, wer alles dabei war: Kritiker und treue Gefolgsleute, Kranke, die auf Heilung hofften, Gelehrte, die grundsätzliche Vorwürfe gegen Jesus klären wollten … Das Gedränge war so groß, dass Jesus mit seinen Vertrauten noch nicht einmal dazu kam, zu essen.

Ein schöner, harmonischer Hauskreis mit Glaubensvergewisserung und erbaulichem Programm wurde diese Zusammenkunft nicht. Niemand konnte sich etwas darauf einbilden, so nah bei Jesus zu sein. Jesus schockt die Leute damit, dass er die Bedeutung seiner nächsten Verwandten relativiert, die vor der Tür stehen und ihn nach Hause holen wollen. Sie meinen, er sei verrückt geworden. Jesus macht klar: Die Familienbande spielen für seine Sache keine Rolle, weder für ihn selbst noch für die, die sich um ihn geschart haben. Die Versammelten nennt er nun Mutter und Brüder. Wer tut, was Gott will, ist Bruder, Schwester oder Mutter, so seine neue „Gemeindeordnung". Darauf kommt es ihm an. Bei Jesus gibt es keine geschlossene fromme Versammlung. Bei ihm sind die Grenzen offen. Er ermuntert zu Taten, die dem Wort und Willen Gottes folgen.

Elisabeth Dreckhoff

♫ Dein Wort bewegt des Herzens Grund,
dein Wort macht Leib und Seel gesund,
dein Wort ist's, das mein Herz erfreut,
dein Wort gibt Trost und Seligkeit.

Johann Olearius 1671
Aus: Herr, öffne mir die Herzenstür

26 Freitag JULI 2024

✷ 05:38 21:18
☽ 23:29 12:09

Bibellese: Markus 4,1-9

Es hatte sich aber eine so große Menge versammelt, dass Jesus sich in ein Boot setzen und ein Stück vom Ufer abstoßen musste. *(Vers 1)*

In der Reiseliteratur spielen „Lieblingsorte" eine Rolle. Darin gibt es Empfehlungen für Gegenden, Städte oder Aussichtspunkte, die einen besonderen Reiz haben. Manche Orte sind besonders geschichtsträchtig, andere versprechen Erholung und Stille pur oder bieten eine atemberaubende Aussicht. Jesus wählte für seine Verkündigung auch gern besondere Orte. Im heutigen Abschnitt der Bibellese lehrte er nicht in der Synagoge, sondern an der frischen Luft von einem See aus. Wegen des großen Andrangs vieler Leute war ein Boot seine ungewöhnliche Kanzel. Die Zuhörenden hatte er – mit etwas Abstand vom Ufer – gut im Blick. Er machte etwas Ähnliches wie heutige Fresh-X-Gemeinden: Sie bieten an ungewöhnlichen Orten auf ungewöhnliche Weise einen Zugang zum christlichen Glauben an und sind nah am Alltag der Menschen. Es werden auch Leute erreicht, die sonst nicht viel mit Kirche am Hut haben. Draußen am Ufer bei Jesus können die Menschen kommen und gehen, wann sie wollen. Es ist leicht möglich, dass Neugierige dazukommen. Sie können von fern zuschauen oder näher ans Ufer treten. Es werden keine Hürden aufgebaut, um die Botschaft von Jesus zu hören. Kein Gottesdienst mit festem Ritus oder, wie in Kirchen unserer Tage, mit angestammten Sitzplätzen und eingespielten Ordnungen, hindert sie. Kommen, Sehen und Hören sind eins. Jesus vermittelt den Menschen in einem anschaulichen Gleichnis, wie das Wort Gottes im besten Fall, einer Saat gleich, aufgeht und überreich Frucht trägt. Das können Menschen auch ohne religiöse Vorbildung unmittelbar verstehen. Die das Wort hören, annehmen und in die Tat umsetzen, werden über das, was daraus wird, ins Staunen geraten.

Elisabeth Dreckhoff

♫ Treib unsern Willen dein Wort zu erfüllen;
hilf uns gehorsam wirken deine Werke;
und wo wir schwach sind, da gib du uns Stärke.
Lobet den Herren!

Paul Gerhardt 1653
Aus: Lobet den Herren, alle die ihn ehren

27 Samstag JULI

2024

✷ 05:40 21:16
☽ 23:43 13:35

Bibellese: Markus 4,10-20

Jesus sagte zu seinen Jüngern: „Euch hat Gott seinen geheimnisvollen Plan erkennen lassen, nach dem er schon begonnen hat, seine Herrschaft in der Welt aufzurichten; aber die Außenstehenden erfahren von alledem nur in Gleichnissen." *(Vers 11)*

Mit dem Gleichnis vom Sämann verbinde ich meine persönliche Erfahrung. Es war 2003, als ich zum Glauben an Jesus Christus gekommen bin. Ich war schon länger auf der Suche nach einem Sinn für mein Leben und ein Alphakurs, bei dem ich den christlichen Glauben in Vorträgen und Gesprächen entdecken durfte, half mir bei der Suche. Ebenso halfen mir Christen, die mit mir freundlich und geduldig umgingen und versuchten, meine Fragen so gut es ging zu beantworten. Ich entschied mich in einem Gebet für ein Leben mit Jesus und lud ihn ein. Ich wollte ihn kennenlernen.

Und dann kamen die ersten Probleme. Meine damalige Freundin verstand nicht, was da mit mir passierte. Fast hätten wir uns im Streit darüber getrennt. Da wurde ich auf dieses Gleichnis aufmerksam. Und ich wollte, dass Jesus mein Leben verändert und nicht nur ein interessanter Abschnitt in meiner Biografie wird. Aber meine Freundin verstand das damals noch nicht. Sie konnte mit dem, was ich da plötzlich erzählte, nichts anfangen. Sie hätte das Gleichnis vom Sämann lesen können, aber es hätte nichts verändert. Erst später entwickelte sich der Wunsch in ihr, Jesus kennenzulernen. Und eines Tages sagte sie zu mir: „Ich glaube jetzt auch!" Welch schöne Überraschung.

Es geht um die Einstellung der Hörer Jesus gegenüber. Es geht um unsere Einstellung zu ihm. Wollen wir Jesus nur zuhören und keine Konsequenzen ziehen oder wollen wir ihn wirklich kennenlernen?

Die Aussage Jesu kann uns irritieren. Gibt es Menschen, die Jesus nicht hereinlässt, die also draußen bleiben? Ich meine, das ist nicht der Fall. Jeder Mensch ist eingeladen, ein Leben mit Jesus zu beginnen, ihm die Leitung zu übergeben. So wie ich die Aussagen Jesu verstehe, ist die Tür für jeden Menschen offen. Wichtig ist, dass auf das Hören und das Sehen auch eine Entscheidung folgt.

Ich bin dankbar, dass ich diese Entscheidung für Jesus in Freiheit treffen durfte und zu ihm gehöre.

Stefan Thiemert

28 Sonntag JULI

2024

✹ 05:41 21:15
☽ –.– 15:02

9. Sonntag nach Trinitatis

Bibellese: Psalm 119,41-48

Ich werde weiten Raum zum Leben haben,
weil ich mich stets, Herr, nach deiner Weisung richte.
(Vers 45)

Dieser Vers erinnert mich an einen Moment, den ich auf einer Reise vor ein paar Jahren erlebte: Ich laufe einen Hang hoch, umgeben von blühenden, duftenden Büschen. Oben auf der Klippe angekommen, trete ich in eine Lichtung und blicke auf das blaue, friedliche Meer. Ich sehe die Berge im Hintergrund und spüre die Sonne, die ihr warmes Licht über das Wunder der Natur ausbreitet. „Weiter Raum" – das fühlte ich in diesem Moment. Und Schönheit, Frieden und Bewunderung. Der weite Raum um mich herum breitete sich auch in meinem Inneren aus. Freiheit, Möglichkeiten, Ewigkeit und Sicherheit: Es ist alles gut.

Gott ist ein Gott des Lebens, seine Weisungen führen zum Leben. Freiheit ist mehr als „äußere Weite". Freiheit hat auch etwas mit „innerer Weite" zu tun – mit einem inneren weiten Raum. Doch auch dieser weite Raum braucht Strukturen und Grenzen – nicht, um einzuschränken, sondern um Leben zu ermöglichen und Sicherheit zu geben. Ich bin in der Weite nicht komplett auf mich alleine gestellt. Gottes Gebote sollen Leben ermöglichen und einen Rahmen zur gesunden Entfaltung bieten. Es sind Strukturen, die dem Menschen dienen sollen. Die Klippe, auf der ich damals stand, hatte ein Geländer. Ein Geländer, das daran erinnerte, dass hier schon einmal ein Mensch in den Tod gestürzt ist. Ein Geländer, das die Freiheit nicht einschränken, sondern das Leben erhalten soll. Vielleicht verhält es sich so auch mit Gottes Weisungen – sie geben uns einen Rahmen, der uns schützt und Sicherheit bietet. Der Psalmist vertraut darauf, dass sich sein Raum zum Leben ausweitet, wenn er Gottes Weisungen folgt. Er vertraut darauf, dass Gott ihn auf gute Wege führen wird, die zum Leben führen. So werden auch wir heute eingeladen, in diesen „weiten Raum zum Leben" einzutreten.

Dana Sophie Jansen

Fragen zum Weiterdenken

Was bedeutet „weiter Raum" für mich?

In welchen Bereichen meines Lebens erfuhr ich, dass Grenzen auch Freiheit und Sicherheit geben können?

29 Montag JULI 2024

✹ 05:43 21:13
☽ 00:01 16:28

Bibellese: Markus 4,21-25

Jesus fügte hinzu: „Achtet auf das, was ich euch sage! Nach dem Maß eures Zuhörens wird Gott euch Verständnis geben!“ *(Vers 24)*

Mit zwei Koffern machte ich mich im Oktober 2010 auf den Weg nach Ecuador in Südamerika. Ich wollte eine neue Kultur kennenlernen und Missionare bei ihrer Arbeit unterstützen. Ich lebte während dieser sechs Monate bei einer einheimischen Familie. Herausfordernd war gerade in der Anfangszeit die Sprachbarriere. Ich wurde liebevoll aufgenommen, aber ich sprach kein Spanisch. In den ersten zwei Wochen hatte ich einen intensiven Einführungskurs in einer Sprachschule. Danach hatte ich zweimal wöchentlich bei eine Spanischlehrerin Unterricht. Mit der Zeit verbesserten sich meine Fähigkeiten und ich konnte mich mit meiner Gastfamilie immer besser unterhalten.

Ähnliche Erfahrungen machte ich im christlichen Glauben. Anfangs verstand ich noch nicht einmal die Evangelien, in denen über das Leben von Jesus Christus berichtet wurde. Auch wenn ich eine modernere Übersetzung der Bibel hatte, blieben mir einige Begriffe zu Anfang fremd. So konnte ich beispielsweise mit den Pharisäern erst einmal nichts anfangen. Was hatten die denn für ein Problem mit Jesus? Noch merkwürdiger waren dann für mich die Bücher des Alten Testaments.

Erst nach einer gewissen Zeit, nachdem ich mich regelmäßig mit der Bibel beschäftigt hatte, kam das Verstehen hinzu. Plötzlich wunderte ich mich, dass ich die Geschichten des Alten Testaments für bare Münze nahm, zum Beispiel den Auszug Israels aus Ägypten. Und auch heute gibt es immer wieder Aha-Momente, in denen ich etwas Neues über Jesus Christus und den christlichen Glauben erfahre. Die regelmäßige Beschäftigung mit der Bibel, das Hinhören auf das, was Jesus uns dadurch sagen möchte, gibt uns Verständnis für ihn und stärkt unsere Beziehung zu ihm. Sie verändert uns. Das ist ein lebenslanger Lernprozess, der auf dieser Welt nicht abgeschlossen sein wird.

Stefan Thiemert

Ich habe keine Schwierigkeiten mit dem, was ich in der Bibel nicht verstehe. Probleme machen mir die Stellen, die ich sehr gut verstehe.

Mark Twain (1835-1910), US-amerikanischer Schriftsteller

30 Dienstag JULI 2024

✸ 05:44 21:12
☽ 00:24 17:51

Bibellese: Markus 4,26-29

Zu den versammelten Menschen sagte Jesus: „Mit der neuen Welt Gottes ist es wie mit dem Bauern und seiner Saat." *(Vers 26)*

Eine meiner Schwächen ist Ungeduld. Ist das gut oder schlecht? Kann Ungeduld auch eine Stärke sein?

Jesus lehrte die Menschen in Gleichnissen. In kurzen Geschichten, die Situationen aus dem Alltag aufgreifen. Er öffnet den Menschen die Augen dafür, wie Gott unter uns wirkt. Der Sämann tut, was seine Aufgabe ist. Sicher in der Absicht, dass der Samen aufgeht und die Pflanzen einmal geerntet werden können. Dann legt er sich wieder hin und steht auf, wartet ab. Von irgendwelchen Arbeiten ist hier keine Rede. Der Sämann lebt und wirkt im Rhythmus von Nacht und Tag. In der Ruhe und im Schlaf werden die Voraussetzungen für fruchtbares Wirken am Tag geschaffen. Der Same geht auf und wächst – er weiß nicht wie. Doch er weiß es! Gerade weil er ein guter

Sämann ist, weiß er, dass Wachsen und Gedeihen nicht in seiner Hand liegen. Er muss säen und dann – und das ist nicht weniger wichtig – die Saat in Ruhe lassen. Ihm reicht, dass er weiß: Von selbst bringt die Erde Frucht.
Jesus erzählte diese Geschichte vom Sämann als Gleichnis für das Reich Gottes. Das Reich Gottes hängt nicht von uns ab. Wir können es mit unserem Handeln nicht herbeizwingen. Aber wenn es kommt, wenn Gottes Gegenwart unter uns erkennbar wird, dann ergeben sich Chancen zum Handeln, die es zu nutzen gilt. Was sagt es über uns als Gesellschaft, wenn Ungeduld als Tugend gilt? Wir haben aus Nacht und Tag einen immerwährenden Tag gemacht, geben der Geschäftigkeit in jeglicher Form einen Vorzug vor Ruhe und Nachdenken. Damit haben wir manches erreicht und anderes verloren. Verloren haben viele Menschen heute die Fähigkeit, sich wirklich zu erholen. Wirklich einmal den Kopf freizubekommen für das, was im Leben wirklich zählt. Von dem Sämann können wir lernen, dass zum Leben beides gehört: Arbeit und Ruhe, Geduld und gelassene Aufmerksamkeit für das, was geschieht. Vor allem aber brauchen wir die Hoffnung, dass Entscheidendes immer wieder von Gott her geschieht, auch ohne unser Zutun. *Claudia Küchler*

31 Mittwoch JULI 2024

☀ 05:46 21:10
☽ 00:57 19:05

Bibellese: Markus 4,30-34

Jesus sagte: „Das Senfkorn treibt so große Zweige, dass die Vögel in seinem Schatten ihre Nester bauen.“

(Vers 32)

Ich würde gerne wissen, was es mit Gottes neuer Welt auf sich hat, wie es ist, wann und wie sie kommt und was ich tun kann. Jesus spricht aber in Bildern. Ich sehe vor mir einen Mann, der mit zwei spitzen Fingern in eine Samentüte mit Senfkörnern greift und das Kunststück fertigbringt, ein einziges Senfkorn zu erwischen. Das ist gar nicht so einfach. Es ist nämlich das kleinste von allen Samenkörnern, so winzig, dass man eine Brille aufsetzen muss, um es wahrzunehmen. Hundert Körner wiegen ein Gramm.

Das Senfkorn, von dem Jesus hier spricht, ist nicht so ein Senfkorn, wie wir es kennen, eines, das im Gewürzgurkenglas gelb leuchtet und zwischen den Zähnen so schön knackig zerplatzt beim Draufbeißen. Es ist viel kleiner. Ich kann mir die enttäuschten

Gesichter der Zuhörer vorstellen. So klein ist Gottes neue Welt? Und doch wird aus diesem winzigen Samenkorn eine Pflanze, fast so groß wie ein Baum. Das heißt doch: Es ist das Kleine, dem Gott die größten Chancen einräumt. Es ist das Unscheinbare, das niemand beachtet. Doch vor Gott ist es wichtig. Wir haben bestimmte Vorstellungen, was groß und was klein, was bedeutend und was unbedeutend ist. Jesus sagt den religiösen Führern damals: Zolleinnehmer und Prostituierte kommen eher ins Reich Gottes als ihr. Den jetzt Hungernden, den jetzt Trauernden, den jetzt Armen und Verfolgten gehört Gottes Zukunft. In seiner neuen Welt wird nichts bleiben, wie es war. Die Letzten werden die Ersten sein, die Niedrigen werden erhöht sein.

Das Senfkorn also – das ist der Anfang, den Gott mit uns gemacht hat. Das sind unsere unscheinbaren Kräfte und Möglichkeiten. Unsere Träume von Frieden und Gerechtigkeit, anvertraute Talente, von denen wir denken, sie zählen nicht viel. Dies alles ist das Senfkorn: Gottes neue Welt in der kleinsten denkbaren Gestalt. Und doch liegt schon ein Segen darauf. Das Gleichnis vom Senfkorn ist nicht Vertröstung auf den Himmel, wo alles schön und mächtig ist, sondern Trost aus dem Himmel, um unser Denken und Handeln auf Gottes kommende Herrschaft auszurichten.

Claudia Küchler

1 Donnerstag AUGUST

2024

✹ 05:47 21:09
☽ 01:44 20:02

Bibellese: Markus 4,35-41

„Warum habt ihr solche Angst?", fragte Jesus. „Habt ihr denn immer noch kein Vertrauen?" *(Vers 40)*

Ich kann mir gut vorstellen, wie hitzig die Jünger miteinander diskutieren, ob sie Jesus wecken sollen. Sie versuchten schon alles, um ihr Boot und ihr Leben zu retten. Sie refften die Segel, um nicht zu viel Wind einzufangen und trotzdem das Boot manövrierfähig zu halten. Sie änderten die Fahrtrichtung, damit die Wellen nicht voll ins Boot schlagen. Sie schöpften und schöpften Wasser, aber ihre Lage wurde immer dramatischer. Da wurde selbst den erfahrensten Fischern angst und bange.

Angst ist ein schwieriges Thema. Wir entscheiden uns ja nicht dafür, Angst zu haben, sondern sie kriecht in uns hoch, wenn wir schwierige Situationen erleben. Sie steigt in uns auf und lässt uns in den Notmodus schalten. Einige erstarren und werden völlig handlungsunfähig. Andere geraten in Panik und verlieren so total den Überblick. Andere suchen den Weg des Aktionismus, um irgendwie die Not zu lindern. Und auf dem Kissen liegt Jesus und schläft. Wie so oft: Wir kämpfen um unser Leben und Jesus scheint nichts mitzubekommen.

Warum weckten die Jünger Jesus erst so spät? Versuchten sie, Jesus zu schützen, indem sie ihn haben schlafen lassen, war ja auch ein anstrengender Tag? Oder war es ihnen peinlich, einen unerfahrenen Zimmermann wegen Problemen auf dem Meer zu fragen? Oder sind sie nicht auf die Idee gekommen, Jesus als Gottes Sohn um Wegweisung zu bitten? Ich würde gerne wissen, ob Jesus den Sturm nicht mitbekam oder ob er sich nur schlafend stellte, um zu beobachten, wie die Jünger sich verhalten. Oder ob Jesus tatsächlich in Ruhe und Frieden ruhte, weil er sich in den Händen seines Vaters sicher wusste?

Eins ist sicher: Es gibt kein Zufrüh, um Jesus um Hilfe und Wegweisung zu bitten. Ein Zweites: Angst wird immer wieder nach uns greifen, aber wir dürfen mit all unseren Ängsten zu jeder Zeit zu Jesus gehen. Und zudem weiß Jesus einen Weg über den Sturm hinaus, auch wenn wir keine Idee haben.

Henrik Diekmann

Monatsspruch

Der Herr heilt, die zerbrochenen Herzens sind,
und verbindet ihre Wunden. *(Psalm 147,3 L)*

2 Freitag AUGUST

2024

✷ 05:49 21:07

☽ 02:45 20:44

Bibellese: Markus 5,1-20

Als Jesus ins Boot stieg, bat ihn der Geheilte: „Ich möchte bei dir bleiben!“ *(Vers 18)*

Der Bericht der Begegnung zwischen Jesus und dem Mann klingt wie aus einem Superhelden-Clip, in dem der Bösewicht von bösen Geistern geschüttelt wird. Für den Mann ist es eine Realität, die ihm seine Identität und Würde nimmt. Jesus findet eine Lösung für die Legionen an negativer Kraft. Endlich kann sich der Mann wieder aufrichten, kleiden und am Leben beteiligen. Als der Mensch seine Befreiung erlebt, ist sein Wunsch, in der Nähe von Jesus zu bleiben, eine logische Schlussfolgerung: „Jesus, du kannst mir helfen und meine inneren Qualen bändigen.“ Diese tiefe Erleichterung können wir kaum mit Lebenserfahrungen aus unserem Lebenshorizont gleichsetzen. Der Wunsch, die Nähe von Jesus zu fühlen, gleicht aber schon meinem Gefühl nach einer intensiven Zeit auf einer christlichen Freizeit oder einem Kongress.

Jesus reagiert nicht menschlich geschmeichelt. Keine Podcasts zum Abonnieren oder Bücher zum Signieren für zu Hause. Jesus gibt dem Geheilten eine Perspektive, die Aufgabe, von der Heilung zu erzählen.
Für Ihr Leben gilt dieser Blick Gottes durch seinen Sohn Jesus genauso. Keine innere Bindung, keine Belastung, keine zermürbenden Anklagen oder fesselnden Lebensmuster müssen Sie beherrschen. Wo darf Jesus in Ihnen Linderung ermöglichen? Welchen zerstörerischen Geist darf Jesus von Ihnen ins Meer jagen? Welche Würde kann Jesus heute für Sie wiederherstellen? Welche Stärkung brauchen Sie? Nehmen Sie sich jetzt einen Moment, um Jesus Ihre Verwundungen zu zeigen und Jesus an Ihnen handeln zu lassen. *Henrik Diekmann*

♫ Meinen Jesum lass ich nicht,
weil er sich für mich gegeben,
so erfordert meine Pflicht,
klettenweis an ihm zu kleben.
Er ist meines Lebens Licht.
Meinen Jesum lass ich nicht.

Christian Keimann 1658

3 Samstag AUGUST 2024

☀ 05:50 21:05
☽ 03:57 21:13

Bibellese: Markus 5,21-34

Die Frau sagte sich: „Wenn ich nur das Gewand von Jesus anfasse, werde ich gesund." (Vers 28)

Wenn ich doch nur einmal ... Wie viel Hoffnung steckt in diesem Satzanfang. Die Frau aus der Bibellese investierte und verlor schon so viele Hoffnungen. Wie viele Menschen hatte sie schon um Hilfe gebeten, die ihr auch helfen wollten, aber doch nicht helfen konnten. Die Enttäuschungen müssen sie neben der Krankheit sehr tief aufgewühlt haben. Aber sie gibt nicht auf. Sie bleibt dran. Sie scheint in Jesus mehr zu erkennen, als viele andere um sie herum. Wer glaubt denn schon, dass die Berührung des Gewandes von Jesus Heilung bringen würde? Wer glaubt denn schon, dass Jesus das Leben wirklich verändern und wieder eine Hoffnung geben kann? Spannend ist, dass die Frau nicht klammheimlich mal ausprobieren will, ob die Sache mit Jesus tatsächlich funktioniert. So, wie wir unsere Gebete und Hoffnungen oft lieber im stillen Gebet formulieren aus Furcht davor, enttäuscht zu werden. Diese Frau hat vielmehr das Gefühl, dass sie es nicht wert ist, Zeit von Jesus zu erbitten, Aufmerksamkeit zu fordern, von Jesus angesprochen zu werden. Aber Jesus nimmt sie wahr. Er spürt, dass diese Frau Gottes Zuwendung braucht und gönnt sie ihr.

Die Jünger um Jesus herum nehmen das nicht wahr, sind beschäftigt mit dem anderen Auftrag von Jesus. Wie oft verpassen auch wir durch unsere Alltagspflichten die Möglichkeiten, für Menschen da zu sein, uns Bedürftigen zuzuwenden, die unser Gebet, unser Zuhören, unsere praktische Hilfe brauchen und nicht unsere Veranstaltungen und Termine?

Henrik Diekmann

Herr, lass mich wachsam sein zu erkennen, wem ich heute aus deiner Kraft heraus dienen darf. Ich möchte ein Werkzeug in deiner Hand sein.

Henrik Diekmann

Rätselfrage zur Bibellese im August

Was hatten die Jünger einmal vergessen zu besorgen, als sie im Boot saßen?

Bitte tragen Sie die Antwort auf dem Blatt ein,
das nach dem 31. Dezember folgt.

4 Sonntag AUGUST 2024

✹ 05:52 21:04
☽ 05:15 21:34

10. Sonntag nach Trinitatis

Bibellese: Psalm 122
Wie habe ich mich gefreut,
als man zu mir sagte:
„Komm mit,
wir gehen zum Haus des Herrn!“ *(Vers 1)*

Im Jahr 2017 war es soweit. Schon lange hatte ich mir gewünscht, dass ich einmal Israel besuchen könnte. Nun begab ich mich mit Studenten der Theologischen Hochschule Ewersbach und einem Dozenten auf die Reise in den Nahen Osten.
Die Altstadt von Jerusalem ist wirklich faszinierend. Dort findet man beeindruckende Bauten, viele Kirchen und viele Geschäfte. Früchte werden angeboten. Der Duft orientalischer Gewürze und Gerichte zieht durch die engen Gassen. Aber es ist auch eine zerrissene Stadt. Es herrscht immer eine Spannung zwischen den verschiedenen Religionen. Unten, an der Klagemauer, beten die Juden. Oben, auf dem Tempelberg, steht ein Heiligtum des Islam. Ebenso verhält es sich mit der Grabeskirche. Die christlichen

Konfessionen, die diese Kirche verwalten, sind so untereinander zerstritten, dass zwei muslimische Familien die Schlüssel verwahren und die Türen öffnen. Mich macht das betroffen.

Der Psalm 122 spricht auch von der Freude darüber, endlich nach Jerusalem zu kommen. Er handelt von der Vorfreude und dann von der Freude, endlich dort zu sein. Der Stadt und ihren Bewohnern wird Frieden und Glück gewünscht. Aber dort soll man nicht nur die schönen Gebäude bewundern, sondern Gott den Herrn in seinem Tempel, in seinem Haus, anbeten.

Wie anders ist doch die Situation im heutigen Jerusalem, der Stadt Davids. Der Tempel steht seit fast 2 000 Jahren nicht mehr und verschiedene Religionen leben mehr oder weniger friedlich nebeneinander. Doch mit Ostern und Pfingsten hat ja etwas Neues begonnen. Wir können jederzeit und überall zu Gott kommen. Wenn wir Jesus Christus in unser Leben eingeladen haben, wohnt Gott in uns durch seinen Heiligen Geist. Und die Bibel spricht auch von einem neuen Jerusalem, das einmal neu geschaffen werden soll. Zusammen mit anderen Menschen werde ich dort Gott selbst begegnen. Ich freue mich darauf.

Stefan Thiemert

5 Montag AUGUST 2024

☀ 05:53 21:02
☽ 06:31 21:49

Bibellese: Markus 5,35-43

Die Menschen lachten Jesus aus. *(Vers 40)*

Auslachen ist eine fiese Sache. Auslachen erniedrigt, stellt angebliche Fehler bloß. Wer auslacht, fühlt sich stärker oder will sich stärker fühlen. Wer auslacht, will dem anderen keine Chance der Korrektur geben. Auslachen ist eine mächtige Form der Erniedrigung, die nicht nur jenen Augenblick zur Katastrophe macht, sondern sich tief in die Erinnerung einbrennt. Ich kann mich immer noch gut an das Lachen meiner Mitschüler erinnern, die mich fertigmachen wollten, weil sie mich nicht mochten. Ich war schon total verängstigt, mich am Unterricht zu beteiligen. Also forderte mich meine Lehrerin im Französischunterricht auf, ihre Frage zu beantworten. Ich stammelte vor mich hin, sagte nicht gerade die beste Lösung und schon drang ein hämisches Lachen erst in meine Ohren und dann in mein Herz. Du bist schlecht! Du bist falsch! Du hast hier keinen Platz.

Wie gut, dass es Jesus nicht so geht: Wer zuletzt lacht, lacht am besten. Jesus als der Souverän über jede Situation, der seinen Gegnern zeigen wird, wie blöd sie sind? Ich glaube, dass Jesus weniger von ihrem Lachen verunsichert wird. Er spürt vielmehr eine große Trauer über die Menschen, die nicht fühlen, erahnen und erkennen können, dass er tatsächlich der Herr ist über Leben und Tod, Krankheit und Gesundheit. Dass er einen Kampf nicht nur gegen das Sterben eines Kindes führt, sondern für das Überleben der Menschheit gegenüber dem Teufel. Das Lachen der Menschen zeigt, dass sie nichts begriffen haben von Gottes Weg durch Jesus für die Menschen. Jesus lacht die Unwissenden seinerseits nicht aus. Er bleibt auf seinem Weg, den er einschlug. Jesus macht andere Menschen nicht schlecht, um sich besser zu fühlen, sondern konzentriert sich auf das Wunder, das Mädchen wieder ins Leben zurückzubringen. Als das Mädchen die Augen öffnet, wird ein ganz anderes Lachen das Haus durchzogen haben: ein zuerst ungläubiges Lachen, dann ein überraschtes Lachen und dann ein unendlich erleichtertes Lachen. Jesus, der Herr über Tod und Leben. Er, der sich nicht von unserem Unglauben abhalten lässt, sondern uns trotz aller Widerstände immer wieder das Leben anbietet, damit wir leben dürfen.

Henrik Diekmann

Bibellese: Markus 6,1-6

Jesus sagte: „Ein Prophet gilt nirgends so wenig wie in seiner Heimat, bei seinen Verwandten und in seiner Familie." (Vers 4)

Sie haben ihn nicht gewollt, die Leute in Nazaret. Die Verwandten, Nachbarn, Schulkameraden. Und so konnte er keine Wunder wirken. Die spürbare Ablehnung war machtvoller als die Kraft Gottes! Mich hat das sehr berührt: Jesus „ohnmächtig" in einer Situation, in der ich ihm alle Macht der Welt zugetraut hätte! Er vermag die Ablehnung nicht zu durchbrechen. Da kommt er mir sehr nahe.

Wie viele Menschen kennen Sie, die mit ihrer Familiengeschichte ein Leben lang nie fertig werden? Die schmerzliche Ablehnung erfahren, Schuldgefühle aufbauen und blockiert sind. Wie viel Schmerzen fügen wir uns gegenseitig zu, weil Eltern ihre Kinder ihren Weg nicht gehen lassen können und Kinder ihren Eltern ihr Sosein nicht zugestehen möchten! Und diese Konflikte gehören mit Gewissheit zu den existenziellsten Problemen im Zusammenleben unter uns Menschen. Im Blick auf Jesus ist die Lösung, die Heilung, die möglich ist, von verblüffender Einfachheit.

„Er wunderte sich, dass die Leute von Nazaret ihm das Vertrauen verweigerten. Jesus ging in die umliegenden Dörfer und sprach dort zu den Menschen" (Vers 6). Jesus kämpft nicht um ihre Anerkennung. Er kämpft nicht um die Liebe seines Heimatortes, seiner Großfamilie. Er wundert sich nur darüber, denn anderswo erfährt er ja regen Zuspruch. Er grenzt sich nur ab. Und er geht einfach wieder. Soweit wir wissen, hat Jesus seine Heimatstadt Nazaret in der Zeit seines öffentlichen Wirkens nur dieses eine Mal besucht! Er kann die Menschen in Nazaret sein lassen. Er wundert sich nur über ihren Unglauben. Aber sie dürfen und sie sollen ihr Leben weiterführen.

Ich hoffe, dass Sie, wenn Sie Eltern und Großeltern sind, ihre Kinder und Enkelkinder mit Freude ihren Weg gehen lassen können und dass Sie immer verständnisvolle Ohren für sie haben, Anerkennung und Lob. Und umgekehrt, dass Sie sich als Kinder angenommen fühlen von ihren Eltern und Großeltern. Dort, wo das nicht gelingt, da sollten wir den Blick auf Jesus richten und uns ermutigen lassen zu einer klaren Abgrenzung und, wenn es sein muss, auch zum Weiterziehen. *Ute Armbruster-Stephan*

7 Mittwoch AUGUST 2024

☀ 05:56 20:58
☽ 08:57 22:11

Bibellese: Markus 6,7-13

Jesus befahl den Zwölf, nichts mit auf den Weg zu nehmen außer einem Wanderstock. (Vers 8)

Das ist so richtig wenig! Für einen Ausflug und schon gar für eine mehrtägige Reise! Der Rucksack mit dem Allernötigsten muss normalerweise schon mit, wenn es losgeht und ich mich auf den Weg mache. Wasser, Snack, Regenschirm, Sonnencreme, Handy. Und so ein Koffer ist auch schnell voll. Nehmt nichts mit auf den Weg – die Jünger werden losgeschickt und dürfen nichts dabeihaben, was ihnen den Unterhalt sichert. Sie werden dazu gezwungen, auf die Gastfreundschaft der Menschen zu vertrauen. Essen und Trinken und ein Dach über dem Kopf erhalten sie nur, wenn sie auf die Menschen zugehen, offen sind für Begegnungen.

Nehmt nichts mit auf den Weg – alles, was ihnen vordergründig Sicherheit gibt, lassen die Jünger zurück. Sie sollen die Unsicherheit aushalten. Auch wo man sie aufnimmt, sollen sie nicht lange bleiben, sondern

sich immer wieder auf den Weg machen, in Bewegung bleiben. Unvermeidlich ist dabei die Erfahrung, dass man die Jünger nicht überall willkommen heißt, sondern sie mancherorts auch ablehnt.
Nehmt nichts mit auf den Weg – auch wenn die äußere Ausstattung mager ist, unvorbereitet sind sie dennoch nicht. Sie haben einen Auftrag – sie gehen nicht alleine (Vers 7) – sie bewirken etwas (Vers 12). Und sie haben eine sehr entlastende Grundhaltung mit auf den Weg bekommen, vielleicht tut es uns gut, das auch einmal wieder zu hören: Geht nicht mit dem Kopf durch die Wand! Wenn man euch irgendwo nicht aufnimmt, dann geht weiter.
Wir hören nicht auf, die Botschaft Jesu zu verkünden, wir dürfen dankbar sein und uns freuen, wenn Menschen sich dafür interessieren. Und es gibt diese Momente, in denen der Geist Gottes wirkt, weil eine Offenheit da ist, weil Befreiung passiert, weil Trost gespendet wird. Es gibt auch das andere: Menschen nehmen den Glauben, so wie wir ihn verkünden, nicht an. Die Botschaft vom Reich Gottes braucht eine Grund-Offenheit. Wenn die nicht da ist, so höre ich die Stimme Jesu, nicht mit dem Kopf durch die Wand, sondern weitergehen und Gott wirken lassen. Eigentlich einfach. Ich gehe mit leichtem Gepäck und tue, wozu ich gesandt und befähigt bin. That's it. So soll es sein.

Ute Armbruster-Stephan

8 Donnerstag AUGUST 2024

✹ 05:58 20:56
☽ 10:07 22:20

Bibellese: Markus 6,14-29

Herodes war überzeugt, dass Jesus der Täufer Johannes sei. *(Vers 16)*

Literarisch geschickt konzipiert, diese Geschichte. Es fällt auf, dass Markus die aktuelle Erzählebene verlässt und eine Episode nachträgt, die längst zurückliegt, aber noch nicht erzählt ist. Dieser Rückbezug hat Bedeutung für zwei Personen. Zum einen für Jesus. Markus stellt hier – bis in die Wortwahl hinein – eine deutliche Parallele zwischen Johannes und Jesus her: vom Verkennen über den Todesbeschluss bis zum Umbringen. Zum anderen wagt der Evangelist mit diesem Erzählstil einen Blick in das Innenleben des Herodes Antipas. Dem begegnet – bis dato nur vom Hörensagen – dieser Jesus, und schlagartig ist seine alte Geschichte wieder präsent, über die längst Gras gewachsen schien. Sein Gewissen meldet sich. Für schlechtes Gewissen stand ja bereits dieser Johannes, der Schuld beim Namen nannte. Herodes war damals hin- und hergerissen.

Reagierte weniger kaltblütig, als das für seine Familie typisch waren. Aber am Ende war ihm seine Ehre wichtiger als ein Menschenleben. Nun scheint dieser Johannes wieder da zu sein, und mit ihm die ganze Geschichte. Wie umgehen damit? Später, im Prozess gegen Jesus, bekam Herodes die Chance, sich für Jesus einzusetzen. Aber auch da ließ er den unbequemen Gottesmann einfach fallen. Beruhigte sein Gewissen mit Lächerlich-Machen und Erhabenheit-Zelebrieren.
Wie gehen wir mit Gewissensbissen um? Wir wünschen uns Jesusbegegnungen. Wollen, dass er uns hilft, bereichert und segnet. Aber manchmal liegt der Segen darin, dass Jesus uns mit unserer eigenen Geschichte, die auch eine Schuldgeschichte sein kann, konfrontiert. Wir können das wegdrücken, übertünchen oder sogar lächerlich machen. Oder wir können die Chance wahrnehmen und mit Jesus unsere Geschichte aufarbeiten und Vergebung erfahren. Dann wird daraus eine heilsame Jesusbegegnung.

Michael Schubach

Du trittst in eine Schöpfungsstunde Gottes hinein, wenn du dir deine Schuld vergeben lässt. Und in dieser Schöpfungsstunde wird das Neue geboren.

Friedrich von Bodelschwingh (1831-1910), deutscher Hilfswerksgründer und Theologe

9 Freitag AUGUST

2024

✷ 05:59 20:55

☽ 11:16 22:30

Bibellese: Markus 6,30-44

Jesus sagte zu seinen Jüngern: „Gebt ihr ihnen zu essen!“ *(Vers 37)*

Ruht ein wenig“, lädt Jesus seine Jünger ein, die begeistert, aber auch abgearbeitet vom Missionseinsatz zurückkommen. Sie machen sich auf den Weg in die Stille. Ja, Stille ist ein Weg. Aber noch bevor sie dort ankommen, sind die Leute, vor denen sie Ruhe suchen, auch schon dort. Ob sie Ruhe finden, während Jesus eine lange Predigt anfängt? Das Ende vom Lied jedenfalls ist Hunger. Leiblicher Hunger. Und eine Portion Mitleid seitens der Jünger. Sie haben auch eine Lösung für das Problem. Aber Jesus provoziert sie: „Gebt ihr ihnen zu essen!“ Wovon bitte? Nicht nur, dass die in Aussicht gestellte Ruhe pfutsch ist, jetzt sollen sie auch noch Unmögliches möglich machen.

Aber ist das nicht genau die Situation der christlichen Gemeinden? Auch heute laufen die Leute dorthin, wo sie das Gefühl oder die Hoffnung hegen,

ihren Lebenshunger gestillt zu bekommen. Allerdings selten zu den Gemeinden. Und doch ist der Auftrag heute kein anderer als: „Gebt ihr ihnen zu essen!“ Die Gemeinden hatten sich so auf die Ruhe gefreut. Und nun das. Womit sollen sie heute Lebenshunger stillen? Vieles, was Menschen heute mit Kirche verbinden, haben sie satt. Was aber ist mit dem, was sie zum Leben brauchen? Haben sie mehr als Moral, an die sie sich selber nicht halten? Haben sie mehr als „Du musst“, wovon sie eigentlich selbst Ruhe suchen? Haben sie irgendetwas, was die Welt braucht und Lebenshunger stillt? Alleine nicht!
Aber Christen gehören zu dem, der das hat und der das kann, Lebenshunger stillen und Welt retten. Am Ende nimmt Jesus die Sache in seine Hand, lässt das, was den Hunger stillt, allerdings durch die Hände der Jünger gehen und so an die Menschen austeilen. Genauso darf und soll das auch bei Christen sein: Jesus machen lassen und hineingenommen werden in seine Mission. Beim Austeilen wissen die Jünger und auch Christen heute nicht, ob es reichen wird. Aber am Ende dürfen sie die Erfahrung machen, dass Gott reichlich austeilt. Allerdings nur durch ihr Austeilen des nach menschlichem Ermessen viel zu Wenigen. Da darf ich beruhigt sein. In dieser Ruhe vor Gott empfange ich, was ich dann austeilen darf.

Michael Schubach

10 Samstag AUGUST 2024

✷ 06:01 20:53
☽ 12:26 22:41

Bibellese: Markus 6,45-56

Als die Jünger Jesus auf dem Wasser gehen sahen, meinten sie, es sei ein Gespenst, und schrien auf.

(Vers 49)

Warum sehen die Jünger in Jesus ein Gespenst? Nun, dass ein Mensch auf dem Wasser daherläuft, kommt als schlüssige Deutung nicht in Betracht. Die Jünger deuten, was sie sehen, innerhalb ihres Vorstellungsrahmens. Das allerdings wird ihnen am Ende der Geschichte als Unverständigkeit und Herzenserstarrung angelastet. Also mein Verständnis haben die Jünger, wenn ich versuche, mich in ihre Situation hineinzudenken.

Um eine andere Sicht zu gewinnen, braucht es einen Perspektivwechsel. Und den bietet Jesus. Auch über ihn wird berichtet, dass er sieht. Und zwar die Jünger, wie sie vergeblich gegen den Wind kämpfen (Vers 48). Wie kann Jesus das sehen? Es ist stockdunkel und die Entfernung viel zu groß. Ich entdecke eine gewisse Parallele: Jesus sieht, was er eigentlich nicht sehen kann; die Jünger sehen, was eigentlich nicht sein kann. Die Reaktion auf das jeweils Gesehene unterscheidet sich. Während die Jünger mit passiver Panik reagieren, nämlich mit Angstschreien, macht sich Jesus auf den Weg zu den Geplagten. Kein Hindernis hält ihn dabei auf. Auch die Quelle ihrer Deutung unterscheidet sich und prägt ihr Reagieren. Optisch kann Jesus die Jünger in ihrem Kampf gar nicht sehen. Er bekommt diese Sicht im Gebet. Die Gemeinschaft mit seinem Vater im Himmel prägt seine Sicht. Die Jünger dagegen sind in ihren Kampf gegen den Wind verstrickt, Dunkelheit, Wasserstieben und die eigene sinnlose Anstrengung prägen ihre begrenzte Sicht. Und so wird der herannahende Jesus zu einer zusätzlichen Bedrohung.

In der Haltung unterscheiden sich die Jünger und Jesus. Wie ist meine Lebenshaltung, aus der heraus ich meinem Leben Gestalt gebe? Bin ich fixiert auf meinen Lebenskampf, der entsprechend dann auch meine Sicht und sogar mein Gottesbild prägt? Oder gewinne ich eine Perspektive aus der Gemeinschaft mit Gott? In beiden Fällen darf ich erleben, dass Jesus da ist und nicht zu spät kommt. Aber im zweiten Fall werde ich nicht nur Halt finden, sondern darf im Namen von Jesus auch Halt geben.

Michael Schubach

11 Sonntag AUGUST 2024

☀ 06:02 20:51
☽ 13:38 22:54

11. Sonntag nach Trinitatis

Bibellese: Psalm 145

Der Herr ist gut zu allen,
er erbarmt sich über alle seine Geschöpfe. (Vers 9)

Es ist ein Frühlingsmorgen wie aus dem Bilderbuch. Junges Grün an den Bäumen, es blüht auf den Wiesen gelb, weiß und rosa. Entlang des Weges plätschert das Flüsschen. Die beiden Freundinnen sind auf einer Radtour und nehmen die Welt so anders wahr als in ihrem geschäftigen Alltag. Ganz nah dran und fast als ein Teil von ihr. Die Vögel haben sie am Morgen schon geweckt, ein Konzert, dem man noch im Bett liegend lauschen konnte. Die getigerte Katze lag im kleinen Gasthaus beim Frühstück auf der Bank in der Sonne, streckte sich und gähnte und war einfach da. Endlich auf dem Rad ging es vorbei an Pferdekoppeln, auf denen galoppiert und gefuttert wurde, und an Kuhweiden, wo Kühe und Kälbchen ganz selbstverständlich miteinander in der Morgensonne lagen. Entspannt und genussvoll ließen sie die Räder durch dieses kleine

Paradies rollen, man konnte gut nach rechts und links schauen und die Blicke schweifen lassen, alles Schöne in sich aufsaugen.
Da, schau! Eine Weide mit Schäfchen taucht nach einer Kurve auf. Ein ganz Kleines – wird geflüstert. Ein kleines schwarzes Lämmchen, die Nabelschnur noch zu sehen, die Mutter leckt es behutsam ab. Sie halten an, wollen schauen, die beiden Frauen. Treten leise ans Gatter. Sofort gibt es Tumult. Die anderen Schafe kommen dazu und stellen sich rund um Mutter und Kind, beschützen sie vor den Fremden. Die Radlerinnen setzen sich etwas abseits ins Gras, wollen nicht stören und sind so beeindruckt von dieser Geste der Bewahrung und Bewachung. Schaf und Lämmchen werden in die hinterste Ecke der Weide begleitet, wo sie vor neugierigen Blicken geschützt sind. So geht das also in der Schafherde. Man passt aufeinander auf und beschützt sich.
Jetzt einfach zurücklegen ins warme Gras. Ein leises Mähen, Gras wird gerupft, am Himmel zieht ein Vogelschwarm vorbei, gleich krabbelt etwas am Bein. So müsste es immer sein – so müsste es bleiben – so wäre es richtig. Ein friedliches und freundliches Miteinander von Gottes Geschöpfen. Der Herr erbarmt sich über sie und ist gut zu allen. Und sie sind gut zueinander.

Ute Armbruster-Stephan

12 Montag AUGUST 2024

✷ 06:04 20:49
☽ 14:53 23:11

Bibellese: Markus 7,1-23

Jesus sagte: „Alles, was der Mensch von außen in sich aufnimmt, kann ihn nicht unrein machen, weil es nicht in sein Herz gelangt.“ *(Vers 18-19)*

Wie unglaublich viel Freiheit Jesus damit in einen einzigen Satz gebracht hat. Mit diesem Satz sagt Jesus einmal mehr, dass es ihm nicht darum geht, welches Gericht wir essen oder nicht essen. Es geht ihm nicht um laute oder leise Musik, noch nicht einmal darum, ob wir stehen, sitzen oder niederknien beim Beten. Und auch wenn diese Dinge immer wieder das Potenzial haben, zu Diskussionen zu führen, ist es nicht das, was Jesus wichtig ist. Denn es geht ihm in der Hauptsache um etwas anderes, es geht ihm um unser Herz.
Um jedes Herz.
Denn dies ist der Ort, an dem er anklopft, an dem er wohnt, und auch der Ort, an welchem er aufräumt.
Und dabei ist er liebevoll und zurückhaltend wie ein Gast, humorvoll und ehrlich wie ein Freund

und gleichzeitig nie schockiert und urteilend, wie jemand, der bereits alles gesehen hat.
Und in dieser Freiheit, die er ausgesprochen hat, können wir ihm immer wieder unser Herz hinhalten. Und ihn einladen, mit uns genauer hinzuschauen, ob da etwas hineingelangt ist, was nicht darin sein soll. Ob wir Zorn oder Bitterkeit Platz gegeben haben oder nicht bereit waren, uns zu versöhnen, ob wir Wut oder Lügen geduldet haben. Und einmal mehr kommt Jesus mit all seiner Gnade genau da hinein.

Tanja Bastian

Jesus, ich danke dir und lobe dich dafür, dass du jedes Herz kennst. Dass dir jedes Herz wichtig ist und du dich nicht geändert hast, sondern mit der gleichen Hingabe auch heute noch in die Herzen siehst – und dir so viel Mühe gibst. Hilf mir heute, keine Dinge hineinzulassen, die es verschmutzen. Danke, Jesus, dass mein Herz bei dir so unfassbar gut aufgehoben ist.

Tanja Bastian

Ein reines Herz, Herr, schaff in mir,
schließ zu der Sünde Tor und Tür;
vertreibe sie und lass nicht zu,
dass sie in meinem Herzen ruh.

Heinrich Georg Neuß 1703

Bibellese: Markus 7,24–30

Jesus sagte zu der Frau: „Zuerst müssen die Kinder satt werden.“ (Vers 27)

Die meisten Menschen, die schon einmal mit jüngeren Kindern in einem Restaurant gegessen haben, werden zustimmen, dass man das Essen erst selbst genießen kann, wenn die Kinder satt sind. Wenn sie aufgehört haben, unruhig auf den Stühlen zu zappeln und einen Teller mit (hoffentlich) leckerem Essen vor sich haben. Wenn der Mund und die Hände beschäftigt sind und sich diese friedlichen Essens- und Geschirrgeklapper-Geräusche ausbreiten. Aber nicht nur wegen Genuss und Ruhe ist es sinnvoll, dass erst die Kinder satt werden müssen. Viele Eltern legen ihre Aufmerksamkeit intuitiv auf die Kinder, weil sie ihnen wertvoll und wichtig sind. Weil sie sie lieben.

Möglicherweise liegt genau darin der Schatz: in dem vollen Eifer, sich auf eine Sache zu konzentrieren und andere Dinge mit weniger Energie zu bedienen.

Denn immer wieder kommen wir in unserem Alltag an unsere Grenzen, verzetteln uns in unseren vielen Aufgaben und Erledigungen, weil wir häufig zu viele Dinge gleichzeitig machen wollen.
Jesus erinnert uns mit diesem Vers daran, dass er einen Fokus hatte. Er wusste, was sein Auftrag war und welche Prioritäten es dabei gab. Er konnte deutlich sagen, wofür er auf diese Welt gekommen ist. Und damit lebt er uns vor, wie wir es schaffen, entspannter und effektiver zu leben. Er zeigt an sich selbst, wie es ist, mit einem klaren Ziel zu leben, ohne sich ablenken zu lassen.
So dürfen wir uns heute zeigen lassen, was wichtig in unserem Leben ist, an welcher Stelle wir uns nicht verzetteln sollen. Und manchmal sind es die kleinen Dinge, die wirklich groß sein können und die uns wieder ausrichten, auf das, was bleibt und Ewigkeitswert hat.

Tanja Bastian

Die Kirche ist nicht irgendeinem Naturrecht, sondern ihrem lebendigen Herrn verpflichtet. Sie denkt, redet und handelt darum nie „prinzipiell". Sie urteilt vielmehr geistlich und darum von Fall zu Fall.

Karl Barth (1886-1968),
Schweizer evangelisch-reformierter Theologe

14 Mittwoch AUGUST 2024

✹ 06:07 20:45
☽ 17:25 –.–

Bibellese: Markus 7,31–37

Jesus blickte zum Himmel empor, stöhnte und sagte zu dem Mann: „Öffne dich!“ *(Vers 34)*

Diese Szene in der Bibel ist für mich sehr eindrücklich. Ich sehe Jesus und diesen Mann vor meinen Augen. Und ich sehe, wie Jesus zum Himmel schaut, und höre, wie er stöhnt.

Und genau dieses Stöhnen macht jene Verse für mich wertvoll und aktuell. Denn wenn ich zu Jesus komme, mit meinem ganzen Alltag, mit all dem, was schwer ist, mich Kraft kostet oder überfordert, und ich dann vor ihm stehe, ist er der, der reagiert. Dann ist er nicht nur der, der hilft, sondern er ist der, der für mich Richtung Himmel stöhnt. Zu unserem himmlischen Vater, der die Bitten seiner Kinder gerne hört. Und so stöhnt er auch heute noch mit uns, wenn wir zu ihm kommen. Wenn wir uns im Straßenverkehr verfahren haben, wenn Medikamente nicht anschlagen, Kinder nachts nicht durchschlafen, unsere Freunde leiden und wir nicht helfen können. Dann

gibt er uns nicht zuerst eine Liste, welche wir durcharbeiten müssen, sondern er zeigt sich mit all seiner Menschlichkeit. Erlaubt uns, müde, traurig, verletzt und hilflos zu sein.
Und nicht zuletzt wäre alles Stöhnen, Klagen und Bitten-in-den-Himmel-Richten ohne Wirkung, wenn Gott nicht handeln würde. Wenn er sich nicht genau dieses Zu-ihm-Hinkommen und Aussprechen, was uns beschäftigt, wünschen würde. Wenn das nicht seine große Leidenschaft und Teil seines Wesens wäre.
In diesen Versen tut Gott das Wunder und vielleicht ist es zu gefährlich, es nicht zu probieren. Vielleicht rechnen wir zu wenig damit, dass wir etwas erleben, wenn wir es genauso machen wie der Mann in diesen Versen. Vielleicht sollten wir heute mutig zu Jesus gehen und ihm zuhören, wie er für uns stöhnt.

Tanja Bastian

Reiz uns, dass wir zu ihm treten
frei mit aller Freudigkeit;
seufz auch in uns, wenn wir beten,
und vertritt uns allezeit,
so wird unsre Bitt erhört
und die Zuversicht vermehrt.

Heinrich Held 1658
Aus: Komm, o komm, du Geist des Lebens

15 Donnerstag AUGUST 2024

✹ 06:09 20:43
☽ 18:33 00:11

Bibellese: Markus 8,1-9
Die Jünger gaben zu bedenken: „Wo soll jemand hier in dieser unbewohnten Gegend das Brot hernehmen, um all diese Menschen satt zu machen?" *(Vers 4)*

Wie geht es Ihnen mit der Not in der Welt? Im Radio hörte ich eine Sendung über den Hunger im Jemen. 20 von 30 Millionen Einwohnern sind auf Hilfe angewiesen, auf Spenden in Form von Mehl, Öl und Reis. Wie sollen alle diese Menschen satt werden? Wenn der Krieg immer weitergeht? Die Not ist groß. Hier bei uns wird die materielle Not auch größer durch Corona und die Energiekrise. Aber es gibt darüber hinaus auch das Problem, die Seele satt zu bekommen. In vielen christlichen Gemeinden kommen Menschen zusammen, von denen ein großer Teil in irgendeiner Form bedürftig ist, aber woher soll man die Mitarbeitenden nehmen, um sie alle zu versorgen?

Der Satz von Jesus: „Ich habe großes Mitleid mit den Menschen" (Vers 2, BasisBibel) berührt mich.

Jesus sieht die Not der Menschen. Sie halten sich in unwirtlichen Gegenden und Zusammenhängen auf, sind schon lange unterwegs und sehr bedürftig. Die Jünger sehen ebenfalls die Not, haben vielleicht auch Mitleid, aber sie sehen kein Licht am Horizont. Bedrückte und deprimierte Mitarbeitende leiden unter dem Mangel an Nothilfe. Gerade die engagierten Leute sind niedergeschlagen, weil sie eigentlich etwas anderes wollen und motiviert sind zu helfen. Aber sie schaffen es nicht allein.

Jesus hilft nicht nur den Notleidenden, er nimmt auch das Leiden der hilflosen Helfer in den Blick. Die ausgebrannt sind und nicht weiterwissen. Seine Antwort an sie lautet: „Ich nehme die Dinge in die Hand. Ich kümmere mich. Ihr braucht nur meine Handlanger sein. Kümmert ihr euch um die Körbe für das Brot und dass die Leute sich sinnvoll hinsetzen und in Gruppen aufteilen. Helft mir beim Verteilen. Was aber vorhanden ist zum Verteilen, das lasst meine Sorge sein."

Als Mitarbeiterin in der Gemeinde fühle ich mich durch das Verhalten von Jesus sehr entlastet. Die Rolle des Handlangers kann ich gerne ausfüllen. Was darüber hinausgeht, ist Gottes Sache. Lasst uns auf ihn vertrauen!

Petra Reinecke

16 Freitag AUGUST 2024

✷ 06:10 20:41
☽ 19:27 01:03

Bibellese: Markus 8,10-13

Jetzt kamen die Pharisäer zu Jesus und begannen, mit ihm zu streiten. (Vers 11)

Als Mediatorin beschäftige ich mich mit einer guten Streitkultur. Denn streiten ist nichts Falsches. Wer sich streitet, redet noch miteinander und sucht gemeinsam nach einer Lösung für den Konflikt. Wie ehrlich die Pharisäer allerdings eine echte Auseinandersetzung mit Jesus suchten, wissen wir nicht. Jesus jedoch lässt sich nicht darauf ein, mit den Pharisäern zu streiten. Sie wollen ein Zeichen, aber sie werden keins bekommen. Nach der Parallelstelle bei Matthäus weist Jesus sie auf das Zeichen des Jona hin, was man auf den Tod von Jesus und die Auferstehung deuten kann. Hier jedoch gibt es ein striktes Nein des Herausgeforderten.

Warum ist er so abweisend? In den Konflikten, die ich moderiere, kommt dieses Bedürfnis der Parteien auch vor: Sie wollen ein Zeichen vom Gegenüber, sie wollen eine Vergewisserung, dass der andere es gut meint, dass seine Absichten gut sind. Vielleicht wollen sie aber manchmal auch nur ein Zeichen dafür, dass sie selber recht haben. Denn ums Rechthaben geht es meistens. Doch Gottes Kategorien sind anders als unsere. Buchstabentreue und Gesetzesweisheit helfen uns nicht zu erfassen, wie Gott beschaffen ist. Die Pharisäer standen für diese Art des Rechthabens. Sie wähnten sich auf der richtigen Seite und sie ordneten ihr ganzes Leben dem Tun des Richtigen unter. Bei Jesus können sie damit nicht landen. Ihm geht es nicht darum, wer recht hat. Ihm geht es um die Liebe. Und die kann man nicht wie ein Regelwerk auswendig lernen oder verinnerlichen. Die Liebe will geglaubt, erlebt, erwidert werden. Doch diese Kategorien sind den streitlustigen Herausforderern fremd.

Lassen Sie uns im positiven Sinne streiten lernen. Das bedeutet, dass ich nicht die Lösung schon zu Beginn kenne und nicht recht behalten will, sondern offen bin für eine Änderung meiner bisherigen Einstellung. Wir können ruhig auch mit Jesus streiten. Lasst uns neugierig sein auf das, was wir von ihm lernen können!

Petra Reinecke

Kein Streit würde lange dauern, wenn das Recht oder das Unrecht nicht auf beiden Seiten wäre.

François de la Rochfoucauld (1613-1680), französischer Moralist

Zum 16. August 2024

Rolf Dammann: Es war Gottes Stunde

Heute vor 100 Jahren, am 16. August 1924, **wurde Rolf Dammann** in Görlitz **geboren.** Er war Pastor und langjähriger Generalsekretär des Bundes Evangelisch-Freikirchlicher Gemeinden (BEFG) in der ehemaligen DDR.

Als sein Vater 1940 starb, verließ Rolf Dammann zwei Jahre vor dem Abitur die Schule. Er absolvierte eine Ausbildung zum Steuerinspektor, um seine Familie zu unterstützen. Eigentlich wollte er Prediger werden. 1949 heiratete er. Mit seiner Frau Elfriede hatte er fünf Kinder. 1952 berief ihn die Gemeinde Schmölln als Missionsarbeiter. Er machte im Selbststudium Bibelkurse in Buckow und in Leipzig. 1958 ging er in den Teilzeit-Gemeindedienst nach Berlin-Friedrichshain und wurde außerdem Leiter der Bundesgeschäftsstelle Ost, ab 1965 dann in Vollzeit. 1960 wurde er zum Pastor ordiniert.

Als am 13. August 1961 die Grenzen zwischen der Bundesrepublik und der DDR geschlossen wurden, musste auch der gemeinsame Baptistenbund sich neu organisieren. Seit 1969 amtierte Rolf Dammann 20 Jahre bis zu seinem Ruhestand als erster Generalsekretär des BEFG in der DDR. Zu diesem gehörten 215

Gemeinden, 289 Predigtplätze und knapp 21 000 Mitglieder. Er engagierte sich zudem im Vorsitz des Kuratoriums der Christlichen Pflegeanstalt Schmalkalden, in der Leitung des Diakoniewerks Bethel in der DDR und als Gastlehrer am Theologischen Seminar des BEFG in der DDR in Buckow. Er setzte sich in Verhandlungen mit dem Staat dafür ein, dass Pastoren am Internationalen Baptistischen Seminar in Rüschlikon/Schweiz an Sommerkursen teilnehmen konnten. Da er eng mit dem Diakonischen Werk der Evangelischen Kirche in der DDR zusammenarbeitete, wurde er stellvertretender Bevollmächtigter des kirchlichen Hilfswerks „Brot für die Welt". Von 1980 bis 1985 bekleidete er das Amt des Vizepräsidenten des Baptistischen Weltbundes.

1977 wurde bei seiner Frau ein Hirntumor diagnostiziert. Rolf Dammann pflegte sie bis zu ihrem Tod 2003. Das Paar hatte fünf Enkelkinder. Zur Wiedervereinigung der beiden Bünde 1991 schrieb er: „Ja, es war Gottes Stunde." Er starb am 3. Dezember 2014 im Alter von 90 Jahren in Berlin.

Nicola Bourdon

17 Samstag AUGUST 2024

✹ 06:12 20:39
☽ 20:06 02:14

Bibellese: Markus 8,14-21

Jesus sagte zu den Jüngern: „Seid ihr genauso verstockt wie die anderen?“ *(Vers 17)*

Manchmal möchte man jemanden schütteln, damit er oder sie endlich begreift, worum es geht. Mir ging es kürzlich so. Ich tat es nicht. Aber ich kann Jesus verstehen, der verzweifelt darüber ist, dass seine Jünger den Hintergrund des Brotwunders nicht verstehen. Sie denken nur ans Essen, dass ihre Bäuche satt werden. Ihm aber ging es mit dem Wunder, das geschah, um viel mehr. Die Menschen sollten verstehen, dass Gott ihnen Nahrung in Fülle geben will. Und zwar gibt er ein Brot, das nicht verschimmelt, eine Speise, die man nicht irgendwann wegwerfen muss. Jesus selber ist das Brot, er selber will Nahrung für uns sein. Das begreifen die Jünger zu diesem Zeitpunkt noch nicht. Wie sollen sie auch? Dass Jesus seinen Leib für uns gab, das verstehen wir erst, wenn wir das Kreuz miteinbeziehen. Jesus wird am Kreuz der Christus. Dort wird deutlich, dass er für uns sein Leben gab. Es wird klar, dass Gott seinen Sohn sandte, damit wir eine neue Qualität des Lebens für uns in Anspruch nehmen können. Ein Leben in enger Verbindung mit Gott, ohne einen Graben, der uns von ihm trennt.

Heute ist das Verstehen für uns nicht wesentlich leichter als damals, finde ich. Obwohl wir von Golgota wissen. Jedes Jahr an Karfreitag buchstabieren wir neu durch, was der Tod von Jesus für uns bedeutet, und werden es letztlich doch nie so richtig begreifen. Manchmal möchte ich mit dem Psalmisten sagen „Aber wie schwer sind für mich, Gott, deine Gedanken! Wie ist ihre Summe so groß!" (Psalm 139,17 L). Und dann möchte ich beten: „Herr, schenke mir mehr Verstand, damit ich verstehen kann, was dein Geschenk an mich bedeutet!"

Das Schöne ist, dass, obwohl ich es nicht fassen kann, das Brot des Lebens mir jeden Tag Nahrung sein will. Jesus, der Freund des Lebens, begleitet mich und ermutigt mich. Er lässt mich immer wieder neu beginnen. Wie verstehen Sie die Sache mit dem Brot?

Petra Reinecke

18 Sonntag AUGUST 2024

☀ 06:13 20:37
☽ 20:33 03:40

12. Sonntag nach Trinitatis

Bibellese: Psalm 147

Viele verlassen sich auf ihre schnellen Pferde
und die starken Muskeln ihrer Krieger;
sie alle sind dem Herrn zuwider. *(Vers 10)*

Der Beter jubelt und lobt Gott in Psalm 147 für die Wunder, die Gott tut. Gott ist so persönlich, dass er unsere zerbrochenen Herzen heilt und unsere Wunden verbindet (Vers 3). Er richtet die Erniedrigten auf (Vers 6). Gleichzeitig ist er so groß, dass er die Zahl der Sterne festgelegt und jedem einen Namen gegeben hat (Vers 4). Er sorgt dafür, dass es regnet und die Vegetation blüht. Er kümmert sich um die Tiere. Der Psalmist nennt noch viele andere großartige Dinge, die Gott tut.

Umso überraschender ist dann unser Vers: „Viele verlassen sich auf ihre schnellen Pferde und die starken Muskeln ihrer Krieger; sie alle sind dem Herrn zuwider.“ Diese Bilder sind für uns fremd. Dennoch verstehen wir, dass der Psalmist in bildhafter Sprache von Menschen spricht, die sich einbilden, dass sie

stark sind und ihr Leben im Griff haben. An ihnen hat Gott keinen Gefallen. Warum ist das so?
Wenn wir uns stark fühlen und selbstsicher sind, stehen wir in Gefahr, nicht mehr wirklich abhängig von Gott zu leben. Natürlich glauben und beten wir noch. Aber sehr leicht wird unsere Beziehung zu Jesus oberflächlich.
Mir wurde das bewusst, als ich vor einiger Zeit eine schwerwiegende ärztliche Diagnose bekommen hatte. Vor dieser Diagnose dachte ich, dass ich in der Abhängigkeit von Jesus lebe. Ich dachte, dass meine Beziehung zu Jesus intensiv sei. Das war sie auch. Aber in dem Augenblick, als ich diese Diagnose bekam, klammerte ich mich noch viel mehr an Jesus. Mir wurde schlagartig bewusst, dass ich völlig von ihm abhängig bin. Meine Beziehung wurde noch tiefer.
Darum ist der nächste Vers absolut verständlich: „Doch seine Freude hat der Herr an Menschen, die ihn ehren und ihm gehorchen und die mit seiner Güte rechnen“ (Vers 11). Das möchte ich, wenn es mir gut geht und wenn es mir schlecht geht. Aber vermutlich werde ich abhängiger von Jesus bleiben, wenn ich mein Leben nicht im Griff habe.

Beat Abry

19 Montag AUGUST 2024

☀ 06:15 20:35
☽ 20:53 05:12

Bibellese: Markus 8,22-26

Noch einmal legte Jesus dem Blinden die Hände auf die Augen. Danach blickte der Mann wieder auf – und war geheilt. *(Vers 25)*

Sind wir versucht zu denken: Ende gut, alles gut? Können wir, wenn wir Heilung erleben, danach unsere Vorgeschichte und alles damit verbundene Leid so einfach vergessen? Wohl kaum.

Da wird ein Blinder zu Jesus gebracht. Er hat ja nicht nur sein Augenlicht verloren, sondern eine ganze Welt, bestehend aus Sonnenstrahlen, einem leuchtenden Mond, einem Menschenlächeln. Und das Leben derer, die mit ihm zusammenleben und ihn zu Jesus bringen, ist ja auch beeinträchtigt. Mit der Heilung soll wieder Normalität für alle einkehren. Wer kann das nicht verstehen!

Aber ist, wenn ein Mensch von Jesus geheilt wird, jemals Normalität eingekehrt? Alles wieder so wie vorher? Mitnichten! Erst einmal nimmt Jesus diesen Menschen auf die Seite, weg von der Menge. Dann

berührt er ihn, kommt ihm ganz nahe, fasst seine wunde Stelle an und hat Zeit. Nichts geht schnell, überstürzt: Heilung braucht Zeit, einen Schritt, zwei Schritte, oft noch mehr. Die zwei Wörtchen „Noch einmal ..." reden davon. Es ist nicht gleich alles klar. Wer blickt schon auf Anhieb durch? Dann stammelnde Sätze, die im Griechischen grammatikalisch falsch sind: „Ich sehe Menschen. Wie Bäume sehe ich sie umhergehen." Wer findet schon auf Anhieb die richtigen Worte? Der Durchblick kommt langsam und braucht noch mehr Zeit. „Geh in dein Haus!" Du brauchst jetzt erst einmal einen Schutzraum, du bist noch zu wund, brauchst ein Stück Heimat, wo du dich auskennst, brauchst Zeit, um noch einmal zu trauern über all die Verluste, die hinter dir liegen und doch noch in dir sind. Geh in dein Haus!
Schlussfrage: Kann man das aushalten, durch Jesus sehend zu werden? Sehen-Können ist Gnade und Last zugleich! Wem Jesus die Augen öffnet, der sieht einen Leidenden als Herrn der Welt. Sieht, was alles noch nicht ist, aber sein kann. Wem Jesus die Augen öffnet, der wird sehnsüchtig und dauerhaft unruhig nach dem Reich Gottes. Möge Gott mit uns sein, dass wir nicht blind bleiben oder aus Angst wieder blind werden, sondern dass die sehende Sehnsucht nach seinem Reich in uns wach bleibt und Neues wachsen lässt.

Reiner Kanzleiter

20 Dienstag AUGUST

2024

✷ 06:16 20:33
☽ 21:09 06:45

Bibellese: Markus 8,27-33

Jesus sagte zu Petrus: „Deine Gedanken stammen nicht von Gott, sie sind typisch menschlich." *(Vers 33)*

Wem Jesus die Augen öffnet, der sieht einen Leidenden als Herrn der Welt. Auf dem Hintergrund dieses Gedankens von gestern müssen wir feststellen, dass Petrus wohl noch nicht sehend geworden ist. Nichts geht schnell: Heilung, auch die der Jünger, braucht Zeit. Petrus ist und bleibt ein Paradebeispiel dafür. Da lesen wir sein großes Bekenntnis: Du bist der Christus! Und hören vielleicht schon mit, wie er sich diesen Christus vorstellt. Das Bild eines Regenten, eher dem Kaiser gleich, voller Macht und unangefochten, Bild eines Übermenschen. So denkt er. Typisch menschlich. Wie auch anders, er ist ja nichts anderes als ein Mensch. Einer, der wie wir auch, im Blick auf seine Christusvorstellungen immer neu Korrektur und eine Blindenheilung braucht. Wem Jesus die Augen öffnet, der sieht einen Leidenden als Herrn der Welt. Wer

durch Christus sehend wird, kommt mit in die Nachfolge, nicht nur, weil er jetzt sieht, sondern vor allem obwohl er sieht! Wir sehen nicht rosarot als Geheilte, wir sehen, dass da Überwinden und Scheitern ist, Heilen und Sterben, Sieg und Niederlage, Tod und Leben. Wird unser Glaube groß genug sein, das auszuhalten?
Die Ankündigung des Leidens ist eine kurzgefasste Passionsgeschichte. Dass Heilung und Passion bei Markus so eng verbunden sind, führt uns in einen tiefen Zusammenhang hinein: Es ist auch dann Heil Gottes sichtbar, wenn ein Mensch lernt, mit seinem Leid, mit seiner Krankheit zu leben! Ein Gottesdienst ist auch dann ein Heilungsgottesdienst, wenn er hilft, Behinderungen des Lebens besser zu tragen. Auch dann ist das Heil Gottes unter uns, wenn wir im Blick auf den leidenden Christus eigener und fremder Ohnmacht standhalten, sie aushalten und gerade darin Gottes Macht erleben. Wenn wir das zusammenhalten, kann uns unser Glaube zum Lob führen über unerwartetes Handeln Gottes wie auch zur Klage darüber, warum so viel an unermesslichen Schmerzen bleibt. Beides ist umfangen von Gottes Nähe. Lassen wir uns immer neu von unseren typisch menschlichen Vorstellungen heilen, uns den Gedanken Gottes anzunähern und für sie bereit werden.

Reiner Kanzleiter

21 Mittwoch AUGUST 2024

✹ 06:18 20:31
☽ 21:22 08:17

Bibellese: Markus 8,34-9,1

Jesus sagte: „Wer mir folgen will, muss sich und seine Wünsche aufgeben, sein Kreuz auf sich nehmen und auf meinem Weg hinter mir hergehen." *(Vers 34)*

In seinem Buch „Nachruf auf mich selbst" kreist der Soziologe und Publizist Harald Welzer um den Hauptgedanken, dass wir keine „Kultur des Aufhörens" haben, um das Leben durch Weglassen besser zu machen. Mit den Worten des Bibeltextes: Dass wir Wünsche nicht aufgeben können. In uns und um uns lebt ein unerbittlicher Antreiber, der sagt: „Du musst zu den Gewinnern gehören, nur dann bist du etwas wert. Aufhören, etwas abgeben, sich beschränken ist Niederlage." So versuchen wir in unserem Leben, den Menschen in unserer Umgebung und uns selbst zu beweisen, dass wir zu den Gewinnern gehören – und verlieren uns selbst. Sehenden Auges wollen wir alles recht machen und machen gerade dabei alles falsch. Wir wollen etwas aufbauen, im Beruf, ein Haus, eine Familie, und reißen dabei die Grundlage

ein, weil wir die Liebe des Ehepartners, der Kinder, der Freunde verlieren. Gibt es einen Ausweg?
Was die Aufforderung „hinter Jesus herzugehen" bedeutet, müssen wir immer neu füllen. In jedem Fall heißt es: Wir müssen loslassen, um Leben zu finden. Vieles im Leben lässt sich nicht zielstrebig gewinnen, sondern muss Raum bekommen, um zu wachsen. Das Entscheidende in allem: Ich finde mich selbst nicht in mir allein. Ich brauche das Du. Ich kann mein Leben finden, indem ich mich hingebe. Die Grundbotschaft der biblischen Texte ist: Du bist etwas wert, ohne gewinnen zu müssen; du bist wertvoll, so wie du bist. Gott hält an dir fest. Dass wir von Gott so bedingungslos geliebt werden, kann uns ermutigen, von unseren Versuchen zu lassen, uns die Liebe anderer zu erarbeiten. Liebe lebt von der gegenseitigen vertrauensvollen Hingabe. Liebe geht nur ohne Berechnung.
Und nicht zuletzt bedeutet „sein Leben loslassen": sich mit dem Tod anzufreunden. Statt blindwütig alle Signale der Sterblichkeit zu ignorieren und damit geradewegs gegen die Wand zu laufen, lernen, im Angesicht des Todes zu leben, und das Wichtige vom Unwichtigen zu unterscheiden, zu entdecken, was wirklich Bestand hat. Sterben einüben. Loslassen einüben. Weil Gott uns festhält, können wir loslassen.

Reiner Kanzleiter

22 Donnerstag AUGUST 2024

☀ 06:20 20:29
☽ 21:35 09:47

Bibellese: Markus 9,2-13

Petrus wusste nämlich nicht, was er sagen sollte, denn er und die beiden andern waren vor Schreck ganz verstört. *(Vers 6)*

Da ist einer verstört, vor Schreck und vor Glück zugleich! Auf dem Berg der Verklärung mit Jesus und den Propheten, was will er denn mehr! – Wie viele dieser Sehnsüchte des Petrus stecken auch in uns! Wie viele unserer tiefsten Bedürfnisse werden da angesprochen, wie viel auch an innerer Müdigkeit und Ruhebedürftigkeit wird hier in uns berührt, gerät in Schwingung!. „Auf einen hohen Berg“: Einmal heraus sein aus den Tälern mit ihrem Nebel und dem verstellten Horizont. Was gäbe ich nicht alles dafür, die Lasten ablegen zu können, die sich mir angeheftet haben und die ich nicht mehr loswerde. Einmal da sein, wo Christus in aller Eindeutigkeit unter uns ist, fern von allem allzu Menschlichen. Und dann: „drei Hütten bauen“ (Vers 5 L) – nicht unbedingt Paläste, fürs Erste reichen Hütten,

sich fest einrichten, besser gestellt als Fuchs und Vogel, geschützt und aufgehoben, angekommen für immer. Nicht mehr hinabsteigen müssen aus dem Unangefochtensein des Glaubens, mich nicht mehr immer aufs Neue wagen müssen, bangen und hoffen müssen, nicht mehr zurück in diese Welt.
Lasst uns Hütten bauen! So tief diese Sehnsüchte in uns sind, so sehr sie uns ins Träumen bringen, so ernüchternd ist die Diagnose „sie waren vor Schreck ganz verstört" und dann die Stimme aus dem Himmel, die dem Petrus und uns ins Wort fällt: „Dies ist mein Sohn, ihm gilt meine Liebe; auf ihn sollt ihr hören!" Mitten in die sich wegträumenden Rosa-Zukunft-Baupläne hinein: „... auf ihn sollt ihr hören!" Und schon sind wir wieder mit den Leidensankündigungen konfrontiert und nach dem Abstieg vom Berg mit einem Vater und seinem epileptischen Jungen. Da sind wir wieder Mittendrin – an unserem Platz. Am Ort der Verzweiflung, am Ort des Weinens und Klagens, am Ort der Leidensankündigungen. Mittendrin in der Hütte Gottes bei den Menschen. Der Weg Christi ist der Weg der Passion – Leiden und Leidenschaft. Über diesem Weg steht seine Zusage: „Ich bin immer bei euch, jeden Tag, bis zum Ende der Welt!" Mit dieser Wegzehrung können wir Abschied nehmen vom Hüttenbauen und uns gegenseitig zu helfenden Weggenossen werden. *Reiner Kanzleiter*

23 Freitag AUGUST 2024

☀ 06:21 20:27
☽ 21:49 11:16

Bibellese: Markus 9,14-29

Jesus fragte die Gesetzeslehrer: „Was streitet ihr mit meinen Jüngern?“ *(Vers 16)*

Liest man nur Vers 16, denkt man schnell: Schon wieder diese Gesetzeslehrer, die mit ihren Intrigen Jesus und seine Jünger in die Enge treiben wollen. Wer aber Muße hat, die ganze Bibellese zu lesen, wird feststellen, dass hier eigentlich die Jünger versagten. Zu ihnen ist ein Vater mit einem schwerkranken Kind gekommen und sie sind nicht in der Lage, dem Kind zu helfen. Worüber der Streit geht, wird gar nicht so genau entfaltet. Vielleicht wird den Jüngern vorgeworfen, dass sie mit Jesus einem Irrlehrer nachlaufen? Vielleicht hatten aber auch schon die Gesetzeslehrer erfolglos versucht, dem Kind zu helfen, wie manche Ausleger aus Vers 19 schließen. Hier kritisiert Jesus das „ungläubige Geschlecht“. Eine neutestamentliche Formulierung, die wohl für die Zeitgenossen von Jesus, aber nie für seine Jünger verwendet wird. Was auch immer zum

Streit führt, es ist nebensächlich angesichts der Not des Kindes. Und so ist es gut, dass mit dem Eintreffen von Jesus das eigentliche Problem angegangen wird und das Kind geheilt werden kann.
Erst nachdem alle zur Ruhe kommen, können auch die Jünger aufarbeiten, was dort geschehen ist. Von Jesus wollen sie wissen, warum sie versagten. Die Antwort, die er ihnen gibt, ist ernüchternd: „Nur durch Gebet können solche Geister ausgetrieben werden" (Vers 29).
Sollen wir also statt zu streiten mehr beten? Für viele ist das ein Totschlagargument, mit dem Probleme überspielt werden. Gebet als frommes Mäntelchen taugt nicht zur Lösung echter Probleme. Streit hindert uns aber ebenfalls. Wenn hier vom Gebet die Rede ist, geht es nicht um eine kultisch-liturgische Form in einer christlichen Veranstaltung. Gebet ist die Hinwendung zu Gott – ist das Loslassen der eigenen Begrenztheit und das Vertrauen auf Gott. Wenn Streitende so miteinander vor Gott kommen können, werden menschliche Unzulänglichkeiten nicht zugedeckt, sondern, ganz im Gegenteil, heilsam offenbar, um sich von Gott für das Wesentliche gebrauchen zu lassen. *Silke Sommerkamp*

24 Samstag AUGUST 2024

✹ 06:23 20:25
☽ 22:06 12:45

Bibellese: Markus 9,30-37

Jesus fragte seine Jünger: „Worüber habt ihr euch unterwegs gestritten?" (Vers 33)

Und wieder wird gestritten. Diesmal geht es darum, wer unter den Jüngern der Größte ist. Sehr menschlich, aber auch erschreckend. Jesus ist hochsensibel für diesen Konflikt und lässt ihn nicht einfach auf sich beruhen. Er will der Sache auf den Grund gehen, aber nicht, um die Jünger bloßzustellen, sondern um ihnen einen neuen Blick zu ermöglichen. In Gottes Wirklichkeit geht es nicht darum, Erster zu sein (Vers 35)! Es geht also darum, für andere da zu sein. Und um das zu unterstreichen, zeigt Jesus auf ein Kind und sagt: „Wer in meinem Namen solch ein Kind aufnimmt, nimmt mich auf. Und wer mich aufnimmt, nimmt nicht nur mich auf, sondern gleichzeitig den, der mich gesandt hat" (Vers 37).

Berührt diese Szene heute noch? Sind die Worte von den Letzten, die die Ersten sein werden, nicht zu abgedroschen? Erscheint die Notwendigkeit, sich für die zu engagieren, die schwächer sind als andere, nicht zu selbstverständlich? Vielleicht, aber so ist das manchmal mit dem, was Gott zu sagen hat. Es ist selbstverständlich! Trotzdem leben wir oft ganz anders – gegen das, was wir eigentlich wissen und für richtig und gut befanden.

Die heutige Bibellese kann darum ins Gebet vor Gott führen. Dabei können die Knackpunkte sehr unterschiedlich sein. Der eine oder andere ist durch seine Arbeit derart gestresst, dass im täglichen Mühen der Blick für die Menschen, die wirklich Hilfe brauchen, verloren geht. Andere trauen sich erst gar nicht zu, sich von anderen zu unterscheiden. Durch das Vergleichen mit solchen, die angeblich besser sind, sind sie gefangen in Selbstzweifeln und Passivität. Was ist heute Ihr Gebet? *Silke Sommerkamp*

Herr, öffne du mir die Augen, für Menschen, die heute meine Hilfe brauchen.
Herr, lass mich erkennen, wo mein Ehrgeiz mich auffrisst und mein Urteilsvermögen trübt.
Herr, mach mich frei vom Vergleichen mit anderen. Schenke mir die Gewissheit, dass du mich für wertvoll erachtest und gebrauchen willst in dieser Welt.
Silke Sommerkamp

Bibellese: Psalm 120

Ich will den Frieden;
doch sobald ich davon rede,
suchen sie Streit. *(Vers 7)*

Konflikte können zermürben. Am Arbeitsplatz, in der Familie, in der Politik oder auch in der Ortsgemeinde gibt es das. Menschen denken Böses voneinander und misstrauen sich. Menschen können sich nicht einigen und verhindern so, dass drängende Probleme gelöst werden. Menschen machen einander das Leben schwer. Einher geht damit oft die Schuldfrage. Jede Partei nimmt für sich in Anspruch, Frieden zu suchen, aber die anderen machen das unmöglich.

So auch der Beter aus Psalm 120. Ihm haben andere böse mitgespielt und er ist sich keiner Schuld bewusst. Darf man so an einen Konflikt herangehen? Muss man nicht auch nach dem eigenen Fehlverhalten fragen? Die Schuldfrage macht das Lösen eines Konfliktes oft zur größten Herausforderung überhaupt. Gar nicht nach Ursache und Wirkung zu fragen, erscheint aber ebenso unbefriedigend. Und dann kommen noch die sehr unterschiedlichen Wahrnehmungen und Erinnerungen hinzu. Wer schon einmal versucht hat, anderen beim Lösen eines Konfliktes zu helfen, weiß, wie verfahren eine solche Situation sein kann. Und man sollte sich davor hüten, zu schnell allgemeine Weisheiten zum Besten zu geben.

Ja, es gibt Unrecht, das beim Namen genannt werden muss und das eindeutig Opfer und Täter kennt. Und dann gibt es Streit, der trotz gegenseitigen Bemühens Menschen entzweit, bei dem alle irgendwie schuldig geworden sind, vielleicht trotz bester Absichten. Wie gut, dass die heutige Bibellese ein Gebet ist. Vor Gott darf der Beter seine Wahrnehmung, seine Verletzung, seine Not herausschreien. Vor Gott braucht es keine fertigen Antworten, denn Gott selbst weiß, was sich wirklich ereignete. Das tröstet. Das gibt Hoffnung, dass Gott, wenn nötig, eine neue Sicht für die Situation schenken kann.

Silke Sommerkamp

Lasst uns eifrig beten um das große Gut des Friedens!

Charles Haddon Spurgeon (1834-1892), englischer baptistischer Pastor

26 Montag AUGUST 2024

☀ 06:26 20:20
☽ 22:57 15:41

Bibellese: Markus 9,38-41

Jesus sagte: „Wer meinen Namen gebraucht, um Wunder zu tun, kann nicht im nächsten Augenblick schlecht von mir reden." (Vers 39)

Johannes berichtete Jesus, dass ein Fremder in seinem Namen Dämonen austrieb. Die Jünger Jesu hatten ihm gesagt, dass er damit aufhören soll, weil er nicht zu ihnen gehörte. Der Mann vertrat aber keine Irrlehre und er lebte nicht in Sünde. Zur Überraschung der Jünger antwortete ihnen Jesus, dass sie ihn nicht aufhalten sollen. Er begründete das folgendermaßen: „Wer meinen Namen gebraucht, um Wunder zu tun, kann nicht im nächsten Augenblick schlecht von mir reden." Dann sagte er weiter: „Wer nicht gegen uns ist, der ist für uns!"
Mir geht es manchmal ähnlich wie den Jüngern. Ich lebe in einer Kirche. Ich pflege einen bestimmten Frömmigkeitsstil, von dem ich überzeugt bin, dass er gut und richtig ist. Dann beobachte ich Christen in anderen Kirchen. Sie glauben an Jesus. Sie

wirken im Namen Jesu, indem sie den Menschen das Evangelium weitergeben. Sie beten zu Jesus. Sie erleben Wunder. Sie vertreten keine Irrlehre. Aber sie gehören nicht zu uns und leben einen ganz anderen Frömmigkeitsstil. Wie schnell stehe ich in Gefahr, diese Menschen zu verurteilen. Ich verbiete ihnen natürlich nicht, für Jesus zu wirken. Dazu habe ich gar nicht die Möglichkeit. Aber irgendwie stören sie mich. Es wäre mir lieber, wenn sie gar nicht da wären oder so wären wie ich.

Jesus denkt offensichtlich ganz anders. Er ist erstaunlich großzügig mit der Begründung: „Wer meinen Namen gebraucht, um Wunder zu tun, kann nicht im nächsten Augenblick schlecht von mir reden." Wenn jemand an Jesus glaubt und in seinem Namen handelt, kann er nicht im nächsten Augenblick gegen ihn sein und negativ von ihm reden. Jesus sagt darum: „Wer nicht gegen uns ist, der ist für uns."

Beat Abry

Im Wesentlichen Einheit,
im Zweifelhaften Freiheit,
in allem Liebe.

Augustinus von Hippo (354-430), lateinischer Kirchenvater

27 Dienstag AUGUST 2024

☀ 06:28 20:18
☽ 23:40 16:58

Bibellese: Markus 9,42-50

Jesus sagte: „Zeigt, dass ihr die Kraft des Salzes in euch habt: Haltet Frieden untereinander!“ (Vers 50)

Fades Essen ist langweilig. Man wünscht sich eine Prise Salz und schon wäre Würze im Essen. Jesus gebraucht dieses Bild vom Salz, um etwas über das Leben der Christen auszusagen: „Zeigt, dass ihr die Kraft des Salzes in euch habt.“ Mit diesem Bild umschreibt Jesus, wie Christen in dieser Welt leben sollen.

Salz hat keinen reinen Selbstzweck. Wenn es im Salzglas bleibt, nützt es niemandem. Erst wenn das Salz in der Suppe ist, wird die Suppe schmackhaft. Genauso ist es mit unserem christlichen Leben. Es muss für andere Auswirkungen haben. Es geht nicht in erster Linie um unser Wohlbefinden oder Seelenheil. Wie das Salz die Suppe schmackhaft macht, sollen wir diese Welt etwas schmackhafter machen. Wir sollen Menschen dienen und dafür sorgen, dass die Welt zu einem besseren Ort wird.

Wir sollen Menschen helfen, dass sie Jesus Christus kennenlernen.
Jesus zeigt eine Möglichkeit, wie wir das tun können: „Haltet Frieden untereinander!“ Wir sollen alles daransetzen, mit unseren Mitmenschen im Frieden zu leben (Römer 12,18). Das geschieht, wenn wir mit einem demütigen Herzen den anderen höher achten als uns selbst (Philipper 2,3).
Damit dieser Anspruch von Jesus nicht zu einer Überforderung wird, müssen wir Jesus in unser Leben hineinlassen. Wir können ihn darum bitten, dass er uns hilft, Salz der Erde zu sein. Er wird unser Gebet erhören und unser Leben wird wertvolle Auswirkungen für andere haben. Die Welt wird ein ganz klein bisschen zum Guten verändert.
Als unsere Tochter und ihr Mann vor vielen Jahren als Missionare in ein afrikanisches Land ausreisten, schrieb mir ein Freund: „Es wird einen Unterschied machen, dass die beiden sich jetzt auf diesen Weg machen!“ Jahre später kehrten sie in die Schweiz zurück. Einiges hat Jesus durch sie an jenem Ort positiv verändert.
Das will Jesus auch durch Sie in Ihrem Umfeld tun.

Beat Abry

28 Mittwoch AUGUST 2024

✹ 06:29 20:16
☽ -.- 18:01

Bibellese: Markus 10,1-12

Als sie dann im Haus waren, baten die Jünger Jesus wieder um eine Erklärung. *(Vers 10)*

Szene eins, vor dem Haus: Die Jünger und Nachfolgerinnen sind mit dabei, wie die Pharisäer Jesus in ein Streitgespräch verwickeln wollen. Das Thema ist brisant. Es geht um die Ehescheidung und was er darüber denkt. Und sie hören, wie Jesus ihnen das Gebot des Moses auslegt. Dieses erlaubt, mit einem Scheidebrief die Ehefrau aus der Ehe zu entlassen. Mose hat dieses Gebot verabschiedet mit Rücksicht auf die Härte des menschlichen Herzens, so erklärt es Jesus. Kein Gottesgebot also, sondern ein Gebot des Gesetzgebers Mose, der mit Blick auf die Schwächen der Menschen angepasste Leitplanken setzen muss, um die Schwachen zu schützen. – Ziemlich herausfordernd für die gesetzestreuen und wortgläubigen Juden. Auch haben die Jünger Jesus nicht sofort verstanden, wie er zwischen Gotteswort und menschlichem Wort zu unterscheiden wagt.

Es folgt Szene zwei, im Haus: Hier, ohne Ablenkung, in den eigenen vier Wände, in der Intimität ihrer Gemeinschaft, kann ein Gespräch stattfinden, das nun nötig ist. Die Jünger möchten verstehen, was Jesus denkt. Sie möchten seine Meinung hören. Es ist ein wunderbarer Moment, in den uns der Evangelist Einblick gewährt. Die Männer und Frauen in seiner Nachfolge schlucken nicht einfach alles, was er sagt. Sie sagen nicht Ja und Amen und gehen dann wieder zur Tagesordnung über. Nein. Sie möchten eine Erklärung. Sie wollen etwas dazulernen, ihre eigene Meinung reflektieren.

Was Jesus zum Leben, zum Zusammenleben in diesem Fall, denkt, geht jeden und jede etwas an. Mit seiner Aussage müssen wir uns auseinandersetzten und vielleicht feststellen, dass wir heute darüber eine andere Meinung haben oder auch andere Erfahrungen und Erlebnisse mitbedenken.

Doch ich möchte Jesus zuhören und mich zu ihm hinsetzen und nachfragen. Und dann meine – manchmal auch etwas festgefahrene Meinung – aufmischen lassen. Und dabei keine Angst vor seinen Antworten haben. Sie sind nicht Gesetz, sondern Aufgabe.

Christine Preis

29 Donnerstag AUGUST 2024

☀ 06:31 20:14
☽ 00:36 18:46

Bibellese: Markus 10,13-16

Einige Leute wollten ihre Kinder zu Jesus bringen, damit er sie berühre; aber seine Jünger fuhren sie an und wollten sie wegschicken. *(Vers 13)*

Noch einmal ein brisantes Thema und die Jüngerinnen und Nachfolger sind auch nur Menschen. Brisant ist, es geht um Kinder. Das scheint nicht zu gehen. Nein, sagen die Jünger, Jesus ist nicht der Kinderonkel. Er verteilt keine Gummibärchen. Weg da! Die Jünger verhalten sich wie Ordnungskräfte ihres Meisters. Sie versuchen die Eltern abzuwehren, die ihre Kinder bringen möchten. Um Jesus zu schützen? Um sich selbst zu schützen? Vielleicht eher das Zweite.

Natürlich ist es mit Kindern etwas anstrengend. Ihnen entgeht nichts. Ihre Aufmerksamkeit ist hoch und intensiv – mit einer Selbstverständlichkeit, die manchem Erwachsenen abhandengekommen ist. Sie haben noch keine vorgefassten Meinungen, die ihnen wie ein Korsett das Atmen schwer machen.

Umso gefährdeter und verführbarer sind sie. Und sie können es faustdick hinter den Ohren haben. Sie sind unbefangen, stellen direkte Fragen und sind sich sicher: Der liebe Gott ist bei mir.

Als Erwachsene sind wir in unserem Beruf, in unseren Beziehungen, im Alltag mitdenkende und reflektierende Frauen und Männer. Wir besuchen Weiterbildungskurse, damit wir nicht auf der Strecke bleiben. Und in Glaubenssachen? Ich kenne Menschen, die in ihrem Kinderglauben stehengeblieben sind. Die sich einem geistlichen Reifeprozess nicht stellen und in einer frommen Einfalt bleiben. Um zu einem vertieften Glaubensverständnis zu gelangen, muss ich Fragen stellen und alle Kräfte, auch die des Denkens und des Intellekts, mobilisieren. „Darum liebt Gott von ganzem Herzen und mit ganzem Willen, mit ganzem Verstand und mit aller Kraft" (Markus 12,30). Ich lade Sie ein, über Gott in dieser umfassenden Liebe nachzudenken. Mit dem Herzen und mit dem Verstand. Dabei werden wir feststellen: In dieser Größe liegt ganz viel Einfaches. Da ist das Du, an das ich mich wenden kann wie an einen Vater, an eine Mutter. Ohne Wenn und Aber und direkt und selbstverständlich, wie ein Kind eben. Und dann auch in einem geistlichen Reifeprozess, den Jesus seinen Jüngerinnen und Jüngern zumutet. *Christine Preis*

30 Freitag AUGUST 2024

✹ 06:32 20:12
☽ 01:46 19:18

Bibellese: Markus 10,17-27

Die Jünger erschraken über die Worte von Jesus.
(Vers 24)

Den Jüngern und Nachfolgerinnen wird nichts geschenkt. Eben brauchten sie ein erklärendes Gespräch in vertrauter Runde, kurz darauf sind sie genervt über Jesu offenem Umgang mit Kindern und heute erschrecken sie. Und so, wie es den Jüngern geht, kann es bei diesem Text heute auch uns gehen. Es geht um die Frage nach dem Leben in der Ewigkeit, besser wohl, nach einem erfüllten Leben im Hier und Jetzt und über den Tod hinaus. Der junge Mann, der diese Frage stellt, hört von Jesus, dass es nicht darum geht, die Gebote zu erfüllen, sondern alles loszulassen, was man besitzt. Das ist hart. Für ihn, weil er sehr begütert ist. Für die Jünger, weil sie merken: Wir haben zwar nicht viel, aber wir haben immer noch zu viel. Auch wenn sie Jesus nachfolgen, auf vieles verzichten und Entbehrungen auf sich nehmen, sind sie nicht mit nichts

losgezogen. Der eine hat die Hälfte seines Vermögens den Armen gegeben, nicht das Ganze. Die Fischer haben noch eine Familie mit Hab und Gut als Sicherheit im Hintergrund. Sie rufen verzweifelt: Wer um alles in der Welt kann denn überhaupt gerettet werden? Diese Geschichte, so hat man den Eindruck, wird ohne Happy End zum Schluss kommen. Nachfolgen geht ja noch, wenn damit das mit dem Glauben und dem Engagement in der Kirche gemeint ist und einem Lebenswandel, mit dem wir nicht dauernd ein schlechtes Gewissen haben müssen. Aber alles verkaufen? Sich in Armut begeben? Das dann doch nicht. Und die Einwände zu diesem Thema sind richtig. Wir sind auf finanzielle Sicherheit im Alter angewiesen. Versicherungen brauchen wir, um in Notsituationen versorgt zu sein. Niemand von uns verkauft alles. Was jetzt?
Das Erschrecken bleibt. Der begüterte Mann in der Geschichte wendet sich ab. Aber, und das ist unser Trost, die Jünger erschrecken und bleiben. Und so dürfen auch wir bleiben, trotz unserer halben Sachen, trotz unserer Gebundenheit. Schließlich bleibt Jesus auch und mit ihm die Verheißung, dass bei Gott alle Dinge möglich sind. *Christine Preis*

31 Samstag AUGUST 2024

☀ 06:34 20:09
☽ 03:01 19:40

Bibellese: Markus 10,28-31

Jesus sagte: „Viele, die jetzt vorn sind, werden dann am Schluss stehen, und viele, die jetzt die Letzten sind, werden schließlich die Ersten sein.“ *(Vers 31)*

Es ist die letzte gemeinsame Wanderung von Jesus und seinen Jüngern. Sie sind auf dem Weg von Galiläa nach Jerusalem. Jesus gibt den Jüngern die letzten Anweisungen für ihr Leben nach seinem Tod und seiner Auferstehung und bereitet sie auf die Ereignisse und das Leiden in Jerusalem vor, die sie sich noch nicht vorstellen können.

Der obige Vers ist mit Christenverfolgung verknüpft. Im Jahr 2022 erreichte das Ausmaß der Gewalt gegen Christen in moderner Zeit einen neuen Höchststand, berichtete das Hilfswerk für verfolgte Christen „Open Doors“ aus Kelkheim. Weltweit erlebten 360 Millionen Christen wegen ihres Glaubens intensive Verfolgung und Diskriminierung. Außerdem wurden mindestens 5621 Christen wegen ihres Glaubens umgebracht. Jesus verspricht seinen Nachfolgern: Wer für ihn oder das Weitersagen der Guten Nachricht etwas aufgibt, bekommt es zurück. Teilweise schon in seinem Leben, teilweise nach seinem Tod in Gottes Reich. Jesus verspricht neue Wohnstätten, neue Lebensunterhaltmöglichkeiten und neue Familienbeziehungen. Es gibt zwei Gedenktage, die heutzutage an verfolgte Christen erinnern: in der evangelischen Kirche den zweiten Passionssonntag „Reminiszere" und in der römisch-katholischen Kirche den 26. Dezember, den Stephanustag. 2023 wollte die Partei AfD den 15. Februar als „Internationalen Tag gegen die Christenverfolgung" einführen. Aber die übrigen Bundestagsfraktionen vermuteten dahinter ein politisches Kalkül und die Vereinnahmung verfolgter Christen, um Hetze gegen den Islam zu fördern. In der Debatte wurde darauf hingewiesen, dass Christen sich eher für eine allgemeine Religionsfreiheit einsetzen müssten, da diese ein fundamentales, individuelles und universelles Menschenrecht ist.

Denken Sie heute an das Schicksal und Leiden verfolgter Christen und anderer Minderheiten. Beten Sie, dass Gott ihnen nah ist, sie tröstet und sie erlöst. Oder werden Sie aktiv, indem Sie sich in Hilfswerken engagieren.

Nicola Bourdon

---

www.amnesty.de

1 Sonntag SEPTEMBER 2024

☀ 06:35 20:07
☽ 04:18 19:56

14. Sonntag nach Trinitatis

Bibellese: Psalm 146

Der Herr liebt alle, die ihm die Treue halten, aber die Pläne der Treulosen vereitelt er. *(Vers 8-9)*

Der Philosoph Moses Mendelssohn (1729-1786) übersetzte die Psalmen in einem Zeitraum von zehn Jahren in die deutsche Sprache. Sein Anliegen war, die poetische Schönheit der hebräischen Lyrik ins Deutsche zu übertragen. Die obigen Verse lauten bei ihm: „Der Ewige liebt gerechte Männer und führt auf krummen Pfad die Frevler." Er schreibt zu seiner Übertragung: „Lies du eben so, mein Leser! wie ich geschrieben habe; wähle dir einen Psalm, wie er grade um die Zeit mit deinem Gemütszustand übereintrifft." Im „Brockhaus-Kommentar-zur-Bibel" ist dieser Psalm mit „Persönlicher Lobpreis" überschrieben.

Denn es kommen in ihm keine Bitten, Nöte oder Bedürfnisse vor, sondern nur Lob Gottes. Gott verkörpert für den Beter unbeschränkte Macht, gepaart mit Erbarmen. Er beschreibt im Psalm, wie sich das

für ihn im persönlichen und gesellschaftlichen Leben erweist.
Kann ich in dieses Lob einstimmen? Halte ich ihm, seinem Wort und seinem Wesen, heute und in meinem Leben insgesamt die Treue? Setze ich das Vorbild von Jesus um? Fühle ich seine Liebe und Treue in meinem Leben und nehme sie an? Erlebe ich es, dass er die Pläne der Treulosen vereitelt? Treue ist ein Wesensmerkmal der Liebe. Eine Liebesbeziehung oder Freundschaft basiert auf Treue. Treue hält immer an jemandem fest, gibt ihn nicht auf, möchte das Beste aus dem Gegenüber herausholen und für es einstehen. So eine Beziehung wünscht sich Gott zu jedem Menschen. Lasse ich mich darauf ein? Treu sein kann sich auch im Kritiküben äußern, indem man den anderen auffordert und ihm dabei hilft, seinen Idealen treu zu bleiben. Auch Gott ruft uns immer wieder dazu auf. Wer das nicht annimmt, dessen Pläne werden von Gott vereitelt. Dieser Treuebruch hat dann Konsequenzen, die ich tragen muss, denn ich weiß, was der Herr von mir erwartet (Micha 6,8). Auch heute. *Nicola Bourdon*

Monatsspruch

Bin ich nur ein Gott, der nahe ist, spricht der Herr,
und nicht auch ein Gott, der ferne ist?

(Jeremia 23,23 L)

Zum 2. September 2024

Widerstand und Ergebung

Einführung in das Buch Jeremia

Von allen Schriftpropheten des Alten Testaments enthält das Jeremiabuch den größten Anteil biografischer Erzählungen. Es finden sich längere Passagen, die vom Leben Jeremias berichten – neben solchen Abschnitten, in denen vornehmlich Worte des Propheten überliefert sind (Kp 1-20.30-31). Diese Berichte fassen zunächst die Zeit der Belagerung Jerusalems durch die Babylonier ins Auge (Kp 26-29.32-39), später dann Jeremias unfreiwillige Verschleppung in das ägyptische Exil (Kp 40-44). Dabei handelt es sich freilich nicht um eine Biografie im heutigen Sinne, also um eine Literaturform, die das Leben eines Menschen von seiner Geburt bis zum Tod in seinen verschiedenen Lebenslagen betrachten will. Die Ausführlichkeit der Darstellung hat hier vor allem den Sinn, dass die (späteren) Lesenden sich mit Jeremias inneren und äußeren Konflikten identifizieren.

Das erkennt man gut, wenn man sich einige besondere, in der Ich-Rede verfassten Abschnitte (11,18-12,6;

15,10-21; 17,14-18; 18,18-23; 20,7-18) anschaut, die gerne in Anlehnung an die Bekenntnisse des Kirchenvaters Augustinus als „Konfessionen" bezeichnet werden. Darin verflucht der Prophet, ähnlich wie Ijob, den Tag seiner Geburt (15,10), er klagt, den Psalmisten gleich, über die Verfolgung durch Feinde (17,18) sowie über die Last des göttlichen Auftrags. Der Protest geht so weit, dass Jeremia Gott gar vorwirft, ihn mit Gewalt missbraucht zu haben (20,7). Letztlich setzt er dennoch seine ganze Hoffnung auf Gott und bleibt ihm treu. In freier Anlehnung an den Titel der Sammlung von Gefängnisbriefen des Theologen Dietrich Bonhoeffer könnte man Jeremia als einen Propheten charakterisieren, der sein Leben in der Spannung von „Widerstand und Ergebung" führte.

Eine zentrale theologische Frage, um die es im gesamten Buch geht, ist die, ob ein Prophet die Wahrheit sagt oder lügt. Lüge ist ein immer wiederkehrender Vorwurf, der den etablierten Propheten und Schreibern gemacht wird (6,13; 8,8; 9,2). Während einer der Prophetenkollegen Jeremias, Hananja, im Namen Gottes von Heil spricht, weissagt Jeremia das Gegenteil (Kp 28). Somit stellt das Buch insgesamt ein dramatisches Zeugnis des Ringens um die angemessene Deutung der Geschichte dar.

Dirk Sager

2 Montag SEPTEMBER 2024

✹ 06:37 20:05
☽ 05:33 20:09

Bibellese: Jeremia 1,1-10

Jeremia schreibt: Der Herr streckte seine Hand aus, berührte meine Lippen und sagte: „Ich lege meine Worte in deinen Mund. Von heute an hast du Macht über Völker und Königreiche. Reiße aus und zerstöre, vernichte und verheere, baue auf und pflanze an!" (Vers 9-10)

Was hatte es der Jeremia doch leicht?! Während ich hier an meinem Schreibtisch sitze und mich abmühe, eine halbwegs gescheite und geistreiche Andacht zustande zu bringen, bekommt Jeremia alle Worte geradezu mundgerecht geliefert. Gott legt ihm die Worte in den Mund und dann sprudelt es einfach so aus ihm heraus.

Doch dann stocke ich in meinen Gedanken. Wer bin ich, dass ich mich mit dem Propheten Jeremia vergleiche?! Ich, der unbedeutende Prediger, der sich Mühe gibt, Gottes Wort zu verstehen und auszulegen. Und dort der von Gott berufene Prophet, der das Wort Gottes nicht nur für einen überschaubaren Kreis von Lesern empfängt. Nein, das Wort, das er zu sagen hat, richtet sich an „Völker und Königreiche". Ein Wort, noch nie gehört. Ein Wort mit der Urgewalt Gottes. Da reicht weder ein Theologiestudium noch 45 Jahre Predigterfahrung. Da muss Gott unmittelbar das Manuskript schreiben. Und doch haben Jeremia und ich etwas gemeinsam: den Heiligen Geist. Wenn ich diesen Geist Gottes nicht erfahren hätte, ich hätte früh aufgegeben.

„Danke für die Predigt", meinte jemand noch am Sonntag zu mir. „Deine Worte sind so wichtig für meinen Dienst in der Gemeindeleitung." Und ich sage ihm: „Danke Gott, denn erst durch seinen Geist ist mein Wort zum Wort Gottes für dich geworden."

Solche Begegnungen tun einem Verkündiger des Wortes gut. Denn es gibt auch Widerstand. Jeremia ist ein deutliches Beispiel dafür. Seine Worte waren nicht nur Worte des Aufbruchs, sondern auch des Abbruchs. Und das ist diesem Mann nun wahrhaftig nicht leicht gefallen. Das Wort Gottes war für ihn bei Weitem nicht immer leichte Kost. Er hat mit Gott sogar darüber gehadert. Und in alledem hat Gott ihn zum Mann Gottes gemacht. „Danke, Herr, für die vielen Frauen und Männer Gottes in meinem Leben. Sie hatten es oft sehr schwer. Viel schwerer als ich mit meiner Andacht."

Karl Gerhard Köser

Bibellese: Jeremia 1,11-19

Wieder erging das Wort des Herrn an mich, er sagte: „Was siehst du, Jeremia?“ Ich antwortete: „Einen Wacholderzweig!“ „Du hast richtig gesehen“, sagte der Herr, „ich wache darüber, dass geschieht, was ich dir sage.“ *(Vers 11-12)*

Ich hatte kürzlich einen runden Geburtstag. Den hatte ich mit meiner Familie und Freunden gebührend gefeiert. Zusammen mit meinen Kindern und Enkelkindern sowie den anderen Gästen hatte ich einen kleinen Apfelbaum gepflanzt. Gemäß dem angeblichen Luther-Zitat: „Wenn ich wüsste, dass morgen die Welt untergeht, würde ich heute doch noch ein Apfelbäumchen pflanzen.“ Das war eine wunderschöne Aktion und ein Zeichen der Hoffnung in einer komplizierten Welt. Und nun steht er da, der kleine Baum. Sechzig Kilometer von unserem Wohnort entfernt. Wer passt jetzt auf den Baum auf? Wer gießt ihn, jetzt, mitten im Sommer? „Mach dir keine Sorgen, wir achten schon auf das Bäumchen. Wir

pflanzen auch noch einen zweiten daneben. Alleine bringt er ja keine Früchte." Wie gut, wenn man gute Freunde hat, die dazu auch noch vor Ort wohnen. Wir bleiben dicht dran. Mach dir keine Sorgen.
So hat es auch Jeremia erlebt. Gott setzt nicht soeben mal einen Spruch in die Welt, um sich dann um nichts mehr zu kümmern. Ich selbst bleibe dicht dran. Es ist Gottes guter Geist, der darauf achtet, dass sein Wort nicht leer zurückkehrt (Jesaja 55,11). „Himmel und Erde werden vergehen, meine Worte aber werden nicht vergehen" (Markus 13,31 L). Das sagt uns unser Herr Jesus Christus zu. Auch wenn Menschen wie Jeremia und viele andere nach ihm das Wort Gottes verkündigt haben, es bleibt immer Gottes Wort. „Meine Worte", wie Jesus es sagt.
Das entlastet uns. Ganz gleich, in welcher Situation wir das Evangelium weitergeben. Ob bei der Erziehung unserer Kinder, im Kindergottesdienst, im nicht immer so leichten Gespräch mit jungen Leuten, in der Mittagspause am Arbeitsplatz oder auf der Parkbank in der Stadt. Jesus bleibt dran. An seinem Wort und an den Menschen. Wir dürfen ihm vertrauen. Wenn ich schon meinen Freunden in Bezug auf mein Apfelbäumchen vertraue, wie viel mehr unserem lebendigen Herrn und Gott in Bezug auf sein Wort?! *Karl Gerhard Köser*

4 Mittwoch SEPTEMBER

2024

✸ 06:40 20:00
☽ 07:55 20:29

Bibellese: Jeremia 2,1-13

So spricht der Herr: „Hat je ein Volk seine Götter ausgewechselt? Und die sind nicht einmal Götter! Mein Volk aber hat mich ausgetauscht gegen Götter, die ihm nicht helfen können; und dabei hatte es doch meine ganze Herrlichkeit gesehen." (Vers 11-12)

Ein neuartiges Haushaltsgerät kommt auf den Markt. In den höchsten Tönen wird es angepriesen. Durch pfiffige Werbung medienwirksam aufbereitet, zieht dieses No-name Produkt Aufmerksamkeit auf sich. Es trifft auf die Kundin, die sowieso schon überlegt, sich so ein tolles Gerät anzuschaffen. Statt ein Produkt einer für Qualität bürgenden Firma zu wählen, entscheidet sie sich mit Blick auf den Preis fürs Schnäppchen. Lange währt die Freude an diesem Kauf nicht. Kurz nach Ablauf der Garantiezeit gibt der Erwerb seinen Geist auf. Das Gerät lässt sich nicht reparieren. Pech gehabt! Am meisten ärgert sich die Kundin über sich selbst, weil sie wider besseres Wissen gehandelt hat. Wie dumm!

Der Verlockung hatte sie nachgegeben, hier Geld sparen zu wollen. Das bezahlt sie nun in mehrfacher Hinsicht. Hinterher ist man immer schlauer. Aufpolierter Glanz und gezieltes Ins-Licht-Setzen lenken von Nachteilen und Defiziten ab, verschleiern die Wahrheit. Dann erweist sich so manche Entscheidung als Fehler, wieder einmal in die Falle getappt! Gott beklagt die Kurzsichtigkeit seiner Menschen und versteht die Welt nicht mehr. Wieso suchen sie Hilfe bei einem unwürdigen Plagiat, setzen ihr Vertrauen in etwas, was offensichtlich stumm ist und nichts taugt? Was müssen Menschen noch für Erfahrungen machen, um aus selbstverschuldetem Schaden klug zu werden? Halten wir an dem Gott fest, der sich unzählige Male erwiesen hat als der, der zum Leben führt. Öffnen wir unsere Sinne für ihn. Das wird sich als zukunftsträchtig erweisen.

Christin Eibisch

Allein Gott in der Höh sei Ehr
und Dank für seine Gnade,
darum, dass nun und nimmermehr
uns rühren kann kein Schade.
Ein Wohlgefalln Gott an uns hat;
Nun ist groß Fried ohn Unterlass,
all Fehd hat nun ein Ende.

Nikolaus Decius um 1522

Bibellese: Jeremia 3,1-10

Der Herr sagt: „Ja, du wagtest es sogar, mir zu sagen: ‚Du bist mein Vater; solange ich lebe, liebst du mich schon; und wirst mir doch nicht für immer böse sein?'"

(Vers 4-5)

Es mag einer aufrichtigen Christin, einem Christen nicht gefallen, solche Vorfahren im Glauben zu haben, von denen hier die Rede ist. Gott deckt die bodenlose Frechheit auf, mit der ihm sein geliebter Bündnispartner entgegentritt. Heuchelnd stellen sich die Leute des Gottesvolkes als treue Liebende dar. Sie machen sich ihren Spaß auf Kosten dessen, der sein Herz an sie gehängt hat. Bis auf die Spitze treiben sie es mit der Veralberung, indem sie Gott seine eigenen Worte entgegenhalten und meinen, sich damit für immer und ewig in Sicherheit wiegen zu können. Es ist ein Versuch, Gott in seiner Handlungsfähigkeit schachmatt zu setzen, sich ihn verfügbar zu machen. So treten die Kinder Gottes das Versprechen von Gottes Gnade mit Füßen, ja sie machen sich lustig über die offenen Arme des barmherzigen Vaters. Wie respektlos! Und das sollen unsere Glaubensvorfahren sein? An ihnen ist nichts, was wir uns zum Vorbild nehmen, nichts Tröstliches oder Wegweisendes. Im Gegenteil, uns wird ihre fiese Art als Schattenseite vor Augen geführt. Das Dunkel zeigt sich unterschiedlich. Uns mag das nicht gefallen. Diese Leute können uns dazu bringen, der eigenen inneren Haltung Gott gegenüber auf die Spur zu kommen. Gottvertrauen kann in Gefahr kommen, zum Gegenteil zu werden, wenn wir aufhören, uns nach Gottes Stimme zu sehnen. Wenn das Ich mit seinen Ideen und Gelüsten ungebremst wuchert. Von Zeit zu Zeit überprüfe ich im Gespräch mit Gott, wo ich mit meinem Glauben hingekommen bin und wie es um mein Vertrauen bestellt ist.

Christin Eibisch

♫ Wir beten an und loben dich,
wir bringen Ehr und danken,
dass du, Gott Vater, ewiglich
regierst ohn alles Wanken.
Ganz unbegrenzt ist deine Macht;
allzeit geschieht, was du bedacht.
Wohl uns solch eines Herren.

Nikolaus Decius um 1522
Aus: Allein Gott in der Höh sei Ehr

6 Freitag SEPTEMBER 2024

✷ 06:43 19:56
☽ 10:14 20:49

Bibellese: Jeremia 3,21-4,4

Ja, Herr, wir kommen zu dir zurück, denn du bist unser Gott! Wir haben uns gegen dich, unseren Gott, vergangen. So war es von jeher und so ist es bis heute geblieben. Wir haben nicht auf dich gehört. *(Vers 22.25)*

Es kann passieren, dass eine gegenwärtige Situation ganz schlimm, ganz traurig, völlig hoffnungslos, ja, nicht zu ertragen ist. Eine junge Frau steht von jetzt auf gleich mit ihren drei kleinen Kindern allein da. Vor einiger Zeit zeigte sich eine Erkrankung, die sie aus dem Rennen nahm. Dem Ehemann und Vater war das gesamte Familienleben zu anstrengend geworden. Er war überfordert. Er wollte ein anderes Leben führen. Und war dann mal weg.

Nie und nimmer hätte die Frau geahnt, dass es zu diesem Bruch kommen könnte. Nun ist die Lage verfahren, es tut nur noch weh, sachliche Gespräche sind nicht möglich. Eine beratende Begleitung von außen lehnt der Mann ab. Das war das Letzte, was sie

von ihm hörte. Wohin die Frau auch schaut, es steht keine Entspannung in Aussicht. Es zeigt sich keine Idee, wie sie dieser schrecklichen Lage entkommen könnte. Nichts bewegt sich in Richtung einer Lösung. Die Enttäuschung über ihr zerbrochenes Glück ist unendlich groß. Wären da nicht die Kinder, sie sähe momentan keinen Grund mehr zu leben.
Da wird ihr ein Traum geschenkt. Sie träumt sich in ihr Leben in der Zukunft. Neues Glück wird entstanden sein. Ihr Mann, um einige Jahre älter, käme zurück, sie würden miteinander sprechen, sie könnten das, was zerbrochen war, hinter sich lassen. Sie werden ihre innige Liebe vom Beginn ihrer Beziehung an noch einmal erleben und deren beflügelnde Kraft, gemeinsam zu leben. Sie werden miteinander lachen können und das Schmerzliche aussprechen. Sie werden sich vergeben können. Und Glück mit ihren Kindern finden.
Wie sehr wünscht Gott, dass seine Menschen sich auf ihn besinnen und zu ihm zurückkehren! Er ist offen für einen neuen Anfang mit seinen geliebten Menschen. Die Hand reicht er zu einer zweiten und einer dritten Chance. Manchmal müssten wir über unseren Schatten springen und den entscheidenden Schritt wagen, seine Hand ergreifen, neu beginnen. Das Leben mit ihm steht den Menschen doch offen.

Christin Eibisch

7 Samstag SEPTEMBER

2024

✹ 06:45 19:54

☽ 11:25 21:01

Bibellese: Jeremia 6,9-26

Der Herr sagte: „Nichts steht gut, nichts ist in Ordnung!“ *(Vers 14-15)*

Verständlich, dass Jeremia mit dieser Botschaft Ärger bekommt. Doch als Bote Gottes will er nicht sagen, was ankommt, sondern worauf es ankommt. Aufhorchen werden allerdings nur solche, bei denen Jeremia bei der „Nachlese“ (Vers 9) noch auf offene Ohren trifft. Die hammerharte Ansage ist wie ein Luftzug, der den Mief des Selbstbetrugs vertreibt. Sie ist eine letzte Warnung angesichts der drohenden Vernichtung. Noch wäre Umkehr möglich. Rigoros widerspricht Gott als der größte Seelsorger ihrer Sicht der Dinge. Sie sind offensichtlich von allen guten Geistern verlassen, denn sie haben alle Maßstäbe Gottes verworfen. Vielleicht witzeln sie sogar darüber, wenn der Prophet von Sünde spricht. Wer sein Gewissen durch fortgesetztes Sündigen betäubt, verliert unweigerlich sein Schuldbewusstsein. Wird heute „aus seelsorgerlichen Gründen“ mit manchen Sünden Frieden geschlossen? Ernste Fragen in ernsten Zeiten. *Jörg Swoboda*

Für ihn gilt nicht mehr Gut und Böse,
auch Wahrheit sei nur relativ.
Er glaubt, was er so forsch behauptet
und hält das auch für positiv.
Dass jeder tun kann und auch lassen
und leben soll, wie es ihm passt,
schreibt er sich auf die Wetterfahne.
Die dreht und dreht sich hoch am Mast.
Wer ihn für voll nimmt, wird erwarten,
dass er nun seine Linie hält
und auch so lebt, wie er verkündet,
sonst wär sein Grundsatz falsches Geld.
Das tut er auch, und er benimmt sich,
als hätt er kein Gewissen mehr,
denn tiefe Spuren von Verwüstung
ziehn seine Taten hinterher.
Doch spätestens, wenn er gekränkt wird,
gilt Schwarz und Weiß und Absolut.
Dann spricht er doch von Gut und Böse,
weil irgendwer ihm Unrecht tut. *Jörg Swoboda*

Rätselfrage zur Bibellese im September
Wer wird mit einem Winzer verglichen?

Bitte tragen Sie die Antwort auf dem Blatt ein,
das nach dem 31. Dezember folgt.

8 Sonntag 2024

SEPTEMBER

✹ 06:47 19:51
☽ 12:39 21:16

15. Sonntag nach Trinitatis

Bibellese: Psalm 127

Was könnt ihr denn ohne Gott erreichen?
In aller Frühe steht ihr auf
und arbeitet bis tief in die Nacht;
mit viel Mühe bringt ihr zusammen,
was ihr zum Leben braucht.
Das gibt Gott den Seinen im Schlaf! *(Vers 2)*

In unsere Vorschau auf die heute beginnende Woche platzt Salomos Behauptung: An Gottes Segen ist alles gelegen. Seine Gegenprobe: Hausbau ohne Gott – umsonst. Bewachung einer Stadt ohne Gott – umsonst. Maximaler Krafteinsatz bei der Lebensoptimierung ohne Gott – umsonst. Spricht er als Politiker aus Erfahrung? Sicherlich verzichtete er bei seinem Regierungsantritt nicht auf die Formel „So wahr mir Gott helfe“, weil er seine Grenzen kennt. Selbstüberschätzung hat Pleiten zur Folge. Erinnern wir uns an die DDR-Parole „Ohne Gott und Sonnenschein bringen wir die Ernte ein“! Pfarrer Brüsewitz reagierte mit dem Spruchband „Ohne

Regen, ohne Gott geht die ganze Welt bankrott". Das bejubelte „Yes, we can!" Obamas klang ähnlich selbstgewiss. Das Fazit seiner Präsidentschaft blieb jedoch auch eher mager. Zwar kann kein Staat das Paradies sein, aber doch ist zu fragen, ob auch die heutige politische Elite erfolgreich arbeiten kann, wenn sie programmatisch gegen Gottes Lebensentwurf gerichtet ist.
Auf der persönlichen Ebene steht die Frage: Was gibt Gott den Seinen im Schlaf? Er schenkt oft unverhofftes Gelingen als Antwort auf scheinbar ergebnislose Mühe. Und er stärkt uns mit neuer Hoffnung.

Jörg Swoboda

Was steht alles auf dem aktuellen Wochenplan? Sind die Pläne mit Gott und Gebet gemacht? Der Apostel Jakobus rät uns: „Ihr solltet sagen: So der Herr will und wir leben, wollen wir dies und das tun" (Jakobus 4,15 L). Lebenstüchtigkeit und Lebensmut sind wichtig. Aber was darüber hinausgeht, das ist Hochmut – und Hochmut kommt vor dem Fall. Dieses Jakobus-Zitat ist in die Geistesgeschichte als „conditio Jacobaea", der jakobäische Vorbehalt, eingegangen und auch im Blick auf die neue Woche unbedingt beherzigenswert.

Jörg Swoboda

9 Montag SEPTEMBER 2024

☀ 06:48 19:49
☽ 13:54 21:36

Bibellese: Jeremia 7,1-15

Der Herr sagte zu Jeremia: „Ist denn dieses Haus, das doch mein Eigentum ist, in euren Augen ein Versteck für Räuber geworden? Gut, dann werde auch ich es so ansehen.“ *(Vers 11)*

Vor einigen Tagen habe ich nach vielen Jahren meinen ehemaligen Nachbarn Paul wiedergetroffen. Wir waren damals Kinder. Er war aus einem römisch-katholischen Elternhaus, meine Eltern waren evangelisch mit freikirchlicher Prägung. Im Alltag spielte der Kontrast keine Rolle. Hin und wieder musste mein Spielkamerad an einem Sonntag mit seinen Eltern zur Kirche fahren. Weil nicht alle Kinder in den DKW passten, war er nur alle paar Wochen dran. Aber jedes Mal ging es zur Beichte. Und das war Pauls Problem. Er fürchtete einen Komplott zwischen seinem Vater und dem Priester. Sollte er eine echte Sünde beichten oder doch lieber eine erfundene? Doch wenn erfunden, dann musste die Geschichte irgendwie glaubwürdig klingen, nicht zu

schlimm und niet- und nagelfest sein. Ein schwieriges Ding. Also zogen wir uns zur „Klausur" ins nahe „Wäldchen" zurück. Der Katholik und der Freikirchler. An das Ergebnis erinnere ich mich leider nicht mehr. Auch nicht, ob die Sache hingehauen hat. Aber das ist mir bis heute in Erinnerung geblieben: Beichte ist eine gute und segensreiche Sache. Wenn, ja, wenn sie ehrlich und im Glauben geschieht.
Leider sind im Laufe der Geschichte so viele segensreiche Einrichtungen verkommen zu einem „Versteck für Räuber". Eine tolle Formulierung, finde ich. Es gibt diese „Verstecke" in allen Glaubensrichtungen. Jesus wurde damit übrigens auch knallhart konfrontiert. Damals, als er den Tempel in Jerusalem betrat, „trieb (er) hinaus alle Verkäufer und Käufer im Tempel und stieß die Tische der Geldwechsler um und die Stände der Taubenhändler" (Matthäus 21,12 L). Jesus überkam ein heiliger Zorn und er rief mit einem Zitat des Propheten Jesaja aus: „‚Mein Haus soll ein Bethaus heißen'; ihr aber macht eine Räuberhöhle daraus" (Matthäus 21,13 L). Wenn der Glaube zur reinen Hülse verkommt, wird er zum „Versteck der Räuber". Paul und ich waren damals noch Kinder. Wir hatten wenig Ahnung. Ich von der Beichte und er vom Ernst der Sache. Die Frage ist jedoch: Haben wir beide inzwischen gelernt? Ich würde mich gerne einmal mit ihm darüber unterhalten. *Karl Gerhard Köser*

10 Dienstag SEPTEMBER 2024

✹ 06:50 19:47
☽ 15:09 22:06

Bibellese: Jeremia 7,16-28

Der Herr sagt: „Das habe ich zu ihnen gesagt: ‚Gehorcht mir und lebt nach den Geboten, die ich euch gebe. Dann wird es euch gut gehen: Ich will euer Gott sein und ihr sollt mein Volk sein.'" (Vers 23)

Ich bin nach etlichen Jahren nochmals in meiner ehemaligen Gemeinde zu Gast. Ein Heimspiel, würden Sportler sagen. Genauso erlebe ich es auch. Aber eine Begegnung ragt aus allen anderen heraus. Eine ältere Dame gibt mir am Ausgang die Hand und meint mit zittriger Stimme: „Ich bete immer noch täglich für Sie." Für einen Moment verschlägt es mir die Stimme. Nach so vielen Jahren? Nun kenne ich die Frau ja sehr gut. Es gab keinen Grund, ihr nicht zu glauben. Was für eine Treue! Noch heute bin ich überwältigt. Immer wieder habe ich im Laufe meines Lebens solche Menschen kennen und schätzen gelernt.

Ob es auch Menschen gibt, die mit meiner Person und meinem Glauben das Wort „Treue" verbinden?

In Kürze feiern meine Frau und ich unsere goldene Hochzeit. Immerhin. Aber ist Treue überhaupt noch attraktiv? Nachahmens- oder gar begehrenswert? Der Wechsel ist angesagt. Öfter mal was Neues, heißt es im Volksmund. Das gilt für viele, ja, nahezu alle Lebensbereiche. Auch für den Glauben an Jesus Christus? Da meint ein Bekannter zu mir: „Du hast dich gar nicht verändert." War das jetzt ein Kompliment? War es eine versteckte Kritik? Veränderungen müssen sein und gehören zu unserem Leben. Allein schon das Aussehen. Aber was bleibt? Worauf können sich andere bei mir verlassen? Worauf kann sich Gott bei mir verlassen? Worin bin ich treu?
Bei allem wichtigen Fragen freue ich mich über die Zusage aus der Bibellese: „Ich will euer Gott sein und ihr sollt mein Volk sein." Wir haben einen Gott, auf den Verlass ist. Das können wir glauben. Gerade auch die, die vielleicht zurzeit schwere Zeiten durchmachen. Die enttäuscht sind von der eigenen Treulosigkeit. Oder der anderer Glaubensgeschwister. Ich denke auch an die, die den Eindruck haben, nur noch bis zur Zimmerdecke zu beten. Es tut sich einfach nichts. Wirklich nichts? Ja, aus meiner Sicht, aber hinter den Kulissen ist Gott schwer mit meiner Zukunft beschäftigt. Denn Gott ist treu! Das können Sie glauben: „Sind wir untreu, so bleibt er treu" (2. Timotheus 2,13 L).

Karl Gerhard Köser

11 Mittwoch SEPTEMBER 2024

✷ 06:51 19:45
☽ 16:19 22:50

Bibellese: Jeremia 9,22-23

Der Herr sagt: „Der Weise soll sich nicht wegen seiner Weisheit rühmen, der Starke nicht wegen seiner Stärke und der Reiche nicht wegen seines Reichtums. Grund sich zu rühmen hat nur, wer mich erkennt und begreift, was ich will." (Vers 22-23)

In den apokryphen Schriften der Bibel fand ich einen herrlichen Satz: „Gott lieben, das ist die allerschönste Weisheit" (Sirach 1,10). Eigentlich könnte ich hiermit meine Andacht beenden. Denn dieser Satz beschreibt genau das, was Gott dem Jeremia vor langer Zeit gesagt hat. Gott lieben, ja, das ist es, worauf es im Leben ankommt. Doch was heißt das, Gott lieben? Jeremia würde antworten: Gott erkennen und begreifen, was er will. Gott erkennen wir, indem wir uns auf eine enge Beziehung zu ihm einlassen. Eine herzliche Gemeinschaft mit unserem Schöpfer und Erlöser pflegen. So wie ein Ehepaar, das im Laufe der Zeit immer mehr zusammenwächst. Sie lernen das Wesen des anderen immer mehr kennen. Im Gebet, im Hören auf Gott und im Dienst für ihn und mit ihm lernen wir sein Wesen immer besser kennen. Wir machen Erfahrungen mit unserem Herrn, die uns helfen, im Glauben zu wachsen. Und wir lernen auch Gottes Willen zu erkennen. Die Frage nach dem Willen Gottes ist eine entscheidende Zukunftsfrage für uns. Jesus sagt dazu: „Es werden nicht alle, die zu mir sagen: Herr, Herr!, in das Himmelreich kommen, sondern die den Willen tun meines Vaters im Himmel" (Matthäus 7,21 L).

Sicher kennen Sie auch den Satz: „Er kriegt es nicht gebacken." Damit meinen wir Menschen, die zum Beispiel trotz ihres enormen Wissens manche Dinge des alltäglichen Lebens nicht geregelt bekommen. Oder ich denke an manche reichen Leute, die sich alles leisten können, aber in Sachen Beziehungen zu Menschen absolute Nieten sind. Wie viele mächtige Herrscher brauchen viele Berater, weil sie leicht den Überblick verlieren. Und darum sagt Gott: Sei nicht stolz auf deine Macht, deinen Reichtum und deinen Verstand. Das sind sehr brüchige Fundamente.

Wenn wir Gottes Wesen und seinen Willen kennen, dann können wir mutig nach vorne glauben und leben. Dann können wir kreativ und hoffnungsvoll in Gottes Reich unserem Glauben Gestalt geben. Ich möchte Sie dazu ermutigen. Dann steht Ihr Leben auf einem sicheren Fundament. *Karl Gerhard Köser*

12 Donnerstag SEPTEMBER 2024

☀ 06:53 19:42
☽ 17:17 23:50

Bibellese: Jeremia 12,1-6

Jeremia schreibt: Wie lange soll das Land noch trauern und alles Grün auf den Feldern verdorren? Wegen der Schlechtigkeit seiner Bewohner gehen Tiere und Vögel zugrunde. Diese Leute sagen von mir: „Was der da behauptet, trifft niemals ein." (Vers 4)

Ein Prophet im Glaubwürdigkeitsstress. Ist ja klar: Propheten üben Kritik an Personen oder an gesellschaftlichen oder religiösen Missständen. Wenn das Angekündigte dann auf sich warten lässt, widersetzen sich die Leute noch mehr. Da wirbelt einer unerträglich Staub auf, aber nichts davon trifft ein. Solange die Ankündigung läuft, aber noch nichts eingetroffen ist, hat der Prophet schlechte Karten. Es geht ihm in seiner Rolle schlecht. Der kurz zuvor berichtete Anschlag auf ihn durch die Leute von Anatot zeigt diese Dramatik. Was kann diese Passage für den christlichen Glauben bedeuten?
Erstens: Es ist auch heute noch schwierig, Gottes echte Ansager herauszuhören. Sie teilten und teilen

das Schicksal Jeremias. Zu Lebzeiten bleiben sie häufig ungehört oder werden widerwillig abgelehnt.
Zweitens: Mit Gottes Wort zu leben und sein Wort in die Zeit hineinzusagen, ist und bleibt eine große und schwere Aufgabe. Sie fordert viel Hörbereitschaft, viel Überwindung und letztlich die Bereitschaft, mit dem Unverständnis der Gegenüber zu leben.
Das Übungsfeld ist groß. Die Gesellschaft wird immer säkularer. Das Verständnis dafür, dass christliche Werte grundlegende Werte sind, schwindet. Die Notwendigkeit, scheinbar einfachste, im christlichen Glauben wurzelnde Grundwerte erklären zu müssen, nimmt zu. Es ist erschütternd und ernüchternd, wie die christliche Botschaft kaum noch Gehör findet. Jeremia formulierte seinen inneren Kampf und die Erschütterung über seine hörunwillige Umgebung ganz ehrlich – und ging dann treu in der Bindung an Gott seinen Weg weiter.
Das gilt auch heute – auch wenn die Botschaft nicht so weitreichend und extrem sein muss, wie die des Propheten Jeremia.

Klaus Ulrich Ruof

13 Freitag SEPTEMBER 2024

✹ 06:54 19:40
☽ 18:01 –.–

Bibellese: Jeremia 13,1-11

Der Herr sagte: „So eng, wie ein Lendenschurz den Körper eines Mannes umschließt, wollte ich Israel und Juda um mich haben. Sie sollten das Volk sein, das mir Ehre bringt und meinen Ruhm verkündet, aber sie haben mir nicht gehorcht." (Vers 11)

Die Kraft von Bildern und bildhaften Handlungen ist zu allen Zeiten genutzt worden. Heute in Filmen, bei Jesus in Gleichnissen, die Propheten beeindruckten ihre Zeitgenossen mit prophetischen Zeichenhandlungen. Hier hantiert Jeremia mit einem Lendenschurz.

Das vor Augen gemalte Bild ist fast schamhaft. Ein Lendenschurz muss gut sitzen, sonst gibt er die Blöße frei. Ganz eng, ganz fest, ganz innig sollte die Verbindung zwischen Gott und seinem Volk sein. In geradezu menschlich-intimer Sprache lässt Gott seinem Volk mitteilen, wie groß seine Sehnsucht nach Gemeinschaft und Verbundenheit ist und wie massiv die Enttäuschung war.

In drei Etappen offenbart sich diese Enttäuschung: Jeremia sollte den Lendenschurz kaufen und tragen. Danach sollte er ihn an einem Bach- oder Flusslauf verstecken. Später sollte er den Lendenschurz wieder hervorholen, der inzwischen jedoch komplett verrottet und nicht mehr zu gebrauchen war. Jetzt sind Bild und Anti-Bild, Wunsch und Wirklichkeit offenbar. Gottes Sehnsucht und die Ablehnung durch sein Volk könnten gegensätzlicher nicht sein. Deshalb gibt Gott die stolz demonstrierte, aber ohne Gott auskommende Pracht seines Volkes der Verrottung anheim.
Der Blick aus heutiger Zeit, gute 2600 Jahre später, erschüttert. Wie konnte ein Volk, das so viel mit Gott erlebte, so gottvergessen werden? Gleichzeitig führt dieser Rückblick zu einer mahnenden Frage ins Heute: Ist die erklärte Gemeinschaft mit Gott nur ein Lippenbekenntnis, das im Lebensalltag in einer Gottvergessenheit verschwindet, oder findet die Sehnsucht Gottes nach Gemeinschaft und Verbundenheit eine aufrichtige und dankbar zugewandte Antwort?

Klaus Ulrich Ruof

14 Samstag SEPTEMBER 2024

✹ 06:56 19:38
☽ 18:33 01:08

Bibellese: Jeremia 14,1-16

Das Volk klagt: „Herr, unsere Vergehen klagen uns an, aber hilf uns doch um deiner Ehre willen! Oft haben wir uns von dir abgewandt und gegen dich gesündigt. Aber du bist Israels einzige Hoffnung." (Vers 7-8)

Die Bibellese beschreibt eine verheerende Dürrekatastrophe. Ich lebe am Rand des Harzes. Hier gibt es große Flächen, die wie eine Wüstenlandschaft aussehen. Trockenheit und Borkenkäfer vernichteten den Wald. Wir erlebten einen gewaltigen Kahlschlag. Dazu gehörten riesige Holzstapel und völlig zerfahrene Wanderwege. Was die Leute in der Bibellese erfuhren, ist sicher viel schlimmer. Aber eine kleine Ahnung davon habe ich inzwischen auch.

Nur: Wie kommen sie darauf, dass ihr gestörtes Gottesverhältnis daran schuld sein könnte? Ich will jedenfalls keinen Schicksalsschlag gleich auf Sünde der Betroffenen und auf Gottes Strafe zurückführen. Allerdings wird bei heutigen Dürrekatastrophen und beim Klimawandel auch von Sünden, von Umweltsünden, gesprochen. Diese „Sünden“ erscheinen allerdings eher unpersönlich. Sie haben nichts mit einem Gegenüber zu tun, schon gar nicht mit Gott. Doch es geht dabei auch um Beziehungslosigkeit. Wir verloren den Kontakt mit unserer Umwelt. Dabei sind wir ein Teil von ihr. Weil wir sie rücksichtslos ausbeuten, zerstören wir die eigene Lebensgrundlage. Aber wir hoffen, dass wir uns ändern können.

Das Volk damals hoffte auf Gott als Retter. Könnte er auch heute retten? Ich meine nicht, dass Gott mit dem Finger schnipst und alles ist wieder gut. Vielmehr glaube ich, dass eine echte Beziehung zu Gott mein Fühlen und Denken beeinflusst. So, dass sich mein Verhältnis zu Gott, zu meinen Mitmenschen, zu meiner Umwelt und zu meinem Glück ändert.

Werner Jöhrmann

♫ Ich selber kann und mag nicht ruhn,
des großen Gottes großes Tun
erweckt mir alle Sinnen;
ich singe mit, wenn alles singt,
und lasse, was dem Höchsten klingt,
aus meinem Herzen rinnen.

Paul Gerhardt 1653
Aus: Geh aus, mein Herz, und suche Freud

15 Sonntag SEPTEMBER 2024

✹ 06:58 19:35
☽ 18:55 02:36

16. Sonntag nach Trinitatis

Bibellese: Psalm 68,20-36
Ihr Mächtigen der Erde,
singet zur Ehre Gottes,
preist den Herrn mit Liedern!
Erkennt seine Herrschaft an!
In seiner Hoheit regiert er Israel
und seine Macht zeigt sich in den Wolken. (Vers 33.35)

Kennen Sie das Lieblingswort unserer Außenministerin Annalena Baerbock? Gemeinsam! Als ich diese Verse las, dachte ich sofort: Man wird ja wohl noch träumen dürfen! Die Mächtigen der Erde singen gemeinsam zur Ehre Gottes und preisen ihn mit ihren Liedern. Das stelle man sich vor: Alle Staatsmänner dieser Erde stehen gemeinsam zusammen und singen: „Großer Gott, wir loben dich; Herr, wir preisen deine Stärke. Vor dir neigt die Erde sich und bewundert deine Werke." Sie erkennen gemeinsam seine Herrschaft an. Das wäre doch der Himmel auf Erden – für uns Christen. Gemeinsam. Selbst in den biblischen Texten und der Geschichte Israels funktioniert das Gemeinsam schon lange nicht mehr. Ich frage mich, wie ich diesen Psalm heute verstehen kann. Es ist ein altes Lied, gedichtet, als der Messias noch in weiter Ferne war und das Bild der Menschen von Gott war ein anderes als ich es heute habe. Es wurde gehofft und geträumt. Es wurden Schlachten geschlagen und Länder eingenommen. Es wurde gehasst und mit einem Gott gerechnet, der rachsüchtig und mächtig ist. Mit so einem Gott möchte ich heute nicht mehr rechnen und ich muss es auch nicht. Und trotzdem möchte ich Gott loben, so wie die Psalmbeter ihm aus tiefsten Herzen Lob und Preis entgegenbrachten. Ich möchte meinen Gott loben, weil ich erfüllt bin von seiner Liebe, seiner Liebe zu mir und zu allen Menschen. Weil er ohne Unterschiede zu machen einfach liebt. Und weil es der Sinn meines Lebens ist, Gott zu loben und zu preisen. Unabhängig von allem, was geschieht.

Judith Bader-Reissing

♫ Großer Gott, wir loben dich;
Herr, wir preisen deine Stärke.
Vor dir neigt die Erde sich
und bewundert deine Werke.
Wie du warst vor aller Zeit,
so bleibst du in Ewigkeit.

Ignaz Franz 1768

16 Montag SEPTEMBER 2024

✹ 06:59 19:33
☽ 19:13 04:08

Bibellese: Jeremia 15,10-21

Jeremia gab zur Antwort: „Wenn du zu mir sprachst, habe ich jedes Wort verschlungen. Deine Worte haben mein Herz mit Glück und Freude erfüllt, denn ich bin doch dein Eigentum, Herr, du Gott der ganzen Welt!"

(Vers 16)

Wenn Sie die Verse 10 bis 21 der Bibellese alle gelesen haben, denken Sie vielleicht: „Na, da haben die ja aus einem düsteren Text den schönsten Vers herausgepickt!" Denn der Prophet Jeremia ist hier zutiefst gekränkt und verzweifelt. Von seinen Mitmenschen wird er ausgegrenzt und beschimpft. In der Zukunft sieht er nur winzige Hoffnungsfunken für sein Volk und für sich selbst. Eher drohen Tod und Verderben. Gott erscheint ihm unzuverlässig wie ein Trugbild. Von ihm kommt kein Trost, keine Hilfe. Und mittendrin in diesem Chaos und Dunkel steht ein Vers voll Freude, Glück und Gottvertrauen. So sieht allerdings Jeremias augenblickliche Situation gerade nicht aus. Der Satz steht in der Vergangenheitsform.

Es ist eine schöne Erinnerung. So war es einmal. Ach ja, früher war alles besser. Dabei ist solche Nostalgie aber nicht unbedingt negativ. Wir brauchen schöne Erinnerungen, um Mut für das Heute zu gewinnen. Keiner erlebt pausenlos nur Wunder Gottes. Es kommen auch Wüstenzeiten, in denen wir nichts von Gott spüren. Es gibt Langeweile und Enttäuschungen. Wir durchleben leidvolle Zeiten.
Machen Sie es wie Jeremia. Denken Sie an die Augenblicke, in denen Sie Gottes Nähe und Hilfe erlebten. Erinnern Sie sich daran, wie Ihr Herz vor Glück und Liebe überquoll. Diese Momente Ihres Lebens sind nicht verschwunden. Sie gehören Ihnen für immer, sie helfen Ihnen, das Leben anzunehmen, wie es ist, und durchzuhalten. Auch Jeremia bekommt nicht die Hilfe, um die er bittet. Aber Gott macht ihn stark und fest wie eine Mauer. Damit er sich nicht umwerfen lässt im Sturm des Lebens.

Werner Jöhrmann

Du Gott der ganzen Welt, hilf mir, dass ich keine Sonderbehandlung von dir erwarte. Und dass ich im Fallen und Wiederaufstehen an deiner Liebe festhalte.

Werner Jöhrmann

17 Dienstag SEPTEMBER 2024

✷ 07:01 19:31
☽ 19:27 05:41

Bibellese: Jeremia 16,1-13

Der Herr sagte: „Schon eure Vorfahren haben mich verlassen. Ihr aber habt es noch weit schlimmer getrieben als sie. Ihr alle tut nur das, was euer eigensinniges und böses Herz euch eingibt.“ (Vers 11-12)

Wer ohne Gott lebt, benimmt sich daneben. Ist das hier so gemeint? Vor Jahren war ich einmal auf einer Geburtstagsfeier. Einige Gäste gehörten zur christlichen Gemeinde. Andere wollten von Gott nichts wissen. Es gab Abendbrot mit Bier und Wein. Dann entbrannte eine heftige Diskussion darüber, ob Christen besser leben als andere. Schließlich meldete sich ein sehr fülliger Mann zu Wort und meinte: „Ich will es mal so sagen: Die Heiden fressen und saufen!“ Daraufhin standen die nicht gläubigen Gäste unter Protest auf und verließen die Feier.

Sind Atheisten haltlose Leute ohne Moral und Anstand? Wer die Psalmen in der Lutherübersetzung liest, könnte das meinen. Da ist viel von Gottlosen die Rede. Und das sind lauter Bösewichte. Aber dabei ist gar nicht an Atheisten gedacht. Die „Gottlosen" der Psalmen gehören zur Gemeinde der Gläubigen. Sie zeigen durch ihr Tun, dass sie Gott verachten. Wir dürfen also nicht voreilige Schlüsse ziehen. Es geht nicht darum, Menschen, die ohne Gott leben, zu verdächtigen. Sondern hier sind Leute gemeint, die von Gott wissen und bewusst gegen Gottes Menschenliebe handeln. Weiß ich denn, ob mein Nachbar, der Atheist ist, Gott verließ? Vielleicht kannte er ihn nie. Vielleicht hat mein Nachbar andere Quellen, aus denen er moralische Werte schöpft. Vielleicht ist es auch so, dass Gott ihn nicht verließ. Wenn ich die Bibellese bedenke, fasse ich mir also lieber an die eigene Nase. Dass ich Gottes Kind bin und Jesus folgen will, sagte ich oft. Aber lebte ich es auch?

Werner Jöhrmann

Gott geht zu allen Menschen in ihrer Not,
sättigt den Leib und die Seele mit seinem Brot,
stirbt für Christen und Heiden den Kreuzestod,
und vergibt ihnen beiden.

Dietrich Bonhoeffer (1906-1945), deutscher evangelischer Theologe

18 Mittwoch SEPTEMBER 2024

☀ 07:02 19:29
☽ 19:40 07:13

Bibellese: Jeremia 18,1-12

Jeremia schreibt: Ich ging hin und fand den Töpfer bei seiner Arbeit an der Töpferscheibe. Wenn ihm ein Gefäß unter den Händen misslang, dann machte er aus dem Ton ein anderes, ganz wie er es für richtig hielt.

(Vers 3-4)

Spielten Sie als Kind auch gern mit Knete? Zuerst formten Sie Schlangen und dann Phantasiewesen. Kaum waren die vollendet, hatten Sie neue Ideen: noch bunter, noch kreativer ...

Der Prophet Jeremia besucht einen professionellen Töpfer in dessen Keramikatelier. Der Meister fertigt keine Seriengefäße. Er schafft einmalige Kunstwerke. Jeremia versteht: So arbeitet Gott an uns Menschen. Für ihn sind wir wertvoll, einzigartig und etwas ganz Besonderes. Er setzt alles daran, seine Geschöpfe zu prägen und zu verbessern. Er hat dabei viel Arbeit mit uns. Denn oft wehren wir uns, weil wir unseren Willen durchsetzen wollen. Dann bleibt er geduldig und fängt immer wieder neu mit uns an.

Menschen sind in Gottes Hand wie Ton. Der Töpfer ihres Lebens kennt ihre Begabungen und Grenzen. Er versteht ihre Gefühle. Er formt sie, damit sie so vollkommen werden, wie er es wünscht – ein Kunstwerk eben.
Ich weiß, mein Schöpfer liebt mich. Deshalb will ich lernen, ihn an mir arbeiten zu lassen. Er korrigiert mich, indem er auf Sünde hinweist und sie mir vergibt. Er bildet meinen Charakter und überwindet schlechte Gewohnheiten. Er glättet Ecken und Kanten. Er leitet mich an, richtig zu entscheiden. Mein Gott stellt mich nicht als „erledigt" in eine Vitrine. Bis an mein Lebensende formt er mein Leben. „Austherapiert" bin ich nie. Ich danke ihm für seine Liebe und ich will ihm Ehre machen. *Jörg Enners*

♫ Will mein Herr durch strenge Zucht
mich nach seinem Bild gestalten,
o so will ich ohne Flucht
seiner Hand nur stillehalten.
Dann erschreckt mich kein Gericht;
das ist meine Zuversicht.

Karl Bernhard Garve 1825
Aus: Stark ist meines Jesu Hand

19 Donnerstag SEPTEMBER 2024

✹ 07:04 19:26
☽ 19:54 08:45

Bibellese: Jeremia 19,1-13

Der Herr befahl Jeremia: „Kauf dir einen Wasserkrug, wähle einige von den Ältesten des Volkes und von den angesehensten Priestern als Zeugen aus und geh mit ihnen durchs Scherbentor hinaus ins Hinnom-Tal."

(Vers 1-2)

Als der Pastor auf der Kanzel steht, sehe ich: Sein weißes Hemd ist voller dunkler Flecken. Wie peinlich. Hat er das nicht gemerkt? Doch, hat er. Er erklärt, was er damit sagen will ...

Auch Jeremia ist ein Meister anschaulicher Predigten – mit einem Krug in der Hand. Seine Zuhörer freuen sich vielleicht auf eine Erfrischung. Aber sie bekommen eine kalte Dusche. Im Auftrag Gottes wäscht der Prophet ihnen den Kopf.

Jeremia hält seine Rede auf dem Schuttabladeplatz von Jerusalem. Da, wo der Müll der Großstadt verrottet, da hören die führenden Vertreter des Volkes Gottes Urteil: Ihr seid schuld, dass es hier zum Himmel stinkt.

Der Prophet prangert unglaubliche Sünden an: Hier, gleich unterhalb des Tempels, liegt euer Abfall, euer Abfall vom lebendigen Gott. Hier opfert ihr in okkulten Sitzungen den Götzen Kinder. Der lebendige Gott hat beschlossen: Von euch und von dieser Stadt bleibt so wenig übrig wie von einem zerbrochenen Krug. Mit Wucht schmettert Jeremia das Gefäß zu Boden ...

Wie würden Leute heute auf so eine Predigt reagieren? Sicher mit Unverständnis, Ärger, Wut und Gewalt: Der Kerl vergreift sich im Ton. Skandalös, was er uns vorwirft. Was bildet der sich ein? Predigtverbot. Kaum einer ginge getroffen nach Hause, um sein Leben aufzuräumen.

Bringt es überhaupt etwas, öffentlich gegen Missstände zu wettern? Oder geht der Schuss nach hinten los? Ist es nicht besser, diplomatisch und in Einzelgesprächen Kompromisse zu suchen?

In unserer Zeit, in der alles erlaubt und richtig zu sein scheint, brauchen wir viel Mut, uns zu Gottes Wahrheit zu bekennen. Damit ecken wir an. Aber wenn wir alles laufen lassen, machen wir uns schuldig. Gott liebt den Sünder und vergibt Sünde. Er lässt jedoch nicht mit sich spielen. Ganz sicher: Der eine oder andere, der Gottes Wort hört, wird nachdenken und sein Leben ändern. *Jörg Enners*

20 Freitag SEPTEMBER 2024

✷ 07:05 19:24
☽ 20:10 10:17

Bibellese: Jeremia 20,7-18

Jeremia klagte: Warum musste ich den Mutterschoß verlassen, um nichts als Elend und Kummer zu erleben und in Schande zu enden! *(Vers 18)*

Nach seiner Predigt, bei der er den Tonkrug zerschmettert hat, sitzt der Prophet für eine Nacht in U-Haft. Eben noch hat er mit Mut und Autorität Gottes Gericht angekündigt. Doch wieder einmal hat er den Kürzeren gezogen. Jetzt ist bei ihm die Luft raus. Er ist erschöpft. Wie schon so oft in seinem Predigerleben ...

Jeremia klagt: „Wenn ich könnte, wie ich wollte! Ich würde meinen Beruf aufgeben. Ich würde den Mund halten. Ich würde wieder als Priester arbeiten. Ich würde nichts mehr riskieren. Ich würde, aber ich kann nicht. Der lebendige Gott hat mich berufen. Er steht hinter mir und gibt mir Kraft. Ich darf also nicht aufgeben. Mein Auftrag ist noch nicht erfüllt. Ich muss predigen. Vielleicht hört einer zu und kommt zum Glauben. Vielleicht ..."

Es gibt wohl keine Pastorinnen oder Pastoren, keine Diakone und Mitarbeiterinnen, die solche Augenblicke nicht kennen. Am Sonntag läuft alles wunderbar: ein gesegneter Gottesdienst, eine passende Predigt, fröhliche Lieder, viele Besucher, ein paar gute Gespräche hinterher und ermutigende Rückmeldungen an der Kirchentür. Alles bestens. Dann der Montag. Die ganze Stimmung ist hin. Frust macht sich breit. Zweifel: War das gestern wirklich so gut? Hätte ich das und jenes nicht auch sagen müssen? Haben die zwei Leute mit ihrer Kritik an der Gemeinde etwa recht? Ich fühle mich ausgelaugt. Aber jetzt muss ich die nächste Predigt vorbereiten ...
Es ist nicht gut, solche Gefühle runterzuschlucken. Es ist richtig, sie – wie Jeremia – im Gebet vor Gott auszusprechen, auch die Sätze, die man als frommer Christ „vornehmer" sagen kann. Unser Vater im Himmel hat ein liebevolles Herz. Er versteht und hört, wenn wir vor ihm ehrlich sind. Er wird uns für die nächste Aufgabe neue Kraft schenken. *Jörg Enners*

♫ Sieht mein Kleinmut auch Gefahr,
fürcht ich auch zu unterliegen,
Christus reicht den Arm mir dar,
Christus hilft der Ohnmacht siegen ...

Karl Bernhard Garve 1825
Aus: Stark ist meines Jesu Hand

21 Samstag SEPTEMBER 2024

☀ 07:07 19:22
☽ 20:30 11:50

Bibellese: Jeremia 21,1-14

König Zidkija schickte zwei Männer zu Jeremia: „Frage doch den Herrn, was geschehen wird, ob er vielleicht ein Wunder tut wie in alten Zeiten und Nebukadnezzar zum Abzug zwingt." *(Vers 1-2)*

Oh Herr, gib uns den alten Glauben, er ist auch gut für mich." Dieses Gospel sang die Band unserer Gemeinde, als ich ein Kind war. Und ich sang eifrig mit. Ja, es hat schon etwas für sich, sich einreihen zu können in die Geschichte derjenigen, die vor uns geglaubt haben. Denn Gott steht ja für Beständigkeit, für Verlässlichkeit durch die Zeiten hindurch. Gefährlich wird es allerdings, wenn daraus eine Art Automatismus abgeleitet wird: Wenn Gott in alten Zeiten Wunder getan hat, dann muss er es doch heute auch wieder tun. Oder für die Situation unseres biblischen Textes: Wenn Gott früher die Feinde auf wundersame Weise in die Flucht geschlagen hat, dann wird er sich doch auch in der gegenwärtigen Bedrohung durch die Babylonier nicht lumpen lassen und sie in die Knie zwingen. Das aber will König Zidkija vom Propheten Jeremia hören: die Bestätigung seiner eigenen Meinung und nicht aktuelles Wort Gottes. Er verkennt dabei, dass Gott frei ist, das zu tun und zu lassen, was er in der jeweiligen Situation für richtig hält. So versucht der König, sich Jeremia und letztlich Gott gefügig zu machen. Gott soll der Erfüllungsgehilfe seiner eigenen Pläne sein. Der aber lässt sich nicht benutzen – auch nicht durch den Verweis auf seine Treue und Beständigkeit.

Für mich heute heißt das, mich nicht in falscher Sicherheit zu wiegen. Gott gibt keine Garantien dafür ab, dass es mir und uns als Gesellschaft für immer so gut gehen muss, wie es uns derzeit – bei allen Abstrichen – geht. Frieden, Demokratie, auch kirchliches Leben – das alles kann ins Wanken geraten. Es ist an uns, immer wieder neu danach zu fragen, was wir tun können, damit es eine gute Zukunft gibt – mit Gottes Hilfe und nach seinem Rat.

Frank Eibisch

Sprich Ja zu meinen Taten,
hilf selbst das Beste raten;
den Anfang, Mitt und Ende,
ach Herr, zum Besten wende.

Paul Gerhardt 1647
Aus: Wach auf, mein Herz, und singe

22 Sonntag SEPTEMBER 2024

✹ 07:09 19:19
☽ 20:57 13:22

17. Sonntag nach Trinitatis

Bibellese: Psalm 138

Du hast mich erhört, als ich zu dir schrie;
du ermutigst mich zu den kühnsten Wünschen.

(Vers 3)

Kühn" – dieses heute eher selten gebrauchte Wort verweist auch auf Mut und Tapferkeit. Kühne Wünsche sind demnach nicht übermütig, sondern mutig. Es sind Wünsche gegen die Angst. Sich etwas wünschen zu können gegen die Angst – das ist eine uralte Menschheitssehnsucht. Märchen und Sagen erzählen mit großer und tiefer Weisheit davon. Sie vermitteln etwas davon, dass ein Mensch mehr braucht als sich selbst, um gegen die Angst angehen zu können: gegen die tiefe Ur-Angst vor dem Tod und gegen die alltäglichen Ängste vor den vielfältigen Bedrohungen des Lebens. Immer wieder wird dabei deutlich: Das wirksamste Mittel dagegen ist, dass jemand an unsere Seite tritt, sich gemeinsam mit uns gegen das stellt, was uns ängstigt. Wir erfahren das, wenn Menschen sich mit uns solidarisieren,

uns nicht uns selbst überlassen, Fürchterliches und Furchterregendes mit uns gemeinsam aushalten und tragen. Das tut gut. Es lässt aufatmen.
Beterinnen und Beter, Menschen, die Gott vertrauen, erfahren und bezeugen es wieder und wieder: So ist Gott – in einer unfassbaren und deshalb letztlich nicht zu begreifenden und zu beschreibenden Weise. Die angstvollen Schreie verhallen nicht im Nichts. Gott hört sie. Er erhört sie. Und er antwortet auf sie mit den Worten: „Fürchte dich nicht. Ich bin bei dir. Hab keine Angst. Ich bin mit dir und für dich da." Wenn ich meine Angst Gott entgegenschreie, bleibe ich mit ihr nicht bei mir selbst, bin ich ihr nicht mehr hilflos und wehrlos ausgeliefert. Dann werde ich kühn in meinem Wünschen, mutig in meiner Sehnsucht, tapfer gegen das, was das Leben bedroht.

Frank Eibisch

Es ist nicht der mutig, der keine Angst hat,
sondern der, der seine Angst überwindet.

Mahatma Gandhi (1869-1948), indischer Publizist und Pazifist

23 Montag SEPTEMBER 2024

✷ 07:10 19:17
☽ 21:35 14:46

Bibellese: Jeremia 23,1-8

„Der Tag kommt", sagt der Herr, „an dem ich aus der Nachkommenschaft Davids einen Mann berufe, der dem Namen Davids wieder Ehre macht. Dieser König wird den Namen tragen: ‚Der Herr ist unsere Rettung'!" *(Vers 5)*

Politikerinnen und Politikern wird eine Menge abverlangt. Die Erwartungen, die sich an sie richten, sind gelegentlich beinahe übermenschlich. Dabei sind sie – zum Glück – auch nur Menschen. Gewiss: Sie stehen in einer besonderen Verantwortung. Und sie sind mit Macht ausgestattet. Anders hätten sie ja auch keine Chance, notwendige Entscheidungen umzusetzen.

Nicht selten haben sie auch unbequeme Maßnahmen auf den Weg zu bringen, beispielsweise weil eine ungute Situation Veränderungen nötig macht. Beliebt machen sie sich damit eher nicht. Was aber zeichnet eine gute Politikerin, einen guten Politiker aus? Zum einen steht es ihnen gut an, mit der verliehenen Macht so umzugehen, dass damit zuerst dem Gemeinwohl gedient ist. Selbstsucht, Selbstgefälligkeit und Selbstgerechtigkeit von Machthaberinnen und Machthabern können eine Gesellschaft massiv gefährden. Zum anderen ist Verlässlichkeit eine wichtige Tugend von Menschen, denen Verantwortung für andere anvertraut ist. Denn wenn deren Worte und Taten nicht zusammenpassen, erschwert das ein verlässliches Zusammenleben deutlich.

Die biblische Erinnerung an den König David möchte solche Eigenschaften und Verhaltensweisen ins Bewusstsein rufen. Sie möchte darauf hinweisen, dass Politik eben nicht pauschal ein „schmutziges Geschäft" ist und Macht nicht an sich böse. Der Verweis auf David will Hoffnung wecken: Gottes Absicht ist es, dass sich Menschen finden, die in seinem Sinn und Geist Macht verantwortungsvoll wahrnehmen – zum Wohle aller, damit ein gutes, ein gerechtes Zusammenleben gelingt. *Frank Eibisch*

Der Staatsdienst muss zum Nutzen derer geführt werden, die ihm anvertraut werden, nicht zum Nutzen derer, denen er anvertraut ist.

Marcus Tullius Cicero (106-43 vor Christus), römischer Politiker und Philosoph

24 Dienstag SEPTEMBER 2024

☀ 07:12 19:15
☽ 22:28 15:55

Bibellese: Jeremia 23,16-29

Der Herr sagt: „Mein Wort brennt wie Feuer. Es ist wie ein Hammer, der Felsen zerschlägt.“ *(Vers 29)*

Wenn Gott sich zu Wort meldet, kann das sehr ungemütlich werden. Immer dann, wenn Menschen zerstörerisch wirken, geht Gott dazwischen, bringt unbequeme Wahrheiten zur Sprache und damit ans Licht. Solche unbequemen Wahrheiten hat der Prophet Jeremia zu verkündigen.

Dabei steht er im Widerstreit mit den selbsternannten Propheten, die behaupten: „Alles ist gut. Und alles bleibt gut.“ So wiegen sie die Menschen des Volkes Israel in falscher Sicherheit. Und sie verschleiern zerstörerische Zustände, beispielsweise die Tatsache, dass die Ungerechtigkeit im Volk überhandgenommen hat. Mit ihren scheinbar guten Nachrichten waren sie natürlich beliebt. Denn das wollen bis heute die Leute immer wieder hören: dass auch das Schlimme nur halb so schlimm ist und Schuld letztlich keine fatalen Folgen nach sich zieht.

Da ergreift Gott leidenschaftlich das Wort, zornig, aufgebracht. Wie mit einem verheerenden Feuer zündet er die Lügengebäude der Schönredner an. Wie mit einem Vorschlaghammer zerschlägt er die scheinbar in Stein gemeißelten Wahrheiten derer, die den Leuten nach dem Mund reden. Woran aber erkennt man, ob solche harten Worte tatsächlich Gottes Wort sind oder nicht etwa Ausdruck von Besserwisserei und Rechthaberei? Wie unterscheidet man den, der in Gottes Namen so drastisch das Wort ergreift, von denen, die schon immer mal mit der Faust auf den Tisch hauen wollten?
Zum einen lehnt er sich nicht genüsslich zurück, nachdem er seine Botschaft ausgerichtet hat, voller Genugtuung, das Richtige gesagt und am Ende recht behalten zu haben. Vielmehr wird er von seiner Botschaft auch selbst in Mitleidenschaft gezogen. Zum anderen trifft sein Wort nicht nur die Menschen neben mir, sondern zuerst mich selbst, indem es mich zur Umkehr und zu neuem Anfang aufruft. Bin ich bereit, mich davon treffen zu lassen? *Frank Eibisch*

♫ Gott rufet noch. Sollt ich nicht endlich hören?
Wie lass ich mich bezaubern und betören!
Die kurze Freud, die kurze Zeit vergeht,
und meine Seel noch so gefährlich steht.

Gerhard Tersteegen 1735

25 Mittwoch SEPTEMBER 2024

☀ 07:13 19:12
☽ 23:35 16:47

Bibellese: Jeremia 26,1-19

Die Priester, die Propheten und das ganze Volk hörten, was Jeremia im Vorhof des Tempels sagte. Als er zu Ende geredet hatte, packten sie ihn und schrien: „Dafür musst du sterben!" *(Vers 7-8)*

Über manche Predigten kann man sich zu Recht ärgern. Wenn kein roter Faden erkennbar ist, fragt man sich, was der Redner überhaupt sagen will. Auch wenn die Botschaft nichts mit der eigenen Lebenssituation zu tun hat, geht man enttäuscht nach Hause. Wie aber gehen wir damit um, wenn Kritik an unserer persönlichen Frömmigkeit oder am eigenen Lebensstil geübt wird? In der Regel suchen Menschen in einem Gottesdienst Bestätigung ihrer Überzeugungen. Wie reagieren wir, wenn das Anstößige an einer Predigt die eigentliche Botschaft ist? Darf Gott nur durch das zu uns reden, was uns gefällt und bestätigt?

Jeremia hatte von Gott den schwierigen Auftrag erhalten, die Gemeinde Israels zum Umkehren zu bewegen. In Jeremia Kapitel 7 hören wir, wie er sich an den Eingang zum Jerusalemer Tempel stellte und den Gottesdienstteilnehmern zurief: „Ändert euer Leben und Tun, sonst sucht ihr Gott hier vergeblich!" Jetzt spitzte Jeremia die Botschaft noch einmal zu: „Wenn ihr nicht auf Gott hört, lässt er den Tempel ausrauben und die Stadt verwüsten." Das war für die Zuhörer zu viel. So etwas konnte doch unmöglich eine Botschaft Gottes sein. Wie war der Prophet auf die Idee gekommen, dass der Gott Israels seine eigene Wohnung zerstören lässt? Das war in den Ohren der Tempelbesucher nicht nur Gotteslästerung, sondern Hochverrat. Und dieser Angriff auf das Herz ihres Glaubens musste gestoppt und Jeremia musste zum Schweigen gebracht werden. Zum Glück fand der Prophet besonnene Richter, die die Anklage der aufgebrachten Menge nicht bestätigten. Schließlich behielt Jeremia mit seiner Ankündigung Recht.

Also Achtung beim nächsten Ärger im Gottesdienst. Wenn wir getroffen sind von einer kritischen Botschaft, sollten wir tief durchatmen und Gott leise fragen: „Bist du es, Herr? Willst du mir damit etwas sagen?"

Rainer Döllefeld

Lest die Bibelstellen am meisten, die euch am meisten wehtun.

Charles H. Spurgeon (1834-1892), englischer baptistischer Pastor

26 Donnerstag SEPTEMBER 2024

☀ 07:15 19:10
☽ –.– 17:23

Bibellese: Jeremia 28,1-17

Der Prophet Hananja sagte: „‚Ich will das Joch des Königs von Babylonien zerbrechen.' Das sagt der Herr." Da antwortete der Prophet Jeremia: „Ich wünschte, der Herr würde es tun!" *(Vers 4-6)*

Als ich ein junger Pastor war, lebte in mir ein Prophetenideal. Eine konkrete Botschaft direkt von Gott weitergeben zu dürfen, erschien mir erstrebenswert. Ich stellte mir vor, damit mehr bewegen zu können als mit Lehrpredigten. Die Hörer würden Aha-Erlebnisse haben, dachte ich mir. Sie könnten ja auch froh sein, wenn Gottes Reden Irrtümer aufdeckt und für Klarheit in ihrem Leben sorgt.

Die Lebenserfahrungen Jeremias wirken wie eine schockierende Ernüchterung für solche naiven Idealvorstellungen. Seine prophetischen Botschaften bewirkten keinen Glauben, sondern trafen auf Ablehnung, Spott und Hass. Regelmäßig erlebte der Prophet, dass niemand seinen Umkehrruf hören wollte. Er wurde als Panikmacher diffamiert. Die

Empörung seiner Gemeinde gipfelte in einer fanatischen Feindschaft. Selbst seine Familie hatte er schließlich gegen sich. Aber mit Hananja kam jetzt ein noch massiverer Gegner auf Jeremia zu. Der Propheten-Kollege widersprach ihm im Namen Gottes. Er sagte in aller Öffentlichkeit die baldige Rückkehr der verbannten Israeliten an und die Wiederherstellung des Tempels durch den Gott Israels. Natürlich hatte Hananja damit das Volk auf seiner Seite. Jeremia aber stellte er als einen falschen Propheten hin, der Gottes Verheißungen nicht kennen würde. Und was sagte Jeremia dazu? „Wer von uns beiden recht hat, das wird die Geschichte erweisen", erklärte der angeklagte Prophet lediglich und ging in diesem Moment geschlagen davon.
Diese ohnmächtige Lage erinnert mich an Jesus auf Golgota. Alles sah nach Scheitern aus, als Jesus hilflos am Kreuz hing. Erst am dritten Tag gab Gott sein Urteil bekannt und bestätigte Jesus als Sieger. Manchmal müssen auch wir schweigen, aushalten und abwarten. *Rainer Döllefeld*

♫ Von guten Mächten wunderbar geborgen,
erwarten wir getrost, was kommen mag.
Gott ist bei uns am Abend und am Morgen
und ganz gewiss an jedem neuen Tag.

Dietrich Bonhoeffer (1944) 1945/1951

27 Freitag SEPTEMBER 2024

☀ 07:17 19:08
☽ 00:50 17:47

Bibellese: Jeremia 29,1-14

Jeremia schreibt: Der Gott Israels sagt: „Seid um das Wohl der Städte besorgt, in die ich euch verbannt habe, und betet für sie! Denn wenn es ihnen gut geht, dann geht es auch euch gut." (Vers 7)

Es gibt Briefe, die habe ich mir aufgehoben, um immer mal wieder darin lesen zu können. Sie waren wichtig für meinen Lebenslauf. Liebesbriefe sind natürlich dabei, aber auch solche, die mich in besonders herausfordernden Zeiten ermutigten. Ob der Brief Jeremias auch dazu gehört hätte, wäre ich einer der Deportierten in Babylon gewesen? Wahrscheinlich nicht. Ich stelle mir vor, dass er die Israeliten in der Fremde tief erschreckte. Die Gefangenschaft würde noch mehrere Jahrzehnte dauern, schrieb der Prophet. Das war eine herbe Enttäuschung, die schwer zu akzeptieren war. Ja, Gott selbst habe die Verbannung veranlasst, hieß es in dem Brief. Das durfte doch nicht wahr sein! Gab es denn gar keinen Lichtblick? Doch! Gott plant eine hoffnungsvolle Zukunft, ließ Jeremia sie wissen. Die Zukunftspläne würde der Höchste aber erst in den nachfolgenden Generationen verwirklichen, nach siebzig Jahren.

Ob die Verbannten den Brief nach dem ersten Schock noch einmal zur Hand nahmen? Ob sie den Traum von der schnellen Rückkehr in die Heimat begraben konnten? Mit ihrem Gott in der Fremde zu leben, dazu mussten die Gläubigen damals total umdenken! Das Beste für die Feinde im Sinn zu haben, würde ihnen nicht leichtfallen. Aber okay, man könnte ja damit beginnen, für die Nachbarn zu beten. Und dann hatte Jeremia einen verblüffend naheliegenden Gedanken: Sorgt für die nächsten Generationen und für das Überleben eures Volkes! War das nicht eine echt tröstliche Perspektive?

Hier erkenne ich eine riesengroße Aufgabe für uns. Was braucht die Kinder- und Enkelgeneration heute und morgen? Was können wir für ihre Zukunft tun oder lassen? Worauf könnten wir verzichten, damit die Ressourcen der Erde geschont werden? Warum ist uns das immer noch nicht wichtig genug?

Rainer Döllefeld

---

11 Ende September findet jährlich die Interkulturelle Woche statt. In mehr als 500 Städten und Gemeinden werden rund 5 000 Veranstaltungen durchgeführt.

28 Samstag SEPTEMBER 2024

✹ 07:18 19:06
☽ 02:06 18:05

Bibellese: Jeremia 31,1-14

Ihr Völker, hört, was der Herr euch sagt: „Jetzt sammle ich Israel wieder. Sie kommen zum Berg Zion und stimmen Jubellieder an. Sie freuen sich über meine Gaben, über Korn, Wein und Öl, über Schafe und Rinder“

(Vers 10.12)

Der Prophet Jeremia darf im Namen Gottes gute Nachrichten weitergeben. Die Gefangenschaft der Israeliten in Babylon soll ein Ende finden. Es gibt einen Neubeginn. Erstaunlich, wem diese wichtige Botschaft zuerst zugerufen wird. Nicht den Israeliten, die es doch direkt betrifft, sondern den „Völkern“, und damit auch den Feinden Israels. Alle sollen erfahren, wie Gott sich um sein Volk kümmert. Niemand soll auch nur irgendwelche Zweifel haben. Gott handelt mit und an seinen Leuten im Angesicht der Welt. Seine Gnade und Barmherzigkeit werden öffentlich sichtbar.

Ich muss zugeben, dass ich meine Geschichten und Erlebnisse mit Gott selten so an die große

Glocke hänge. Da bin ich zurückhaltender und leiser. Manchmal fürchte ich einfach die Reaktionen anderer Menschen. Wer wird schon gerne belächelt oder sogar verspottet? Oder ich halte meine Glaubenserfahrungen für nicht so wichtig, dass man groß darüber reden sollte. Das mag sicher auch eine Typfrage sein; wir Menschen sind nun einmal sehr unterschiedlich. Aber vielleicht hat es auch mit einer falschen Scham und einer falschen Bescheidenheit zu tun. Muss man sich dafür schämen, den Gott, der Himmel und Erde gemacht hat, an seiner Seite zu wissen? Hat er das verdient, wenn wir manchmal so kleinlaut sind, wenn es um ihn geht?
Gott schämt sich jedenfalls nicht dafür, sich zu uns unvollkommenen und oft schuldig gewordenen Menschen zu stellen. Er bekennt sich zu uns und posaunt das laut hinaus: „Hört, was der Herr sagt ...“

Hartmut Hunsmann

♫ Es gilt ein frei Geständnis in dieser unsrer Zeit,
ein offenes Bekenntnis bei allem Widerstreit,
trotz aller Feinde Toben, trotz allem Heidentum
zu preisen und zu loben das Evangelium.

Text: Philipp Spitta (1827) 1833
Aus: O komm, du Geist der Wahrheit

29 Sonntag SEPTEMBER 2024

☀ 07:20 19:03
☽ 03:22 18:18

18. Sonntag nach Trinitatis

Bibellese: Psalm 142

Zu dir, Herr, schreie ich!
Ich sage: Du bist meine Zuflucht,
mit dir habe ich alles,
was ich im Leben brauche! (Vers 6)

Was für ein gewaltiges Vertrauen – und was für eine tiefe Ehrlichkeit! Das Vertrauen besteht in dem Bekenntnis: Mit dir, Gott, habe ich alles, was ich im Leben brauche! Die Ehrlichkeit des Beters besteht darin zu sagen: Weil ich zu dir so großes Vertrauen habe, schreie ich vor dir auch meine Not heraus, wenn es mir einmal nicht gut geht.

Immer wieder einmal war ich mit Menschen im Gespräch, die diese beiden Aspekte nur schwer zusammenbringen können. Darf ich wirklich vor Gott klagen? Darf ich ihn sogar in meinen Gebeten anschreien? Werde ich nicht schon schuldig, wenn ich so denke und rede, weil ich damit ja auch meine Zweifel und meine Verzweiflung zum Ausdruck bringe?

Dieses biblische Gebet, dieser Psalm der Bibellese, stammt von David. Es ist entstanden, als er vor Saul auf der Flucht war und um sein Leben fürchtete. Es gibt Augenblicke, in denen ist keine Zeit für geschliffene Formulierungen und wohlüberlegte Worte. Da muss raus, was das Herz bedrückt. Und genau so darf es vor Gott sein. Schon zwischen Menschen ist es ja so, dass man, je besser und stabiler eine Beziehung ist, je ehrlicher und ungeschützter man auch miteinander reden kann. Das gilt erst recht bei Gott. Der Vater im Himmel, der mich unendlich liebt und mich durch und durch kennt, der hält es nicht nur aus, wenn ich ihm mein Leid klage, er sieht es auch als ein Zeichen des Vertrauens, wenn ich damit zu ihm komme. *Hartmut Hunsmann*

Gott ist mein Trost, mein Zuversicht,
mein Hoffnung und mein Leben;
was mein Gott will, dass mir geschicht,
will ich nicht widerstreben.
Sein Wort ist wahr, denn all mein Haar
er selber hat gezählet.
Er hüt't und wacht, stets für uns tracht't,
auf dass uns gar nichts fehlet.

Albrecht von Preußen (1547) um 1554
Aus: Was mein Gott will, gescheh allzeit

30 Montag SEPTEMBER 2024

☀ 07:21 19:01
☽ 04:34 18:29

Bibellese: Jeremia 31,27-34

Der Herr sagt: „Niemand muss seinen Nachbarn belehren oder zu seinem Bruder sagen: ‚Lerne den Herrn kennen!' Denn alle werden dann wissen, wer ich bin, von den Geringsten bis zu den Vornehmsten." (Vers 34)

Bei den Stichworten „Nachbar" und „belehren" klingelt es sofort bei mir im Kopf. Sehr konkrete Personen stehen mir vor Augen, denen ich im Laufe der Jahre gerne die eine oder andere Belehrung hätte zukommen lassen. Es gibt doch Gesetze und Vorschriften, an die man sich einfach halten sollte, und die gelten auch für Nachbarn. Und selbst im Blick auf meine Mitchristen muss ich mir eingestehen: Manchmal möchte ich dem ein oder anderen schon ein paar grundsätzliche Dinge über den Glauben erklären, weil es da aus meiner Sicht noch Defizite gibt. So wie der sich verhält, kann da doch mit seinem Glauben etwas nicht stimmen!

Aber ich schätze, der Prophet Jeremia meint hier etwas ganz anderes als mein Bedürfnis, meine

Umwelt in Gut und Böse einzuteilen. Es geht nicht um meine Erkenntnis, sondern um Gotteserkenntnis. Und das hat eine ganz andere Dimension. Als Gott seinem Volk Israel in der Zeit der Babylonischen Gefangenschaft diese Worte zusagen ließ, waren es Worte voller Trost und Hoffnung. „Ich, der Herr, euer Gott, wende mich euch wieder gnädig zu. Und das werde ich so eindrücklich tun, dass jeder es spürt und erkennt." Da sind keine weiteren Erklärungen nötig. Gott verspricht seinen Leuten sogar, dass er sein Gesetz in ihr Herz schreibt, damit es ihr ganzes Denken und Handeln prägt.

Was für ein beeindruckendes Bild: Gottes Liebe und Gottes gute Gedanken für mein Leben sind so tief in mir verankert, dass ich es nicht mehr nötig habe, mit meinen Maßstäben zu richten und zu urteilen. Nicht über meinen Nachbarn, schon gar nicht über meine Brüder und Schwestern. Und genau so, wie ich ihn erkenne, schenkt Gott meinen Mitmenschen den Durchblick auf ihn hin. Dann kann es passieren, dass meine Belehrungen zu Fürbittengebeten werden und meine Urteile zu liebevollen Worten, die den anderen gewinnen und zu Christus bringen möchten.

Hartmut Hunsmann

BESTELLZETTEL

Ich bestelle:

_____ Abreißkalender „Wort für heute 2025"
Preis 14,80 EUR, UVP 22,– CHF

_____ Buchausgabe „Wort für heute 2025"
Preis 14,80 EUR, UVP 22,– CHF

_____ Großdruck-Buchausgabe „Wort für heute 2025"
Preis 19,50 EUR, UVP 28,– CHF

_____ den kostenlosen Herbstkatalog

Änderungen vorbehalten

Brunnen Verlag GmbH, Gottlieb-Daimler-Straße 22,
35398 Gießen, Tel.: 0641 6059-0, Fax: 0641 6059-100
E-Mail: info@brunnen-verlag.de

Oncken Verlag / Blessings 4 you GmbH, Motorstr. 36, 70499
Stuttgart, Tel.: 0711 83000-0, Fax: 0711 83000-90
E-Mail: kundenservice@blessings4you.de

SCM-Shop, Max-Eyth-Str. 41, 71088 Holzgerlingen
Tel.: 07031 7414-177, Fax: 07031 7414-119
E-Mail: bestellen@scm-shop.de

____
Name, Vorname

____
Straße, Hausnummer

____
Postleitzahl, Ort

____
Telefon, Fax, E-Mail

____
Datum, Unterschrift

1 Dienstag OKTOBER

2024

✹ 07:23 18:59
☽ 05:45 18:39

Bibellese: Jeremia 36,1-19

Jeremia rief Baruch, den Sohn von Nerija. Er diktierte ihm alles, was er während dieser ganzen Zeit im Auftrag des Herrn verkündet hatte, und Baruch schrieb es in die Buchrolle. *(Vers 4)*

Propheten sind alles andere als Träumer, sie sind Seher, Menschen, die sich nicht damit zufriedengeben, dass die Gesellschaft eben so ist, wie sie ist, sondern ganz genau hinschauen, Missstände aufdecken und nach ihren Ursachen fragen. Aus der tiefgründigen Analyse der Gegenwart aber erwächst die Frage nach den Konsequenzen: Wenn das alles so weitergeht, wird das schlimme Folgen haben! Darum rufen prophetische Menschen immer wieder zur Kurskorrektur auf, zur Umkehr in eine Lebensweise, die an Gottes Wort ausgerichtet ist, in der das Miteinander für alle förderlich ist und gelingen kann. Es ist wenig verwunderlich, dass solche Stimmen nicht gern gehört werden. Wer an der Macht ist und von den herrschenden Verhältnissen profitiert, will

keine Veränderung. Kritiker macht man mundtot, verbietet ihnen alle Möglichkeiten der öffentlichen Kommunikation, schließt ihre Redaktionen, löscht ihre Beiträge im Internet.
Das war in biblischen Zeiten ähnlich. Damals hatte der Prophet Jeremia im Tempel Hausverbot. Damit sollte ihm jede Möglichkeit genommen werden, das Volk mit Warnungen vor den Folgen der Politik des Königs Jojakim zu erreichen. Der passte sich den Großmächten an, zahlte Tribut und fühlte sich dadurch geschützt. Und vorsichtshalber ließ er vielen Göttern opfern, nicht nur dem altmodischen Gott der Väter, sondern auch den Göttern Kanaans, „Fortschrittsgötter“, die Fruchtbarkeit und Wohlstand versprachen. Jeremia prangert die soziale Ungerechtigkeit im Lande an, warnt vor der kurzsichtigen Bündnispolitik. Aber wer hört ihn schon? Es gibt eine Lösung: Der Weg über die Medien. Damals ist das eine Schriftrolle und Baruch als Vorleser. Nicht die Person ist wichtig, sondern die Botschaft: Gottes Wort und Weisung. *Ulrich Meisel*

Monatsspruch

Die Güte des Herrn ist's, dass wir gar aus sind, seine Barmherzigkeit hat noch kein Ende, sondern sie ist alle Morgen neu, und deine Treue ist so groß.

(Klagelieder 3,22-23 L)

Zum 1. Oktober 2024

Jimmy Carter: Präsident der Versöhnung

Heute vor 100 Jahren, am 1. Oktober 1924, **wurde Jimmy Carter** in Plains/Georgia/USA **geboren.** Als Mitglied der Demokratischen Partei war er von 1977 bis 1981 Präsident der USA. Zuvor war der Erdnussfarmer Gouverneur von Georgia. Im Wahlkampf 1976 versprach er: „Ich werde euch niemals anlügen." Er initiierte 1978 das Camp-David-Abkommen, das für die Aussöhnung von Israel und Ägypten sorgte, nahm diplomatische Beziehungen zu China auf und traf ein Abkommen zur Rüstungsbegrenzung mit der Sowjetunion (Salt-II-Abkommen). Nach seiner Präsidentschaft setzte er sich mit seinem Carter Center für Menschenrechte, für die internationale Vermittlung und Wahlbeobachtung in Lateinamerika und Afrika ein. 1994 vermittelte er bei Konflikten in Haiti und Bosnien-Herzegowina. Als erster ehemaliger US-Präsident seit 1959 besuchte er Kuba und traf sich 2002 mit Fidel Castro. Dafür erhielt er 2002 den Friedensnobelpreis. Er war der dritte US-Präsident, der diese Auszeichnung erhielt, nach Theodore Roosevelt und Woodrow Wilson. Diese beiden bekamen sie während ihrer Amtszeit, er erst für sein Wirken nach seiner Präsidentschaft.

Der Baptist predigte seit seiner Studienzeit regelmäßig und leitete Sonntagschulgruppen für Erwachsene. Er war Diakon in seiner Heimatgemeinde Maranatha Baptist Church in Plains. Im Jahr 2000 verließ er die Südlichen Baptisten, da dort Frauen diskriminiert werden und dieser Bund bis heute keine Frauen ordiniert. Er rief die Baptistengemeinden dazu auf, sich anderen Baptistenbünden anzuschließen: „Geht weiter als Christen euren Weg, die nichts anderes wollen, als nur Jesus nachfolgen." Mitte 2009 veröffentlichte er ein Positionspapier zur Diskriminierung von Frauen. Kritik übte er 2005 auch an der Folter von Gefangenen im US-Straflager Guantanamo Bay. Er forderte dazu auf, sich an Jesus zu orientieren: „Christus ist doch der wahre Friedefürst."

Jimmy Carter hat drei Geschwister. Nach seinem Schulabschluss 1946 heiratete er Rosalynn Eleanor Smith, geboren 1927. Die Ehe ist die längste in der Geschichte der US-amerikanischen Präsidenten. Durch den Einsatz der beiden wurde der Guineawurm, eine Wurmerkrankung, in Afrika eingedämmt. Rund vier Millionen Menschen sind dadurch von dieser Krankheit geheilt worden, die oft tödlich endet. Außerdem sorgte das Paar dafür, dass die Pharmaindustrie die dafür erforderlichen Medikamente herstellte, obwohl diese keine genügende Gewinnspanne versprachen.

Nicola Bourdon

2 Mittwoch OKTOBER 2024

☀ 07:25 18:57
☽ 06:54 18:48

Bibellese: Jeremia 36,20-32

Immer, wenn Jehudi drei oder vier Spalten gelesen hatte, schnitt der König sie mit dem Messer von der Buchrolle ab und warf sie in die Flammen, bis schließlich die ganze Rolle vernichtet war. Keiner von den Zuhörern erschrak über die Worte, die aus der Buchrolle vorgelesen wurden. *(Vers 23-24)*

Wer auf die Kraft der Wahrheit vertraut, braucht einen langen Atem. Die Strukturen der Macht scheinen allzu oft stärker als die besten Argumente. Ich kann mich noch gut besinnen, wie viele Menschen im Deutschland der 1980er Jahre gegen die Aufrüstung mit Atomraketen aufgestanden sind, viele Christen waren dabei in der ersten Reihe: mit Menschenketten und Demos im Westen, mit Friedensgebeten und der Friedensdekade im Osten. „Raketen sind Magneten“ – unsere Kinder sind die ersten Opfer, wenn es zu einem Atomkrieg kommt – das muss doch jeder begreifen! Alles umsonst – die Raketen wurden stationiert.

So wie wir damals mögen sich Jeremia und Baruch gefühlt haben, als sie von der Reaktion des Königs hörten. Dabei hatte ja alles verheißungsvoll angefangen: Die Menschen waren von der Botschaft bewegt, selbst die Berater des Königs nahmen sie ernst und suchten eine Aussprache. Aber der Herrscher und seine Minister wollten nicht hören und nichts ändern. Die Wahrheit lässt sich aber nicht einfach zerschneiden und verbrennen. Wer nicht hören will, muss fühlen. Damit wir uns daran erinnern, wird die Rolle neu geschrieben. Vielleicht hilft das, nicht immer wieder die gleichen Fehler zu machen. Jerusalem und Juda mussten aus bitterer Erfahrung lernen – ähnlich wie wir aus zwei Weltkriegen.

Aber Gott schenkt auch Gnadenzeit. Aus den Friedensgebeten wurden bei uns die Gebete um Erneuerung und die friedliche Revolution, wieder mit Christen in der ersten Reihe. Und dann stand ich in New York am UNO-Gebäude vor dem Denkmal „Schwerter zu Pflugscharen", in der DDR Wahrzeichen der Friedensbewegung. Daneben, ganz neu, der Drachentöter St. Georg, der Drache gefertigt aus dem Schrott der Cruise Missiles- und SS-20-Raketen. „Die Wahrheit wird frei machen", sagt Jesus (Johannes 8,32). Und manchmal braucht man einen langen Atem, wenn man auf die Kraft der Wahrheit vertraut.

Ulrich Meisel

3 *Tag der Deutschen Einheit*

Donnerstag **OKTOBER** 2024

✹ 07:26 18:54

☽ 08:04 18:58

Bibellese: Jeremia 37,1-21

Jeremia fragte den König: „Welches Verbrechen habe ich an dir oder an deinen Hofleuten oder an diesem Volk begangen, dass ihr mich ins Gefängnis geworfen habt?" (Vers 18)

Eigentlich waren sie Gottes Volk. Israel und sein König Zidkija hatten von Gott alle Informationen bekommen, die sie brauchten. Würden sie von ihren falschen Wegen ohne Gott umkehren und sich nach Gottes Geboten richten, so würde Gott sie von der feindlichen Bedrohung befreien. Aber sie wollten nicht hören. Jeremia nervte mit seiner göttlichen Botschaft. Er sollte mundtot gemacht werden.

600 Jahre später warf Jesus seinem Volk vor: „So stellt ihr euch in eine Reihe mit euren Vorfahren und werdet zur Rechenschaft gezogen werden für die Ermordung aller Gerechten, von Abel an bis hin zu Secharja, dem Sohn von Berechja, den ihr zwischen Tempelhaus und Brandopferaltar umgebracht habt" (Matthäus 23,35).

Wenn Gott einen Mahner schickt, der zur Umkehr ruft, sollte man eigentlich dankbar sein. Denn das bedeutet: Noch kann man umkehren und drohendes Unheil verhindern! Wenn Gott durch einen Boten vor Gefahren warnt, sollte man sich glücklich schätzen. Denn das bedeutet: Noch kann man sie abwenden oder umgehen! Trotzdem sind wir nicht gerade begeistert, wenn wir ermahnt oder gewarnt werden.

Gott sagt uns in seinem Wort, der Heiligen Schrift, was gut und was böse ist, was richtig und was falsch ist. Er setzt die Maßstäbe, er definiert ethische Werte und Verhaltensregeln. Wenn wir sie befolgen, sind wir gesegnet. Wenn wir sie ignorieren, hat es negative Folgen und wir verfallen Gottes Strafgericht. „Aber die Sünde fühlt sich doch gar nicht so falsch an!“, wird einem vielleicht entgegengehalten.

Sind wir bereit, auf mahnende Stimmen zu hören, die uns zurückrufen zu Gottes Wort, zur Heiligen Schrift, zu Gottes geoffenbartem Willen? Oder machen wir sie lieber mundtot, und sei es nur durch unsere Ignoranz? *Wilfried Jotter*

Die Wiedervereinigung Deutschlands und das Zusammenwachsen Europas haben wir, und das sage ich ganz bewusst, mit Gottes Hilfe erreicht.

Helmut Kohl (1930-2017), deutscher Politiker

4 Freitag OKTOBER

2024

✹ 07:28 18:52

☽ 09:14 19:09

Bibellese: Jeremia 38,1-13

Im Königspalast gab es einen äthiopischen Eunuchen namens Ebed-Melech. Als er hörte, dass sie Jeremia in die Zisterne geworfen hatten, verließ er sofort den Palast und suchte den König auf, der sich gerade am Benjamintor aufhielt. *(Vers 7-8)*

Ein heidnischer Sklave! Und dazu auch noch ein Eunuch! Ein Rechtloser, einer, der keine Fragen zu stellen, sondern nur Befehle auszuführen hat. Ausgerechnet er wird zum Fürsprecher und Lebensretter für Jeremia, den Mann Gottes, einen Propheten unter den Juden, einen unbequemen Mahner, dessen herausfordernde Botschaft sie verschmähten! Diesen Ebed-Melech hatte vermutlich niemand auf dem Schirm. Was hatten ihn denn die religiösen und politischen Angelegenheiten des Volkes Israel zu interessieren! Er hatte doch nur zu funktionieren! Inzwischen sollte Jeremia nicht nur mundtot, sondern mausetot gemacht werden. Aber, bevor man sich einer Bluttat schuldig gemacht hätte, konnte

man ihn ja einfach in diese morastige Zisterne stecken. Dann würde er halt verhungern.
In dieser ganzen Szenerie gibt es wohl keinen, der so gerechtigkeitsliebend ist wie Ebed-Melech. Gott hasst das Unrecht. Er liebt Gerechtigkeit. Und er liebt Menschen, die Gerechtigkeit lieben. Egal, welchem Volk oder welcher sozialen Schicht sie angehören. Gerne offenbart er sich ihnen und gewinnt ihr Vertrauen. Ebed-Melech handelt im Vertrauen auf den wahren Gott, den Gott Israels. Er macht allen eigentlichen Angehörigen des Volkes Gottes etwas vor. Wir werden in Kapitel 39 noch sehen, wie Gott diesen Ebed-Melech würdigt, wertschätzt und beschützt, weil er auf den Herrn vertraut und entsprechend gehandelt hat.
Wer sind die Ebed-Melechs unserer Zeit? Ich denke an die Worte einer alten Frau, die jetzt schon in der Ewigkeit ist. Sie war eine barmherzige Evangelistin auf den Straßen unserer Stadt. Sie sprach auch mit Alkoholikern und Drogenabhängigen. Sie erzählte ihnen von Jesus, dem Heiland, und betete mit ihnen. Einmal sagte sie zu mir: „Jesus hat auch auf der Straße seine Gemeinde. Im Himmel werden auch Menschen sein, die wir in keiner Gemeinde gesehen haben." Menschen, die vermeintlich nicht zu uns gehören, aber sie gehören zu Gott, eben wie Ebed-Melech!

Wilfried Jotter

5 Samstag OKTOBER

2024

☀ 07:30 18:50
☽ 10:27 19:23

Bibellese: Jeremia 38,14-28

Jeremia sagte zu Zidkija: „So spricht der Gott Israels, der Herrscher der Welt: ‚Wenn du aus der Stadt hinausgehst und dich den Heerführern des Königs von Babylonien ergibst, dann wirst du gerettet und diese Stadt wird nicht in Brand gesteckt.'" (Vers 17)

König Zidkija hatte es in der Hand, nicht nur seine Familie und sich selbst zu retten, sondern ganz Jerusalem vor der Zerstörung zu bewahren. Leider war er nicht bereit, das Wort Gottes anzunehmen, das ihm durch Jeremia übermittelt wurde. Aus Angst vor seinen eigenen Volksangehörigen, die ihm vielleicht übel mitspielen würden. Seine Menschenfurcht war größer als sein Gottvertrauen, mit verheerenden Folgen für seine Familie und ihn selbst, für die Stadt Jerusalem und das Volk der Juden.
Jesus Christus spricht: „Freuen dürfen sich alle, die unterdrückt sind und auf Gewalt verzichten – Gott wird ihnen die Erde zum Besitz geben. Freuen dürfen sich alle, die Frieden stiften – Gott wird sie als

seine Söhne und Töchter annehmen" (Matthäus 5,5.9). Das gilt auch und insbesondere für die Regierungen unserer Welt.
Es gab sie in der Geschichte und es gibt sie heute: die wahren Heldinnen und Helden unter den Regierenden, die um Jesu willen darauf verzichten, ihre eigene Ehre zu untermauern. Menschen, die ihren Stolz niederlegen und auf Gottes Wort hören, um so weit wie möglich gerechte und friedliche Lösungen zum Wohle aller zu suchen und zu finden. Und es gab und gibt leider auch Regierende wie Zidkija. Ihre eigene Selbstverherrlichung ist ihnen wichtiger als das Wohlergehen der ihnen Anbefohlenen. Wir sollen treu für unsere und für jede Regierung beten. „Betet für die Regierenden und für alle, die Gewalt haben, damit wir in Ruhe und Frieden leben können, in Ehrfurcht vor Gott und in Rechtschaffenheit. So ist es gut und gefällt Gott, unserem Retter" (1. Timotheus 2,2-3).

Wilfried Jotter

Rätselfrage zur Bibellese im Oktober
Was geschah Paulus in der Provinz Asien/Asia?

Bitte tragen Sie die Antwort auf dem Blatt ein,
das nach dem 31. Dezember folgt.

6 Sonntag OKTOBER

2024

✹ 07:31 18:48

☽ 11:42 19:41

Erntedankfest

Bibellese: Psalm 65

Mit guten Gaben krönst du das Jahr,
in deinen Spuren lässt du Überfluss zurück. *(Vers 12)*

Seit ich denken kann, hat Gott noch jedem Jahr die Krone aufgesetzt: Es fehlte mir nie am Lebensnotwendigen. Ganz im Gegenteil: Überfluss war geradezu das Kennzeichen meiner Lebenswirklichkeit. Jahr für Jahr aus dem Vollen schöpfen zu können, ist zu einer Selbstverständlichkeit geworden. Als ob es nichts anderes gäbe. Doch die Zeiten haben sich geändert. Nichts ist mehr, wie es war. Wir sind bedroht von Kriegen, vom Klimawandel und von Pandemien. Wir erleben Mangel, Armut ist kein Fremdwort mehr, Existenzangst geht um. Unser Leben ist auf den Kopf gestellt, es ist gefährdet. Stimmt der Psalmvers noch? Können wir noch Erntedankfest feiern?

Beim Lesen des Psalms ist mir aufgefallen, dass er nicht mit überschwänglichem Dank einsetzt, sondern überraschend leise daherkommt: „Für dich ist

Schweigen ein Lobgesang“ (Vers 2 BasisBibel). Es ist sicher kein Schweigen aus Protest, weil die Ernte ausblieb und das Jahr eben nicht mit guten Gaben gekrönt war. Es ist ein Schweigen aus der Demut heraus, vielleicht, weil der Beter, die Beterin ihren eigenen Anteil am Unglück, an Missernten oder Konflikten erkannt haben. Darum bekennen sie im selben Psalm ihre Schuld im Wissen um Vergebung. Die Demut der Betenden könnte aber auch daher rühren, dass sich für sie nichts von selbst versteht, sondern alles Geschenk ist: „Glücklich ist, den du erwählst!“ (Vers 5 BasisBibel), rufen sie aus und bringen damit zum Ausdruck, dass sie ihr Leben und damit auch alle Lebens-Mittel Gott verdanken.
Am Ende des Psalms ist dies das einzige Thema: wie Gott das Land fruchtbar macht und die Ernte ermöglicht. Und zuletzt: Nicht die Menschen danken Gott, es sind die Berge und Täler, die Steppen und Weiden, die ihm zujubeln und ihr Loblied singen. Uns Menschen dagegen ist das Schweigen zugedacht. Wir sollen Gott in der Stille loben. Nehmen wir den Mund also nicht zu voll. Staunen wir darüber, dass Gott uns nicht lässt.

Stefan Herb

7 Montag OKTOBER 2024

✹ 07:33 18:46
☽ 12:57 20:07

Bibellese: Jeremia 39,1-18

Jeremia erhielt den Auftrag: „Geh zu dem Äthiopier Ebed-Melech und sage ihm: ‚So spricht der Herr: Ich sorge dafür, dass niemand dich umbringt. Du sollst mit dem Leben davonkommen, weil du auf mich, den Herrn, vertraut hast!'" (Vers 15-16.18)

Der Prophet gilt nichts im eigenen Land. Genau so hat es Jeremia erfahren. Als er Jerusalem Unheil prophezeite, wurde er von den städtischen Beamten in eine Zisterne geworfen. Dort wäre er verhungert, hätte ihn nicht der äthiopische Bedienstete am Königshof, Ebed-Melech, daraus befreit. Diese Tat steht im Hintergrund des Auftrags, den Jeremia von Gott erhält. Wer sich so einsetzt für andere, dem steht es ja auch zweifellos zu, selbst beschützt zu werden. Und Ebed-Melech war tatsächlich äußerst gefährdet, denn wir befinden uns mitten in den Wirren der Eroberung Jerusalems durch die Babylonier. „Ich sorge dafür, dass dich niemand umbringt." Was für eine Zusage! Klingt wie eine Lebensversicherung.

Ist das die Gegenleistung für Ebed-Melechs gute Tat? Können wir uns das Leben verdienen? Interessant, dass Gott sein Versprechen nicht an Ebed-Melechs Rettungstat bindet, sondern mit dessen Gottvertrauen begründet. Der Erhalt des Lebens ist also in eine Vertrauensbeziehung eingebunden. Leben ist nicht der Lohn für besondere menschliche Leistungen. Leben hängt am Vertrauen. Und wer das Leben aus Gottes Hand annehmen kann, fängt an zu vertrauen. So entsteht Geborgenheit. Und so kann die Gewissheit wachsen, dass das Leben auch dann noch bei Gott aufgehoben ist, wenn es uns genommen wird, wenn wir sterben. „Du sollst mit dem Leben davonkommen" – das ist keine Garantie für ein unversehrtes Leben. Der Tod gehört dazu. Doch in der vertrauensvollen Beziehung zu Gott dürfen wir über den Tod hinaus hoffen! *Stefan Herb*

♫ Alles ist an Gottes Segen
und an seiner Gnad gelegen
über alles Geld und Gut.
Wer auf Gott sein Hoffnung setzet,
der behält ganz unverletzet
einen freien Heldenmut.

Nürnberg 1676

8 Dienstag OKTOBER

2024

☀ 07:35 18:43
☽ 14:08 20:45

Bibellese: Jeremia 40,1-16

Nebusaradan sagte zu Jeremia: „Kehr doch zurück zu Gedalja, den der König von Babylonien als Statthalter über die Städte von Juda eingesetzt hat. Du kannst bei ihm wohnen und so mitten unter deinem Volk bleiben. Du musst es aber nicht; du kannst gehen, wohin du willst!" (Vers 5)

Es klingt gut, was Jeremia da zu hören bekommt: Du kannst, aber du musst nicht, geh, wohin du willst. Unsere Wege dagegen sind weitgehend festgelegt. Nur im Urlaub können wir frei wählen. Doch der Prophet ist nicht im Urlaub. Bis vor kurzem steckte er hilflos in einer Zisterne, weil er während der Einnahme Jerusalems durch die Babylonier mit seiner Aufforderung, die Stadt zu verlassen, die Kampfmoral der Soldaten untergraben hätte. Dann wurde er aus seiner misslichen Lage befreit, landete aber bei den Gefangenen, die nach Babylon deportiert werden sollten. Nun hat man ihn vor die Alternative gestellt, entweder nach Babylon mitzukommen oder aber bei Gedalja, dem babylonischen Statthalter in Juda, zu bleiben. Dem Propheten wird die Deportation damit schmackhaft gemacht, dass ihm Versorgung zugesagt wird. Sollte er sich aber dagegen entscheiden, könne er mitten unter seinem Volk bleiben. Es ist die Wahl zwischen Pest und Cholera: Nach Babylon ins Exil zu gehen, ist trotz der gesicherten Existenz eine Katastrophe. Ein Leben in fremder Umgebung bedeutet die Zerstörung der eigenen Identität. Und zu Hause zu bleiben ist lebensgefährlich. Niemand weiß, was aus dem Restvolk werden wird. Jeremia entscheidet sich schließlich dazu, bei seinem Volk in Juda zu bleiben. Am Ende verliert sich seine Spur in Ägypten.

Hätten wir auch so entschieden und das eigene Leben aufs Spiel gesetzt? Wenn schon alles verlieren, dann wenigstens die eigene Haut retten! Der Prophet jedoch wählt das Leben unter seinem Volk. Er harrt bei denen aus, die alles drangeben müssen. Auch wenn ihn das am Ende selbst das Leben kosten sollte. Ein Mensch für andere. Ein wegweisendes Leben.

Stefan Herb

9 Mittwoch OKTOBER 2024

✹ 07:36 18:41
☽ 15:09 21:38

Bibellese: Jeremia 41,1-18

Während sie alle miteinander aßen, standen Jischmaël und seine Begleiter auf, zogen ihre Schwerter und töteten Gedalja, den der Babylonierkönig zum Statthalter für das Land eingesetzt hatte. *(Verse 1-2)*

Nicht gerade ein hilfreiches Wort in den Tag. Gedalja war der von den Babyloniern eingesetzte Statthalter in Juda, nachdem Nebukadnezzar Jerusalem zerstört und die Elite des Gottesvolkes nach Babylon verschleppt hatte. Es bleibt undurchsichtig, warum Jischmaël Gedalja auf so perfide Art und Weise ermordet hat. War es das allgemeine Chaos in Kriegszeiten, das willkommenen Raum bot, um persönliche Rivalitäten gewaltsam auszutragen? War es eine politische Intrige? Wir sind schnell dabei, solch grausame Ereignisse alttestamentlichen Zeiten zuzuschreiben. Dabei ist das bis heute traurige Realität, und zwar nicht nur in fernen Weltgegenden, sondern auch mitten in Europa. Politische Morde sind an der Tagesordnung. Und sie geschehen nicht selten am helllichten Tag, und wenn's passt, auch beim Essen. Besonders ärgerlich ist, dass der Mord an Gedalja nicht aufgeklärt wird. Jischmaël entkommt. Die Dinge nehmen ihren Lauf, ohne dass Gerechtigkeit geschieht. Gott bleibt stumm. Er greift nicht ein. Auch das ist uns wohlbekannt.

Warum werden solche Geschichten in der Bibel erzählt? Warum gibt es keine Auflösung? Warum können wir hier nicht einmal die Andeutung einer positiven Botschaft erkennen? Es wird uns zugemutet, mit ungelösten Spannungen zu leben, mit Fragen ohne Antworten und mit Ereignissen, die uns das Fürchten lehren. Vielleicht wachsen auf diesem Boden eine neue Nachdenklichkeit und die Ahnung, dass da einer unbemerkt an unserer Seite ist und uns in schweren Zeiten beisteht. Fangen wir an, uns mit dem Mut des Glaubens Gott in die Arme zu werfen.

Stefan Herb

♫ Hoffnung kann das Herz erquicken;
was ich wünsche, wird sich schicken,
wenn es meinem Gott gefällt.
Meine Seele, Leib und Leben
hab ich seiner Gnad ergeben
und ihm alles heimgestellt.

Nürnberg 1676
Aus: Alles ist an Gottes Segen

10 Donnerstag OKTOBER 2024

✹ 07:38 18:39
☽ 15:58 22:47

Bibellese: Jeremia 42,1-22

Die Flüchtlinge versicherten Jeremia: „Der Herr soll als unbestechlicher Zeuge gegen uns auftreten, wenn wir nicht genau das tun, was er uns durch dich befiehlt! Ob sein Befehl uns gefällt oder nicht, wir werden unserem Gott, den wir durch dich befragen, gehorchen."

(Vers 5-6)

Ein Ölmagnat rang mit dem Tod. Er bat den Pastor, für ihn zu beten: „Ich werde eine Million für die Kirche spenden, wenn ich gesund werde." Wunderbar gesund geworden erinnert ihn der Pastor an das Versprechen. „Habe ich das gesagt?", fragte der völlig erstaunt. „Da sehen Sie mal, wie krank ich war." In der Verzweiflung sind wir bereit, große Versprechungen abzugeben. Wir versuchen, uns aus der Not freizukaufen. Aus Angst wird hoch geboten. So manche Erinnerung an diese Versprechen lässt uns peinlich berührt zurückschauen oder sie verblasst, wenn die Angst vergeht. Die Zusage scheint nicht vernünftig gewesen zu sein.

Pippin, einer der Gefährten in Tolkiens großem Roman „Herr der Ringe“, begegnet dem Herrscher von Gondor, der auf der guten Seite steht. Aus einer Anwandlung heraus, einer gefühlten inneren Verbundenheit, gelobt er ihm Treue zum Dienst. Natürlich ist das wichtig für den weiteren Verlauf des Buches und dient dem Erfolg des Auftrags. Aber es wird Pippin eingeschärft, dass diese Entscheidung ein Leben lang gilt. Und er steht zu seinem Wort.

Die Flüchtlinge, die zu Jeremia kommen, haben zwei Möglichkeiten – beide machen ihnen Angst. Sie bitten den Propheten, Gottes Rat einzuholen. Sie bieten in ihrer Angst und auch ihrem Vertrauen totalen Gehorsam an. Sie hatten das Gefühl, das wäre jetzt nötig, nachdem in der letzten Zeit so viel in der Beziehung zu Gott schief gelaufen war. Ich glaube ihnen. Sie wollten wirklich gehorchen. In dem Moment waren sie ehrlich und hofften, dass es den perfekten Weg für sie geben würde. So ist es nicht gekommen. Die Bibel ist sehr realistisch und berichtet auch vom Versagen. Sie lädt uns gerade damit ein, es besser zu machen, Gottes Wort ganz zu vertrauen. Wenn wir uns daran halten, wird Heil erwachsen.

Manfred Ewaldt

11 Freitag OKTOBER 2024

✷ 07:40 18:37
☽ 16:33 –.–

Bibellese: Jeremia 43,1-13

Aber Johanan, die Truppenführer und das ganze Volk hörten nicht auf den Befehl des Herrn, im Land Juda zu bleiben. Unter der Führung Johanans und der anderen Offiziere zogen sie nach Ägypten. Auch Jeremia und Baruch zwangen sie mitzugehen. *(Vers 4-6)*

Der Prophet hatte „das Falsche" gesagt. Die Antwort Gottes deckte sich nicht mit der Überzeugung der Menschen. Im Grunde stand der Entschluss schon fest. Sie hatten zwar versprochen zu gehorchen, aber letztlich wollten sie nur eine Antwort, nämlich eine Bestätigung Gottes. Sie waren sicher, Gott würde ihre Sicht teilen.

Wir halten uns gerne an Gottes Wege, wenn sie unseren Wünschen entsprechen. Wir halten uns auch gerne daran, wenn wir glauben können, dass sie richtig sind. Aber es ist echt schwer, Gottes Berufung und Entscheidung zu akzeptieren, wenn sie der eigenen Erkenntnis widerspricht. Bleiben und nicht fliehen, hoffen gegen die eigene Überzeugung, dazu muss man Gott wirklich die Herrschaft abgeben. Diese Freiheit hatten die Flüchtlinge im Moment nicht. Mit dem Vorwurf der Lüge entzogen die Anführer sich Gottes Anspruch. Sie hatten auf Hilfe gehofft und jetzt war es noch schwieriger geworden, die Menge mitzunehmen. Darum durfte niemand aus der Reihe tanzen, keine Toleranz. Allen mussten sie ihre Überzeugung aufzwingen, auch den wenigen, die Gottes Befehl befolgen wollten.

Aus der Ferne versteht man das nicht so leicht. So eine klare Ansage hätten wir doch gerne, einen Befehl in Druckschrift und mit Siegel des Propheten. Wir würden uns daran halten. Täten wir das? Überhörten wir nicht schon so manchen Auftrag? Versöhne dich! Tröste xy! Biete Hilfe dem, der nicht klarkommt! Bekenne deine Schuld! Bitte um Vergebung! Tritt ein für Gerechtigkeit! Bewahre die Schöpfung! So viele klare Ansagen! Die Flüchtlingsgruppe um Johanan suchte nicht nur einen Rat, sondern einen Befehl. Sie wollten ihre Angst und die eigene begrenzte Erkenntnis hintenanstellen. Das schafften sie nicht. So ist es „Befehlsverweigerung" geworden. Haben wir den Mut, mit Dora Rappard zu beten: „Wenn du mich sendest, will ich gehen, getrost und ohne Bangen. Auf deine Augen darf ich sehn, an deinem Munde hangen"? *Manfred Ewaldt*

12 Samstag OKTOBER 2024

✷ 07:41 18:35
☽ 16:58 00:08

Bibellese: Jeremia 44,1-14

Der Herr fragt: „Auch hier in Ägypten opfert ihr fremden Göttern und reizt mich damit zum Zorn! Wollt ihr euch selbst ins Unglück stürzen und das Volk von Juda, Männer, Frauen, Kinder und Säuglinge, vollends bis auf den letzten Rest ausrotten?“ (Vers 7-8)

Mann, was bist du dumm. Hast du nicht schon genug falsch gemacht? Du scheinst nichts, rein gar nichts aus deinen Fehlern zu lernen. Warum tust du so, als wäre alles nicht schlimm? Werde endlich erwachsen. Kapierst du nicht, wohin das führt? Du landest in der Gosse. Und andere mit dir. Kommen Ihnen solche Vorwürfe bekannt vor? Doch sie gehen meist ins Leere. Sie kommen von oben herab. Sie geben keine Chance.

Gott liebt sein Volk und hat allen Grund, zornig zu sein: Die Juden sind, mit dem Propheten Jeremia im Schlepptau, gegen seinen Willen nach Ägypten geflohen. Sie haben den lebendigen Gott abgelegt und tote Götter eingepackt. Nichts haben sie aus

den Sünden ihrer Eltern gelernt. Alles machen sie ihnen nach – bis zum bitteren Ende.
Gott warnt sie vor den Folgen. Und stellt Fragen: „Ihr riskiert euer Leben. Wollt ihr es wirklich so weit kommen lassen? Habt ihr vergessen, was passiert ist, weil eure Vorfahren mich vergaßen? Warum rennt ihr wie sie ins Unglück?"
Gott lässt keinen Menschen ins offene Messer laufen. Deshalb bietet er ihnen mit seinen Fragen ein neues Leben an: „Noch ist Zeit umzudenken. Es liegt ganz bei euch. Ich lade euch ein, zu mir umzukehren. Es ist eure Entscheidung."
Diese Einladung gilt bis heute: Wer auf Gott hört, wer sich Jesus anvertraut, der erlebt, dass die alten Fehler, dass alle Sünden vergeben werden. Gottes Liebe öffnet allen Menschen die großartige Chance, ewig zu leben. Sie brauchen nur Ja zu sagen.

Jörg Enners

Ich hatte nichts als Zorn verdienet
und soll bei Gott in Gnaden sein;
Gott hat mich mit sich selbst versühnet
und macht durchs Blut des Sohns mich rein.
Wo kam dies her, warum geschiehts?
Erbarmung ists und weiter nichts.

Philipp Friedrich Hiller 1767
Aus: Mir ist Erbarmung widerfahren

13 Sonntag OKTOBER 2024

☀ 07:43 18:32
☽ 17:16 01:36

20. Sonntag nach Trinitatis

Bibellese: Psalm 106,1-23

Wenn du deinem Volk deine Liebe zeigst,
Herr, dann denk auch an mich!
Wenn du es befreist, dann hilf auch mir!
Lass mich das Glück deiner Erwählten erleben,
gemeinsam mit deinem Volk mich freuen
und jubeln mit allen, die dir gehören. *(Vers 4-5)*

Eigentlich war es eine schöne Feier. Viele nette und fröhliche Menschen waren beieinander. Alle schienen sich wohl zu fühlen und redeten angeregt miteinander. Doch ich kam mir verloren vor. Wie zur falschen Zeit am falschen Ort. Fremd, vernachlässigt und von keinem recht verstanden. Der Abend verging und das Leben verlief irgendwie weiter.

Manchmal fühlt man sich nicht nur von seinen Mitmenschen, sondern auch von Gott missverstanden. Andere Menschen scheinen fröhlicher und erfüllter durch das Leben zu gehen. Als ob Gott sich mehr um sie kümmern würde als um einen selber. Sie scheinen mehr von Gottes Segen zu bekommen.

Man vergleicht sich ja gern mit anderen und beklagt sich über das eigene Leben: Warum, Gott, geht es den anderen besser als mir? Hast du sie mehr lieb als mich? Ist Gott denn wirklich fair mit uns und sind wir es mit unseren Mitmenschen? Hilft Gott nur seinem Volk Israel oder allen Menschen?
Den Psalmbeter treiben ähnliche Fragen um: Wie hängen menschliches Verhalten und Gottes Liebe zusammen? Wie gut war die Beziehung zwischen Gott und seinem Volk im Lauf der Zeit? Das Verhältnis war geprägt vom Auf und Ab. Andere Völker schienen erfolgreicher zu sein, besiegten Israel in Kriegen und versklavten Gottes Volk. Wie sollten sie denn singen als Gefangene an fremden Orten? Gott scheint oft weit weg. Hoffe ich, wie der Psalmbeter, dass Gott noch einmal helfen und mir seine Liebe zeigen wird? Dass Gott noch einmal helfen und mir heute eine neue Chance geben wird?
In diesem Gebet geht es darum, dass Gott die einzelne Person nicht übersieht. Gott will und kann helfen! Alle wollen und sollen Teil an Gottes Rettungsplan sein. So können wir beten: Gütiger Gott, denke an mich in deinem Reich! Hilf mir, Herr Jesus Christus, und lass mich deine Liebe erfahren! Lass mich teilhaben an der Freude und dem Jubel deines neuen Reiches, in welchem es Gerechtigkeit für alle gibt!

Wolfgang Bay

14 Montag OKTOBER 2024

✷ 07:45 18:30
☽ 17:31 03:06

Bibellese: Jeremia 44,15-30

Alle Männer und alle Frauen sagten zu Jeremia: „Seit wir aufgehört haben, der Himmelskönigin Opfer darzubringen, fehlt es uns an allem und wir kommen durch Krieg und Hunger um." *(Vers 15.18)*

Wer in Frankfurt in den Zug nach Hamburg steigt, kommt nicht in München an. Wer an der Bluse den obersten Knopf ins zweite Knopfloch schiebt, ist zuletzt schief gekleidet. Jeder weiß: Falsche Voraussetzungen enden mit einem verkehrten Ergebnis.

Die Frage ist nur: Was ist falsch, was ist richtig? Wer hat recht, wer nicht? Welches Programm führt zum Ziel? Darüber diskutieren Politiker jeden Tag. Das führt immer zu Spannungen. Oft müssen Richter entscheiden.

Noch einmal macht der Prophet Jeremia den Mund auf. Wieder beißt er – wie seit 40 Jahren – auf Granit. Seine Zuhörer geben Widerworte. Es steht Aussage gegen Aussage. Unsere Vorfahren, sagen die

Leute, liefen ständig in den Tempel. Und was hatten sie davon? Gott hat sie sitzen lassen: Jerusalem ist erobert, der Tempel zerstört, und wir müssen flüchten. Auf so einen Gott verzichten wir, sagen die Leute. Die Spiritualität der Himmelskönigin Astarte begeistert uns.

Wenn es so einfach wäre: Gläubigen geht es gut, Ungläubige erleiden nur Chaos. Nein, diese Rechnung geht nicht auf. Oft ist es anders: Christen werden krank, und Nichtchristen bleiben fit bis ins Alter. Ich habe halt nichts in der Hand. Die Welt läuft nicht nach meiner Logik. Wenn nicht ich, wer dann? Das Schicksal, der Zufall, irgendwelche Mächte, die mich steuern? Würfeln sie mit meinem Leben? Nein.

Über uns steht einer, der jeden Menschen liebt. Einer, der alles böse Denken und Handeln auf seine Schultern nimmt. Einer, der für uns, für Sie und für mich, ans Kreuz gegangen ist. Einer, der lebt und ewiges Leben verschenkt. Jesus Christus. Er ist der Herr, der zu sagen hat. Er ist es, der unser Leben überwacht, uns begleitet und segnet. Das ist die Basis, die feststeht. Deshalb will ich den Verführern den Rücken kehren, die mir anhaltenden Erfolg versprechen. Und ich will ihm vertrauen, Jesus, und nur ihm folgen, so lange ich lebe. *Jörg Enners*

15 Dienstag OKTOBER 2024

✹ 07:46 18:28
☽ 17:45 04:36

Bibellese: Jeremia 45,1-5

Jeremia sagte zu Baruch „So spricht der Herr: Ich bringe Unglück über alle Menschen; dir aber gebe ich dein Leben als Beutestück, wohin du auch kommst."

(Vers 4-5)

Zwischen dem Verfassen dieser Andacht und dem Lesen heute hat sich vermutlich wenig geändert: Menschen hungern und flüchten vor Krieg und Gewalt. Dürre und Land unter. Wirbelstürme zerstören Dächer und Raketen ganze Häuser.

Mich erschrecken die täglichen Nachrichten. Vor allem dann, wenn sie auch mich betreffen: die höheren Preise, die Energiekrise oder Corona. Geht es Ihnen auch so? Manchmal wünschte ich, ich hätte eine lebenslange Garantie, dass ich heil davonkomme.

Genau diese Gewähr gibt der Prophet Jeremia seinem Freund und Sekretär. Baruch erfüllte für ihn Geheimaufträge und geriet in Lebensgefahr. Er notierte jahrelang Jeremias Predigten. Fast alle

Reden handelten von Krieg, Untergang und Tod. Kein Wunder, dass Baruch depressiv wird. Gott versichert ihm: Du, was auch passiert, dich wird es nicht treffen. Du bleibst am Leben, bis du eines natürlichen Todes stirbst.
Kein Arzt, kein Fitnesstrainer, kein Politiker kann uns so etwas garantieren. Niemand weiß, was uns noch alles bevorsteht. Nur Gott. Und er hat uns durch Jesus versprochen, jederzeit und überall bei uns zu sein. Bis an unser Lebensende. Und für alle, die hier Jesus vertraut haben, geht es dann erst richtig los. Für sie beginnt das ewige Leben.
Wenn Sie jetzt also die Zeitung lesen und die Nachrichten anschauen, dann denken Sie an Baruch und an Gottes Zusage, die auch Ihnen gilt: Egal, was geschieht – ich lasse dich nicht im Stich. Ich halte dich in der Hand. Ich schütze dich. Und ich versichere dir: Zuletzt bist du in meiner himmlischen Welt. Darauf kannst du dich jetzt schon freuen.

Jörg Enners

♫ Ja, ich will euch tragen
bis zum Alter hin.
Und ihr sollt einst sagen,
dass ich gnädig bin.

Jochen Klepper 1938

Zum 16. Oktober 2024

Die Kunst, den Schmerz in Worte zu fassen

Einführung ins Buch der Klagelieder

Die Klagelieder (lat. Threni) beinhalten eine Sammlung verschiedener Gedichte, in denen die Zerstörung der Stadt Jerusalem durch die Babylonier beklagt wird. Die Stadt wird dabei eingangs (Kp 1) als eine einsame Witwe stilisiert, welche die Schuld an ihrem Elend eingesteht und gleichzeitig die vorbeiziehenden Völker bittet, ihr Leid anzuerkennen und ihren Schmerz zu teilen: „צ Der Herr ist gerecht. Ja, ich habe mich seinem Wort widersetzt. Hört doch, all ihr Völker! Seht, welchen Schmerz ich ertrage! Meine jungen Frauen und Männer, die mussten in die Gefangenschaft" (1,18 BasisBibel).

Am Beginn dieses 18. Verses findet man in der BasisBibel den hebräischen Buchstaben צ, sprich Zade, und das ist eben auch der 18. Buchstabe im hebräischen Alphabet. Das Wort für „gerecht", mit dem dieser Vers eingeleitet wird, beginnt mit Zade. Kein Zufall also. Das gesamte Gedicht ist im Stil eines Alphabetpsalms verfasst. Dabei handelt es sich um eine poetische Form, bei der die jeweils ersten Buchstaben eines jeden Verses von oben nach unten gelesen die Struktur des Alphabets ergeben, und das ist genau in den Klageliedern der Fall: Alef (1,1), Bet (1,2), Gimmel (1,3) ... Der Zweck dieser Technik ist bis heute zwar nicht hinreichend erforscht. Doch eine plausible Vermutung besteht darin, dass die Verfasser damit die Vollständigkeit der Gedankengänge auch optisch sichtbar machen wollten. Anders gesagt: Den ansonsten unsagbaren Schmerz zum Ausdruck zu bringen, ist buchstäblich eine Kunst.

Kunstvoll ist auch die Zusammenstellung dieser fünf Gedichte zu einem konzentrischen Gebilde, in dessen Mitte (Kp 3) die Klage eines beispielhaften Einzelnen steht: „Ich bin ein vom Leid geprüfter Mann" (3,1 BasisBibel). Während die umliegenden Kapitel wohl in zeitlicher Nähe zu den Ereignissen im 6. Jh. v. Chr. geschrieben wurden, enthält das mittlere Gedicht keinen expliziten Bezug zur Zerstörung Jerusalems – ein Zeichen, dass spätere Verfasser für die jetzige Fassung verantwortlich sind. Das Buch mündet in die sehnsüchtige Bitte, Gott möge die Verbannten aus dem Exil wieder nach Hause bringen (5,19-22).

Dirk Sager

16 Mittwoch OKTOBER 2024

☀ 07:48 18:26
☽ 17:58 06:06

Bibellese: Klagelieder 1,1-11.17-22

Ach, wie einsam ist die Stadt geworden,
die früher voller Menschen war!
Einst war sie bei allen Völkern geachtet,
jetzt gleicht sie einer schutzlosen Witwe.
Sie, die Herrin über viele Länder,
muss nun als Sklavin Frondienst leisten. *(Vers 1)*

Sommer 1945. Um mich herum Bombentrichter, Ruinen, ein lädiertes Elternhaus. Ich lausche in meiner sächsischen Heimatstadt der Trauermotette „Wie liegt die Stadt so wüst" (Klagelieder 1,1 nach Luther 1912), komponiert am Karfreitag 1945 vom Kantor der ausgebrannten Dresdener Kreuzkirche, das verwüstete Elbflorenz vor Augen. Für eine Weile verzaubern die engelgleichen Stimmen des Kreuzchors den kriegsmüden Teenager. Was für ein Kontrast! Die Totenklage über eine „ausradierte" Stadt, gesungen von jungen Stimmen. Sie hörte nie auf, diese Klage, seit Jerusalem 587 vor Christus in Schutt und Asche gelegt wurde, nicht zum letzten Mal.

Jerusalem, der Tempel, seine Priester – tot. Verstummt der vertraute Gottesdienst. Da muss geklagt werden. Aber gegen wen? Gegen die „Feinde, Verfolger, Bedränger" (Vers 3.5.7.10)? Sogar Freunde wurden zu Feinden (Vers 2). Ist gar Gott der Feind? Nein, letztlich muss die Stadt sich selbst anklagen: „wegen ihrer vielen Verfehlungen" (Vers 5). Denn „der Herr ist im Recht, wenn er mich straft" (Vers 18). Es ist richtig und tut gut, bei dem ganzen Elend seine Klage herauszuschreien. Dennoch bleibt es wahr: „Schwere Schuld hat Jerusalem auf sich geladen" (Vers 8). Gott sei's geklagt – der Tod so vieler Städte, jetzt die Städte der Ukraine. Die grausamen Feinde sind anzuklagen, Gott besser nicht. Er ist im Recht. Werden die Krieger sagen: „Gott, sei mir Sünder gnädig!" (Lukas 18,13 L)? *Christian Wolf*

Unsre Zeit ist späte Zeit.
Menschen wurden Toren,
haben Gottes Herrlichkeit
und sein Wort verloren,
tauschen Liebe mit dem Hass,
dienen eignem Ruhme,
aber alle Zeit ist Gras
und wie Grases Blume!

Siegbert Stehmann (1912-1945), deutscher Dichter

17 Donnerstag OKTOBER 2024

✷ 07:50 18:24
☽ 18:13 07:39

Bibellese: Klagelieder 3,1-33

Das ruhige Leben hat der Herr mir genommen;
ich weiß nicht mehr, was Glück bedeutet.
Ich habe keine Zukunft mehr,
vom Herrn ist nichts mehr zu erhoffen!
Ich will mich an etwas anderes erinnern,
damit meine Hoffnung wiederkommt. (Vers 17-18.21)

Jetzt klagt nicht mehr „die Stadt", die Nation, die Gemeinde, die Partei, das Team. Jetzt ist das „Ich" dran, der leidgeprüfte Einzelne (Vers 1). Im Schlussteil Vers 48 bis 66 schildert er seine Not mit ergreifenden Bildern. Gehetzt wie ein Tier vom Vogelfänger oder auch vom Großwildjäger lähmt ihn Todesangst (Vers 52-54). Die großen Nöte, die ihn persönlich trafen, gehören zum schweren Leid seiner „Stadt". Er weint sowohl über sich selbst als auch über das zusammengebrochene Jerusalem (Vers 48-51). Dieser von körperlichen und seelischen Krankheiten Geplagte, von schadenfrohen, spottenden Leuten umgebene „Ijob" führt seine

Notsituationen auf Gott zurück. Immer wieder steht „er, er, er" dahinter.

Wir modernen Menschen schütteln den Kopf, wir trauen Gott solche Behelligung nicht zu. In Vers 17 wendet sich der Klagende direkt an seinen Gott – was leider in der Gute-Nachricht-Bibel nicht deutlich wird: „Du hast mein Leben vom Schalom ausgeschlossen." Aus der Darstellung der Not ist ein Gebet geworden. Der Klagende bleibt im Elend nicht bei sich. Nun wendet sich das Blatt: „Dies nehme ich zu Herzen, darum hoffe ich noch" (Vers 21 L). Er denkt nach: Was von dem Herrn kam, war zwar schwer und dunkel, es waren aber auch „Gnadentaten" und „Liebeserweise". Zu Herzen genommen, beginnen sie jeden Tag neu und hören nicht auf. Wem die Güte Gottes Herzenssache ist, der braucht keine große Willensanstrengung, um vom Klagen zum Danken zu kommen. In der Mitte des Klagegebets steht mit Vers 25 bis 39 ein Abschnitt der Beratung. In deutschen Buchhandlungen häuft sich meterweise Beratungsliteratur zum Thema „ruhiges Leben", „Glück", „Zukunft", „Hoffnung". Der Weg dahin heißt oft: üben, üben. Du musst wollen und dich anstrengen. Dem leiderprobten Beter hier hilft etwas anderes: Mein Anteil ist der Herr (Vers 24). Sein Gott ist sein Glück, seine Hoffnung, seine Zukunft. *Christian Wolf*

18 Freitag OKTOBER 2024

✹ 07:51 18:22
☽ 18:31 09:13

Bibellese: Klagelieder 3,34-66

Mit welchem Recht beklagt sich der Mensch bei Gott?
Gegen seine Sünde soll er Klage erheben!
Lasst uns unser Leben überprüfen
und wieder umkehren zu dem Herrn!
Lasst uns die Hände zum Himmel strecken
und Herz und Sinn zum Herrn hinwenden! (Vers 39-41)

Im hebräischen Grundtext lautet Vers 39: „Was beklagt sich der Mensch, der lebt, der Mann über seine Sündenstrafe?" Die Überlebenden und Bestraften sind die, die das Inferno des Jerusalemer Untergangs von 587 vor Christus überstanden haben. Sie fragen, ob Gott ihre Not gleichgültig sei. Natürlich nicht. Aber sie brauchen sich nicht zu beschweren, sie sind ja am Leben, gerettet. Sie sollten besser über ihren Anteil an dem ganzen Elend nachdenken. Es ist auch die Folge ihres Tuns und Lassens.

Schnitt! Die Klage wechselt in Vers 40 vom Ich zum Wir. Wir sind selbst schuld (Vers 42). Nicht mehr Gott klagen die Überlebenden an, sondern sich selbst. Sie sind im Unrecht, Gott hat recht. Die Selbstkritik kann ihnen nicht erlassen werden. Und dann? Wie geht es weiter? Mit dem Wechsel auf die Seite Gottes, der im Recht ist. „Unser Herz, nicht nur die Hände, wollen wir erheben zu Gott im Himmel" (Vers 41). Schluss mit dem oberflächlichen religiösen Getue. Ab jetzt wird „mit dem Herzen" geglaubt. Was das heißt? Vers 43 bis 47: Die Folgen der Zerstörung, die auf den Zorn Gottes zeigen, müssen getragen werden. Sie können nicht mehr Gott angelastet oder bloß den bösen Feinden in die Schuhe geschoben werden. Alles geschieht unter den Augen Gottes (Vers 50.59). Die Getöteten aller Zeiten klagen an! Die Verhungerten, Verdursteten, Ertrunkenen, Erschlagenen, Erstickten. Die Überlebenden müssen sich selbst überprüfen und umkehren. Es gibt noch Hoffnung: „Du nahtest dich zu mir, als ich dich anrief, und sprachst: Fürchte dich nicht" (Vers 57 L). So sieht die Frucht der Umkehr aus: Gott kommt zu uns zurück.

Christian Wolf

♫ All Morgen ist ganz frisch und neu
des Herren Gnad und große Treu;
sie hat kein End den langen Tag,
drauf jeder sich verlassen mag.

Johannes Zwick (um 1541) 1545

19 Samstag OKTOBER 2024

✹ 07:53 18:20
☽ 18:55 10:49

Bibellese: Klagelieder 5,1-22
Unsere Väter sündigten – sie leben nicht mehr; wir aber müssen nun die Folgen tragen. *(Vers 7)*

Die Väter, also die Täter, sind tot. Wir tragen die Folgen. Wird hier abgerechnet mit den Fehlern früherer Generationen? Weil sie das „Erbe“, das von Gott gegebene Land, verschleuderten? Häuser wurden enteignet, von Ausländern beschlagnahmt, viele Familien durch den Krieg vaterlos. Auf Wasser und Brennholz, Grundlagen des täglichen Lebens, haben die Besatzer ihre Hand, sie bestimmen die Preise. Zwangsarbeit ohne Pause und Urlaub. Das und mehr sind die Folgen der Fehlentwicklung (Vers 2-5.8-18). Beim Rückblick auf die Bündnispolitik Israels und Judas (Vers 6), die militärischen und ökonomischen Vorteilen diente und immer von den Propheten kritisiert wurde, entsteht die Frage: Wie umgehen mit diesem unheilvollen Erbe?
Die Schuld der Vorfahren kann nicht geleugnet werden. Da ist nichts zu verniedlichen, zu vertuschen

oder aufzurechnen gegen die Schuld der anderen. Schon gar nicht dürfen „alternative Fakten" erfunden werden. Die Realität bleibt. Unsere Ablehnung schafft sie nicht aus der Welt. Eine juristische Erbschaft kann ich ausschlagen, das Erbe der Vergangenheit nicht. Achten wir auf das „Wir" in Vers 6: Die Nachkriegsgeneration schließt sich zusammen mit den „Vätern". Was diese taten, macht sie schuldig vor Gott, dieses Erbe ist Sünde. Die junge Generation erkennt die Schulderbengemeinschaft an, tritt in sie ein. Auf dieser Solidarität lässt sich Zukunft bauen.

Christian Wolf

„Die Väter essen unreife Trauben und die Söhne bekommen davon stumpfe Zähne" (Ezechiël 18,2). Dieses geflügelte Wort war in Israel weit verbreitet. Was ist der Unterschied zu Klagelieder 5? Dort klagten die Jungen die Alten zwar an, traten aber in die Mitverantwortung für deren Schulderbe ein. Die junge Generation der Ezechiëlzeit verweigert die Solidarität. Mit dem Sprichwort verbreitet sich üble Propaganda: Dass wir die Zeche zahlen, machen wir nicht mehr mit, Gott ist nicht gerecht! Gottes Antwort: „Lasst die Falschmeldung! Versteckt euch nicht hinter den Sünden der andern! Kehrt um, steht auf, fangt ein neues Leben an! Investiert in die Zukunft, jeder Einzelne!" *Christian Wolf*

20 Sonntag **OKTOBER** 2024

✹ 07:55 18:18
☽ 19:29 12:20

21. Sonntag nach Trinitatis

Bibellese: Psalm 106,24-48

Oft genug befreite sie der Herr;
sie aber blieben widerspenstig
und gerieten durch ihre Schuld immer tiefer in Not.

(Vers 43)

Helfen kann man nur denen, die sich helfen lassen wollen! Das klingt logisch und ist doch schwierig, im Alltag umzusetzen. Wer will schon auf die Hilfe anderer angewiesen sein? Kleine Kinder wollen irgendwann selber groß und erwachsen sein. Wer im Berufs- und Familienleben überfordert wird, braucht oft lange, bis er Hilfe sucht. Wer will schon im Alter auf die Hilfe und Gnade anderer angewiesen sein? Dabei haben uns andere Menschen und Gott immer wieder Unterstützung und Hilfe gegeben. Waren wir froh, dass jemand uns nach dem Unfall ins Krankenhaus brachte. Zuhörte, als wir offene Ohren brauchten. Nicht nur Zufall oder Glück, sondern Jesus Christus selbst hat uns vor größerem Schaden bewahrt. Wie oft hat doch der gnädige Gott ...?

Wie schnell vergessen wir, was wir an Gutem erlebt haben und von wem wir Hilfreiches bekamen? Dies gilt für Einzelne, Gemeinschaften oder ganze Völker. Dabei macht man sich oft schuldig beim Vergessen! Wenn derselbe Fehler wieder gemacht wird, einem Gott und seine Hilfe nicht mehr wichtig ist.
In der Bibel wird immer wieder die wechselhafte Geschichte Gottes mit seinem Volk beschrieben. Während der Notzeiten schreien Menschen nach Gott. Wenn es ihnen gut geht, vergessen sie ihn häufig. Hat sich daran viel geändert? Vielleicht beklagen sich Menschen bei Gott und sagen: Warum lässt du denn das Schlimme zu? Selbst wenn Gottes Willen missachtet wird und Menschen Kriege oder Hungersnöte verursachen. Das geht auf unser Konto!
Erinnerung tut Not! Jesu Kommen zu uns Menschen in diese Welt ist die größte Hilfsaktion des Universums. Gott kümmert sich um diese Welt! In so viel Not hat der gnädige Gott mir und dir geholfen! Uns befreit aus eigener Schuld und ausweglos scheinenden Situationen. Mich getröstet und durch ein Bibelwort oder Mitmenschen Mut gemacht in schwierigen Lebenslagen! Die Erinnerung an solche Erfahrungen gibt uns Mut, weiter zu leben und zu handeln in der Nachfolge Jesu Christi. Gott will unsere Wege weiter mit uns gehen. Er will uns durch unser Leben begleiten!

Wolfgang Bay

21 Montag OKTOBER 2024

✹ 07:57 18:16
☽ 20:17 13:40

Bibellese: 2. Korinther 1,1-11

Gepriesen sei der Gott und Vater unseres Herrn Jesus Christus! Er ist ein Vater, dessen Erbarmen unerschöpflich ist, und ein Gott, der uns nie verzweifeln lässt.

(Vers 3)

Wenn man durch schwere Zeiten gehen muss, dann kann man tatsächlich an Punkte kommen, an denen man verzweifeln will. Weil man keinen Ausweg mehr sieht, nicht mehr weiterweiß, keine Kraft mehr hat und sowieso alles sinnlos erscheint. Und Gott? Gott scheint da auch noch ganz weit weg zu sein. Erstaunlich ist, welche Wege Gott wählen kann, um einem aus der Verzweiflung herauszuhelfen. Man könnte meinen, da wäre jetzt Ermutigung dran oder eine Art Schlachtplan, der vom Himmel fällt, wie es denn jetzt weitergehen soll. Das würde uns als lösungsorientierte Menschen sehr passen, oder?

Die Bibellese zeigt etwas anderes. Da ist das Mutmachende nicht, dass man die Lösung weiß, sondern dass man auf Menschen sieht, die mit Jesus unterwegs sind und dabei leiden. Es ist eben nicht alles ein frommes Voranschreiten „von Sieg zu Sieg“, sondern es ist Kampf, Anfechtung, Not, Bedrängnis. Dass diese Dinge passieren, sagt nichts über die Qualität des Glaubens. Das denken wir in unserer Verzweiflung oft. „Sicher glaube ich nicht genug.“ Oder: „Sicher habe ich etwas falsch gemacht und das ist jetzt die Strafe.“ Paulus beschreibt seine Zeit der Bedrängnis zeugnishaft. Es sagt: „Ja, alle diese Dinge, die einen verzweifeln lassen wollen, finden tatsächlich statt. Aber wir haben erlebt, dass Gott uns durchträgt.“ Das ist der Schlüssel. Die Ermutigung geschieht nicht einfach, indem man die Lösung weiß, sondern indem man zeugnishaft hört, wie andere Christen in der Not Gottes Eingreifen und Handeln erlebt haben.

Das Ergebnis ist, dass die Hoffnung nicht auf dem beruht, was Gott tun soll – Wege öffnen, Kraft geben und so weiter –, sondern auf ihm selbst und seiner Barmherzigkeit. Das Fundament ist: Gott ist barmherzig. Er wird einen Weg führen, selbst wenn ich jetzt keinen sehe. Weil ich glaube, dass Gott so ist, kann ich ihn dafür loben – und auf sein Handeln warten.

André Wilkes

22 Dienstag OKTOBER 2024

✹ 07:58 18:14
☽ 21:21 14:41

Bibellese: 2. Korinther 1,12-24

Gott hat uns zusammen mit euch auf diesen festen Grund gestellt: auf Christus. Er hat uns gesalbt und uns sein Siegel aufgedrückt. Er hat seinen Geist in unser Herz gegeben als Anzahlung auf das ewige Leben, das er uns schenken will. *(Vers 21-22)*

Manchmal kommen die Dinge anders, als man denkt. Da ist es verständlich, wenn man jemandem „Unzuverlässigkeit" vorwerfen will, so wie das Paulus passiert ist, als er seine Reisepläne nicht eingehalten hat. Man kann dann mit Vorwürfen reagieren. Das tut man in der Regel besonders gern, wenn man der Person sowieso argwöhnisch gegenübersteht. Denn es ist ja so: Wenn man etwas zu meckern sucht, findet man immer etwas. Es ist ein Phänomen. Da hat man eine gewisse Vorstellung davon im Kopf, wie jemand ist, und diese Vorstellung wird zu einer Art Filter der Wahrnehmung. Alles, was nicht zu der Vorstellung passt, wird negiert – nicht gesehen. Aber alles, was zur Vorstellung passt, wird „farblich markiert“ und hervorgehoben. Da ist das typische „Wusste ich es doch ...“, was da innerlich aufploppt.

Paulus hatte in Korinth offensichtlich nicht nur Freunde und seine Botschaften fanden nicht alle toll. Diesem Umstand versucht er hier zu begegnen. Erstaunlich: Seine Antwort ist nicht einfach: „Ihr müsst nur meiner Meinung sein und alles ist gut.“ Er sieht als gemeinsame Basis das Fundament in Christus.

Wir sind alle fehlerhafte und irrende Menschen. Wir finden unsere Einheit nicht darin, dass wir alle exakt dasselbe glauben und für wahr halten. Uns verbindet nicht einfach eine gleiche Theologie. Uns verbindet, dass wir alle von Jesus geliebt sind, dass wir alle von Jesus gerettet sind, dass für uns alle besiegelt ist, dass wir zu ihm gehören in alle Ewigkeit. Die Anzahlung haben wir schon, weil Gottes Geist in uns wohnt. Das ernst zu nehmen befähigt uns, einander jenseits aller Argwohn trotzdem offen zu begegnen und das Gespräch zu suchen, weil wir einander glauben, dass der oder die andere genauso die Sehnsucht hat, mit Jesus unterwegs zu sein wie man selbst auch. So kann man verschieden sein und doch beieinander bleiben und sogar voneinander lernen.

André Wilkes

Bibellese: 2. Korinther 2,1-11

Paulus schreibt: Wem ihr verzeiht, dem verzeihe ich auch. Wenn ich hier überhaupt etwas zu verzeihen hatte, so habe ich es um euretwillen vor Christus getan.
(Vers 10)

Da mögen in dem einen oder der anderen dunkle Erinnerungen hochkommen. Da hört man aus der Vergangenheit solche Sätze wie „Da ist die Mama aber ganz traurig, wenn du nicht ..." Oder als noch schlimmere Variante: „Da ist der Herr Jesus ganz traurig, wenn du ..." Da hat man also irgendetwas getan. Das war wohl nicht in Ordnung (siehe Vers 6 und 7). Auf der einen Seite ist es wichtig, dass dieses Vergehen – was immer es war – nicht auf der moralischen Schiene behandelt wird, so wie wir das heute oft machen. Es wird im Text sehr deutlich, dass diese Tat Beziehungen geschädigt hat. Das ist das wesentliche Problem von Sünde. Es schädigt Beziehungen. Von daher hat das mit dem „Traurigsein" tatsächlich Gewicht. Auf der anderen Seite sind die düsteren Erinnerungen von früher für uns nicht selten der Motor dafür, Sünde nicht mehr beim Namen zu nennen. Weil man sich ja noch daran erinnert, wie grässlich sich diese Sprüche vom Traurigsein angefühlt haben. Das will man niemandem zumuten. Mit dem Ergebnis, dass man nichts mehr sagt. Also auch nicht, wenn es richtig wäre, etwas zu sagen.

Paulus zeigt uns dagegen, dass wir den Mut haben können, Schuld zu benennen, sogar deutlich zu machen, was das mit einem selbst gemacht hat, dass es zum Beispiel traurig gemacht oder verletzt hat. Doch diese Gefühle sollen kein Druckmittel sein, sondern die Chance geben, zu reagieren und umzukehren.

Erst recht, wenn die Tür zur Vergebung offen steht, weil nicht die Anklage, sondern das Verzeihen im Mittelpunkt steht. Dieses Verzeihen ist dabei nie einfach und nie billig. Die Basis für die Vergebung ist nämlich die, die Paulus hier benennt. Christus und damit verbunden sein Tod am Kreuz ist das Fundament, auf dem Vergebung steht, sodass jemand neu anfangen kann und auf diese Weise auch – vielleicht Schritt für Schritt – Beziehungen neu werden können. Heilung kann geschehen, wenn wir den Heiland machen lassen. Das ist keine Theorie, sondern nötige Praxis in unserem Miteinander. *André Wilkes*

24 Donnerstag OKTOBER 2024

✷ 08:02 18:10
☽ 23:53 15:52

Bibellese: 2. Korinther 2,12-17
Paulus schreibt: Ich danke Gott, dass er mich immer im Triumphzug von Christus mitführt und seine rettende Botschaft durch mich an allen Orten bekannt macht, wie einen Wohlgeruch, der sich ausbreitet. (Vers 14)

Düfte sind schwer zu beschreiben. Aber sie lösen leicht Gefühle aus. Das Parfum 4711 weckt bei mir gute Erinnerungen an unsere Nachbarin Anni, die mich oft hütete. Paulus stellt fest, dass von ihm, im Schlepptau von Jesus Christus mitgeführt, ein guter Duft ausgeht. Wie kommt er darauf, obwohl er sich als einen beschreibt, der von Jesus Christus als Besiegter mitgeführt wird? Wie kann er dafür dankbar sein, dass er besiegt worden ist? Dass er zu einer Trophäe wird, einem niedergeschlagenen Menschen, der alles andere als parfümiert riecht?
Seine Beschreibung als wohlriechender Mensch kann ich mir nur so erklären, dass er letztlich seine Niederlage in Damaskus als Aufatmen erlebte. Dort buchstäblich zu Boden geworfen, besiegt und

blind und doch am Ende aufgerichtet, befreit und sehend zu sein. Befreit von einem heftigen Kampf gegen Christus, befreit von falschen Vorstellungen, die Augen offen für Gottes Güte. Einmal spricht er davon, dass er mit Gott versöhnt ist. Ein versöhnter Mensch muss nicht ständig kämpfen, muss sich nicht fortwährend behaupten. Er lebt aus dem Vertrauen, aufrichtig geliebt zu sein. Von solchen Menschen geht ein guter Geruch aus. Man kann sie gut riechen und riecht dabei doch vor allem Gottes befreiendes Handeln.
Wie bei Anni, meiner Zusatzgroßmutter, die mit ihrer Schwester zusammenlebte, zeitlebens in der Fabrik gearbeitet hatte und mit einer kleinen Pension auskommen musste. Sie hatte einen wunderbaren Duft. Und das lag nicht an ihrem Parfum, dem heilenden Wunderwasser, wie das Rezept des Kölnischwasser No. 4711 früher hieß. Das lag an ihrem tiefen Glauben und Vertrauen zu Gott. So lebte sie in allen Dingen mit Wohlgeruch und Zuversicht.

Andrea Brunner-Wyss

25 Freitag OKTOBER 2024

✹ 08:03 18:08
☽ –.– 16:12

Bibellese: 2. Korinther 3,1-11

Der neue Bund unterscheidet sich dadurch von dem früheren Bund, dass Gott jetzt nicht ein geschriebenes Gesetz gibt, sondern seinen Geist. Der Buchstabe des Gesetzes führt zum Tod; der Geist aber führt zum Leben. *(Vers 6)*

Der Schauspieler Sidney Poitier erzählt in seinen Erinnerungen, wie er als junger Mensch in New York in einem Restaurant saß. Er hatte die Zeitung aufgeschlagen und dem Kellner, der ihn fragend ansah, erklärt, er wolle sein Lesen verbessern. Worauf der Kellner fragte, ob er mit ihm lesen solle. „Jeden Abend kam dieser Mann, dieser jüdische Kellner, zu mir rüber, wo ich las, und saß bei mir, bis ich wirklich begann, lesen zu lernen. Das war für mich wie der Anfang einer Reise."

Ebenfalls eine Reise, nämlich ein Weg zum Leben, ist das Lesenlernen von Gottes Worten. Es spielt dabei nur eine untergeordnete Rolle, ob wir es Gesetz oder Geisterfahrung nennen. Was aber immer gleich ist:

Wenn wir Gottes Worte nur vor uns hertragen, um damit andere festzuschreiben und zu verurteilen, da spielen wir dem Tod in die Hände.
Paulus hat erlebt, dass das von Gott zum Leben gegebene Gesetz tödlicher Buchstabe werden kann. Nicht zuletzt er selbst hatte mit dem Buchstaben in der Hand andere verfolgt. Dann schrieb Gott mit ihm einen neuen Anfang. Das Leben des Paulus wurde in ein Vorher und Nachher eingeteilt. In seinen Briefen können wir bis heute nachvollziehen, wie er versucht, dieses Vorher und Nachher aufeinander zu beziehen und zu verstehen. Wo Gott in unser Leben schreibt, bleibt alles eine Leseübung. Wir üben, zu erkennen, wo etwas Neues anbricht. Wir üben, in Beziehung zu bleiben, ohne verurteilende Polarisierungen vor uns herzutragen. Und wir üben, Gott unser Herz hinzuhalten, damit wir zum Leben beschrieben werden. Gut, wenn wir uns zueinander setzen und uns gegenseitig helfen, Gottes Schreiben lesen zu lernen. Egal, ob es zwischen zwei Buchdeckeln aufgeschrieben steht oder in unserem Leben und Handeln abzulesen ist. *Andrea Brunner-Wyss*

26 Samstag OKTOBER 2024

☀ 08:05 18:06
☽ 01:10 16:26

Bibellese: 2. Korinther 3,12-18

Der Herr, nämlich Jesus Christus, wirkt durch seinen Geist. Und wo der Geist des Herrn ist, da ist Freiheit.

(Vers 17)

Es gibt dieses Spiel mit kleinen Kindern, das sogar in einem Wikipedia-Eintrag eigens beschrieben ist: Der Erwachsene schaut das Kind an und hält sich dann die Hände vor die Augen. Für das Kind ist die Mutter oder der Vater damit „verborgen". Dann wird das Gesicht aufgedeckt, zusammen mit einem „Ich bin da"- Ruf, zum Beispiel „Guguseli", wie „Guck-Guck" in der Schweiz gerufen wird. Das Kleinkind ist erstaunt und überrascht, lacht ein befreites Lachen. Denn da ist es wieder, das Gesicht mit dem liebevollen Blick und der Moment der Irritation, die Ahnung von Verlassensein, ist vorbei.

Wenn Paulus davon schreibt, dass Christus durch seinen Geist Freiheit bewirkt, stelle ich mir das genauso vor: Unser Inneres erfährt das „Ich bin da" von Christus. Wir werden in Liebe angeschaut. Das

ist befreiend. Besonders wenn man sich selbst verbergen möchte, weil einen das eigene Herz anklagt. So von Christus gesehen und erkannt zu werden, richtet auf. Von Christus als zugehörig erkannt und geliebt zu werden, befreit dazu, Angst und Scham unverhüllt anzusehen. Es tröstet, sich dem nicht allein stellen zu müssen. Das klingt als tiefe Gewissheit wie ein Grundton im Leben mit. In bestimmten Momenten mag auch ein kurzes Erhaschen des aufgedeckten Antlitzes Christi geschenkt werden.
Bei Kindern ist das „Guguseli"-Spiel vor allem dann besonders beliebt, wenn sie dabei sind, einen Entwicklungsschritt zu machen. Wenn sich ihre Erfahrung festigt, dass etwas da ist und da bleibt, selbst wenn es eine Decke ist. Der Geist Christi bewirkt ebenfalls einen Entwicklungsschritt. Den Schritt hin zum Vertrauen, von Christus in Liebe erkannt zu sein und es auch zu bleiben. *Andrea Brunner-Wyss*

♫ Jesus lebt. Ich bin gewiss,
nichts soll mich von Jesus scheiden,
keine Macht der Finsternis
keine Herrlichkeit, kein Leiden.
Seine Treue wanket nicht;
dies ist meine Zuversicht.

Christian Fürchtegott Gellert 1757
Aus: Jesus lebt, mit ihm auch ich

27 Sonntag OKTOBER 2024

☀ 07:07 17:04
☽ 01:24 15:38

22. Sonntag nach Trinitatis

Bibellese: Psalm 143
Hilf mir, nach deinem Willen zu leben;
denn du bist mein Gott!
Gib mir deinen guten Geist,
dass er mich führe auf sicherem Grund! (Vers 10)

In einer Gemeinde sagte jemand etwas, was mich im Herzen traf, und mir war es, als würde ich in Grund und Boden versinken. Aber ich nahm allen Mut zusammen und fragte die Person, warum sie das zu mir gesagt hatte. Sie meinte, es wäre ein Filmzitat. Das Erlebnis war für mich ein Herzensöffner. Diese Person wollte mich nicht verletzen. Oft prüfen wir nicht, was uns in den Sinn kommt, ob es von Gottes Geist ist, ein Ohrwurm oder gar Spinnerei. Selten fragen wir nach, wenn Worte uns verletzen. Darum entstehen sehr schnell Missverständnisse. Diese trennen dann Menschen, Familien, Gemeinden und unsere Gesellschaft.

Es ist eine Tatsache, dass viele Gedanken, Sehnsüchte, aber auch böse Mächte unser Leben bestim-

men wollen. Sie beeinflussen unsere Gefühle. Sie suchen die Tür zu unserem Herzen, damit sie unsere Entscheidungen beeinflussen können. Damit werden sie zu Worten und Taten. Auch der Stolz schleicht sich gerne an. Oder wir fragen uns: Wie kann es weitergehen, bei all den vielen Aufgaben, Ängsten, Sorgen? All das ist unsichtbar, aber mit sichtbaren Auswirkungen auf unser Leben.
Der Psalm 143 ist ein Aufschrei, ein Bitten um Hilfe und auch ein Bekenntnis zu Gottes Größe und seiner Führung. „Gott, hilf mir, nach deinem Willen zu leben", das ist ein sehr weises und nachahmenswertes Gebet. Gottes guter Geist führt uns auf sicheren Grund. Wir werden nicht untergehen! Gott ist ein guter Gott, der sich selbst am Kreuz hingab, damit wir befreit und erfüllt leben. Wir sollen nicht nur existieren und uns durch das Leben quälen!

Kathrin Böttche

Danke, Jesus, dass du unser sicheres Fundament bist. Du gibst uns festen Halt in unsicheren Zeiten. Hilf uns, ganz auf dich zu vertrauen und Dinge loszulassen, die wir nicht halten können. Danke, dass wir bei dir Hoffnung, Sicherheit, Trost, Frieden und Vergebung empfangen.

Kathrin Böttche

28 Montag OKTOBER 2024

✷ 07:09 17:02
☽ 02:35 15:48

Bibellese: 2. Korinther 4,1-6

Paulus schreibt: Ich verkünde nicht mich selbst, sondern Jesus Christus als den Herrn. Ich selbst komme nur als euer Diener in Betracht, und das bin ich, weil ich Christus diene. *(Vers 5)*

Eine junge Familie betrat mit ihrem zweijährigen Kind den Gemeindesaal, durch die ganze, sonst kinderlose Gemeinde ging ein Strahlen. „Alle Augen auf dich, du kleines geliebtes Kind." In dem Alter mag das berechtigt sein, aber was ist, wenn ein Mensch mit einer narzisstischen Prägung sein Leben lang verlangt, alle Aufmerksamkeit auf sich zu ziehen? Eine Familie oder Gemeinde wird dann nicht mehr lächeln, sondern sehr zu kämpfen haben. Wohl den Menschen, die gesunde Nähe und Distanz leben können, deren Leben psychologisch in der Balance bleibt und sowohl Ich-Verherrlichung als auch Ich-Unterdrückung vermeidet.

Paulus war hierin ein Vorbild, er nahm sich, trotz seiner geistlichen Größe, nicht so wichtig. Es ging ihm um Gott und nicht um sein Ansehen. Er wünschte sich, dass die Menschen die Botschaft von Jesus unverfälscht hören und Gottes Wirken erleben. Er sagte damit: „Jesus, sei du der Mittelpunkt" und „Jesus, alle Augen auf dich". Menschen, die nicht das Ego ins Zentrum stellen, sind Menschen, die eine geistliche Größe haben. Sie kommen vielleicht seltener auf ein Hochglanztraktat, aber sie sind sehr nahe am Herzen Gottes. Sie sind die Verkündigenden des Evangeliums in Wort und Tat. Sie leben und reden authentisch, trotz Schwächen und trotz Stärken. Mit Jesus im Herzen wissen diese Vorbilder, dass dieser wunderbare Schatz in irdischen zerbrechlichen Gefäßen ist. Aber, das hält sie nicht auf. *Kathrin Böttche*

Jesus, vergib uns, wenn wir nicht mehr bereit sind zu dienen, weil zu viele Lasten wegen Mitarbeitermangels auf uns liegen. Bitte vergib, wenn wir herrschen wollen, um die Lage zu verbessern, aber ohne auf dich zu hören. Hilf uns, Mut zu haben und nicht aufzugeben, sondern auf deine Stimme zu hören. Bitte bewahre uns davor, dass wir dein Reden missbrauchen für unsere Zwecke. Lass uns stattdessen froh, mutig und zuversichtlich entdecken, dass das Evangelium von Jesus die beste Botschaft der Welt ist, die wir klar und echt sagen und leben können, gerade in der heutigen Zeit. *Kathrin Böttche*

29 Dienstag **OKTOBER** 2024

✹ 07:10 17:00
☽ 03:44 15:57

Bibellese: 2. Korinther 4,7-18

Gott hat Jesus, den Herrn, vom Tod auferweckt, und ich weiß, dass er mich genauso wie Jesus auferwecken und zusammen mit euch vor seinen Thron stellen wird.
(Vers 14)

Grässlich ist der Tod und offenkundig ungesund für Leib und Seele. Leider ist er fast jeden Lebenstag relevant: Wir werden enttäuscht, verkannt, verschmäht, wir werden schwach, krank, haben Angst. Wer liebt mich, was wird aus mir, wo werde ich sein, wenn ich am Ende bin?

Paulus geht wahrlich offen um mit den menschlichen Erfahrungen des Todes. Seine Antwort? Selbstheilungskräfte? Bewusstseinstraining? Gute Vorsorge treffen? Sich einen Ruck geben? Paulus „weiß“ Besseres: Ja, er sagt: „Ich weiß ...“! Ich weiß von Größerem als nur von dem, was uns Menschen möglich ist. Ich weiß von Gott! Gott ist der, der Jesus von den Toten auferweckt hat. Und genau das wird er mit mir und euch auch tun! Ich weiß das! Gott wird uns aus dem Tod heraus völlig neu beleben und uns hoch erheben auf die herrlich-göttliche Ebene, auf der er selbst thront. Ernst ist der Tod. Aber Gott hat Christus auferweckt. Und genau das wird mit uns passieren! Immer. Und einst endgültig. Und das, sagt Paulus, „weiß ich"! Der harte Kern seiner Gewissheit! Wissen ist hier mehr als hoffen und wünschen. Dieses Wissen ist für ihn der absolute Fixpunkt, um den sein Leben kreist. Ja, eben sein Leben, denn relevant ist es tagtäglich. So wie Paulus die Realität des Todes im sogenannten normalen Leben ernst nimmt, so sehr nimmt er auch die Realität postmortalen Lebens ernst – sonntags bis samstags.

Sonntags feiern wir die Auferstehung und sieben Tage die Woche brauchen wir dieses köstliche Wissen so dringend wie nichts sonst. Heute ist Dienstag. Ein guter Tag! Wir wissen doch: Es wird wunderbar gut mit uns allen! Der Tod ist immer nur das eine. Das andere ist größer: das Leben, das er uns durch Christus schenkt, Freiheit und Würde nahe bei Gott. Das weiß ich! *Hans-Christof Lubahn*

30 Mittwoch OKTOBER 2024

✷ 07:12 16:58
☽ 04:53 16:07

Bibellese: 2. Korinther 5,1-10

Wir leben ja noch in der Zeit des Glaubens, noch nicht in der Zeit des Schauens. *(Vers 7)*

Dass noch etwas Gutes aussteht, ist ja für uns moderne Leute schwer auszuhalten. Alles muss schnell gehen, unmittelbar einleuchten. Geduld erscheint uns als eine Zumutung, ja geradezu verdächtig, lediglich billige Vertröstung zu sein, eine bloße Durchhalteparole im Dienste der Erstarrung und willfährigen Ergebung. Dass ewiges Leben auch schon eine Dimension unseres Erdenlebens werden darf, ist wahr und wunderbar. Aber warum deshalb verschweigen, dass noch viel Besseres kommt?! Dass wir glaubend schon Teil eines Heiligungsprozesses sein dürfen, den Gott mit uns und seiner Welt voranbringt, ist kostbar! Aber sollte das, was wir diesbezüglich schon heute erleben können, bereits alles gewesen sein?! „Will sehen" ist menschlich – nicht nur beim Pokern. Wenn wir einmal den Himmel völlig unmittelbar erleben werden – und uns selbst als

Teil des Himmels, das wird durchaus mehr sein – das dürfen wir wissen!
Gönnen wir uns ohne Angst die Vorfreude auf die „Zeit des Schauens", die wohltuende Relativierung unseres Erdenlebens, das Wissen: Dem Glauben folgt das Schauen. Vorfreude auf den Himmel ist kindlich, aber nicht einfältig. Vorfreude auf die „Zeit des Schauens" macht Köstliches mit mir und hat eine wunderbare Bedeutung schon heute für mein tägliches Befinden und Benehmen.
Nein, das hier ist wahrlich nicht alles. Erwarten wir mehr als ein bisschen Moral und spirituelle Lebenshilfe hier und da. Wäre uns das denn genug? Wäre es dann nicht übertrieben, von Erlösung zu sprechen? Seien wir Realisten und erwarten wir das Unmögliche: Gott schauen und seine neue Welt.
Und wir sind dabei! *Hans-Christof Lubahn*

♫ Ich selber werd in seinem Licht
ihn sehn und mich erquicken,
mein Auge wird sein Angesicht
mit großer Lust erblicken.
Ich werd ihn sehen mir zur Freud
und werd ihm dienen ohne Zeit,
ich selber, und kein Fremder.

Paul Gerhardt 1667
Aus: Ich weiß, dass mein Erlöser lebt

31 Donnerstag OKTOBER 2024

☀ 07:14 16:57
☽ 06:03 16:18

Reformationstag

Bibellese: 2. Korinther 5,11-15

Einer ist für alle in den Tod gegangen, also sind sie alle gestorben. Weil er für sie gestorben ist, gehört ihr Leben nicht mehr ihnen selbst, sondern dem, der für sie gestorben und zum Leben erweckt worden ist.

(Vers 14-15)

Manches kann man für einen anderen machen. Ich kann eine Aufgabe für jemand übernehmen. Ich kann im Krankheitsfall für einen anderen einspringen. Ich kann ihn tragen, entlasten, für ihn wachen, für ihn bezahlen. Eines geht nicht: Ich kann nicht seinen Tod sterben und ich kann ihm nicht mein Leben geben. Doch genau dieser Tausch ist das Herzstück des Evangeliums. Christus stirbt meinen Tod, den ich mir mit der Sünde eingehandelt habe, Christus gibt mir dafür sein Leben. Für diesen Tausch zahlt er gewaltig drauf. Was ich ihm zu bieten habe, da kann ich mich nur schämen und erschrecken. So einen Tausch macht nur einer, der wirklich liebt. Sowas kann nur einer anbieten, der wirklich lebt.

Sowas geht nur, wenn einer den Tod überwunden hat. Was für ein Tausch! Da kann ich nur staunen und anbetend zusehen. Ich gehöre ihm und gebe ihm, was ich habe. Er gibt mir, was er hat. Ich gebe ihm meine Sünde, er mir seine Gerechtigkeit. Er nimmt meinen Tod und ich sein Leben. *Friedrich Zahn*

Lieber Herr Jesus Christus, es ist mir unbegreiflich, was du mir anbietest. Auf dein Wort hin tausche ich mit unendlichem Dank meine Schwachheit gegen deine Stärke. Meinen Stolz tausche ich gegen deine Demut. Meinen Schmutz tausche ich um in deine Reinheit. Meinen Zorn tausche ich gegen deine Sanftmut. Meine Unruhe tausche ich gegen deinen Frieden. Meinen Hauch tausche ich um in deine Ewigkeit. Meine Lügen tausche ich gegen deine Wahrheit. Meine Vergeltung tausche ich gegen deine Vergebung. Meine Armut tausche ich um in deinen Reichtum. Meine Falschheit tausche ich gegen deine Echtheit. Mein Leben in dieser Welt tausche ich um in deinen Himmel, meinen Tod in dein Leben. Meine Dunkelheit tausche ich gegen dein Licht. Mein Murren und Klagen tausche ich um in dein Lob. Ich gehöre dir, der du für mich gestorben und zum Leben auferstanden bist. An dir will ich mir genug sein lassen.

Friedrich Zahn

1 Freitag NOVEMBER 2024

✹ 07:16 16:55
☽ 07:15 16:31

Bibellese: 2. Korinther 5,16-21

Gott selbst ist es, der durch uns die Menschen ruft. So bitten wir im Auftrag von Christus: „Bleibt nicht Gottes Feinde! Nehmt die Versöhnung an, die Gott euch anbietet!“ *(Vers 20)*

Beziehungen sind wertvoll und kostbar, doch sie können zerbrechen. Ehepartner werden plötzlich zu Gegnern. Eltern und Kinder bekämpfen sich. Geschwister zerstreiten sich um das Erbe und im Großen sprechen sich Völker gegenseitig das Existenzrecht ab. Bei diesen Konflikten wird immer Ehre und Recht verletzt, wird gekränkt, ignoriert und zerstört. Das ist nicht erledigt mit einem schnellen „Kommt, vertragt euch wieder!“ Versöhnung setzt voraus, dass Unrecht aus der Welt geschafft wird und beide Seiten Versöhnung wollen.

Die Geschichte der Menschheit von Israel an bis zu uns heute ist leider die Geschichte einer verweigerten Versöhnung. Von Anfang an ist immer Gott aktiv. Er geht auf seine rebellischen Geschöpfe zu. Er ruft sie in seine Nähe, etwa: Adam, wo bist du? Nicht Gott ist der Feind des Menschen, sondern der Mensch ist der Feind Gottes. Oder denken wir, so schlimm ist es nicht mit uns? Nicht Gott muss umgestimmt werden, sich zu versöhnen, er liebt von Anfang an (Johannes 3,16). Wir haben ein Problem mit ihm. Unsere Rebellion und Sünde ist das Problem. Darum handelt Gott. Er bietet seinen Feinden an, sich mit ihm durch sein Opfer zu versöhnen.

In den Opfern des Alten Testamentes deutet sich bereits an, was Gott schließlich in Christus selbst tut. Er übergeht unsere Ungerechtigkeiten nicht achselzuckend; Übergehen schafft keine Gerechtigkeit. Er nimmt unsere Sünde auf sich. Juristisch ist so unser Fall geklärt und Gerechtigkeit wieder hergestellt. Wir dürfen als seine Kinder leben und als Erben vor sein Angesicht kommen. Offen ist noch, ob wir das annehmen. Im Evangelium geht es nicht um Vorwürfe und Drohungen, es geht ums Bitten. Gott bittet höchstpersönlich: Lasst euch versöhnen. Wo wäre das bei Ihnen heute höchstpersönlich dran?

Friedrich Zahn

Monatsspruch

Wir warten aber auf einen neuen Himmel und eine neue Erde nach seiner Verheißung, in denen Gerechtigkeit wohnt. *(2. Petrus 3,13 L)*

2 Samstag NOVEMBER 2024

✷ 07:17 16:53
☽ 08:30 16:48

Bibellese: 2. Korinther 6,1-10
Paulus schreibt: Ich empfehle mich weiter durch ein einwandfreies Leben, durch Erkenntnis, durch Geduld und durch Freundlichkeit, durch Wirkungen des Heiligen Geistes und durch aufrichtige Liebe, durch das Verkünden der Wahrheit und durch die Kraft, die von Gott kommt. *(Vers 6-7)*

Stellen Sie sich vor, es existierte ein Film über Ihr Leben. Da wäre sicher Schönes zu sehen. Doch der Film zeigte auch alles, was wir im Verborgenen getan, im Stillen gedacht oder unüberlegt gesagt haben. Wie würde unser Empfehlungsschreiben jetzt aussehen?
Die Bibel sagt, dass unser Leben ungefiltert und offen vor Gottes Augen liegt, dem wir Rechenschaft geben müssen. Von dem englischen Autor Sir Conan Doyle wird erzählt, dass er zum Spaß an zwölf angesehene Menschen in London einen Brief schickte, in dem er nur schrieb: „Fliehe, es ist alles ans Licht gekommen!" Sechs dieser Menschen haben sich

„empfohlen". Sie haben Stunden später in Panik das Land verlassen.
Alles kommt ans Licht, vor dieser Tatsache ist Paulus nicht erschrocken. Er lebt im und aus dem Licht von Jesus. Als Jesusnachfolger kann er sich sehen lassen. Sein Verhalten macht das Evangelium nicht unglaubwürdig, wie es oft durch zerstrittene, hochmütige Christen geschieht. Sichtbares Evangelium ist, wenn die Menschen um uns ein einwandfreies Leben sehen, Geduld spüren, Freundlichkeit und aufrichtige Liebe erfahren. In der Gemeinde in Korinth gab es viele, die redeten fromm daher von Frieden, Gerechtigkeit und Vollmacht. Doch alles ist nur heiße Luft. Paulus lag daran, dass Gottes Versöhnungsangebot nicht vergeblich geschieht, sondern im Charakter und Lebensvollzug seiner Kinder Gestalt gewinnt. Das zieht bis heute Menschen zu Jesus: Geduld angesichts innerer Verschlossenheit, Freundlichkeit trotz Ablehnung, aufrichtige Liebe trotz viel Widerstand. *Friedrich Zahn*

? Rätselfrage zur Bibellese im November
Wer schreibt, dass es in den Briefen des Paulus schwierige/schwer zu verstehende Stellen gibt?

Bitte tragen Sie die Antwort auf dem Blatt ein, das nach dem 31. Dezember folgt.

Bibellese: Psalm 125

Menschen, die Gottes Gebote missachten,
werden nicht lange im Lande herrschen,
das denen gehört, die Gott gehorchen.
Sonst würden auch die Treuen bald Unrecht tun.
(Vers 3)

Der polnische Philosoph Leszek Kolakowski formulierte einmal: „Gott kann nicht aufhören, allmächtig zu sein.“ Ich gebe zu, dass ich manchmal darunter leide, so wenig von Gottes Allmacht zu erkennen. Oftmals fühle ich mich dem leidenden Christus näher als dem allmächtigen Schöpfergott. Ich verbinde mich gern mit Jesus, der den Weg in die Niedrigkeit geht. Jesus, der Unrecht leidet, der die Schwachen wahrnimmt und die Außenseiter beachtet. Die Allmacht Gottes jedoch, die in einer Welt, die dringend göttliche Stärke braucht, so nötig wäre, die vermisse ich nicht selten.

Auch in Psalm 125 lernen wir einen Menschen kennen, den die Dominanz der Gottlosen schmerzt. Der

Psalmist ist erschrocken über den Verfall, den er um sich herum erkennt. Doch erstaunlicherweise hat er an der Allmacht Gottes keinerlei Zweifel. Angesichts dessen, was ihn anficht, führt er sich umso mehr die Stärke Gottes vor Augen. Gott ist, so der Psalmist, ein Schutzwall, so wie es die Berge rund um die Stadt Jerusalem sind. Bevor die Frommen zu Fall kommen, rechnet der Beter von Psalm 125 mit Gottes Handeln.

Was kann man tun angesichts der Summe von Bedrohungen, die das Leben von Menschen gefährden? Was tun, wenn uns die Abkehr von christlichen Überzeugungen zu schaffen macht und unsere Gesellschaft einem manchmal vorkommt, als gäbe es kein Halten mehr?

Psalm 125 lehrt uns allem zum Trotz, nicht den Glauben an die Allmacht Gottes wegzuwerfen. Vielmehr gilt es, den Schöpfer anzurufen, ihn um Hilfe zu bitten und am Vertrauen auf Gottes Kraft und seinen Sieg festzuhalten. Allem zum Trotz, trotz Kriegen, Ungerechtigkeit, ökologischer Katastrophen daran zu glauben und darauf zu hoffen, dass Gott nicht aufhören kann, allmächtig zu sein. Diese Hoffnung des Glaubens, die uns der Beter von Psalm 125 vorlebt, sollen wir uns nicht nehmen lassen. *Jörg Kibitzki*

4 Montag NOVEMBER 2024

☀ 07:21 16:50
☽ 10:58 17:45

Bibellese: 2. Korinther 6,11-7,1

Macht keine gemeinsame Sache mit Ungläubigen! Wie passen denn Gerechtigkeit und Ungerechtigkeit zusammen? Was hat das Licht mit der Finsternis zu tun? *(Vers 14)*

Paulus schlägt hier ungewöhnlich schroffe Töne an. Er, der bewusst Kontakt mit Heiden sucht, der sich auf den Marktplatz der Stadt Athen stellt, der keine Berührungen scheut, grenzt sich plötzlich ab. Hat Paulus im 1. Korintherbrief noch formuliert, dass er allen alles wird, um einige für Christus zu gewinnen, plädiert hier für Abgrenzung. Was führt zu diesem scheinbaren Sinneswandel? Warum zieht Paulus so eine klare Linie zwischen denen, die nicht an Christus glauben, und denjenigen, die ihm nachfolgen? Hat diese Linie auch heute noch Bedeutung? Halten Christen es heute nicht für eine Errungenschaft, wenn Gläubige modern und unkonventionell daherkommen, um solche, die den Glauben nicht teilen, positiv zu überraschen? Sind christliche

Kirchen heute nicht an Typen interessiert, die durch schrilles Auftreten Werbung für die Sache Jesu machen?
Vermutlich wird Paulus gegenüber den Korinthern deutlich, weil er den Glauben gefährdet sieht. Er fürchtet eine Doppelgleisigkeit zwischen Gott und Welt, die immer mehr von Christus wegführt. Paulus sieht die Botschaft des Evangeliums und die Freude an der Nachfolge bedroht. Wer sich zu Christus hält, so der Apostel, soll das Ja zu Jesus Christus immer wieder neu realisieren. Das heißt, in seinem Denken und im Verhalten Christus die Priorität einräumen.
Wenn ein Sportler einen Wettbewerb gewinnen will, gilt es, sich mit dem ganzen Lebensstil und der Mentalität auf das Ereignis einzustellen. Es gilt, zu trainieren, genügend zu schlafen, sich gesund zu ernähren und seine Gedanken zu fixieren. Wer sich nicht entsprechend vorbreitet, wird den Wettbewerb nicht gewinnen. Für den Apostel ist klar, dass Jesus im Leben von Christen die erste Stelle einnimmt. Nur so bleibt der Glaube lebendig und wachsen Menschen in der Nachfolge. Mit Christus zu leben, heißt keineswegs, sich von der Welt abzukehren, aber es gilt, das zu tun, was dem Glauben an Jesus Christus dient.

Jörg Kibitzki

5 Dienstag NOVEMBER 2024

✷ 07:23 16:48
☽ 12:03 18:33

Bibellese: 2. Korinther 7,2-16

Paulus schreibt: Ich freue mich nicht deshalb, weil mein Brief euch Schmerz bereitet hat, sondern weil dieser Schmerz euch zur Besinnung gebracht hat. Es war ein Schmerz, wie Gott ihn haben will. *(Vers 9)*

Allzu viele Briefe werden heute nicht mehr geschrieben. Die Kommunikation läuft vielfach über soziale Netzwerke. Man informiert sich und diskutiert via Facebook, Instagram und Twitter. Zu bestimmten Anlässen allerdings kommt es noch vor, dass Briefe oder Karten geschrieben werden. Als mein Vater verstarb, wurden mir eine Reihe von handgeschriebenen Briefen zum Trost und zur Hilfe. Einiges, was ich gelesen habe, wirkt noch nach, es hat Spuren hinterlassen, die ich nicht missen möchte. Ein paar Briefe werde ich vermutlich auch noch öfter zur Hand nehmen.

Für den Apostel Paulus waren Briefe ein wichtiges Mittel, um mit den jungen christlichen Gemeinden zu kommunizieren. In dem, was Paulus schreibt, spart er nicht an Lob, aber auch nicht an Kritik. Der Apostel ist in dem, was er schreibt, sehr klar. Manchmal sogar so klar, dass seine Kritik wehtut. Die Korinther empfinden angesichts der Kritik des Paulus tiefe Betroffenheit. Sie spüren, dass sie in ihrer Jesus-Nachfolge eine Kurskorrektur brauchen.

Den Gläubigen aus Korinth teilt der Apostel mit, dass er ihnen mit seinem Schreiben Schmerz bereitet hat. Es ist ganz sicher nicht Paulus Absicht, Menschen, die um den richtigen Weg ringen, zu verletzen. Es geht ihm vielmehr darum, Christen in ihrer Nachfolge zu stärken und gegebenenfalls zu korrigieren. Paulus nennt diese zeitweise schmerzhafte Korrektur ein Zur-Besinnung-Kommen. Es ist, so formuliert der Apostel, ein Schmerz, wie ihn Gott haben will.

Heutzutage werden nicht mehr viele Briefe geschrieben. Aber die Briefe, die uns in der Bibel begegnen, wollen nach wie vor berühren. Bei manchem, was zu lesen ist, spüren Menschen auch heute noch, wie wichtig es ist, im Glauben auf Kurs zu bleiben. Dazu können auch schmerzhafte Erkenntnisse beitragen, die uns letztlich aber nur in der Nachfolge bestärken möchten.

Jörg Kibitzki

Bibellese: 2. Korinther 8,1-15

Paulus schreibt: Ihr habt alles im Überfluss: Glauben, kraftvolles Wort, Erkenntnis, guten Willen und die gegenseitige Liebe, die ich euch vorgelebt und unter euch geweckt habe. Ich möchte, dass euer Beitrag zu diesem Gnadenwerk ebenso reich wird. *(Vers 7)*

Der Apostel Paulus schreibt diese Worte in seinem Kapitel über die große Kollekte für die Jerusalemer Gemeinde. Diese lässt er in allen heidenchristlichen Gemeinden, die auf seine Gründung zurückgehen, zusammentragen. Sie soll ein Zeichen dafür sein, dass seine Missionstätigkeit unter Heiden den Mitgliedern jüdischer Herkunft verbunden bleibt. In diesem Zusammenhang erhalten wir einen Einblick in eine Predigtgattung, die vor einigen Jahrzehnten noch häufig anzutreffen war, mittlerweile aber selten anzutreffen ist: die Kollektenpredigt.

„Der Herr wünscht sich viele Schein-Werfer in den Gemeinden!“ So zitierte mit leuchtenden Augen mein Schwieger-Opa einen Kollektenprediger, den er sehr schätzte und der den Gemeinden große Sammlungen entlockte. Nicht Münzen-Schubser, Schein-Werfer sollen Christen sein. Und ja, das hilft Gemeinden und Bünden auch heute noch.

Zwei Argumente führt der Apostel ins Feld, um Christen zu Schein-Werfern zu machen. Das eine: Entdecke den Reichtum in deinem Leben! Nicht den materiellen, sondern den geistlichen und den menschlichen Reichtum. Die Korinther scheinen da ziemlich gut aufgestellt gewesen zu sein. Vielleicht stellte Paulus etwas mehr ins Schaufenster, als in Korinth wirklich zu finden war, aber so brachte er seine Adressaten auf die richtige Spur: „Schau dich um und lass mal auf dich wirken, welche Begabungen und Segensspuren es in deiner Gemeinde und in deinem Leben gibt." Darüber kann man schnell hinwegsehen und den Blick auf die Probleme heften. Aber wer diesen Reichtum entdeckt, der wirft auch gern mal einen kleinen oder größeren Schein ins Körbchen, damit auch anderen solcher Reichtum zuteilwird. Das andere Argument (Vers 9) lenkt unseren Blick auf Christus. Denn der hat seinen Reichtum bei Gott verlassen, alles aufgegeben, um uns den Reichtum der Gnade Gottes zuteilwerden zu lassen. Wenn Christus alles loslässt, was er hat, dann können wir getrost und fröhlich den ein oder anderen Schein loslassen. *Oliver Pilnei*

7 Donnerstag NOVEMBER 2024

✹ 07:26 16:45
☽ 13:34 20:53

Bibellese: 2. Korinther 8,16-24

Paulus schreibt: Es liegt mir daran, dass alles einwandfrei zugeht, nicht nur vor dem Herrn, sondern auch vor den Menschen. (Vers 21)

„Über Geld spricht man nicht", sagt eine weit verbreitete Redensart. Sie suggeriert, dass über das Thema Geld generell der Deckmantel des Schweigens zu hüllen sei. Es gibt sicher viele Situationen und Anlässe, in denen man nicht über das liebe Geld sprechen sollte. Kirchen müssen aber übers Geld sprechen. Insbesondere jene freikirchlichen Gemeinden und Bünde, die sich nicht aus Kirchensteuern und Staatsleistungen finanzieren. Denn sie leben davon, dass ihre Gemeindemitglieder das tun, wozu auch der Apostel Paulus die Korinther in diesem Kapitel ermutigt: eine großzügige Kollekte zusammenzulegen. Dabei muss sichergestellt sein, dass die gesammelten und gespendeten Beträge zu treuen Händen gegeben werden. Damit die Korinther in diesem Punkt volles Vertrauen in das

Kollektenprojekt des Apostels haben können, hat Paulus Titus zwei vertrauensvolle Brüder an die Seite gestellt, die eifrig sind und einen guten Ruf haben (Vers 18 und 22). Es soll eben nicht nur in geistlichen, sondern auch in finanziellen Dingen, die freilich auch eine geistliche Dimension haben, redlich zugehen. Das gibt allen Beteiligten Sicherheit und das nötige Vertrauen.

In christlichen Gemeinden, insbesondere in den rein spendenfinanzierten Freikirchen, gibt es Menschen, die oft über viele Jahre mit großer Verlässlichkeit und Treue die Finanzen verwalten. Sie müssen nicht nur Buchungen vornehmen; oft sind sie in die Planung von Baumaßnahmen involviert, haben Verantwortung für große Geldbeträge und behalten die finanzielle Situation der Gemeinde im Blick. Sie tun einen ausgesprochen wichtigen Dienst! Sie sorgen für Stabilität und tragen ihren Teil dazu bei, dass Gemeindemitglieder ihrerseits gerne und verlässlich spenden. Deshalb verdienen sie unseren Dank und unsere Wertschätzung! Vielleicht ist ja heute eine gute Gelegenheit, dem Kassierer, Finanzverwalter oder wie auch immer die Funktion in Ihrer Kirche oder Ihrem Werk heißt, diesen Dank auszusprechen. Dass der redliche Umgang mit Geld auch das Private betrifft, versteht sich für Christen freilich von selbst, auch wenn gerade das oft kein Thema ist. *Oliver Pilnei*

8 Freitag NOVEMBER 2024

✹ 07:28 16:43
☽ 14:01 22:16

Bibellese: 2. Korinther 9,1-15

Jeder soll so viel geben, wie er sich in seinem Herzen vorgenommen hat. Es soll ihm nicht leidtun und er soll es auch nicht nur geben, weil er sich dazu gezwungen fühlt. Gott liebt fröhliche Geber! *(Vers 7)*

Warum interessiert sich Gott dafür, mit welchen Gefühlen Menschen Geld spenden? Kann ihm doch eigentlich egal sein, wenn der Betrag stimmt, oder nicht? Zehn Euro bleiben doch zehn Euro. Nein, an der Geldsumme ändert das fröhliche Herz zunächst nichts. Mittelfristig aber vielleicht schon. In jedem Fall verändert es die beteiligten Menschen. Ob wir freigiebige oder knauserige Leute sind, sagt nämlich viel darüber aus, wie wir auf diese Welt schauen und wie wir mit uns und anderen umgehen. Vor dem Supermarkt um die Ecke sehe ich regelmäßig einen Mann bei den Einkaufswagen stehen. Für 1,50 Euro bietet er eine Straßenzeitung zum Verkauf an. Ein Euro geht direkt an ihn. Jedes Mal, wenn ich ihn sehe, fangen meine Gedanken an zu kreisen:

„Kaufe ich ihm ein Exemplar ab? Oder heute mal nicht? Gebe ich ihm einfach so einen Euro, weil ich die Zeitschrift gar nicht haben will? Aber ist das nicht überheblich? Und warum eigentlich so wenig? Ich könnte ihm auch fünf Euro geben ..." Ich merke, dass zu meinem inneren Team offensichtlich auch ein knauseriger Erbsenzähler gehört. In solchen Situationen taucht er plötzlich mit allerlei Gedanken auf, die mich davon abhalten, fröhlich zu geben. Eine Zeit lang hatte ich mich entschieden, jedes Mal eine Zeitschrift zu kaufen oder einfach so etwas zu geben. Ohne Abwägen, einfach so. Ganz kurze Gespräche sind entstanden. Man nickte einander freundlich zu, wechselte ein paar Worte.

Seine Lebenssituation veränderte sich nicht durch mein Experiment. Er steht immer noch da. Aber ich verstand etwas. Der Erbsenzähler in meinem inneren Team sitzt ab jetzt häufiger auf der Auswechselbank. Stattdessen bekommt der fröhliche Geber die Kapitänsbinde. Er fackelt nicht lang. Er gibt einfach, füllt die Überweisung aus, drückt auf den Spendenknopf. Klappt nicht immer, aber manchmal doch. Und dann macht die Auswechslung einen großen Unterschied. Der fröhliche Geber hilft mir dabei, großzügig und freigiebig zu sein. Er flüstert mir ins Ohr: „Klammer nicht, lass los. Gib fröhlich! Gott hat dich reich gemacht."

Oliver Pilnei

Zum 8. November 2024

Ein gottesfürchtiger Freidenker

Heute ist der **350. Todestag** des englischen Dichters und politischen Denkers **John Milton.** Sein Hauptwerk, das epische Gedicht „Paradise lost“, hat bis heute Einfluss auf Literatur und Kultur. Klassische Musikwerke wie Joseph Haydns Oratorium „Die Schöpfung“ von 1800 und Krzysztof Pendereckis Oper „Paradise lost“ (1978) sowie Cees Nootebooms Roman „Paradies verloren“ (2004) sind von Miltons Werk inspiriert. In vielen populärkulturellen Filmen, Büchern und Songs finden sich Zitate aus „Paradise lost“.

John Milton wurde am 9. Dezember 1609 in London geboren. Er wuchs in einem puritanischen Elternhaus auf. In Cambridge erwarb er 1632 den Titel eines Masters of Arts. Milton gehörte zu den Unzufriedenen und Neuerern. 1638 unternahm er Reisen nach Frankreich und Italien und traf dabei unter anderen den Humanisten und Staatsmann Hugo Grotius in Paris und den Universalgelehrten Galileo Galilei in Florenz. Wieder in England begann Milton, politische Streitschriften zu verfassen. Während des englischen Bürgerkriegs von 1642 bis 1649 war Milton auf der Seite der Reformwilligen unter Oliver Cromwell und erlangte auf dem Höhepunkt der Revolution 1649 bis 1652 den höchsten

Ruhm als Staatssekretär für Außenpolitik und Propaganda. Als 1660 die Stuarts wieder an die Macht kamen, begann man, die Anhänger der Revolution zu verfolgen. Milton versteckte sich bei Freunden, wurde 1660 verhaftet, seine Schriften wurden öffentlich verbrannt und er wurde entschädigungslos enteignet. Nur der Fürsprache einflussreicher Freunde war es zu verdanken, dass er nach 16 Wochen freikam und wieder veröffentlichen konnte. In dieser Zeit entstand sein Epos „Paradise lost". Milton musste es diktieren, da er inzwischen erblindet war. 1667 konnte es erstmals veröffentlicht werden. Milton erhielt für das Urheberrecht lächerliche 18 Pfund. Diesem Epos in ursprünglich zehn Gesängen liegen die ersten drei Kapitel der Bibel zugrunde. Milton leuchtete den Geschehnisablauf von Schöpfung, Fall und Erlösung so aus, dass er ihn auf seine Gegenwart projizierte. In der ersten Hälfte ist Satan die bestimmende Figur. Zunächst erscheint er als heldenhafter Rebell, um sich später in einen bösen Tyrannen zu verwandeln. Am Ende werden Adam und Eva, wird die Menschheit in die Geschichte entlassen: „Vor ihnen lag die große weite Welt, / Wo sie den Ruheplatz sich wählen konnten, / Die Vorsehung des Herrn als Führerin. / Sie wanderten mit langsam zagem Schritt / Und Hand in Hand aus Eden ihres Wegs."

Milton starb in ärmlichen Verhältnissen 1674 in Bunhill bei London. 1737 setzte man ihm ein Denkmal in der Westminsterabtei. *Hans-Werner Kube*

Bibellese: 2. Korinther 10,1-11

Paulus schreibt: Ich erhielt meinen Auftrag, um euch als Gemeinde aufzubauen, und nicht, um euch zugrunde zu richten. *(Vers 8)*

Ich erinnere mich gerne an die Zeit, als meine Kinder klein waren. Die beiden Jungen spielten damals mit Bauklötzen, während meine Tochter sich lieber mit ihren Puppen beschäftigte. Einmal kam mein Ältester zu mir ins Büro und wollte mir stolz seinen Turm zeigen, den er gebaut hatte. Als wir in sein Zimmer kamen, fanden wir dort den Jüngsten vor, der sich gerade daran erfreute, das Bauwerk zum Einsturz gebracht zu haben.

Auch im Reich Gottes wird fleißig gebaut. Der Apostel Paulus schreibt den Korinthern, dass er selbst von Gott beauftragt worden sei, sie als Gemeinde aufzubauen. Gleichzeitig beklagt er, dass seine Gegner ihm vorwerfen, er wolle sie zerstören.

Zu allen Zeiten hat es diese Auseinandersetzungen auch in unseren Freikirchen gegeben und es gibt sie

leider auch heute noch. Eigentlich wollen alle nur das Beste für ihre Gemeinde. Dennoch gibt es solche Vorwürfe, die Gemeinde zu zerstören, statt sie einfach gemeinsam zu bauen. Paulus erwähnt im ersten Teil seines Briefes, dass solche Streitereien ihn sehr traurig gemacht haben. So sehr er sich auch im Recht weiß, von Gott zum Bau der Gemeinde beauftragt zu sein, umso mehr schmerzen ihn die Vorwürfe seiner Gegner. Sein Brief ist einerseits Rechtfertigung und eine scharfe Kritik an ihnen, andererseits aber auch eine letzte Einladung, bei allen unterschiedlichen Ansichten gemeinsam in Gottes Reich zu arbeiten.
Ich konnte damals meine Kinder bewegen, ihren Streit zu überwinden und einander zu vergeben. Danach freute ich mich, als sie den Turm zu zweit wieder aufbauten. So reagiert auch Gott, wenn wir uns versöhnen, anstatt uns gegenseitig zu beschuldigen. Dann kann beim gemeinsamen Bau der Gemeinde etwas Großes entstehen. *Wolfgang Reitz*

♫ Herr Jesus, Grundstein der Gemeinde,
du wirst zu ewger Herrlichkeit
sie wunderbar dereinst vollenden
trotz Not und Nacht, trotz Kampf und Streit,
so dass sie wird am Ende sein
ganz heilig, fleckenlos und rein.

Karl Eisele 1939

10 Sonntag NOVEMBER 2024

☀ 07:31 16:40
☽ 14:37 –.–

Drittletzter Sonntag im Kirchenjahr

Bibellese: Psalm 90

Doch wer begreift schon,
wie furchtbar dein Zorn ist,
und wer nimmt ihn sich zu Herzen?
Lass uns erkennen,
wie kurz unser Leben ist,
damit wir zur Einsicht kommen! *(Vers 11-12)*

Viele Menschen reden, wenn sie überhaupt von Gott reden, vom „lieben Gott". Umso schwerer fällt es ihnen, zu begreifen, dass er so viel Schreckliches zulässt an Krankheit und Leid, Kriegen und Tod. Der heutige Text redet aber von einem „zornigen Gott", der unserem Leben mit dem Tod eine endgültige Grenze setzt. Alle Menschen müssen sterben, auch Sie und ich.

Es gab einen Zeitpunkt in meinem Leben, als ich so schwer krank war, dass ich mit dem Leben bereits abgeschlossen hatte. In jener Zeit musste ich mit dem Psalmbeter erkennen, wie kurz mein Leben ist. Gleichzeitig wurde mir bewusst, dass der „zornige

Gott“ auch mein liebender, barmherziger Gott und Herr ist. Sein Zorn über uns und unser oft so fehlerhaftes Leben ergoss sich beim Tod seines Sohnes Jesus Christus über ihn. Er musste am Kreuz grausam sterben, damit wir durch den Glauben an ihn, unseren Erlöser, ewig mit Gott leben können, auch nach unserem Tod.

Ich freue mich, dass ich wieder gesund geworden bin und mit meinem Herrn Jesus Christus und auch mit meinen Lieben in Ehe und Familie auf dieser Erde weiterleben kann. Seit jener Zeit konnte ich als Trauerredner noch viele Menschen durch diesen Text an ihr Lebensende erinnern und zum Glauben an Jesus ermutigen. Dafür bin ich ihm, meinem Herrn und Gott, sehr dankbar. *Wolfgang Reitz*

Es kann vor Nacht leicht anders werden,
als es am frühen Morgen war;
denn weil ich leb auf dieser Erden,
leb ich in steter Todsgefahr.
Mein Gott, mein Gott, ich bitt durch Christi Blut:
Machs nur mit meinem Ende gut.

Ämilie Juliane von Schwarzburg-Rudolstadt 1686
Aus: Wer weiß, wie nahe mir mein Ende

11 Heute ist der Internationale Gebetstag für verfolgte Christen.

11 Montag NOVEMBER 2024

✹ 07:33 16:38
☽ 14:50 01:08

Bibellese: 2. Korinther 10,12-18

Paulus schreibt: Ich rühme mich nicht ohne Maß. Gott hat mich mit der Guten Nachricht bis zu euch gelangen lassen. Das ist der Maßstab, nach dem ich mich beurteile. *(Vers 13)*

Eigenlob stinkt!" So warnt mit Recht eine gut bekannte Redewendung. Paulus musste sich mit Menschen auseinandersetzen, die ihre Vorzüge in den Gemeinden anpriesen, an die der Apostel seine Briefe schrieb. Dieses Sich-selbst-Anpreisen erleben wir in vielen Lebensbereichen. Bei einer Bewerbung um einen Arbeitsplatz ist das auch durchaus angebracht. Schließlich möchte ein Arbeitgeber wissen, welche Qualifikationen der Anwärter auf eine Stelle aufweist.

Selbst eine Gemeinde möchte von einem möglichen zukünftigen Pastor erfahren, wo seine Stärken liegen. Nur sollte dieser aber nicht übertreiben wie auch alle, die sich in anderen Berufsbereichen um eine Stelle bewerben.

Paulus geht in seinem Brief maßvoll mit dem um, wessen er sich rühmen kann. Er erinnert seine Leser einzig und allein an die Gute Nachricht von Jesus Christus, die er ihnen gebracht hatte. Statt sich selbst dafür zu loben, lenkt er ihren und auch unseren Blick auf Jesus. Nach diesem Maßstab beurteilt er sich selbst und wird er wohl auch von seinem Herrn und Gott beurteilt werden. Das möchte ich in meinen vielfältigen Aufgaben innerhalb und außerhalb der Gemeinde von Paulus lernen.
Wir stehen oft in der Gefahr, unsere eigenen Vorzüge hervorzuheben und unsere Schwächen zu verschweigen oder gar zu kaschieren. Der Apostel Paulus ermahnt uns zur Ehrlichkeit und Bescheidenheit. Sein bescheidener Hinweis auf seine Arbeit erwies sich letztlich als größter Vorzug gegenüber allen Gegnern. Seine Arbeit trug dazu bei, Menschen zum Glauben und zur Gemeinde zu führen. Was kann es für einen größeren Maßstab geben – auch für uns!

Wolfgang Reitz

♫ Dein sind wir! Nicht uns selbst zu leben,
dein Werk zu treiben leben wir.
Dir rege sich all unser Streben,
all unser Wirken wirke dir.

Nach Karl Bernhard Garve 1825
Aus: Du, unser Herr und Haupt der Deinen

12 Dienstag NOVEMBER 2024

✷ 07:35 16:37
☽ 15:03 02:35

Bibellese: 2. Korinther 11,1-15

Paulus schreibt: Ihr lasst es euch gefallen, wenn jemand kommt und euch einen anderen Jesus verkündet als den, den ich euch gebracht habe. Ihr lasst euch gerne einen anderen Geist geben als den, den ihr zuerst empfangen habt. *(Vers 4)*

Ich muss gestehen, ich tue mich schwer mit dieser Abkanzelung. Wozu würden mich diese Worte bewegen? Vermutlich wäre ich in einer Verteidigungshaltung, statt einsichtig nachzufragen, wie Paulus das meint. Ich kann den Vers nur lesen, indem ich Paulus selbst als einen zutiefst traurigen und verletzten Menschen ansehe. Paulus als einer, der sich um die Gemeinde sorgt, dem die Menschen am Herzen liegen, aber von ihnen nicht verstanden wird. Das mag ihn so aufgebracht schreiben lassen. Schon beginne ich zu überlegen, wie schnell es geht, dass ich in meiner Wut über das Ziel hinausschieße. Was für ein Wort?! Ich will doch gar nicht schießen! Da hat sich wohl schon der Ärger festgefahren. Wut ist keine gute Ratgeberin. Meine Erfahrung ist, dass wir uns dann gegenseitig verletzen. Ich werde erst recht nicht verstanden, wenn ich schäume. Für die wirklichen Anliegen meines Gegenübers bin ich dann eher taub. Leicht unterstelle ich etwas, statt genau zu fragen: Wie meinst du das? Was brauchst du? Ich muss es anders versuchen. Besser ich schlafe nochmal und nochmal drüber, ehe ich das Gespräch beginne. Oder ich berate mich mit einem Kollegen oder einer Freundin. Wichtig ist dabei, meine eigenen Gefühle wahrzunehmen. Was lässt mich so aufbrausen? Erst wenn ich für mich Klarheit gewinne und innere Ruhe, macht es Sinn, ins Gespräch oder in die Auseinandersetzung zu gehen. Dann wäre es im Falle unterschiedlicher Richtungen in Glaubensfragen möglich, von mir zu erzählen. Was mir wichtig ist. Wo ich Hilfe finde. Was mir Christus bedeutet. Und ich werde genauso fragen: Was gibt dir Halt? Worauf traust du? Ich wünsche und erhoffe mir, so wirklich im Gespräch zu sein, die Sicht meines Gegenübers und mich selbst ernst zu nehmen.

Katrin Schneidenbach

Wo erfahren wird, dass Gott für das Heil des Menschen alles getan hat, da kann man für das Wohl des Menschen gar nicht genug tun.

Eberhard Jüngel (1934-2021), deutscher evangelischer Theologe

13 Mittwoch NOVEMBER 2024

☀ 07:37 16:35
☽ 15:16 04:04

Bibellese: 2. Korinther 11,16-33

Paulus schreibt: Ihr duldet es, wenn euch jemand unterdrückt, euch ausbeutet und einfängt, euch verachtet und ins Gesicht schlägt. Ich muss zu meiner Schande gestehen: Dazu war ich zu schwach! (Vers 20-21)

Das klingt erschreckend. Mein erster Gedanke ist: Wirklich? Wer lässt sich das gefallen? Dann kommen mir Bilder und Geschichten in Erinnerung. Die Nachbarin, die wieder ein blaues Auge hat. Ein Leben ohne diesen schlagenden Mann stellt sie sich schlimmer vor als eines mit ihm. Da war doch die Liebe, die sie einst verband. Wäre es nicht Verrat, sich zu trennen? Ich kann nicht verstehen, was und warum sie das erduldet. Dennoch habe ich weiter hingehört. Im Garten und über den Zaun hinweg blieben wir im Gespräch.

Da ist die Krankenschwester, die Überstunden auf Überstunden häuft. Ausgelaugt, manchmal bleibt kaum Kraft für den eigenen Alltag. Aber ihre Patienten brauchen sie doch. Die Klinik braucht sie. Da kann sie nicht Nein sagen. Die Frage danach, ob sie ihrer Arbeit und den Patienten noch gerecht werden kann, wenn sie selbst erschöpft ist, übergeht sie. Ebenso die Bitte der groß gewordenen Kinder, sich Ruhe zu gönnen und mal drei Wochen am Stück mit ihnen wegzufahren. Sie verstehen nicht, wie die Mutter diese Ausnutzung ihrer Arbeitskraft so lange erduldet. Sie sorgen sich um ihre Gesundheit und dass sie die Lebensfreude verliert.

Nein, ich käme nicht auf die Idee, ihre Lasten noch zu vergrößern. Eher steht die Frage an, wie es gelingt, den Blickwinkel zu ändern, dass die misshandelte Frau, die ausgelaugte Krankenschwester oder der überarbeitete Arzt auch nach den eigenen Bedürfnissen schauen. Wie können sie gut für sich selbst sorgen? Was lässt sie aufatmen, wo können sie das Leben in tiefen Zügen genießen? Wie finden sie zu klaren Entscheidungen und notwendigen Abgrenzungen? Muss erst das eigene Leben in Frage stehen? Dieser Preis ist zu hoch!

Ich bin froh, dass heute in Kirche und Seelsorge ein stillschweigendes und leidendes Erdulden nicht mehr befürwortet wird. Der ganze Mensch auch in seiner Selbstfürsorge steht im Mittelpunkt.

Katrin Schneidenbach

14 Donnerstag NOVEMBER 2024

✷ 07:38 16:34
☽ 15:32 05:35

Bibellese: 2. Korinther 12,1-10

Paulus schreibt: Ich freue mich über meine Schwächen, über Misshandlungen, Notlagen, Verfolgungen und Schwierigkeiten. Denn gerade wenn ich schwach bin, dann bin ich stark. *(Vers 10)*

Ich ärgere mich, wenn mir meine Schwäche oder Misslungenes deutlich vor Augen stehen. Wenn ich mich zu schnell in einen Konflikt hineinziehen lasse, statt Ruhe zu bewahren. Misshandlung und Verfolgung gar, ich habe sie nicht erlebt, würde ich darüber froh sein? Wohl nicht. Ich wäre eher wütend und voller Angst. Was Paulus schreibt, ist für ihn selbst eine bewundernswerte Einsicht und Haltung. Sie zu verallgemeinern, halte ich für schwierig. Gleichzeitig gab und gibt es Menschen, die ebenso erfahren: Wo ich schwach bin, wirkt Gott mit seiner Liebe.

Für mich ist Dietrich Bonhoeffer so ein Mann. Gefangen, wissend, er wird hingerichtet, blieb er im Vertrauen auf Gott. Dabei verleugnete er die eigenen Fragen, Ängste und Zweifel nicht. „Wer bin ich?“,

fragte er in einem Gedicht. Ist er der, als der er sich selbst erlebte: unruhig, ohnmächtig, leer, einsam? Oder ist er der, den andere zu sehen meinten: heiter, klar, stolz, frei? Seine Wirkung, die Kraft seiner Worte und Texte, liegt bis heute wohl auch darin, dass er diese Fragen und Ängste zulassen konnte. Für sich selbst vertraute Bonhoeffer darauf, dass er sich in allem Wanken von Gott gesehen und erkannt wusste. Das trug ihn im Leben und Sterben.
Paulus schildert, wie er unter seinen körperlichen Einschränkungen leidet, wie gern er bei Kräften wäre. Seine Gebete wurden nicht erhört. Seine bleibende Versehrtheit widerspricht einer Optimierung durch Glauben. Genau in dieser Schwachheit wird er zum einfachen Glaubensbruder, der mir auf Augenhöhe begegnet. Seine Schwäche entfaltet Wirkung.

Katrin Schneidenbach

Wer bin ich? Der oder jener?
Bin ich denn heute dieser und morgen ein andrer?
Bin ich beides zugleich? Vor Menschen ein Heuchler und vor mir selbst ein verächtlich wehleidiger Schwächling? ....
Wer bin ich? Einsames Fragen treibt mit mir Spott.
Wer ich auch bin, Du kennst mich, Dein bin ich, o Gott!

Dietrich Bonhoeffer (1906-1945), deutscher evangelischer Theologe

15 Freitag NOVEMBER 2024

✹ 07:40 16:33
☽ 15:53 07:09

Bibellese: 2. Korinther 12,11-21

Paulus schreibt: Ich möchte nicht traurig sein müssen über die vielen, die früher gesündigt haben und die sich immer noch nicht abgekehrt haben von ihrem schmutzigen, unzüchtigen, ausschweifenden Leben. (Vers 21)

Mit dem Ruf „Ändert euer Leben!" (Matthäus 4,17) knüpft Jesus an die Botschaft der Propheten an, die das Volk Gottes dazu aufrufen, von den heidnischen Göttern zu Gott zurückzukehren und einen radikalen Bruch mit ihrem gottlosen Leben zu vollziehen. Das galt auch in den ersten urchristlichen Gemeinden. Paulus stellt fest, dass nicht alle Gemeindemitglieder im antiken Korinth die radikale Abkehr von den griechischen Göttern vollzogen haben. Die heidnischen Kulte von Zeus, Poseidon, Demeter, Aphrodite oder Dionysos sollten für die jungen Christen „out" sein, aber sie sind es bei einigen nicht. Mit den Adjektiven „schmutzig, unzüchtig, ausschweifend" kennzeichnet Paulus derlei Praktiken und rät dringend zur Umkehr. Er weiß, das ist und bleibt ein Prozess, aber er ist zuversichtlich, dass der Geist Gottes die Abkehr vom Götzendienst stützen und fördern wird – in den jungen Gemeinden im götterreichen Griechenland.

Was bedeutet das für uns heute? Auch uns drohen nach dem Christwerden Rückfälle in die alten, nicht christusgemäßen Verhaltensweisen. Ich frage mich: Was war im Verhalten vor meiner Hinwendung zu Gott „schmutzig", „unzüchtig", „ausschweifend"? Welche Reste des Denkens und der Einstellungen vor meiner Bekehrung bestimmen mich noch heute? Von welchen Einflüssen sollte ich mich lösen, um konsequenter den Weg der Nachfolge zu gehen?

Nach einem Buch des US-amerikanischen Theologen Richard Foster sind Geld, Sex und Macht die drei Abgötter und Realitäten, die heute das Leben der Menschen bestimmen wollen. Für Christen gehören aber auch diese unter die Herrschaft von Jesus Christus.

Hinrich Schmidt

Hau deinen Götzen mutig um;
es sei Geld, Wollust oder Ruhm.

Matthias Claudius (1740-1815), deutscher Dichter und Journalist

16 Samstag NOVEMBER 2024

☀ 07:42 16:31
☽ 16:21 08:44

Bibellese: 2. Korinther 13,1-13

Die Gnade unseres Herrn Jesus Christus und die Liebe Gottes und die Gemeinschaft stiftende Kraft des Heiligen Geistes sei mit euch allen! *(Vers 13)*

Dieser Bibelvers wird häufig als Segenszuspruch genutzt. Was bedeutet Segen? Nach dem Evangelischen Gemeindelexikon: „dass der andere in das Kraftfeld der Gnade Gottes hineingestellt werden soll". Was ist ein Kraftfeld?

Ein Beispiel aus der Physik: Das Magnetfeld der Erde ist so ein Kraftfeld. Wir wissen nicht genau, wie es zustande kommt, aber es durchdringt und umgibt den gesamten Erdball bis weit in den Weltraum. Es hilft uns und wahrscheinlich auch den Vögeln und vielleicht noch anderen Tieren wie Walen bei der Navigation. Vor allem aber schirmt das Magnetfeld der Erde die Erdoberfläche vor den gefährlichen, geladenen Teilchen des mal mehr oder mal weniger von der Sonne ausströmenden „Sonnenwindes" ab, der massive Schäden auf der Erde anrichten könnte. Eine imposante Nebenerscheinung dieses Abschirmprozesses ist übrigens das Polarlicht.

Gottes Segen wirkt also so ähnlich wie ein magnetisches Kraftfeld. Er verändert und entschärft gefährliche Entwicklungen, dämmt bedrohliche Einflüsse ein, schafft eine Zone, in der Leben sich entfalten kann. Aber er beinhaltet noch mehr, denn der Bibelvers benennt in dreifacher Weise die Inhalte des Segens. Erstens: Die Gnade von Jesus bewirkt Vergebung unserer Schuld und befreit uns dazu, diese Gute Nachricht allen Menschen zu verkündigen. Zweitens: Die Liebe Gottes erfüllt uns und hilft uns, den Nächsten wie uns selbst zu lieben. Drittens: Der Heilige Geist verbindet uns miteinander und vereint uns zu einer neuen, vorbildlichen Gemeinschaft. So hält der Segen des dreieinen Gottes, sein Kraftfeld, Sie und mich auf dem Kurs eines erfüllten und gelingenden Lebens. Liebe Leserin, lieber Leser, ich wünsche Ihnen diesen Segen! *Hinrich Schmidt*

Es ist nicht das Größte, Segen zu haben, sondern ein Segen zu sein.

Carl Hilty (1833-1909), Politiker und Ethiker

17

Sonntag **NOVEMBER** 2024

✹ 07:43 16:30
☽ 17:03 10:12

Vorletzter Sonntag im Kirchenjahr

Bibellese: Psalm 51

Lass mich, Gott, wieder Freude erleben
und mit deiner Gemeinde jubeln.
Du hast mich völlig zerschlagen;
richte mich doch wieder auf!
Sieh nicht auf meine Verfehlungen,
tilge meine ganze Schuld! *(Vers 10-11)*

Hans-Joachim Kraus schreibt im Biblischen Kommentar XV/1: „Psalm 51 gehörte in der Zeit der Reformation zu den tragenden Bibeltexten, auf die sich Luther in seiner Rechtfertigungslehre berief ... Alles ist Tat Gottes. Das ‚sola gratia' (allein aus Gnaden) leuchtet aus jedem Vers hervor." Einer der vier Grundpfeiler der Reformation war damals gefunden. Die anderen drei Soli lauten: allein aus Glauben, allein aus der Schrift, allein durch Christus.

Wenn wir mit David, der Ehebruch begangen hatte, Psalm 51 beten, sprechen wir nicht ins Nichts oder wie gegen eine steinerne Wand, sondern ins Ohr eines uns liebenden, gnädig gesonnenen Vaters, der

Schuld vergibt. Nichts ist nötig als nur die Bitte: „Tilge meine ganze Schuld ... Gib mir ein Herz, das dir völlig gehört" (Vers 11-12). Der Reformator Martin Luther erlebte es und viele nach ihm. Ich erlebte es. Und auch Sie erlebten es vielleicht oder können es noch erleben. Weshalb bin ich so sicher? Lesen wir den Psalm weiter: „Wenn ein Mensch dir Herz und Geist hingibt, wenn er mit sich am Ende ist und dir nicht mehr trotzt – ein solches Opfer weist du nicht ab" (Vers 19). Gott, der vor über 13 Milliarden Jahren das Universum mit einem Wort aus dem Nichts ins Sein rief und noch heute gestaltet, der kümmert sich auch um den winzigen Planeten Erde und um uns Körnchen auf diesem Körnchen. Er ist, wie David und Martin Luther es erfuhren, ein fordernder, aber auch ein gnädiger Gott. Unglaublich, aber wahr.

Hinrich Schmidt

? **Frage zum Weiterdenken**
Lesen Sie zum Text 2. Samuel 12,1-10.
Durch welches Gleichnis überführt der Prophet Natan David?

18 Montag NOVEMBER 2024

✹ 07:45 16:29
☽ 18:02 11:24

Bibellese: 2. Petrus 1,1-11

Ja, so ist es: Gott in seiner Macht hat uns alles geschenkt, was wir zu einem Leben in wahrer Frömmigkeit brauchen. *(Vers 3)*

Wer wünscht sich nicht, ein erfülltes Leben zu leben – ein Leben, das sich zu leben lohnt und sich sogar von anderen abhebt! Ein solches Leben wünscht sich Petrus für sich selbst und für seine Leser. Für ihn gehört zu diesem Leben wesentlich dazu, dass es Gott die Ehre gibt und sichtbar werden lässt: Es gibt immer noch Menschen, denen der lebendige Gott der Bibel sehr wichtig ist!

Wer immer diesen Wunsch teilt, erfährt in der Bibellese: Ein solches Leben ist möglich. Es ist kein unerreichbares Ideal, sondern ein auszupackendes Geschenk. Was dazu nötig ist, hat Gott uns umfassend bereitgestellt. Dieses Leben beginnt damit, dass wir auf die Einladung Gottes, mit ihm in einer vertrauensvollen Beziehung zu leben, einfach mit „Ja“ antworten oder mit „Ja, mit Gottes Hilfe!“ Dazu gehört, dass wir Jesus als Christus erkennen – als den von Gott im Alten Testament versprochenen, gesandten und gesalbten Retter (Vers 1) und Herrn (Vers 2). Dabei geht es nicht so sehr um ein theoretisches Wissen oder eine rein gedankliche Beschäftigung mit Jesus, sondern um eine intensive, persönliche und alltägliche Beziehung mit ihm. Diese Beziehung ist lebendig – sie lebt von echter Gemeinschaft und sie verändert so das eigene Leben.

Bei diesem Leben mit Jesus geht es nicht um die Frage: „Wie kann ich erreichen, dass ich für Gott gut genug bin?", sondern vielmehr darum: „Wie kann ich aus dem Reichtum, den mir dieser gute Gott schenkt, mein Leben gut und sinnvoll gestalten?"

Ich kann nichts dazutun, dass Gott mir dieses Leben schenken will. Ich kann dieses Geschenk nur annehmen und mich nun dafür entscheiden, es auch auszupacken und anzuwenden. Ich vertraue darauf, dass mir meine Schuld vergeben ist, dass ich als Kind des himmlischen Vaters leben darf, dass er mir beisteht auch in schwierigen Zeiten und dass dieses Leben auf der Erde nicht alles und das Letzte ist. Und last, but not least: dass es das Beste ist, wenn ich mein Leben aktiv nach dem ausrichte, was Gott gutheißt und sein Wille für uns ist. Wie das konkret aussieht, hat Gott uns auch vor Augen gestellt: in seinem besonderen Geschenk „Jesus"! *Thomas Acker*

19 Dienstag NOVEMBER 2024

☀ 07:47 16:28
☽ 19:14 12:16

Bibellese: 2. Petrus 1,12-21

Wir wissen, dass die Voraussagen der Propheten zuverlässig sind, und ihr tut gut daran, auf sie zu achten. Ihre Botschaft ist für euch wie eine Lampe, die in der Dunkelheit brennt, bis der Tag anbricht und das Licht des Morgensterns eure Herzen hell macht. (Vers 19)

In den letzten Jahren ging es durch schwierige Zeiten. Kaum ebbte die Corona-Krise ab und wurde die Klima-Krise wieder bewusster, begann der Krieg in der Ukraine. Auch die Gemeinde Jesu ging durch manche Krise: abnehmende Mitgliederzahlen in den Kirchen, erschütternde Fälle von Missbrauch, fehlender pastoraler Nachwuchs und rückläufige, finanzielle Ressourcen, das Gefühl, gesellschaftlich an Bedeutung zu verlieren, oder der Eindruck, dass die Bedeutung der Bibel selbst unter Christen weniger wird. Die Liste der verschiedenen Krisen ließe sich global, gemeindlich und persönlich sicher noch erweitern und ein Ende ist noch gar nicht abzusehen.

Die Frage, die sich bei allen Krisen stellt, ist: Wo finden wir Halt und Orientierung in diesen herausfordernden und dunklen Zeiten? Was lässt hoffnungsvoll in die Gegenwart und Zukunft schauen? Die Antwort des Petrusbriefs ist klar: Halte fest daran, dass das, was Gott in seinem Wort sagt und verspricht, zuverlässig ist! Petrus hat dieses Wort in seiner ganzen Herrlichkeit persönlich erlebt, indem er Jesus Christus kennengelernt hat und sich auf ein Leben in der Nachfolge Jesu einließ. Er hat erlebt, wie Voraussagen aus dem Alten Testament sich in Jesu Leben und Sterben erfüllten. Er begegnete dem Auferstandenen und damit auch der Verheißung, dass die Macht des Todes gebrochen ist. Für ihn ist das, was er mit Jesus erlebt hat, nicht nur ein religiöses Gefühl, sondern echte Geschichte – Heilsgeschichte Gottes! Für ihn sind die Worte, die die Propheten im Auftrag Gottes verkündeten, nicht ausgedachte, menschliche Worte, sondern von Gottes Geist erfüllte Worte. Auf dieses Wissen weist Petrus eine durch Krisen angefochtene Gemeinde Jesu hin und lädt ein, das, was wir erleben, immer im Licht des Wortes Gottes zu sehen und zu beleuchten. Das macht krisenfest und schenkt den wahren Durchblick.

Thomas Acker

20 Mittwoch NOVEMBER 2024

☀ 07:48 16:27
☽ 20:34 12:52

Buß- und Bettag

Bibellese: 2. Petrus 2,1-11

Der Herr weiß, wie er die, die ihn ehren, aus der Bedrängnis herausreißt. Aber alle, die Unrecht tun, lässt er warten, bis sie am Tag des Gerichts ihre Strafe bekommen. *(Vers 9)*

Da scheint es ganz schön zur Sache zu gehen in den ersten Gemeinden. Es ist alles noch so unklar, was man glauben kann, wie man leben soll und wie die alten jüdischen Geschichten mit dem Evangelium, der Guten Nachricht, zusammenpassen. Die größte Hoffnung, von der wir lesen, ist die, dass der Herr bald wiederkommt mit Macht und so das Gefüge der Welt verändert und die Menschen, die an ihn glauben, an der göttlichen Unsterblichkeit teilhaben (Kapitel 1,4). Doch um diese Hoffnung gibt es viel Streit und Missverständnisse und Gerangel um Lehren und Irrlehren, richtige und falsche Lebensweisen.

Am Ende wird ein Gericht erwartet, das Klarheit schafft und deutlich macht, wer es nun richtig gemacht und gedacht und geglaubt hat und wer nicht. Darum scheint es unter Christen bis heute hauptsächlich zu gehen. Wer macht es richtig mit dem Glauben und wer nicht? Wer sind die, die Gott ehren, und wer sind die, die Unrecht tun, und was ist das genau?

Heute wissen wir, dass der Verfasser des 2. Petrusbriefes sich geirrt hat. Der Herr ist nicht in der Form und in dem Zeitrahmen wiedergekommen, wie er sich das gedacht hatte. Alle, die sich darauf verlassen hatten, wurden enttäuscht. Es galt, eine Form des christlichen Lebens im Alltag zu finden, die vor Gottes Gericht Bestand haben kann, irgendwann. Woran glaube ich und wie lebe ich und wie schaffe ich es, beides einigermaßen in Einklang zu bringen, authentisch zu sein? Vor dieser Aufgabe standen die ersten Christen und christlichen Gemeinden so wie wir heute, aber sie hatten noch keine Vorbilder, Traditionen und Rituale. Sie haben angefangen und ausprobiert, mit Gottes Hilfe.

Bußtage, wie der heutige Buß- und Bettag, waren immer wieder eine Möglichkeit zum Innehalten und überprüfen. Sind wir auf dem richtigen Weg? Haben wir Schuld einzugestehen? Müssen wir um Vergebung bitten? Bitten wir Gott, uns aus der Bedrängnis herauszureißen und morgen neu zu beginnen.

Ute Armbruster-Stephan

21 Donnerstag NOVEMBER 2024

☀ 07:50 16:25
☽ 21:53 13:15

Bibellese: 2. Petrus 2,12-22

Sie haben unseren Herrn und Retter Jesus Christus kennengelernt und waren dadurch schon einmal aus der Verstrickung in den Schmutz der Welt freigekommen. Aber dann sind sie wieder von ihren alten Gewohnheiten eingefangen und besiegt worden. *(Vers 20)*

Alte Gewohnheiten haben es in sich. Da hätten wir wohl alle Geschichten zu erzählen. Wer es geschafft hat, mit dem Rauchen aufzuhören, weiß das. Wer es gelernt hat, gesünder zu essen und zu trinken und sich mehr zu bewegen, weil sein Arzt es ihm empfohlen hat, ist richtig gut. Öfter kommt es leider vor, dass Menschen von ihren alten Gewohnheiten eingefangen und besiegt werden. Das kann sehr frustrierend sein. Ein paar Kilo mehr oder weniger, ein Glas Wein ja oder nein – das sind wichtige gesundheitliche Fragen. Aber mit Jesus leben oder nicht, das bedeutet schon viel mehr für ein Leben.

In der Bibellese geht es um die Abrechnung mit falschen Lehrern, die andere in ihr verwerfliches

Reden und Handeln verwickeln. Die Verstrickungen und der Schmutz sind die Ausschweifungen beim Essen, der Hunger nach Sex und die Gier nach Besitz, die Liebe zum Geld und die Verlockungen des ausschweifenden Lebens. Das Versprechen von Freiheit, die in diesen Dingen und Verhaltensweisen liegen soll. Und sind doch Sklaven dieser Lebensweise. Hochtrabende und leere Worte ziehen auch andere mit in dieses Leben im Irrtum (Vers 18).
Trifft dieses Wort auch mich und meine Wünsche und Sehnsüchte? Habe ich alte Gewohnheiten, mit denen ich kämpfe oder denen ich mich schon ergeben habe? War ich schon einmal weiter und stabiler in meiner Beziehung zu Jesus, als ich es im Moment bin? Es würde sich wohl lohnen, hier wieder neu zu schauen, wo ich gerade stehe und wie ich weitermachen will. Vielleicht nicht ausschließlich mit der Motivation des 2. Petrusbriefes, der das Ende der Welt erwartet und meint: „Wenn ihr bedenkt, dass alles auf diese Weise vergehen wird, was für ein Ansporn muss das für euch sein, ein heiliges Leben zu führen, das Gott gefällt“ (Kapitel 3,11). Sondern mit dem Wunsch, mein Leben mit Körper und Seele so gut zu führen, dass ich damit zufrieden bin und es am Ende getrost in Gottes Hand zurücklegen kann.

Ute Armbruster-Stephan

22 Freitag NOVEMBER 2024

✷ 07:52 16:24
☽ 23:09 13:32

Bibellese: 2. Petrus 3,1-10

Meine Lieben, eines dürft ihr dabei nicht übersehen: Beim Herrn gilt ein anderes Zeitmaß als bei uns Menschen. Ein Tag ist für ihn wie tausend Jahre, und tausend Jahre wie ein einziger Tag. *(Vers 8)*

Gott hat ein anderes Zeitmaß. Wir hingegen haben 24 Stunden pro Tag zur Verfügung und in unserem Leben bringen wir es auf deutlich weniger als tausend Jahre. Was habe ich davon, dass bei Gott die Uhren anders ticken? Für die frühen christlichen Gemeinden war es ein echtes Problem und ein Angriff auf ihren Glauben, dass Jesus Christus mit seinem Wiederkommen auf sich warten lässt. Die Bibellese will eine Antwort darauf geben, warum es trotzdem sinnvoll ist, das Vertrauen in Gott nicht aufzugeben.

Vielleicht räumten Sie sich für die Bibellese heute mühsam ein paar Minuten Zeit ein. Möglicherweise rennen sie dieser Zeit später wieder hinterher oder ihre Gedanken sind zwischendurch schon bei den

Terminen und Aufgaben, die heute oder morgen noch auf Sie zukommen. Wir müssen Sorge tragen für uns und unsere Zeit. Sie vergeht schließlich und steht uns nicht unendlich zur Verfügung, geschweige denn tausend Jahre! Wir können aber auch so tief in unseren Zeitabläufen drinstecken und unsere Pläne verfolgen, dass wir dabei etwas Wichtiges übersehen. Es gibt einen größeren Zusammenhang, in dem wir unser Leben gestalten. Vor uns waren Menschen und nach uns kommen wieder andere. Uns alle verbindet die begrenzte Verfügbarkeit von Zeit und Raum, die Sehnsucht danach, dass das Leben Sinn enthält, die Hoffnung, dass es ein Ziel gibt oder die Suche danach. Durch den Glauben haben wir die Zusage, dass unser Leben Teil der großen Verheißung Gottes ist, die sich am „Tag des Herrn“ erfüllt. Davon lesen wir morgen.

Der heutige Tag liegt auf dem Weg zu dieser Erfüllung. Deswegen ist er unendlich wertvoll und lebenswert, wie auch immer Sie ihn gestalten. Gottes Segen dafür! *Sebastian Noß*

♫ Wer ist hier, der vor dir besteht?
Der Mensch, sein Tag, sein Werk vergeht:
Nur du allein wirst bleiben ...

Jochen Klepper 1937
Aus: Der du die Zeit in Händen hast

23 Samstag NOVEMBER 2024

☀ 07:53 16:23
☽ –.– 13:45

Bibellese: 2. Petrus 3,11-18

Gott hat uns einen neuen Himmel und eine neue Erde versprochen. Dort wird es kein Unrecht mehr geben, weil Gottes Wille regiert. Auf diese neue Welt warten wir. *(Vers 13)*

Heute wird uns zugesagt, dass Gott einen neuen Himmel und eine neuer Erde schaffen wird. Was ist denn so verkehrt an dieser Welt und dem Himmel, der sich über uns ausbreitet? Wir bekennen Gott als Schöpfer und Bewahrer dieser Welt. Sie ist seine Schöpfung mit allem, was in ihr lebt. Mindestens der Mensch ist in der Lage, darüber zu staunen, wie vielfältig und bunt sie ist. Wer tiefere Einblicke in die Natur bekommt, staunt nur noch mehr darüber, wie alles miteinander zusammenhängt und funktioniert. Der Wechsel der Jahreszeiten und wie die Natur anfängt, sich umzugestalten, zu wachsen und zu blühen beginnt, um dann wieder von vorne anzufangen, das ist zum Staunen. „Alles, was atmet, lobe den Herrn" (Psalm 150,6 E).

Wir hören heute davon, dass das noch nicht alles ist. Gott sehnt sich nach einer neuen Gerechtigkeit, die kommt, wenn ein neuer Himmel und eine neue Erde geschaffen wurden. Diese Welt ist zwar der perfekte Lebensraum, aber sie ist bedroht. Der Mensch spielt dabei seine ganz eigene Rolle und ist sich zu oft selbst der größte Feind. Das Unrecht, das eben auch in der Welt ist, existiert zwischen und neben all dem, worüber wir in Anbetung geraten können. Die Bibel nennt diesen Zustand Sünde. Doch es soll nicht der endgültige Zustand sein. Es wird noch etwas werden. Ein neuer Himmel und eine neue Erde wird es hier genannt. Lebenszeit ist Wachstumszeit. „Wachset aber in der Gnade und Erkenntnis unseres Herrn und Heilands Jesus Christus", heißt es in Vers 18 (L). Christus ist der Anfang der neuen Schöpfung und heute ist ein Tag, an dem wir ihn kennenlernen und im Glauben wachsen können. *Sebastian Noß*

♫ Wir warten dein, o Gottessohn,
und lieben dein Erscheinen.
Wir wissen dich auf deinem Thron
und nennen uns die Deinen.
Wer an dich glaubt, erhebt sein Haupt
und siehet dir entgegen;
du kommst uns ja zum Segen.

Philipp Friedrich Hiller 1767

24 Sonntag NOVEMBER 2024

✹ 07:55 16:22
☽ 00:22 13:56

Ewigkeitssonntag

Bibellese: Jesaja 26,7-19

Herr, deine Toten werden wieder leben,
die Leichen meines Volkes werden auferstehen!
Ihr alle, die ihr in der Erde liegt,
wacht auf und jubelt vor Freude!
Du, Herr, bist wie der belebende Tau;
darum gibt die Erde die Toten heraus. *(Vers 19)*

In vielen Gottesdiensten wird heute der Ewigkeitssonntag gefeiert. Darin hat die Erinnerung an die Verstorbenen einen festen Platz. Ich kann die Hoffnung, die in der Bibellese vom Propheten Jesaja ausgedrückt wird, ehrlich gesagt nicht ganz nachvollziehen. Können denn die Toten nicht in Frieden ruhen? Besonders dann, wenn ein langes und erfülltes Leben gelebt wurde und andere in Verbundenheit zwar trauern, aber dennoch dankbar sind für die gemeinsame Lebenszeit?

Die Hoffnung auf Auferstehung hat nicht nur einzelne Menschen im Blick, sondern die ganze Schöpfung. Tod und Vergänglichkeit werden selbst einmal

vergehen und sind in Jesus Christus schon überwunden. Es wird einen neuen Himmel und eine neue Erde geben. Gottes ewiger Frieden wird alles erfüllen und wir werden zu einer feiernden Tischgemeinschaft willkommen geheißen. So wird es in einem starken Bild in der Bibel dargestellt (Jesaja 25,6).
Und bis dahin? Gott ist da. Hier und heute ist er mit uns auf dem Weg. Und wenn uns die Kraft verlässt oder wir völlig außer Atem, gestresst und niedergeschlagen dem Leben hinterherhecheln, dann malt uns der Prophet Jesaja in seinem Gebet ein alternatives Bild vor Augen: Komm zur Ruhe bei Gott. Berge dich bei dem, der die ganze Welt in seinen Händen hält. Ruhe aus beim Herrn über das Leben. Halte seine liebevolle Gegenwart aus. Lass dich aufrichten. Er ist wie der belebende Tau, der dir sagt und dich spüren lässt, dass ein neuer Tag anbricht. Auch für dich!

Sebastian Noß

Lee Strobel, Dem Himmel auf der Spur. Ein Journalist auf der Suche nach Indizien für ein Leben nach dem Tod, Gerth Medien, ISBN 978-3-9573-4955-2

Zum 25. November 2024

Eine neue Welt für Gerechte und Arme

Einführung in das Buch Jesaja, Kapitel 56 bis 66

Wer die ermutigenden Zusagen des rettenden Gottes im zweiten Teil des Jesajabuches (Kp 40-55) im Ohr hat und sich den letzten Kapiteln (Kp 56-66) dieses umfassenden prophetischen Großwerkes widmet, spürt sogleich die etwas andere Tonart, die nun angestimmt wird. Bleibt man im Bild der Musik, erklingen Kp 1-39 in Moll (Gericht), Kp 40-55 in Dur (Heil). Doch nun wechseln Dur und Moll: „Wahrt das Recht und übt Gerechtigkeit" (56,1 L), mahnt die göttliche Stimme ihre Zuhörenden und Lesenden. Jetzt geht es darum, die bereits bekannten Themen des Jesajabuches – Recht und Gerechtigkeit (1,21; 5,7; 16,5) – angesichts veränderter gesellschaftlicher und weltgeschichtlicher Rahmenbedingungen zu bündeln. Recht (59,15) und Gerechtigkeit (58,2; 59,9; 62,1-2.8), die Unterscheidung zwischen Gerechten (57,1; 60,21) und Ungerechten (57,21; 66,24) sowie die Hoffnung auf die endgültige Durchsetzung der Königsherrschaft Gottes (66,1) sind nun die zentralen Aspekte.

Eine wichtige Gruppe, die neben den Gerechten in diesem abschließenden Teil des Jesjabuches mehrfach genannt wird, besteht aus Elenden und Armen. Damit werden die Adressaten nunmehr besonders unter dem Aspekt ihrer Unzulänglichkeit vor Gott, der Gebrochenheit ihres Herzens (61,1-3) bis hin zu ihrer nackten Not (58,7 L) angesprochen. Sofern die hier Angeredeten etwas mit den Gerechten und Frommen zu tun haben, geht es also nicht um eine „Armut" im übertragenen Sinn, sondern um den konkreten Bezug zur existentiell bedrohlichen Situation der Menschen. Wer sich um die Elenden und Armen kümmert, ihnen Brot und Obdach gewährt, dessen Gebet und Fasten sieht Gott an (58,7-9).

Vor diesem Hintergrund erscheint die Rede vom neuen Himmel und einer neuen Erde (65,17) als eine zutiefst diesseitige Hoffnung. Sie wird darin konkret, dass es zur umfassenden Rückkehr der jüdischen Gemeinschaft aus dem Exil hin nach Jerusalem kommt (62,6-7; 66,5-14). Dann werden aus den Armen Israels Menschen, die von ihrer Hände Arbeit leben können (65,17-25), und aus imperialistischen Herrschern werden Diener, die für das Volk Gottes Entschädigungsarbeit leisten (60,1-14; 61,5).

Dirk Sager

25 Montag NOVEMBER 2024

☀ 07:56 16:21
☽ 01:32 14:05

Bibellese: Jesaja 56,1-8

Der Herr sagt: „Mein Tempel soll eine Stätte sein, an der alle Völker zu mir beten können.“ (Vers 7)

Alle haben Platz in Gottes Haus. So soll es sein nach Gottes Willen. Menschen sehen das immer wieder anders und richten Schranken auf. Nur wer bestimmten Regeln genügt, nur wer so aussieht und tickt und glaubt wie ich, nur der hat Platz.

Auch in Israel gab es solche Schranken. In den Tempel selbst durften nur Priester. Zum Gebet vor dem Tempel nur jüdische Männer. In einen weiteren Vorhof jüdische Frauen und Kinder. Wer da nicht hineinpasste, musste draußen bleiben, außerhalb des heiligen Bereichs von fern etwas vom Gottesdienst erahnen. Menschen aus anderen Völkern zum Beispiel oder Eunuchen (zwangskastrierte Sklaven). Sie durften nach dem Gesetz nicht zu Israel gehören und am Gottesdienst teilnehmen. Aber Gott will das jetzt anders haben, so sagt es der Prophet. Alle sollen Platz haben, für alle wird die Tür geöffnet. Auch ihre

Namen sind bei Gott aufgeschrieben. Jesus unterstützt dieses Anliegen, als er dieses Bibelwort bei seiner „Tempelaustreibung" zitiert (Markus 11,17). Alle sollen Raum haben bei Gott, da darf der ihnen zugedachte Vorhof nicht zum Marktplatz werden. Gott ist nicht zufrieden, bis alle Platz haben. Und wenn heute noch in manchen Kirchen und Gemeinden Frauen weniger Rechte und Chancen haben, wenn Menschen dunklerer Hautfarbe auch in christlichen Kreisen Rassismus erfahren, wenn Menschen, die ihre Sexualität anders leben und empfinden als die Mehrheit, ausgegrenzt oder gar ausgeschlossen werden, dann entspricht das nicht Gottes Willen. Da mag man so viele Traditionen und Bibelverse anführen. Gott will, dass bei ihm alle Platz haben. In seinem Haus ist Raum für jeden Menschen. Und wo es da noch Barrieren gibt – weg damit! Im Namen Gottes und im Namen Jesu. *Christoph Klaiber*

Yad Vashem – Denkmal und Name – so heißt die große Holocaustgedenkstätte in Jerusalem. Der Name ist aus Jesaja 56 entnommen. Hier verspricht Gott, dass er auch den Eunuchen, die ohne Nachkommen bleiben, bei sich Denkmal und Name gibt. Vor Gott sind auch die Millionen im Holocaust von Deutschen Ermordeten nicht verloren. Ihre Namen sind bei ihm aufgeschrieben, ihr Leben bewahrt. *Christoph Klaiber*

Bibellese: Jesaja 56,9-12

Der Herr sagt: „Die Führer meines Volkes haben versagt.“ *(Vers 10)*

Heftig wird die Führungsschicht des Volkes Israel kritisiert. Komplettes Führungsversagen stellt der Prophet fest: Die führenden Leute sind unfähig und untauglich wie blinde Späher oder wie stumme Wachhunde, die nicht warnen können. Statt ihre Aufgaben zu erledigen, füllen sie sich die Taschen und besaufen sich mit Bier und Wein ...

Möglicherweise gab es dafür sogar Applaus – was Propheten ja eher selten widerfährt. Auch heute bekommt man mit heftiger Kritik an Leitungsebenen aus manchen Ecken ziemlich viel Zuspruch. Auch über den Kreis von Verschwörungstheoretikern und Radikalen hinaus ist eine große Skepsis an politischen, gesellschaftlichen und auch kirchlichen Führungskräften weit verbreitet. Und wenn man da heftig draufhält, hat man nicht nur Zuspruch, sondern oft auch Recht. Vieles läuft falsch, viele dienen mehr sich als der Gesellschaft, viele taugen eigentlich nicht für ihr Leitungsamt. Das ist oft auch das Problem an dieser Perspektive: Ich übersehe meinen eigenen Anteil. Auch ich mache viel falsch, handle dumm und egoistisch und werde oft meiner Verantwortung nicht gerecht. Auf „die da oben" zu schimpfen, lenkt vom eigenen Versagen ab. Es ist gut, auch in politischen Zusammenhängen die Stimme zu erheben. Aber nicht beim Stammtischgerede, sondern den Mächtigen ins Gesicht. Jesaja, Jeremia und viele andere haben das mit viel Mut und hohem persönlichen Risiko gemacht. Ein Bruddler (schwäbisch für: Meckerer) ist kein Prophet. Wenn ich die Botschaft der echten Propheten ernst nehme, dann muss ich mich zuallererst fragen: Wo bin ich selbst zur Umkehr gerufen? Wo ist mein Leben nicht in Ordnung? Wo bin ich nicht nur unfähig, sondern auch unwillig, das Gute zu tun? Wenn ich darüber nachdenke, dann habe ich keine Zeit mehr, auf „die da oben" zu schimpfen. Für sie zu beten ist sowieso viel besser!

Christoph Klaiber

27 Mittwoch NOVEMBER 2024

☀ 07:59 16:20
☽ 03:51 14:25

Bibellese: Jesaja 57,1-13

Der Herr sagt: „Die wenigen, die noch das Recht achten und mir die Treue halten, gehen zugrunde und niemand macht sich etwas daraus; sie kommen um und keiner kümmert sich darum. Aber ich nehme sie hinweg, damit sie nicht länger unter der Gewalt des Unrechts leiden müssen. Sie gehen ein in meinen Frieden, die ewige Ruhe wird ihnen zuteil. Das ist der Lohn ihrer Treue." (Vers 1-2)

Mit Gott bist du sicher, es geht dir gut, kein Unheil wird dich treffen!" Innerhalb und außerhalb der Bibel begegnen mir diese Sätze, in Sprüchen, Liedern und Predigten. Und solche Sätze sind schön, sie tun mir oft gut, machen Hoffnung. Leider stimmen sie nicht immer. Und das behauptet nicht ein moderner, vielleicht nicht so rechtgläubiger Kritiker. Gott selbst sagt das dem Propheten hier in aller Deutlichkeit: Die Gerechten gehen zugrunde. Niemand kümmert sich darum. Den allermeisten ist das völlig egal. Und dafür finden sich viele

Beispiele: Oppositionelle in Russland und im Iran, Menschen, die sich gegen Hitler aufgelehnt haben. Verfolgte Christinnen und Christen durch alle Zeiten. Sie werden verhaftet, gefoltert, verschwinden auf Jahrzehnte in Lagern oder werden sogar hingerichtet. Nach menschlichem Ermessen oft ohne Sinn und ohne Happy End. Aber bei und vor Gott ist dieses sinnlose Ende weder sinnlos noch das Ende. Er kümmert sich um diese Menschen. Er hört auf ihr Schreien. Er leidet mit. Er birgt sie, auch im Tod, in seinen Frieden. Er baut – oft unsichtbar – sein Reich auch mit dem, was sie erstrebt, getan und erlitten haben. Und er schafft am Ende eine Welt, in der alle Tränen getrocknet werden und alles Leid überwunden wird.

Jesus betont das in den Seligpreisungen: Freuen dürfen sich alle, die danach hungern und dürsten, dass sich auf der Erde Gottes gerechter Wille durchsetzt, und freuen dürfen sich alle, die verfolgt werden, weil sie tun, was Gott will – mit Gott werden sie leben in seiner neuen Welt (Matthäus 5, 6.10). Dieses Versprechen ist weder ein schneller Trick zur Leidensvermeidung noch eine billige Vertröstung. Jesus selbst geht diesen Weg mit und voraus, als der Gerechte, der umkommt und anscheinend zugrunde geht – und dessen Weg dann an Ostern wunderbar zum Leben und zu Gottes Frieden führt.

Christoph Klaiber

28 Donnerstag NOVEMBER 2024

☀ 08:01 16:19
☽ 05:02 14:38

Bibellese: Jesaja 57,14-21

Der Herr sagt: „Die Menschen aber, die sich gegen mich auflehnen, sind wie die unruhigen Meereswogen, die Schlamm und Schmutz aufwühlen.“ *(Vers 20)*

Wer wird bewundert auf dieser Welt? Wer andere beeindruckt, ob durch Taten oder durch Selbstdarstellung. Wer die meisten Tore schießt, wer aus der Garage heraus einen Weltkonzern aufbaut, wer schnelle E-Autos baut und zum Mars fliegen will – über den schreiben die Medien, der bekommt Millionen Follower in sozialen Netzwerken, der wird gesehen.

Gottes Perspektive sieht anders aus. Er schaut nicht auf die mächtigen Selbstdarsteller. Er schaut auf Zerschlagene und Gedemütigte. Nicht den stolzen Kain, der mit dem Namen „Gewinner“ und dem Besitz des Ackerbodens der neue Herr der Erde ist, schaut Gott an. Er schaut Abel an, dessen Name „vergänglich“ bedeutet und der an den Rand der Wüste gedrängt wurde. Nicht die mächtigen Ägypter, sondern die

geschundenen Israeliten erwählt Gott. Nicht im Königspalast, sondern im Stall kommt Gott zur Welt. Nicht der siegreiche Superheld, sondern der Gekreuzigte steht im Mittelpunkt unseres Glaubens.
Wer sich auf diesen Gott einlässt, der das Schwache erwählt, der findet Frieden. Wer die Welt anders haben will, der macht viel Lärm, tobt wie wild, bringt viel durcheinander und bringt viel Leid. Aber jede Welle zieht sich zurück und verschwindet. Keine Weltmacht, kein Megatrend, kein Influencer und keine Milliardäre werden die Welt auf Dauer prägen. Ihre Zeit vergeht, sie läuft ab. Der spätere Bundespräsident Gustav Heinemann hat das auf dem Evangelischen Kirchentag 1950 prägnant auf den Punkt gebracht: „Die Herren dieser Welt gehen. Unser Herr kommt." Das ist doch eine gute Perspektive in der beginnenden Adventszeit! *Christoph Klaiber*

♫ Unbeschriebene werden Geschichte schreiben.
Wer im Dunkel lebte, steht nun im Licht.
Der Menschenverächter wird nicht bleiben:
Gott trägt ein menschliches Gesicht.
Die in unserer Welt nur statistisch zählen,
die gewinnen einzeln Würde und Wert.
Den Großsprecher wird kein Mensch mehr wählen,
weil Gottes Wahl das Kleine ehrt.

Hartmut Handt 1985
Aus: Ein Lied hat die Freude sich ausgedacht

29 Freitag NOVEMBER 2024

✹ 08:02 16:18
☽ 06:16 14:53

Bibellese: Jesaja 58,1-9a

Der Herr sagt: „Wie ein Volk, das sich an das Recht hält und meine Gebote befolgt, fordern sie von mir, dass ich zu ihrer Rettung eingreife, und wünschen sich, dass ich ihnen nahe bin.“ (Vers 2)

Stell dir vor, es ist Gottesdienst – und alle rennen hin! Toll! Mehr noch! Freiwillig fasten sie noch dazu, verzichten auf Genuss, um ihrem Gott zu gefallen. Ist das nicht vorbildlich? Gott selbst sagt sogar: „Sie suchen mich, meine Nähe!“ Damit könnte er doch zufrieden sein, oder?

Ist er aber nicht! Er sieht hinter die aufgesetzte fromme Kulisse und durchschaut die Heuchelei und den Betrug. Das Volk Gottes will Gottes Gunst erkaufen, bietet Gott einen Fastentag und fordert von ihm dafür seinen umfassenden Segen in allen Lebensbereichen! Dabei machen die Leute nur, was sie selbst wollen und ihnen größten persönlichen Gewinn bringt. Dann laufen sie zum Tempel, um sich ihren Kuhhandel von Gott absegnen zu lassen.

Gottes Antwort durch den Propheten ist vernichtend: Ihr fastet zwar richtig, aber ihr lebt falsch! Mitten im Gottesdienst schmiedet ihr negative Pläne, geht euren Betrugsgeschäften nach, überlegt, wie ihr dem Nächsten schaden könnt. Ihr verhaltet euch ungerecht, aber erwartet, dass ich euch gerechtspreche! Zeitgleich presst ihr eure Mitarbeiter aus wie Zitronen, sucht nur euren eigenen Vorteil und geht dabei über Leichen! Ihr verhaltet euch gnadenlos, aber erwartet, dass ich euch gnädig bin! Hinter eurer frommen Fassade und gespielten Reue stinkt es nach Heuchelei, Lug und Trug und Lieblosigkeit! So erreicht ihr bei mir gar nichts!
Radikale Umkehr im Denken und Handeln ist der einzige Weg zum Herzen Gottes und in eine lebenswerte Zukunft! Er beginnt mit aufrichtiger Liebe zu Gott und zum Nächsten! Er beinhaltet tiefgreifende Selbst- und Sündenerkenntnis. Daraus folgt auch die Bereitschaft, neues Sozialverhalten einzuüben, welches von Wertschätzung, Respekt und Liebe zum Mitmensch geprägt ist. *Reinhart Henseling*

Nicht für die Prostituierten und die Zöllner ist die Umkehr am schwersten, sondern für die Frommen, die meinen, sie hätten es nicht nötig, Buße zu tun.

Brennan Manning (1934-2013),
US-amerikanischer Autor und Evangelist

Zum 29. November 2024

„Der Herr Pastor ist – eine Frau!“

So titelte die Zeitschrift „Quick“ 1959 zur Amtseinführung von **Dr. Elisabeth Haseloff,** der ersten Pastorin in der lutherischen Kirche in Lübeck. Sie hat in vielen Jahren die pastorale Arbeit in ihrer Gemeinde als Vikarin getan und plädierte klar für das gleichberechtigte Amt der Frau: „Die wirkliche Anerkennung des Amtes nimmt unserem Tun die belastende Pflicht, stets in unserer Arbeit auch noch für das Amt der Frau werben zu müssen.“ Nach einem Leben voller engagierter Gemeinde- und Frauenarbeit **starb** sie 1974, **heute vor 50 Jahren,** als Opfer eines Verkehrsunfalls.

Elisabeth Haseloff wurde am 30. Juni 1914 in Kiel in einen Künstlerhaushalt geboren. Prägend war jedoch der Konfirmandenunterricht. „Das eigene tiefe Erleben (beim Tod ihres Bruders) und die Begegnung mit dem Wort Gottes wirkten so tief auf mein Leben, dass ich bereits 1929, noch 14-jährig, erklärte, dass ich Theologie studieren wolle.“ Nach Abitur und Arbeitsdienst tritt sie bereits 1935 der Bekennenden Kirche bei. „In ihr, und vor allem in der Studentengemeinde habe ich zum ersten Mal wirklich kirchliche Heimat gefunden.“ 1939 legte sie als erste Frau in der Schleswig-Holsteinischen

Landeskirche die 1. Theologische Prüfung ab. Viele Pfarrer mussten in den Krieg und so bekam sie die Chance, früh sehr selbstständig zu arbeiten. Nach dem 2. Theologische Examen und der Doktorarbeit kam Elisabeth Haseloff 1941 als Vikarin und Vakanzvertretung nach Rendsburg. Pastor Treplin, ihr Vikarsvater, ordinierte sie am 28. September 1941 im Auftrag des Bruderrates der Bekennenden Kirche, obwohl es dafür keine landeskirchliche Rechtsgrundlage gab. In der Ordinationspredigt sagte Pastor Treplin: „So ist diese Feier nicht nur für Euch ein bedeutsamer Augenblick, sondern für die ganze Schleswig-Holsteinische Landeskirche, weil heute zum ersten Mal eine Theologin für den kirchlichen Dienst eingesegnet wird." Diese Pfarrstelle hat sie übernommen und 17 Jahre mit Erfolg geleitet. Sie predigte, taufte, traute, beerdigte, hielt Konfirmandenunterricht, begleitete die Menschen ihrer Gemeinde seelsorgerlich, wenn der Krieg seine Opfer forderte. Nach dem Krieg mussten fast alle Vikarinnen das Gemeindepfarramt wieder abgeben. Ihr Kirchenvorstand wehrte sich dagegen und fuhr zum Einspruch zur Kirchenleitung. Elisabeth Haseloff konnte in der Gemeinde bleiben. 1956 übernahm sie eine neu geschaffene, hart erkämpfte Landeskirchliche Pfarrstelle für Frauenarbeit in Lübeck. Elisabeth Haseloff war im Vorstand des Müttergenesungswerkes und der Evangelischen Frauenarbeit in Deutschland. Am Ewigkeitssonntag 1974 hielt sie ihre letzte Predigt in St. Jakobi (Foto). *Ute Armbruster-Stephan*

30 Samstag NOVEMBER 2024

☀ 08:04 16:18
☽ 07:31 15:15

Bibellese: Jesaja 58,9b-14

Der Herr sagt: „Entweiht den Sabbat nicht durch Reisen oder durch Arbeit oder irgendwelche Geschäfte."

(Vers 13)

Es war ein extrem heißer Sabbat in einem Gästehaus im Westjordanland, in Israel. Die Familien schwitzten wie selten zuvor, und das alles nur, weil jemand vergessen hatte, am Vortag die Klimaanlage anzustellen. Als strenge Juden traute sich am Sabbat niemand, das elektrische Gerät einzuschalten, da das verboten ist. Der deutsche Praktikant war die einzige Rettung, als Nichtjude durfte er die Anlage einschalten. So berichtete die „SonntagsZeitung" am 22. Januar 2022. Ich bin überzeugt, so hat Gott sein Sabbatgebot nicht gemeint, weder zur Zeit Jesajas noch heute.

Das Gottesvolk damals nahm es nicht so genau mit der gottgewollten Sabbatruhe: egoistisches Planen, profitabler Handel, rücksichtslose Ausbeutung anderer, stumpfsinniges Raffen waren den Israeliten

wichtiger als Zeit mit Gott und das Leben nach seinen Geboten. Dagegen wettert der Prophet und droht mit harten göttlichen Konsequenzen.
Jesus erlebt das andere Extrem am Sabbat. Zu seiner Zeit ist nahezu alles verboten! Ständig kommt es zu harten Auseinandersetzungen mit ihm und der damaligen „Sittenpolizei"! Weil Jesus am Sabbat Menschen in Not hilft und Kranke heilt, wird er verklagt und soll getötet werden.
Weil Jesus die Autorität Gottes in unserer Welt ist, sehen wir an Jesus, wie sich Gott unseren Sabbat, den heutigen Sonntag, vorstellt. Für diejenigen, die sonntags arbeiten müssen, gilt: vom Sonntag retten, was zu retten ist! Einige Beispiele für gelingende Sonntage: Erstens: Die Begegnung mit Gott und seinem Bodenpersonal feiern (Gottesdienst, Bibellese, Andacht). Zweitens: denen helfen, die Hilfe dringend benötigen (Alte und Kranke besuchen im Seniorenheim, in der Klinik). Drittens: Familienbande stärken (einander besuchen, miteinander essen, etwas Schönes unternehmen). Viertens: Aktiv bewegen (wandern, joggen). Fünftens: tun, was dir guttut (Spiele spielen, Buch lesen, Hörbuch hören, puzzeln, Rätsel raten). Sechstens: ausruhen (entspannen, chillen, schlafen). Siebtens: Zeit mit Gott verbringen (beten und fasten, Anbetung). Ich nenne das: Krafttanken für die neue Woche!

Reinhart Henseling

1

1. Advent

Sonntag

DEZEMBER

2024

✹ 08:05 16:17

☽ 08:46 15:46

Bibellese: Psalm 24

Wer hat Zutritt zum Berg des Herrn? *(Vers 3)*

Sind auf Gottes Lieblingsberg nur geladene Gäste willkommen? Wird der Zugang zu Gottes Berg kontrolliert? Muss ich vielleicht auch noch Eintritt bezahlen? Verrückte Fragen – oder vielleicht doch nicht?

Damals pilgerten fromme Israeliten an besonderen Feiertagen in kleinen Gruppen zum Tempelberg in Jerusalem. Es war dabei wohl üblich, dass sich ein Zwiegespräch zwischen den Tempeldienern und -priestern einerseits und den Pilgern andererseits ergab. Diese wurden sozusagen in einem Glaubensverhör geprüft und mit einer Kurzpredigt empfangen: Wenn du in den Tempelgottesdienst willst, dann musst du rein sein und ein einwandfreies Leben vor Gott führen, denn nur dann macht deine Wallfahrt auch Sinn!

Zur Zeit Jesu beteten die gesetzestreuen Israeliten einmal in der Woche den Psalm 24, auch wenn

sie nicht als Wallfahrer unterwegs waren. Es ging darum, den Herrn, den einzigen und allmächtigen Gott zu verehren und seine Macht zu verkündigen. Aber der Zugang zu „Gottes Wohnung“, zum Tempel, war für viele nicht frei. Frauen und Nichtjuden waren nur in den Tempelvorhöfen erwünscht, da, wo auch die Händler und Banker ihr Unwesen trieben. Der Finanzminister aus Äthiopien wurde nicht hereingelassen, weil er Ausländer, dunkler Hautfarbe und Eunuch war. Gottes Haus nur für ausgewählte Superfromme?
Nur Jesus, der Sohn Gottes, kann uns heute den Weg zu „Gottes Wohnung“, in seine ewige Herrlichkeit, den Himmel, führen. Er ist der einzige Weg! Christen können ihrem Gott jederzeit und überall durch seinen Heiligen Geist – völlig angstfrei – begegnen! Wichtig! Jesus schickt niemanden weg, weist keinen ab! Jeder darf kommen und bei ihm bleiben! Zutritt ausdrücklich erwünscht! *Reinhart Henseling*

Monatsspruch
Mache dich auf, werde licht; denn dein Licht kommt, und die Herrlichkeit des Herrn geht auf über dir!
(Jesaja 60,1 L)

2 Montag DEZEMBER 2024

✹ 08:06 16:16
☽ 09:55 16:29

Bibellese: Jesaja 59,1-15a

Das Volk bekannte: „Wir alle brummen wie aufgeschreckte Bären und gurren wie klagende Tauben."

(Vers 11)

Tausendmal gewarnt, aber keine Veränderung! Der Prophet wollte das Volk immer wieder wachrütteln, zeigte ihm Gottes unbeschreibliche Liebe, forderte es ständig zur Umkehr auf! Zeigte ihm, dass es durch seine beharrliche Sünde nicht nur den Kontakt zu Gott verliert, sondern damit auch seine Lebensgrundlage und Zukunftshoffnung! Irgendwann hat Gott es in sein selbstgewähltes Chaos laufen lassen! Nun ging es nur noch bergab – mit Volldampf von einer Krise in die nächste!

Jetzt schreit es nach Gott! Sucht Wege aus dem selbstverursachten Unglück. Es erkennt, dass es ohne Gott im schlimmsten Elend zugrunde geht.

In der Bildsprache des Alten Testamentes bedeuten Bärenbrummen und Taubengurren unnützes Jammern und erfolgloses Wehklagen. Sie fühlen sich von Gott im Stich gelassen, obwohl sie selbst seine guten Wege verlassen haben. Sie meinen, Gott würde sie ungerecht behandeln, obwohl sie es sind, die unrecht handeln und seine Ordnungen mit Füßen treten. Seine Anklage durch den Propheten deckt Fürchterliches auf: Sie lügen und betrügen, intrigieren und hintergehen, stellen Fallen auf und tricksen ständig, um sich auf Kosten der Gutgläubigen zu bereichern, dabei gehen sie über Leichen! Diesen „frommen Leuten" ist nichts mehr heilig! Deshalb ist Gottes Urteil niederschmetternd: Er hört ihre Bitten, aber er will sie nicht erhören, weil sie ihn bewusst missachtet haben! Er könnte ihnen helfen, aber er will es nicht tun, weil sie ihr sündiges Tun nicht lassen. Sie hatten ihre unzähligen Verfehlungen gegen Gottes gute Ordnungen wie Steine zu einer festen Mauer gegen Gott aufgebaut. Nun soll Gott die Trennmauer einreißen und sie retten! Ihr „Brummen" und „Gurren" allein schafft noch keine Veränderung.

Zur Umkehr gehört echte Sündenerkenntnis und das persönliche Schuldbekenntnis! Darauf reagiert Gott augenblicklich mit restloser Vergebung und Annahme des Beters! So ist Gott! Er vergibt jedem, der zu ihm kommt! Er vergibt gerne, wenn wir ihn aufrichtig darum bitten! Dafür ist Jesus gestorben und auferstanden! *Reinhart Henseling*

3 Dienstag DEZEMBER 2024

✹ 08:08 16:16
☽ 10:52 17:29

Bibellese: Jesaja 59,15b-21
Überall in Ost und West wird man den Namen des Herrn ehren und seine Macht anerkennen. *(Vers 19)*

Worauf warten wir? Ich meine das nicht im Sinne von: „Worauf warten wir noch, los jetzt!", sondern: „Was erwarten wir? Was kommt auf uns zu? Wie sieht die Zukunft aus?"
„Nichts Gutes", sagen die einen. Sie verweisen auf das, was wir täglich hören und sehen. Schon spüren wir die ersten Auswirkungen des Klimawandels. Unsere Gesellschaften scheinen in kleine, teils sehr radikale Splittergruppen zu zerfallen. Die Schere zwischen Arm und Reich öffnet sich immer weiter.
„Nichts Gutes", sagen auch andere. Sie verweisen auf biblische Texte. Kriege, Seuchen, Hunger, Tod werden da angekündigt. Weltuntergangsstimmung. Die prophetische Stimme aus dem Jesajabuch beschönigt nichts von den himmelschreiend ungerechten Zuständen. Schonungslos deckt diese prophetische Stimme auf, dass und wie sich alle dabei

möglichst schadlos halten – und niemand sich einsetzt, sich aufs Spiel setzt, bereit ist, für sich selbst Nachteile in Kauf zu nehmen, damit sich etwas zum Guten ändert. Also tritt Gott selbst auf und führt Krieg. Doch das ist nicht die Antwort auf die Frage, was uns erwartet. Die fällt anders aus und richtet den Blick auf die Zusage Gottes für die Zukunft. Gott ist da – wie es sein Name verheißt: Er ist der „Ich bin da". Er schließt einen neuen Bund und kommt als Befreier.

Worauf warten wir? – Wenn ich mir die hoffnungsvolle Perspektive aus dem Jesajabuch zu eigen mache, kann ich heute schon den Spuren des Gottes folgen, der da ist. Ich kann zuversichtlich für Gerechtigkeit, Friede und Bewahrung der Schöpfung eintreten. Und ich kann mich zugleich weniger wichtig nehmen. Ich kann die Welt nicht retten. Ich muss es auch nicht. Gott tut das. Dass er dazu die Macht hat, damit möchte ich heute schon rechnen.

Sigmar Friedrich

♫ Lobt den Herrn, denn was er tut,
ist vollkommen, recht und gut.
Seine Güt und Freundlichkeit
währet bis in Ewigkeit.

Christoph Johannes Riggenbach 1868

4 Mittwoch DEZEMBER 2024

✸ 08:09 16:15
☽ 11:35 18:43

Bibellese: Jesaja 60,1-14

Ausländer bauen die Mauern der Zionsstadt wieder auf. *(Vers 10)*

In manchen Gegenden in Deutschland sind Leute, die aus einer anderen Region zugezogen sind, auch nach vielen Jahren noch „Reingeschmeckte". In Zermatt in der Schweiz gibt es eine „Burgergemeinde" mit alteingesessenen Familien. Und dann gibt es noch andere Leute, die im Dorf wohnen. Die zerfallen noch einmal in „Schweizer" und „Ausländer". Es gibt viele Formen, wie die, die dazugehören, abgegrenzt werden von denen, die nicht dazugehören. Die einen drin, die anderen draußen. Die einen „einheimisch", die anderen „fremd". Letztere sind geduldet, solange sie nützlich sind. Doch sie gehören nicht dazu. Ist das auch in der Kirche so? – Viel zu oft leider: Ja.

Im Jesajabuch wird eine hoffnungsvoll andere Stimme hörbar: Die Fremden bauen an der Zionsstadt, an der Stadt Gottes, am Gemeinwesen Gottes.

Sie bringen ihren „Reichtum“ (Vers 9.11) mit. Vielleicht wären das heute eher ihre Kompetenzen, ihr Wissen, ihre Fähigkeiten. So entsteht im Miteinander etwas ganz Neues. Schon das Miteinander selbst ist etwas ganz Neues.

Eine methodistische Gemeinde im Zürcher Oberland räumt seit längerem wöchentlich ihren Kirchenraum um und stellt die Räume so dem Projekt „Tischlein deck dich“ zur Verfügung, bei dem Lebensmittel an sozial schwache Personen verteilt werden. „Hier muss man nicht fragen, wofür Kirche da ist“, sagt Pfarrer Philipp Kohli, der auch im Projekt engagiert ist. Die freiwilligen Helferinnen und Helfer kommen aus unterschiedlichen Gründen. Die Organisation selbst ist nicht kirchlich. Das Projekt ist nur möglich, weil alle etwas dazu beitragen. Gemeinsam wird hier Kirche gelebt und Gottes Reich gebaut.

Sigmar Friedrich

Ein Video-Beitrag zu diesem ermutigenden Projekt findet sich hier https://is.gd/mim_2

5 Donnerstag DEZEMBER 2024

✹ 08:10 16:15
☽ 12:05 20:05

Bibellese: Jesaja 60,15-22

Der Herr sagt: „Ich mache die Zionsstadt zum Ort der Freude für alle kommenden Generationen.“ (Vers 15)

Das klingt zunächst doch ziemlich nach „Dolce Vita“, nach dem süßen Leben. Mir kommen Bilder von einem schattigen Plätzchen am sonnigen Strand mit großem Buffet und beschwingter Musik in den Sinn. „Ferienstimmung“.

Weil das Bild gar zu schön ist, melden sich auch die Fragen in mir: Waren es nicht schon viel zu viele, die uns das versprochen haben? Die Kommunisten und die Kapitalisten, Demagogen, Revolutionäre, Politiker und Wirtschaftsleute. Sie alle versprechen, dass es besser wird – durch das, was sie tun. Sie versprechen mehr Gesundheit, mehr Freizeit, bessere Löhne ... Und in der Tat: Einige werden reicher. Einigen geht es besser. Einige haben mehr Freizeit, können sich mehr leisten. Doch viele andere nicht.

Ich muss noch einmal hinhören, um besser zu verstehen. Was heißt das: ein „Ort der Freude“? – Der

Vers 15 ist oben nur zur Hälfte wiedergegeben. Die andere Hälfte zeigt das Gegenbild zur Freude: verlassen, einsam, gemieden, gehasst sein. Ein „Ort der Freude" ist dann ein Ort, an dem Menschen zusammenfinden, integriert werden. Hier gehören sie dazu. Sie nehmen Anteil aneinander, teilen ihr Leben. Dazu kommt eine zeitliche Perspektive: für alle kommenden Generationen. Nicht nur in die Breite, sondern auch in die Länge ist diese Gemeinschaft integrativ. Statt einander zu verlassen, einander zu meiden, leben die Generationen miteinander. Ich mache das, sagt Gott. Vielleicht ist dies das Geheimnis dieses Verses, dass wir ermutigt werden, darauf zu vertrauen, was Gott macht. Dann müssen die anderen nämlich nicht in mein Schema passen. Dann muss ich sie nicht nach meinen Vorstellungen umerziehen. Ich vertraue darauf, dass Gott sie und mich so verändert, dass wir beieinander bleiben, aneinander Anteil nehmen, uns einander zumuten können. Das wäre ein hilfreiches Leit-Bild für das, was Gemeinde sein könnte! *Sigmar Friedrich*

6 Freitag DEZEMBER 2024

✹ 08:11 16:15
☽ 12:26 21:29

Bibellese: Jesaja 61,1-11

Unser Gott umgibt uns mit seiner Hilfe wie mit einem Kleid. *(Vers 10)*

Hier ist von Bekleidung die Rede. Es wird von einem „Kleid der Hilfe" gesprochen. Wie mag so ein Kleidungsstück aussehen? In unserer Zeit kennen wir vielfältige Arten von Kleidung: Arbeitskleidung, Alltagskleidung, Sportbekleidung, Schutzkleidung ... Wir ordnen der Kleidung immer eine Funktion zu. Sie soll schützen vor Witterung und Verletzungen oder unsere Gesundheit fördern oder unsere Leistungsfähigkeit und den Fun-Faktor bei Sport und Spiel erhöhen. Und das Kleid der Hilfe? Zunächst ist die Rede davon, dass wir mit diesem Bekleidungsstück „umgeben" werden, also ein Vorgang, bei dem man sich umzieht. Jemand hat Hilfe, Rettung, Heil erfahren und wird damit neu gekleidet. Denken wir an den Moment, wenn der Arzt im Krankenhaus sagt, dass der Patient gesund ist und nach Hause gehen kann. Man kann augenblicklich seine Kleidung

wechseln und sich auf den Weg machen. Selbst die alltäglichste Kleidung wird dann mit Dankbarkeit und Freude getragen. Wer so große und umfassende Hilfe erfahren hat, nimmt das nicht einfach ohne emotionale Reaktionen hin. Es gibt Anlass zum Feiern. Und wahrscheinlich kennt jeder den Moment, wenn man seine Kleidung in Festkleidung wechselt, auch wenn man nur als Gast auf eine solche Feier geht.
In der Bibel ist das Bild vom Umtausch der Kleidung mit empfangenem Segen verbunden. Ob Hochzeit, glückliches Wiedersehen, Versöhnung und Vergebung, Ernte oder Geburt eines Kindes: Bei der Kleidung geht es darum, Freude, Schönheit und Herrlichkeit zu zeigen. In unserem Bibelvers wird Gott gefeiert. Er wird auch Trauerkleidung zu einem Kleid der Hilfe werden lassen und er selbst hat versprochen, dass er einmal alle Tränen abwischen wird. Seine Hilfe ist nicht nur die, dass er den Mangel ausgleicht, sondern nach allem Mangel kommt es zu einem echten Zugewinn, auch an Trost und neuer Hoffnung. Das betrifft nicht nur einzelne Menschen. Der Prophet spricht von „uns", also in der Wir-Form. „Unser Gott umgibt uns ..." Wir erleben Gottes umfassende und grundlegende Hilfe, unser Heil, in Gemeinschaft und können es gemeinsam feiern.

Michael Höring

7 Samstag DEZEMBER 2024

✹ 08:13 16:14
☽ 12:43 22:54

Bibellese: Jesaja 62,1-12
Ihr Wächter, ihr dürft Gott keine Ruhe lassen, bis er Jerusalem wiederhergestellt und so herrlich gemacht hat. *(Vers 7)*

In den Tagen der Adventszeit ist alles auf ein zeitliches Ziel ausgerichtet: bis Weihnachten. Was möchten Sie alles noch bis dahin erledigen? So eine Zeit „bis" treffen wir auch in der heutigen Bibellese. Bereits im ersten Vers heißt es: „bis seine Gerechtigkeit aufgehe" (L). In unserem Vers 7 steht: „bis er Jerusalem wiederhergestellt hat". Bis die Verheißung sich erfüllt, geht es darum, nicht zu schweigen (Vers 1) und Gott keine Ruhe zu lassen (Vers 7). Wir haben es hier mit dem Propheten und mit Wächtern zu tun, die zu „Erinnerern" werden. Dauerhaft soll erinnert werden, was Gott verheißen hat. Er selbst soll erinnert werden. Aber in dem öffentlichen Auftreten der Erinnerer werden auch alle Zuhörenden miterinnert. Es geht ums Festhalten der Verheißungen Gottes. Im Anschluss an unseren Bibelvers werden solche

Verheißungen genannt: Gott wird das Volk versorgen und wird ihnen Frieden schenken.
Wenn wir unsere Weltlage betrachten, fällt es angesichts von Hunger und Gewalt schwer, solche Verheißungen ernst zu nehmen. Deshalb soll die Erinnerung wach bleiben. Wir brauchen Erinnerer, Menschen, die daran festhalten und anderen die Verheißung nahebringen. Das geschieht nicht nur durch Worte. Oft sind es kleine Zeichen der Aufmerksamkeit und Hilfe. „Pakete zum Leben“, so heißt eine Initiative der Auslandshilfe des Bundes Freier evangelischer Gemeinden. Viele Menschen im Land packen kleine Lebensmittelpakete. Diese werden in Gebieten verteilt, in denen Menschen vorwiegend unter den Folgen von Krieg Not leiden. Ein kleines Paket hilft einer Familie für einige Wochen zum Überleben. Sie erleben in dem Moment, was Gott verheißen hat. So kann jeder zum Erinnerer werden.

Michael Höring

Rätselfrage zur Bibellese im Dezember
Was kann Gott wie ein Gewand/Kleid auswechseln?

Bitte tragen Sie die Antwort auf dem Blatt ein,
das dem 31. Dezember folgt.

8

2. Advent

Sonntag

DEZEMBER

2024

✸ 08:14 16:14
☽ 12:57 –.–

Bibellese: Psalm 144

Herr, neige den Himmel und komm herab! *(Vers 5)*

Komm bitte schnell her! Unternimm doch endlich etwas! Ich brauche dich jetzt! Du musst mir helfen! So klingt es, wenn ein Mensch einen anderen auffordert. Es klingen Ungeduld und Dringlichkeit in diesen Rufen mit. Eine konkrete Notlage oder Hilflosigkeit sind die Ursache. Durch die Lautstärke des Ausrufes wird ihm Nachdruck verliehen. Auch ein Händeringen oder Aufstampfen mit dem Fuß kann dazugehören. Wer so gerufen wird, dem traut man zu, dass er tatsächlich helfen kann. Aber dazu muss er auch herbeikommen.

Auch der Beter des 144. Psalms ruft um Hilfe. Es ist ein Gebetsruf. Lesen Sie doch den Satz nochmals laut rufend und betont: „Herr, neige den Himmel und komm herab!“ Haben Sie selbst schon auf diese Art und Weise gebetet und einen solchen Gebetsruf gebraucht? Uns zeigt der Psalmist, dass man tatsächlich so vor Gott treten kann. Was mag ihn so bedrückt haben, dass er zu Gott ruft? Am Beginn des Psalms ist die Rede von Gottes Größe und Macht. Sie geht auch auf den Menschen über. Der Psalmist hat Gottes Kraft erhalten. Seine Geschicklichkeit und sein Erfolg (Vers 1-2) stehen ihm vor Augen. Er hat etwas erreicht. Er kann etwas vorweisen. Dennoch erkennt er immer wieder, wie klein, vergänglich und gefährdet der Mensch ist (Vers 3). Und dann ist auch noch die Rede von aktuellen Anfeindungen, von Betrug und Lüge, mit denen er sich auseinandersetzen muss. Darum ruft er Gott herbei.

Mag der Gebetsruf ungeduldig, verzweifelt und ohnmächtig klingen, so ist er dennoch hoffnungsvoll. Da ist die Rede von den Söhnen und Töchtern, also der nächsten Generation, die heranwächst (Vers 12), von ausreichend Vorräten in den Speichern und vom Vieh, das sich vermehrt. Auch das Klagegeschrei in den Gassen wird einmal aufhören (Vers 14). Der Gebetsrufer weiß, dass sein Ruf nicht wie das Umlegen eines Schalters funktioniert. Er darf so rufen und weiß dennoch, es geht meistens um ein Wachsen und Warten.

Darum können wir in den Gebetsruf des Psalms einstimmen und auch in die frohe und getroste Erwartung, dass der Himmel sich herabneigt und Gott selbst kommt. Diese Erwartung bestimmt auch diese Adventszeit.

Michael Höring

9 Montag DEZEMBER

2024

✹ 08:15 16:14
☽ 13:09 00:17

Bibellese: Jesaja 63,7-14

Unermesslich reich ist der Herr
an Liebe und Erbarmen. *(Vers 7)*

Ich sitze mit einem Mann mittleren Alters auf einer Parkbank. Wir unterhalten uns. Er spricht über seine Arbeitslosigkeit und die damit verbundenen finanziellen Probleme. Währenddessen gehen viele Menschen vorüber. Auf einmal stößt mich mein Gesprächspartner an. „Das war doch der Herr Soundso. Der ist reich. Er ist Millionär!"

Wenn jemand andere im Gegensatz zu sich selbst als reich bezeichnet, dann löst das bei mir immer Fragen aus. Wann ist denn jemand reich? Ist das an der Höhe des Kontostandes ablesbar? Wir leben in einem Sozialstaat. Da muss man steuerliche Bemessungsgrenzen für Einkommen festlegen, aber auch eine Armutsgrenze definieren. Daneben vergleichen wir uns gern mit anderen. Was habe ich und was hat der andere? Doch was bedeutet der Reichtum eines anderen für mich? Weckt er Begehrlichkeit,

Neid und Missgunst? Oder steigt das Ansehen der Person in meinen Augen, so dass Verehrung erzeugt wird? Zwischenmenschlich können das Vergleichen untereinander und tatsächliche soziale Ungleichheiten zu Problemen führen.
Nun wird in unserer Bibellese aber Gott als reich bezeichnet. Gott hat eine Fülle, eine Überfülle. Was bedeutet sein Reichtum für mich? Die Bedeutung liegt darin, dass Gott mir an seinem Reichtum Anteil gibt. Er spaziert nicht nur vorüber und wir zeigen auf ihn, den Reichen. Er gibt uns reichlich von seiner Liebe und Gnade. Das steht im hebräischen Grundtext im Plural. Im Deutschen kennen wir „Gnade" eigentlich nur im Singular. Der Plural zeigt an, dass Gott mit seinem Reichtum an Liebe und Erbarmen nicht sparsam umgehen muss. Seine Speicher sind immer voll und er gibt gerne ab. Wir erkennen das daran, wie er in unserem Leben handelt.
Darum fordert unsere Bibellese auch dazu auf, sich an Gottes gnädiges Handeln zu erinnern. Sein Erbarmen hat konkrete Auswirkung in unserem Leben. Wenn wir uns daran erinnern, dann loben wir ihn weniger, weil er reich ist, sondern mehr für diese konkreten Geschenke, die seine Fülle an Liebe und Erbarmen uns gebracht haben und noch immer bringen. Wo hat Gottes Liebe und Gnade Sie bereichert?

Michael Höring

10 Dienstag DEZEMBER 2024

☀ 08:16 16:14
☽ 13:22 01:42

Bibellese: Jesaja 63,15-64,6

Herr, du bist doch unser Vater! *(Vers 16)*

Wir sind mitten in einem erschütternden Klagegebet. Die Worte stammen aus einer lang entfernten Zeit und sind doch zeitlos: Mir zumindest kommen beim Lesen auch eigene Erfahrungen in den Sinn. Eben noch kreisten die Gedanken um die „Gnadentaten" Gottes (Jesaja 63,7 Zürcher Bibel) – damals. Und wie ist das jetzt? Sieht die Realität ganz anders aus. Wie passt das zusammen? Genau dazu ist die Klage da. Klagend kann ich mich fast trotzig an genau den Gott wenden, der mir gerade so fern scheint. Damals zeigte sich seine mitleidige Liebe doch (Jesaja 63,9)! Warum erlebe ich seine Zuneigung gerade so gar nicht (Vers 15)? Wenn ich den Bibeltext auf Hebräisch lese, empfinde ich das noch bewegender, denn da werden Gottes Emotionen ganz körperlich beschrieben: vermisst werden „das Brausen seines Inneren" und sein in der Gebärmutter verortetes „Erbarmen".

Noch in diesen bitteren Klagen scheint die Erwartung durch, dass Gott hochemotional an Israels Schicksal Anteil nimmt. Ein Vater eben. Gleich zweimal kommt der Appell: „Du bist doch unser Vater!" (63,16; 64,7). „Vater": Eine seltene Beschreibung Gottes im Alten Testament, eine besonders innige. Als Vater erwählt Gott Israel (Hosea 11,1), liebt es wie ein Vater seine Kinder (Psalm 103,13).
Gerade diese nahe Gottesbeziehung aber ist im Moment das Problem: Wo ist er denn, dieser Vater? Und ja, auch eigene Herzenshärte und Verirrung werden benannt, aber ist nicht auch dafür Gott verantwortlich, kann nicht er allein zur Umkehr führen (63,17)? Warum greift er nicht ein?
Eine Antwort finden wir hier nicht. Aber es hilft schon, die Fragen zu stellen. Die eigene Verzweiflung vor Gott auszubreiten: Nichts ist davon zu erkennen, dass wir zu dir gehören (Vers 19)! Und plötzlich doch eine gewagte Hoffnung: Gott wird wieder eingreifen. So machtvoll, dass der Himmel zerreißt, die Erde erzittert und Gott noch viel Wunderbareres tut, als wir je erträumten (63,19-64,3).
Im Advent erklingen wieder viele solcher Klage- und Hoffnungslieder. Wie dieses: „O Heiland, reiß die Himmel auf." Singen Sie es doch mal wieder.

Deborah Storek

11 Mittwoch DEZEMBER 2024

✹ 08:17 16:14
☽ 13:36 03:08

Bibellese: Jesaja 64,7-11

Kannst du das alles mit ansehen, Herr? *(Vers 11)*

Mit diesem Vers 11 endet das Klagegebet. Kein freudiges Vertrauensbekenntnis, sondern eine offene Frage. Harte Worte. Nach der Lutherübersetzung lautet der ganze Vers: „Herr, willst du bei alledem noch zögern und schweigen und uns so sehr niederschlagen?“ Das, was Gott bisher anscheinend ungerührt ansieht, wurde ihm eben radikal ehrlich vor Augen gemalt: Der Tempel, in dem du früher verehrt wurdest, ist verbrannt – rührt dich das nicht? Die Städte sind verwüstet, das Land liegt brach (Vers 9-10 L). Und Gott? Schweigt. Ließ das zu. Oder, schlimmer noch: Schickte er dieses Unglück nicht sogar, zeigte sich darin sein Zorn? Dass hinter großem Unglück der Zorn der Götter steht, war damals eine beliebte Erklärung. Auch Israel verstand die Zerstörung Jerusalems durch die Babylonier als Gottes gerechte Strafe für die eigene Untreue. Letztlich verbirgt sich hinter dieser harten Aussage die starke Überzeugung: Alles hat mit Gott zu tun. Noch in seinem Zorn bleibt Gott der, der Anteil nimmt, der unser Schicksal in seiner Hand hält. Und derselbe Gott kann auch wieder Glück schenken. Immer wieder neu wird Gott in diesen Versen zum Hinsehen und Mitleiden, zur Vergebung, zum Eingreifen aufgefordert. Und so schimmert durch die harten Worte der trotzige Glaube durch: Gott bleibt immer noch der Vater, der mein Gebet hört, dem meine Verzweiflung nicht egal ist. Die aktuelle Krise führt hier nicht dazu, dass die Beziehung abgebrochen wird.

Das kennen wir ja auch: Ich bete, Gott greift nicht ein – ich gehe auf Distanz. Gott interessiert sich ja anscheinend nicht. Hier passiert das Gegenteil: Gott hat Schlimmes zugelassen, schweigt – gut, dann werfe ich ihm meine Fragen und Vorwürfe hin! Wer in seinem Leben oder im nahen Umfeld harte Erschütterungen erlebt, der braucht einen robusten Glauben. Einen Glauben, der nicht nur den „lieben Gott" kennt, sondern der auch das Schweigen und das Unerklärliche Gottes mutig aussprechen kann.

Deborah Storek

Fragen zum Weiterdenken

Welche Verzweiflungsorte stehen mir vor Augen?
Welche Fragen brodeln in mir?
Wie könnte ich sie (wieder neu) vor Gott ausbreiten?

12 Donnerstag DEZEMBER 2024

☀ 08:18 16:14
☽ 13:53 04:38

Bibellese: Jesaja 65,1-10

Der Herr sagt: „Die ganze Zeit über streckte ich einladend die Hände aus.“ *(Vers 2)*

Gottes Schweigen (Jesaja 64,11) hält nicht an. Er antwortet in einer ebenfalls emotional aufrührenden Rede. Aber auch diese zu lesen, ist kein Zuckerschlecken: Liebe und Zorn mischen sich und der bittere Geschmack überwiegt deutlich ...

Ja, am Anfang breitet Gott aus, wie liebevoll und ausdauernd er sich um Israel mühte. Er ließ sich finden von Menschen, die ihn gar nicht suchten! Die Leute verpassten den Gottesdienst und trotzdem ging er ihnen nach, rief ihnen immer wieder zu: „Hier bin ich!“ So voller Liebe ist Gott, dass er auch die an sich ziehen will, die nichts von ihm wissen wollen. Aber: All diese Versuche scheiterten. Und schon im oben zitierten Vers knickt das Bild um: „Ich streckte meine Hände aus den ganzen Tag nach einem ungehorsamen Volk, das nach seinen eigenen Gedanken wandelt auf einem Wege, der nicht gut ist;

nach einem Volk, das mich beständig ins Angesicht kränkt“ (Jesaja 65,2-3 L) Es folgen weitere plastische Anklagen: Ihr habt andere Götter verehrt, Totenkult praktiziert, die Speisegesetze, die doch eure Verbundenheit mit mir zeigen sollen, nicht gehalten ... Dann die Gerichtsansage: Jetzt treffen euch die bösen Folgen eures Tuns.

Was mich bei aller Härte dieser Aussagen anrührt: Eine solche Kränkung, wie sie hier beschrieben wird, setzt große Nähe voraus. Die schmerzhaftesten Verletzungen erfahre ich durch Menschen, mit denen ich eng verbunden bin – und verletze hier auch selbst am meisten. Ist das nicht erstaunlich: Gott tritt uns hier sehr verletzlich entgegen! Einer, der nicht souverän unberührt bleibt, sondern sich von uns berühren lässt. Der sich für uns so weit geöffnet hat, dass ihn unsere Ablehnung trifft, unsere Irrwege schmerzen. Und ich muss daran denken, dass dieser Gott uns so weit nachging, dass er in Jesus Mensch wurde. Dass er sich in Jesus noch einmal von Menschen verletzen ließ, geißeln, verspotten, töten. Was für ein Geheimnis, dass aus diesen Verletzungen unsere Heilung wächst! Gottes Verletzlichkeit, seine ausgestreckten Arme: Auch im Advent, auch auf dem Weg zur Krippe steht sie uns vor Augen.

Deborah Storek

13 Freitag DEZEMBER 2024

☀ 08:19 16:14
☽ 14:17 06:10

Bibellese: Jesaja 65,17-25

Der Herr sagt: „Wolf und Lamm werden dann gemeinsam weiden." *(Vers 25)*

Nachdem die Klagen und gegenseitigen Vorwürfe angehört wurden, erklingen plötzlich ganz andere Töne ab Vers 17. Alles wird anders. Ach, stimmt ja: Neben der Vergangenheit, der wir nachtrauern, und der Gegenwart, die wir beweinen, gibt es ja auch noch die Zukunft! Und die wird hier nicht in düsteren Farben ausgemalt. Es werden nicht die gegenwärtigen Probleme in die Zukunft weitergeschrieben. Es erfolgt auch kein Aufruf, sich für eine bessere Welt einzusetzen.

Sondern ganz anders: Seht, was Gott verheißt! Und das ist gewaltig. Gott will nicht nur hier und da ein bisschen Linderung des Leids schenken. Er verspricht eine komplett neue Schöpfung. Nicht einen Himmel, wo ich mich nach dem Tod wiederfinde. Sondern die Umwandlung dieser Erde. Wolf und Lamm spielen friedlich, keine Gewalt mehr, nirgends. Die

Menschen bauen Häuser, pflanzen Weinberge und können die Frucht auch genießen. Lebensfülle und Glück, keine Kriege, keine Katastrophen mehr. Und dann wird da noch vieles genannt, was nicht mehr sein wird: Klage, Weinen, Schreien, früher Tod. Angst und Schmerzen bei der Geburt. Auch keine Bosheit mehr.

Worin liegt der Trost solcher Worte, damals wie heute? Wie Juden uns erlösungsfrohen Christen manchmal sagen müssen: Noch ist die Fülle der Erlösung nicht eingetroffen – Jesaja 65 beschreibt immer noch eine ferne Zukunft. Wir warten noch. Und doch: Jetzt schon wissen wir, was Gott eigentlich will – und was nicht. Das, was uns jetzt belastet, trägt schon ein göttliches „nicht mehr". Gott will Leben, Glück, Zufriedenheit, versöhntes Miteinander. Jetzt schon lädt Gott ein, auf diese Zukunft hinzuleben. Der Jubel soll bereits erklingen! Fröhlich sein soll Israel, und auch Gott will sich kräftig freuen über sein Volk (Vers 18-19). Wie geht das: So „erwartungsfroh" leben? Jedenfalls nicht aus eigener Kraft. Das ist eine Perspektive, die nur Gott schenken kann. Es lohnt sich, nicht nur unseren Ängsten, sondern auch seinen Zusagen zu lauschen. Auf Gottes unfassbare Möglichkeiten für unsere Zukunft zu hören. Das ist Advent!

Deborah Storek

14 Samstag DEZEMBER 2024

✷ 08:20 16:14
☽ 14:52 07:40

Bibellese: Jesaja 66,1-4

Ich, der Herr, blicke freundlich auf die Verzagten, die sich vor mir beugen. *(Vers 2)*

Momente des Verzagens sind Momente der Verletzlichkeit, der Angst, der Angreifbarkeit. Wer verzagt ist, macht sich selbst klein: mit Selbstvorwürfen, mit zurückgeschraubten Ansprüchen oder damit, sich niederzukauern und zu hoffen, dass das Schlimme und Böse nicht zu fest zuschlägt. Wer verzagt ist, der beugt sich, körperlich wie seelisch, wird gebeugt von der niederdrückenden Last. Wer verzagt ist, fühlt sich klein, unwichtig, schuldig und unrettbar verloren.

Wie gut, dass die Verzagten einen Ort haben, vor dem sie ohne Angst gebeugt sein können. An dem sie frei zugeben können: „Ich schaffe das allein nicht, so sehr ich es versuche. Ich kann mich nicht selbst gerecht sprechen. Ich kann mich nicht selbst aufrichten. Ich kann mich nicht selbst groß machen. Ich kann mich nicht selbst befreien. Und wo ich es

um jeden Preis allein versuche, schaffe ich stattdessen Unrecht, drücke andere an meiner Stelle nieder, mache andere klein, setze andere gefangen." Gott schaut diejenigen freundlich an, die bereit sind zuzugeben, dass sie selbst am Ende sind. Bei Gott finden sie keine Vorwürfe, keinen Spott, keinen Zorn und keine Enttäuschung, sondern Freundlichkeit, Liebe und ein offenes Herz.
Der evangelische Theologe Dietrich Bonhoeffer erklärt es so: „Gott schämt sich der Niedrigkeit des Menschen nicht, er geht mitten hinein, er wählt einen Menschen zu seinem Werkzeug und tut seine Wunder dort, wo man sie am wenigsten erwartet. Gott ist nahe der Niedrigkeit, er liebt das Verlorene, das Unbeachtete, Unansehnliche, das Ausgestoßene, das Schwache und Zerbrochene, wo die Menschen sagen: verloren, da sagt er: gefunden, wo die Menschen sagen: gerichtet, da sagt er: gerettet, wo die Menschen sagen: Nein!, da sagt er: Ja!" *Lydia Rieß*

♫ Bin ich gestrauchelt hier und da
und will verzagen fast,
spür dein Versöhnungsblut ich nah;
das nimmt mir meine Last.

Gerhard Tersteegen 1724
Aus: Wie bist du mir so innig gut

15

3. Advent

Sonntag **DEZEMBER** 2024

✷ 08:21 16:14
☽ 15:42 09:00

Bibellese: Psalm 130

Ich warte auf das helfende Wort des Herrn. *(Vers 5)*

Warten ist ein unscheinbares Wort und gleichzeitig so groß und weit in seiner Bedeutung. Ich kann freudig auf den Besuch eines guten Freundes warten. Ich kann nervös auf die angekündigte Geburtstagsüberraschung warten. Ich kann sehnsüchtig auf die Erfüllung eines Herzenswunsches warten. Ich kann ungeduldig auf meinen verspäteten Zug warten. Ich kann verzweifelt auf das Ende einer schmerzhaften Situation warten.

Und nicht nur in seiner Bedeutung, auch in seiner Länge ist dieses kleine Wort ohne Grenzen. Ich kann darauf warten, dass die Ampel in ein paar Sekunden endlich grün wird. Ich kann Tage oder Wochen darauf warten, Rückmeldung auf eine Bewerbung zu bekommen. Ich kann Monate darauf warten, endlich meinen wichtigen Arzttermin zu bekommen. Und ich kann Jahre, sogar Jahrzehnte darauf warten, einen Lebenstraum zu verwirklichen.

Warten umfasst alles, von freudiger Hoffnung bis hin zu dunkelster Verzweiflung, von wenigen Sekunden, die sich wie eine Ewigkeit anfühlen, bis hin zu Jahrzehnten, die irgendwann nur noch vorüberziehen. Warten kann Gutes in uns wachsen lassen und Warten kann zerstören.
Umso bedeutungstiefer ist dieser unscheinbare Satz, den der Psalmbeter an Gott richtet: „Ich warte auf das helfende Wort des Herrn." Alles Warten, von Freude bis Leid, von Sekunden bis zu Jahrzehnten, legt er hier in Gottes Hand, weil er weiß, dass sein Warten dort am besten aufgehoben ist. In den Händen des Gottes, der seine Ungeduld versteht und ihn in seiner Verzweiflung trösten wird. Der sein aufgeregtes und freudiges Herumspringen wie auch seine bittersten Tränen und seinen dunkelsten Zorn aushält. Er weiß, dass Gott sowohl seine ungeduldigen Sekunden wie auch die sehnsuchtsvollen Jahre in seinen Händen hält, weil Gott nichts zu groß oder zu klein ist, nichts zu unwichtig oder zu ambitioniert. Auf diesen Gott und sein helfendes Wort zu warten, lohnt sich. Weil man bei ihm nie umsonst wartet.

Lydia Rieß

16 Montag DEZEMBER 2024

☀ 08:21 16:14
☽ 16:49 10:03

Bibellese: Jesaja 66,5-14

Ich, der Herr, verspreche: Ich werde euch trösten, wie eine Mutter tröstet. *(Vers 12-13)*

Trost gewinnt eine ungeahnte Tiefe, je vertrauter die Person ist, die mich tröstet. Trost bedeutet, ich will dem anderen dabei helfen, sich besser zu fühlen, vielleicht sogar Hoffnung geben. Als flüchtige Bekannte kann ich dabei kaum mehr tun, als ein paar gute Worte sagen, ein bisschen zuhören, einfach da sein. Eine Mutter dagegen kann so viel mehr. Eine Mutter kennt den konkreten Grund, kennt alte Wunden, die das aktuelle Leid noch größer machen, kennt die besonderen Sensibilitäten, Schwächen, angreifbaren Punkte ihres Kindes. Sie weiß genau, was ihr Kind in dem Moment braucht, was unbedingt nötig ist, was eher schadet oder zu viel ist, was wirklich hilft und Hoffnung gibt.

Und eine Mutter weiß auch, wie sie in solchen Momenten aktiv Hilfe leisten kann. Sei es dadurch, dass sie im richtigen Moment da ist, dass sie helfend

mit anpackt, dass sie Hindernisse aus dem Weg räumt oder ihr Kind an seine eigene Verantwortung in dieser Situation erinnert. Nie mit Vorwürfen, nie mit Druck, Enttäuschung, Schuldzuweisung oder Härte, sondern immer mit Liebe, immer mit dem Wunsch, die Situation zu verbessern und ihrem Kind zukünftiges Leid zu ersparen. Immer mit der festen Zusicherung: „Ich gehe diesen Weg mit dir, egal, wie schwer er wird. Du bist nicht allein."
Gottes Trost ist der Trost einer Mutter, weil er mehr als Worte ist, mehr als ein paar Minuten des Zuhörens, mehr als eine flüchtige Umarmung. Gottes Trost ist ganzheitlich, scheut sich nicht vor schwierigen Themen und begleitet auf den dunkelsten Wegen, ganz egal, ob dieses Leid durch andere oder selbstverursacht ist. Denn die Liebe einer Mutter hört nicht auf, wenn ihr Kind Fehler macht, wenn es ganz unten ankommt oder wenn es immer wieder in dieselben dunklen Löcher fällt. Die Liebe einer Mutter und damit umso mehr die Liebe Gottes ist einfach da. Ohne Kompromisse. *Lydia Rieß*

Gott hat immer noch Mittel und Wege, Trost und Erquickung zu schenken, wenn wir nicht mehr trösten und erquicken können.

Charles Haddon Spurgeon (1834-1892), englischer baptistischer Pastor

17 Dienstag DEZEMBER 2024

✷ 08:22 16:14
☽ 18:08 10:46

Bibellese: Jesaja 66,15-24

Der Herr sagt: „Ich werde ein Zeichen unter ihnen aufrichten und Boten zu ihnen senden – Menschen aus allen Völkern, die sich mir angeschlossen haben."

(Vers 19)

Die Worte der Propheten, die in Gottes Namen sprechen, können manchmal hart sein. Im Buch Jesaja ist oft von Krieg und Tod die Rede, und das kann schwer zu lesen sein. Kann ein liebender Gott den Krieg lieben? Nein, bestimmt nicht. Aber genauso wenig kann Gott Unrecht lieben. Gottes Gericht ist in der Bibel nie das Werk eines rachsüchtigen Gottes oder eines Gottes, der Blutvergießen liebt. Es ist immer die verzweifelte Tat Gottes, der die Unschuldigen und Wehrlosen vor der Willkür der Mächtigen und Überheblichen schützen will. Das zeigt sich daran, wie schnell auf solche Gerichtsworte immer wieder Worte der Hoffnung und des Neuanfangs folgen. Der Tod hat nie das letzte Wort, sondern es sind immer Vergebung und Leben, die

am Ende stehen sollen – auch für diejenigen, die früher als Feinde und Unterdrücker galten.
Und dieses Leben, dieser Neuanfang gilt allen Menschen, unabhängig von Herkunft und Vergangenheit. Denn auch, wenn Gericht und Schwert so laut zu sein scheinen in den Prophetenbüchern, so findet sich dort doch viel häufiger die leise Stimme Gottes, die sich nach den Menschen ausstreckt, die zu ihnen kommt mit Worten der Liebe und der Versöhnung, immer wieder, über Jahre und Jahrzehnte hinweg. Die Boten, die Gott im Namen der Liebe und des Friedens schickt, sind ein so viel größeres Heer als das jener, die mit dem Schwert kommen. Denn das ist die Botschaft der gesamten Bibel: Gott steht immer auf der Seite des Menschen, niemals gegen ihn. Er richtet sein Zeichen unter den Menschen auf, nicht gegen sie. Gottes Zeichen, seine Flagge, steht mitten unter ihnen und sagt ihnen damit: „Ihr gehört zu mir. Ihr steht unter meinem Schutz. Ich will, dass ihr lebt." Es ist eine Botschaft, die so alt ist wie die Menschheit selbst. Und es ist eine Botschaft, die Gott geduldig immer wieder wiederholt, ganz egal, wie oft sie überhört wird, weil alle wissen sollen: „Ihr seid bei Gott willkommen. Zu jeder Zeit und egal, was ihr getan habt und wo ihr herkommt."

Lydia Rieß

18 Mittwoch DEZEMBER 2024

✷ 08:23 16:15
☽ 19:30 11:15

Bibellese: Lukas 1,1-17

Lukas schreibt: Schon viele haben versucht, die Ereignisse zusammenhängend darzustellen, die Gott unter uns geschehen ließ und mit denen er seine Zusagen eingelöst hat. *(Vers 1)*

Wenn ich im Ruhestand bin, dann werde ich ein Buch schreiben." Diesen Satz hört man gar nicht so selten. Die Lebensgeschichte für die Enkel aufschreiben, von den Wechselfällen des Lebens berichten, Anekdoten sammeln, Lebensweisheiten festhalten. Mit den technischen Möglichkeiten von heute erscheint dies sehr einfach. Man braucht eigentlich nur Zeit und Muße dafür und natürlich – schriftstellerisches Talent.

In der Antike, als Lukas sich an die Arbeit machte, sein Buch zu schreiben, war das zuerst und vor allem eine Kostenfrage. Das Schreibmaterial, wahrscheinlich Pergament, war sehr teuer. Man konnte nur langsam Buchstabe für Buchstabe setzen und musste aufpassen, dass einem die Gedanken nicht davonliefen. Aber lohnte der Aufwand, wenn ein Autor mühsam nur ein einziges Exemplar verfassen konnte? Das Hauptproblem bestand in der Vervielfältigung. Da malten buchstäblich die Leute monatelang eine Seite nach der anderen ab. Wer sollte das bezahlen? Im Falle des Lukas hieß der Sponsor mit großer Wahrscheinlichkeit Theophilus. Mit großer Wahrscheinlichkeit finanzierte Theophilus sicher auch aus gutem Eigeninteresse die beiden Bücher des Lukas. So erhielt Lukas die Möglichkeit, zeitaufwändig zu recherchieren, andere Überlieferungen zu sammeln, zu sichten und ein Kleinod zu schaffen, ohne das viele Menschen nicht mehr leben möchten.

Damit ist jeder, der die Gleichnisse von Jesus liebt, von denen wir viele einzig im Lukasevangelium finden, jeder, dem die Weihnachtsbotschaft wichtig ist, nicht nur Lukas, sondern auch Theophilus zu großem Dank verpflichtet. Und heute? Was wären christliche Verlage, was wären Missionswerke, die sich auf Bücher und Traktate spezialisierten, ohne ihre Sponsoren? Mission geschieht auch heute noch vielfach so, dass Sponsoren durch ihr zuverlässiges Engagement diese Arbeit ermöglichen. Auch heute gibt es nicht nur einen Theophilus, sondern unglaublich viele. Und denen möchte ich von Herzen danken!

Manfred Frank

19 Donnerstag DEZEMBER 2024

☀ 08:23 16:15
☽ 20:49 11:35

Bibellese: Lukas 1,18-25

Zacharias sagte zu dem Engel: „Woran soll ich erkennen, dass es wirklich so kommen wird?“ (Vers 18)

Was braucht Zacharias denn noch? Reicht es nicht, dass ihm direkt im Heiligtum ein Engel begegnet? Schnell bin ich geneigt, mich über diese Sturheit zu wundern. Das ist aber nur zu leicht und billig, vor allem dann, wenn man selbst nicht dabei war. Doch dem alten Mann wird eine Menge zugemutet. Ist da wirklich ein Engel oder bildet er sich das nur ein? Kommt das Wunder nicht zu spät? Warum nicht damals, als das Paar unter der Kinderlosigkeit und der gesellschaftlichen Ächtung so gelitten hatte – damals, als es biologisch noch möglich war? Für mich scheint sein Alter sein größtes Problem zu sein. Damit meine ich nicht nur, dass es biologisch ausgeschlossen war, dass dieses Paar noch einmal ein Kind haben würde. Das, was Zacharias hier gerade erlebte, entsprach einfach nicht seiner nun bereits jahrzehntelangen Glaubenserfahrung.

Er diente schon seit ewigen Zeiten im Tempel. Doch da war nie ein Engel. Auch seine Kollegen berichteten niemals davon. Sicher beteten die beiden viele Jahre um Nachwuchs. Es könnte sein, dass er über die Jahre keine große Neigung mehr hatte, daran zu glauben, dass Gebet etwas nützen würde. Vielleicht ist das anders, wenn man für das Volk Gottes betet, aber nicht, wenn es um private Wünsche geht. Wer war er denn schon, dieser unbedeutende Priester, der nur ein paar Mal im Jahr seine unbedeutenden Tätigkeiten im Tempel aufnahm?

Wenn ich die großen Verheißungen Gottes in der Bibel lese, wenn ich die vielen Versprechen höre, die mir im Wort Gottes gemacht werden und die so häufig in Predigten und in der christlichen Literatur wiederholt werden, dann ergeht es mir manchmal schon wie dem greisen Zacharias. Woher soll ich wissen, dass dies gerade jetzt ausgerechnet mir gilt, zumal mir kein Engel gegenübersteht? Alter schützt eben doch nicht vor großartigen Erfahrungen mit unserem Herrn. Vielleicht, nur vielleicht lebe ich hauptsächlich für den einen großen Moment in der Geschichte des Reiches Gottes, der vielleicht noch vor mir liegt. Verabschieden wir uns nicht zu früh aus den Plänen Gottes. Hier gibt es eben kein „Dafür bin ich schon zu alt".

Manfred Frank

20 Freitag DEZEMBER 2024

☀ 08:24 16:16
☽ 22:05 11:50

Bibellese: Lukas 1,26-38

Maria erschrak über den Gruß des Engels und überlegte, was er bedeuten sollte. *(Vers 29)*

Postbote, Bofrost-Mitarbeiter oder Polizist? In dem Augenblick, wenn wir unsere Haustür öffnen, wissen wir ungefähr, was uns blüht. Im letzteren Fall wahrscheinlich Erschrecken. Ähnlich ergeht es Maria. Ich kann sie gut verstehen, denn wenn vor meiner Haustür der als Erklärer von Visionen und Bote Gottes bekannte Gabriel erschiene, würde auch mein Herz sehr klopfen. Obwohl der Gruß von Anfang an durchaus positiv klingt: „Der Herr ist mit dir!" Er erinnert an andere große Berufungen in der Bibel wie bei Josua im gleichnamigen Buch Kapitel 1,9 oder bei Gideon in Richter 6,12. Immer wieder sind Menschen erschrocken, wenn die unsichtbare Welt sehr plötzlich und deutlich für sie erfahrbar wird, auch Petrus in Lukas 5,8. Es ist ein Zeichen unserer Sündhaftigkeit und gleichzeitig von Gottes Heiligkeit.

Wir wissen, wie Marias Gespräch mit Gabriel weiter verlief und verstehen deshalb umso mehr ihre Reaktion. Denn sowohl ihr eigenes Leben als auch die Weltgeschichte wurden durch Gabriels ausgesprochene Berufung an Maria tiefgreifend verändert. Ich erinnere mich heute an eine entscheidende Gottesbegegnung zu Beginn einer Lebenskrise, die mich in eine ernsthafte Buße führte, und an heiliges Erschrecken, als meine jetzige Berufung in mein Leben kam. Der Schrecken stand nur am Anfang. Beides empfand ich rückblickend als Gnade. Woran werden Sie erinnert? Sollte es keine Erinnerungen geben, dann lade ich Sie ein zu einem persönlichen Gebet: „Herr Jesus Christus, lass mich heute aufmerksam sein für alle Begegnungen mit dir." *Kerstin Wendel*

Kurz vor Weihnachten tut es gut, hier innezuhalten. Zum einen, um den Dank an den Schöpfer der Welt heute loszuwerden im Lied, Gebet oder durch unser Tun. Zum anderen, um an eigene Schrecksekunden zu denken, die wir in persönlichen Gottesbegegnungen erlebten. Sicher bewirkten sie auch nachfolgend Gutes in unserem Leben. *Kerstin Wendel*

Lied für den Tag:
www.youtube.com/watch?v=xrlKCLSayAs

21 Samstag DEZEMBER 2024

✷ 08:24 16:16
☽ 23:17 12:02

Bibellese: Lukas 1,39-56

Als Elisabet Marias Gruß hörte, hüpfte das Kind in ihrem Leib. Da wurde sie vom Geist Gottes erfüllt.

(Vers 41)

Sie ist alt, schwanger und geisterfüllt, die Priesterfrau Elisabet. In einer Zeit ohne Kurznachrichten und Handy erkennt sie vor der Tür nicht nur ihre junge Verwandte, sondern vor allem deren neue Lebensberufung. Das ist ein ergreifender Moment, nicht nur für die beiden, sondern auch für uns. Warum Maria loszog? Auch wenn der Text es nicht verrät, ahnen wir, dass sie eine Vertraute suchte, eine mütterliche, verständnisvolle Freundin, der sie sich anvertrauen konnte mit den „großen Dingen". So ticken wir Frauen, wenn uns Dinge im Innersten bewegen. Der Geist Gottes stiftet damals sofort eine innige und intensive Gemeinschaft. Und er bestärkt sein Reden, denn Elisabet spricht Maria nun das zu, was bisher ihr Geheimnis war: Dieses Baby wird einzigartig sein!

Persönliche Wunder, Gebetserhörungen oder Berufungen machen dünnhäutig für das Reden Gottes. Uns schenken sie die erste Seligpreisung im Neuen Testament und ein beeindruckendes Magnifikat. Der Lobgesang der Maria wird aufgrund des Anfangswortes im Lateinischen so genannt. Obwohl Jesus noch nicht geboren ist, wird hier schon formuliert, was seine Mission sein wird: Sorge um die Belange der Armen und Verachteten, Verwerfung der Reichen und Stolzen. Dieses Loblied erinnert an das der Hanna in 1. Samuel 2,1-10. Auch dort: Wenig Infos über sich selbst, viel von dem, was Gott tut.
Wir nehmen heute in der Adventszeit 2024 immer noch Anteil an diesem wundersamen Geschehen und wissen: Wir gewöhnlichen Menschen dürfen immer noch mit dem außergewöhnlichen Wirken des Geistes Gottes rechnen. *Kerstin Wendel*

Frage zum Weiterdenken
„Wenn Gottes Geist sich Raum schafft ..." Wie möchten Sie diesen Satz für sich selbst weiterschreiben?

Sonja Sorbara, Du sprichst zu mir. Wie Gottes Stimme dein Leben trägt, SCM R. Brockhaus Verlag
ISBN 978-3-417-26938-3

22 4. Advent
Sonntag 2024
DEZEMBER

☀ 08:25 16:17
☽ -.- 12:12

Bibellese: Psalm 102

Herr, wir, deine Diener, lieben auch noch die Steine der Zionsstadt. *(Vers 15)*

Dieser kleine Vers kommt so harmlos daher. Der Beter liebt die Steine der Zionsstadt. Wie schön. Doch die Stadt liegt in Trümmern. Es sind die Steine der zerstörten Mauern, vielleicht rußgeschwärzte Steine.

Bitte lesen Sie auf jeden Fall den ganzen Psalm! So viel Verzweiflung spricht aus den Zeilen. So entmutigt ist der Verfasser. Und als so verloren schätzt er seine persönliche Situation ein.

Und doch fasst er mit seiner letzten Kraft, in seiner größten Verzweiflung einen Entschluss: Er wendet sich an Gott. Zwar fühlt er sich abgeschmettert und am Ende seiner Möglichkeiten, aber dennoch gibt er seinen Glauben an Gott nicht auf. Er , Gott, schreit zu ihm und bittet um Hilfe, schildert ihm in allen Einzelheiten seine schreckliche Situation. Und er erkennt auch in seiner dunkelsten Stunde an, dass

dem allmächtigen Gott alle Ehre gebührt. Er steht über allem und er wird in Ewigkeit regieren. Er war schon immer da und er wird immer da sein.
Ich sehe darin für mich die große Frohe Botschaft: Was auch immer mich quält, äußere Umstände oder innere Not, ich darf zu Gott schreien, sprechen, beten. Ich darf ihm jederzeit mein Herz ausschütten, ihm mein Innerstes hinhalten. Ich muss keine geschliffenen Worte haben, keine wohl durchdachten Sätze formulieren. Gott kennt mich besser, als ich mich selbst kenne.
Und doch möchte er, dass ich zu ihm komme und bei ihm bleibe. Ich bin sein geliebtes Kind, er wird mich nie aufgeben und immer mit weit geöffneten Armen auf mich zugehen. Dieses unglaubliche Privileg kann ich mir nicht verdienen, ich kann nichts tun, um dieser Ehre würdig zu sein. Ich bin eines seiner Geschöpfe und er möchte Gemeinschaft mit mir haben. Er möchte so eng und liebevoll mit mir verbunden sein, wie er es von Anfang an gedacht hat. Seine alles überstrahlende, große Liebe hält es aus, wenn ich mich schreiend, unbeholfen und ungeschliffen an ihn wende. Es macht keinen Unterschied, wenn ich ihm nur mein Herz gebe und zulasse, dass er es verändert, dass er mich verändert.

Susanne Wirtz

23 Montag DEZEMBER 2024

✷ 08:25 16:17
☽ 00:27 12:22

Bibellese: Lukas 1,57-66

Im selben Augenblick konnte Zacharias wieder sprechen, und sofort fing er an, Gott zu preisen. *(Vers 64)*

Neun Monate lang hatte Gott ihn verstummen lassen. Zacharias kam kein Wort über die Lippen. Das, was sich in hohem Alter in seinem Leben und in dem Leben seiner Frau Elisabet ereignete, verschlug ihm die Sprache. Und jetzt ist der Zeitpunkt da, auf den sie quasi ein Leben lang warteten. „Sein Name ist Johannes", schreibt Zacharias – immer noch sprachlos – auf ein Täfelchen. Wahrscheinlich hat er Tränen in den Augen. Vor Freude. Und Dankbarkeit. Und auch vor Ehrfurcht angesichts der Erfahrung, wie der lebendige Gott in ihr Leben hineinwirkte. Gott erfüllte seine Zusage: Er schenkte ihm und seiner unfruchtbaren Frau Elisabet im hohen Alter einen Sohn. „Sein Name ist Johannes." Denn „der Herr ist gnädig", so die Bedeutung dieses Namens. Zwischenzeitlich hatten Zacharias und Elisabet die Hoffnung so ziemlich aufgegeben. Nie

ganz, aber es war eben rein biologisch schon sehr unwahrscheinlich. Wie schmerzhaft, mit der Enttäuschung zu leben, und wie schwer, die Hoffnung aufrechtzuerhalten. Zacharias verstummte, weil er die Verheißung nicht glauben konnte. Was soll man auch sagen, wenn Gott Möglichkeiten offenbart, die unerreichbar scheinen und größer sind, als man glauben kann? Aber Zacharias erlebt, dass Gott das Unmögliche wahrmacht und dass er zu dem steht, was er sagt. Und mit der Erfüllung der Verheißung erhält Zacharias auch seine Stimme zurück und findet Worte, Gott zu preisen.
Einen Tag vor Heiligabend werden wir durch Zacharias daran erinnert, dass Gott treu zu seinem Wort steht. Auch wenn Gottes Wege manchmal andere sind als unsere und seine Gedanken manchmal für uns nicht zu verstehen sind, wir dürfen ihm und dem Kind in der Krippe vertrauen! Gott wurde Mensch und in Jesus Christus erkennen wir den ewigen Gott. Das ist in diesen Tagen unser Grund, Gott zu loben. Gott wurde Mensch, um uns aus unserer Hoffnungslosigkeit zu retten. Was immer Gott an Zusagen machte – in seiner Person finden sie alle ihre Erfüllung (2. Korinther 1,20). Gott steht zu dem, was er sagt. Sehen wir auf dieses Kind! Machen wir unseren Mund auf! Welch ein Grund zur Freude!

Christoph Stiba

24

Heiligabend

Dienstag **2024**

DEZEMBER

☀ 08:26 16:18

☽ 01:36 12:32

Bibellese: Lukas 1,67-80

Später zog sich Johannes in die Wüste zurück bis zu dem Tag, an dem er unter dem Volk Israel offen mit seinem Auftrag hervortreten sollte. (Vers 80)

Zacharias lobt und preist Gott. Erfüllt vom Geist Gottes prophezeit er den kommenden Retter. Ganz so, als sei der erlösende Retter schon da, „der uns aus der Gewalt unserer Feinde rettet und uns aus den Händen all derer befreit, die uns hassen" (Vers 71 NGÜ). Auch Johannes ist noch ein Kind und zieht sich dann erst einmal in die Wüste zurück. Seine Zeit ist noch nicht gekommen. Johannes erfüllte, was der Prophet Jesaja angekündigt hatte: „Es ruft eine Stimme: In der Wüste bereitet dem Herrn den Weg, macht in der Steppe eine ebene Bahn unserm Gott!" (Jesaja 40,3 L). Die Wüstenzeit und das Warten bereiten Johannes auf seinen Auftrag vor, sie gehören zu Gottes verheißenem Weg.

Auch die Adventszeit ist so eine Zeit des Wartens und der Vorbereitung auf das Kommen Gottes. Mit jedem Türchen des Adventskalenders rückt Weihnachten näher. Jeden Tag ein kleines Geschenk auf dem Weg zum größten Geschenk: Gott kam in Jesus Christus auf diese Welt. Heute an Heiligabend feiern wir die Erfüllung dieser Verheißung. Gott liebt seine Menschen so sehr, dass er seinen Sohn gab, damit alle, die an ihn glauben, nicht verloren werden, sondern das ewige Leben haben (Johannes 3,16 L). Und doch ist dieser Hinweis auf die Zeit von Johannes in der Wüste auch ein Hinweis darauf, dass Entscheidendes noch nicht geschehen ist. Das Kind in den Armen von Zacharias ist noch nicht der Rufer in der Wüste. Das Kind in der Krippe ist noch nicht der Mann am Kreuz. Der Mann am Kreuz ist noch nicht der erhöhte Christus. Und der zur Rechten Gottes erhöhte Christus ist noch nicht der wiederkommende Herr, der richtet und spricht: „Siehe, ich mache alles neu!" (Offenbarung 21,5 L). Auch wenn in diesen Tagen die Botschaft vom Kind in der Krippe im Zentrum unserer Aufmerksamkeit steht, erschöpft sich darin nicht das Evangelium. Wir dürfen immer noch voller Erwartung sein. Jesus ist seinen Weg vom Himmel auf die Erde bis hin zum Kreuz und dann wieder zurück zum Vater für jeden von uns gegangen. Und er wird wiederkommen. Dafür ehren wir ihn heute und alle Tage. Frohe und gesegnete Weihnachtstage!

Christoph Stiba

25
1. Weihnachtstag
Mittwoch 2024
DEZEMBER
☀ 08:26 16:19
☽ 02:46 12:43

Bibellese: Lukas 2,1-14
Da trat der Engel des Herrn zu den Hirten, und die Herrlichkeit des Herrn umstrahlte sie, und sie fürchteten sich sehr. *(Vers 9)*

Weihnachten. Wochenlang freuen sich Kinder auf diesen Moment, Wohnungen werden weihnachtlich dekoriert, Kekse gebacken, ein Tannenbaum geschmückt, Geschenke vorbereitet und festliche Speisen aufgetischt. Oder Kartoffelsalat und Würstchen ... Je nach Tradition. Vorfreude und Erwartung pur. Oft hektisch und anstrengend, aber schön. Auf der anderen Seite geschieht an den Weihnachtstagen immer wieder auch Unschönes: Familienkrach, Unfrieden, große Enttäuschungen oder tiefe Einsamkeit. Das ist die Weihnachtswelt, in der wir leben. Und an vielen Stellen in unserem Land und auf unserer Welt ereignet sich noch weitaus Schlimmeres. Trotzdem ist es auch in diesem Jahr wieder Weihnachten geworden und wir feiern: Gott ist in Jesus, in dem Kind in der Krippe, zur Welt gekommen.

Das hat Gott einfach so gemacht. Ohne auf die besonderen Umstände zu achten. Denn auch damals bei den Hirten auf dem Feld und bei der Geburt im Stall war es ja keine unbeschwerte Zeit. Besinnlichkeit und heimelige Weihnachtsatmosphäre – Fehlanzeige. Die Hirten fürchteten sich sehr. Es war einzigartig, erschreckend, ehrfurchtgebietend und im Stall auch sehr einfach, hart und dreckig. An vielen Orten in unserer heutigen Welt ist es ähnlich, dass Menschen nicht besinnungslos nach Besinnung suchen, sondern ums Überleben kämpfen. Um Frieden und Gerechtigkeit. Auch dort wird es heute Weihnachten. Es muss ja gar nicht schön, friedlich und beschaulich sein, damit es Weihnachten werden kann. Damals wie heute nicht. Weihnachten ereignet sich einfach. Gott lässt seine Herrlichkeit aufstrahlen. Jetzt ist die Zeit gekommen. Jetzt kommt er in seine Welt und zu seinen Menschen. Zuerst erfahren das die Hirten auf dem Feld bei ihren Schafen. Unter allen Umständen gilt uns heute, was der Engel zu den erschreckten Hirten sprach: „Fürchtet euch nicht! Siehe, ich verkündige euch große Freude, die allem Volk widerfahren wird; denn euch ist heute der Heiland geboren, welcher ist Christus, der Herr, in der Stadt Davids" (Lukas 2,10-11 L). Ein gesegnetes Weihnachtsfest!

Christoph Stiba

Zum 25. Dezember 2024

Eine Salondame mit Mission

Juliane von Krüdener war eine einflussreiche Frau. Sie bewegte Europa als Wanderpredigerin, Evangelistin und durch die konsequente Ausrichtung auf ihre Mission und ihre völlige Hingabe an Gott und ihre Mitmenschen. Sie bewegte Europa als missionarische Salondame, Theologin, Autorin, als weibliche Pionierin des evangelischen Glaubens, als Impulsgeberin und Netzwerkerin. Sie **starb** am 25. Dezember 1824, **heute vor 200 Jahren,** auf der Krim.

Als Tochter einer angesehenen Salondame in Riga wurde Juliane von Krüdener am 22. November 1764 ganz natürlich in das wohl einflussreichste soziale Netzwerk ihrer Zeit von West- bis Osteuropa hineingeboren: die Salonkultur. Sie wurde geprägt von Schriftstellern, Politikern, Künstlern, Freunden, Durchreisenden, Andersdenkenden. Dort wurde diskutiert, gespielt, musiziert und Leben geteilt. Nach einer Gottesbegegnung im Geist der Herrnhuter wurden ihre literarischen Salons zunehmend zu religiösen Salons, die viel Aufsehen erregten – von Riga über Paris, die Schweiz und Deutschland bis nach Sankt Petersburg. Darüber hinaus stellte die Mutter von zwei Kindern ihr

Leben kompromisslos in den Dienst Gottes und ihrer Mitmenschen. Sie kümmerte sich um die Ärmsten und Ausgestoßenen, hatte aber auch enge Kontakte mit den mächtigsten Herrscherfamilen ihrer Zeit. Mit ihrem religiösen Salon in Paris erregte die Baltin im Sommer 1815 europaweites Aufsehen, weil Zar Alexander I. zu ihren regelmäßigen Salongästen gehörte. Für kurze Zeit sei sie durch ihren Einfluss auf den Zaren zur mächtigsten Frau Europas geworden.

Ab 1816 unternahm Juliane von Krüdener Missionsreisen durch Süddeutschland und die Schweiz. Tausende von Menschen strömten in Schweizer Städten zusammen, um die Frau aus dem Norden zu sehen, zu hören und um praktische Hilfe zu erfahren. Die „Mutter der Armen" nahm kein Blatt vor den Mund, wenn sie Geistliche und Regierungen auf ihre Verantwortung aufmerksam machte, und forderte ein Evangelium der Tat, eine Religion und eine Reformation der Liebe. Diese werde zur Einheit aller christlichen Konfessionen führen, da nicht die Zugehörigkeit zu einer Konfession, sondern das Bekenntnis zu Christus entscheidend sei. Sie setzte sich nach Kräften dafür ein, die Botschaft der Bibel kompromisslos umzusetzen. Nachdem Juliane und ihr Gefolge aus der Schweiz ausgewiesen worden waren, zog die Baronin im Jahr 1817 predigend durch Württemberg, Bayern und Sachsen in Richtung ihrer baltischen Heimat.

Ute Armbruster-Stephan

26

2. *Weihnachtstag*

Donnerstag 2024

DEZEMBER

☀ 08:26 16:19
☽ 03:59 12:58

Bibellese: Lukas 2,15-20

Maria bewahrte all das Gehörte in ihrem Herzen und dachte viel darüber nach. *(Vers 19)*

Weihnachten bringt in Bewegung. Maria und Josef, die Engel, die Menge der himmlischen Heerscharen und die Hirten, die sich auf den Weg zum Stall machen und dann „berichteten, was ihnen der Engel von diesem Kinde gesagt hatte" (Vers 17). Es ist dieses Kind in der Krippe, das die Engel, die Hirten und auch uns in Bewegung bringt, um das Wort auszubreiten, das von diesem Kind gesagt worden ist. Denn dieses Kind erreicht unser Herz. Weihnachten bringt nicht nur in Bewegung, sondern ist eine Herzensangelegenheit. Maria wusste das. Maria hatte bereits aufmerksam hingehört, als der Engel ihr die Schwangerschaft ankündigte und über die Bedeutung des Kindes sprach. Genauso ist ihr in Herz und Sinn, was ihre Verwandte Elisabet zu ihr sagte, die spürte, dass Marias Sohn die Welt verändern wird, als die beiden Schwangeren sich begegneten und das Kind in Elisabets Leib vor Freude hüpfte. Und jetzt hat sie den Sohn Gottes, den Messias, zur Welt gebracht und sehr genau darauf geachtet, was die Hirten von dem berichteten, das zu ihnen von diesem Kinde gesagt worden war. Im Kern war es immer die gleiche Botschaft: Dieses Kind ist der Heiland, der Christus, der lang erwartete und ersehnte Retter! Gott offenbart sich in ihm und erlöst seine Menschen und seine Welt! Maria weiß, dass sie ein weltbewegendes Kind in ihren Händen hält. Damals wie heute herrschen überall Unfrieden und Ungerechtigkeit. Die Mächtigen triumphieren über die Niedrigen. Arme kommen nicht zu ihrem Recht und Reiche nehmen, was ihnen nicht zusteht. Diese Welt braucht jemanden, der sie in eine andere Richtung bewegt, ja, der die Herzen der Menschen umkehrt. Maria sieht klar, dass ihr Sohn diese Aufgabe hat. Weihnachten ist Herzenssache. Bei Maria – und ich wünsche Ihnen, dass auch Ihr Herz von dem Kind in der Krippe, dem Herrn und Heiland der Welt, bewegt wird. Ich wünsche Ihnen ein weihnachtliches Herz. Das ganze Jahr über. Bewegen Sie die Worte von Jesus nicht nur zu Weihnachten in Ihrem Herzen. Bleiben Sie bewegt im Herzen von der Weihnachtsgeschichte. Denn wer von ihr bewegt wird, der wird von Gott bewegt. *Christoph Stiba*

Bibellese: Lukas 2,21-24

Das Kind bekam den Namen Jesus – so wie es der Engel des Herrn angeordnet hatte, noch ehe Maria das Kind empfing. *(Vers 21)*

Was ist es denn?", ist eine der ersten Fragen, wenn bekannt wird, dass ein Kind geboren wurde. Gefolgt von: „Wie heißt es denn?" Die Namenssuche nimmt für werdende Eltern meist einen großen Raum ein und sie haben sich in der Regel gut überlegt, wie das Kind heißen soll. Dabei gibt es unterschiedliche Kriterien, nach denen der Name ausgesucht wird. Passt er zum Nachnamen? Fängt er mit einem bestimmten Buchstaben an? Ist er gerade „in"? Welche Bedeutung hat der Name?
Bei Jesus mussten sich Maria und Josef keine Gedanken machen. Der Name stand schon von Beginn an fest, heißt es in unserem Vers. „Jesus – Gott rettet" soll das Kind heißen. Der Name ist Verheißung, aber auch Trost und Zuspruch. In dem Namen Jesus ist alles enthalten: Gott rettet – Gott rettet von allem,

was Leben zerstört und verhindert, erlöst von Schuld, bringt Liebe und Frieden. An Weihnachten haben wir das als zentrale Botschaft gehört. Mit dem Namen Jesus ist seine Person, seine Sendung, sein Auftrag, sein Wesen zutiefst verbunden. Sein Name ist Programm.

Beim Propheten Jesaja lesen wir gleich zweimal von einem verheißenen Retter. In Jesaja 7,14 wird von einer jungen Frau gesprochen, die einen Sohn gebären wird, der Immanuel – Gott mit uns – heißen wird. In Jesaja 9,5-6 lesen wir noch einmal von der Verheißung der Geburt eines Kindes, des künftigen Königs. Hier trägt es noch andere Namen: Friedensfürst, Starker Gott, Ewiger Vater, Wunderbarer Ratgeber.

Der Name Friedefürst wird als der wichtigste angesehen, denn das Kind wird den Schalom, den Frieden Gottes, bringen. Dieser umfassende Friede meint Heil, Wohlergehen, Ganzsein. Und das ohne Bedrohung von Krieg, Gewalt, Unrecht. Deshalb gehört Recht und Gerechtigkeit zum Schalom dazu. Diese Prophetenworte werden in der christlichen Auslegung auf Jesus bezogen. In seinem Leben und Wirken, in seinem Tod und seiner Auferstehung können wir die Bedeutung dieser Namen sehen. Immer wieder wird eine andere Bezeichnung uns ansprechen, uns Hoffnung geben oder Mut zusprechen.

Anke Neuenfeldt

28 Samstag DEZEMBER 2024

☀ 08:27 16:21
☽ 06:29 13:44

Bibellese: Lukas 2,25-35
Damals lebte in Jerusalem ein Mann namens Simeon. Er war fromm, hielt sich treu an Gottes Gesetz und wartete auf die Rettung Israels. *(Vers 25)*

Simeon ist ein alter Mann. Er ist fromm, er ist tief verwurzelt in seinem Glauben. Sein ganzes Leben ist darauf ausgerichtet, zu tun, was Gott gefällt. Und er hatte die tiefe Überzeugung, dass der kommt, der Israel retten wird. Gottes Geistkraft war mit ihm, wird betont. Sie gibt ihm die Gewissheit, dass das Entscheidende erst noch geschehen wird. Er lebt in Offenheit für Gott und in Erwartung des Guten, das kommen wird. Seine Aufgabe war es, auf die Rettung Israels zu warten. Sicher hat er über diese Erwartung gesprochen. Vielleicht hat er andere inspiriert, sie ermutigt oder auch getröstet. Der Retter Israels kommt!
Simeon wartet. Er wartet nicht auf den Tod, wie man vielleicht vermuten könnte. Nein, er wartet auf das Leben. Hochbetagt hat er Träume, Wünsche,

Hoffnungen. Sie leben in ihm. Sie geben ihm die Kraft, morgens aufzustehen. Sie sind der Grund, warum es ihm trotz aller Altersbeschwerden gut geht.
Es gibt sie, die Menschen, die durch Krankheit gezeichnet oder hochbetagt für andere ein Segen sind, weil sie einen tiefen Glauben haben. Wie sie davon sprechen, beeindruckt andere oft tief. Ein ehemaliges Gemeindemitglied, ein älterer Mann, brauchte morgens rund eine halbe Stunde, bis er es von der liegenden Position zum Sitzen am Bettrand geschafft hatte. Er erzählte mir, dass dann das erste Gebet des Tages folgte: Ein Dankgebet für den neuen Tag. Diesen Dank für den Tag betete er so lange, bis die Kraft da war, aufzustehen. Trotz starker ständiger Schmerzen nahm er, solange es möglich war, am Gottesdienst und anderen Veranstaltungen teil. Ein anderes Gemeindemitglied, eine Frau, hielt die Verbindung über Jahre zu vielen Menschen vom Krankenbett aus. Sie hörte zu, nahm Anteil und freute sich über Anteilnahme sowie über den Austausch über alle möglichen Themen. Und sie betete für all diese Menschen und für noch mehr.
Leben wartet immer auf uns. Bis zuletzt. Und dann über den Tod hinaus. *Anke Neuenfeldt*

29 Sonntag DEZEMBER 2024

☀ 08:27 16:22
☽ 07:42 14:22

1. Sonntag nach Weihnachten

Bibellese: Psalm 2

Doch der Herr im Himmel lacht,
er spottet nur über die Herrscher der Erde. (Vers 4)

Wir Menschen haben fast alle eine eigenartige und befremdliche Eigenschaft. Ich habe sie schon beobachtet in Amtsstuben, in Lehrerkollegien, in Arztpraxen, eigentlich überall.

Sobald wir kleinen Zweibeiner einen Hauch Macht in die Hand bekommen, laufen wir Gefahr, sie zu missbrauchen. Die Versuchung, sich über andere zu erheben, um sie extra klein zu machen, scheint nur schwer zu bezwingen zu sein. Mitmenschen zu unterdrücken, ihnen ihr Recht vorzuenthalten oder einfach unfreundlich zu sein, weil man es möchte und keine direkten, negativen Folgen für sich fürchtet, bringt in vielen von uns das Schlimmste zum Vorschein.

Wenn die weltliche Macht übergroß wird, wird es noch schlimmer. Wie im Psalm beschrieben, sehen sich Könige der Welt, Fürsten und Machthaber über

allen Dingen stehend. Nicht einmal die Autorität Gottes wird mehr anerkannt. Voller Arroganz und Hochmut stellen sie sich auf eine Stufe mit Gott oder als letzte denkbare Verblendung sogar über ihn.
Was macht der Allmächtige, der Schöpfer, der Liebende? Er lacht. Es handelt sich aber nicht um ein fröhliches, vergnügtes Lachen, sondern es vermischt sich mit Spott. Die Dreistigkeit der Anmaßung, seine Macht und Größe klein machen zu wollen, stößt bei Gott an eine Grenze. Er lässt nicht zu, dass Menschen ihn lästern. Er wird sie zur Rechenschaft ziehen für ihr Tun. Wer ernsthaft denkt, seine menschliche Macht wäre gewaltiger als die Gottes, der irrt nicht nur aufs Übelste, sondern beleidigt Gott.
Gott liebt uns, seine Kinder, seine Geschöpfe, über alle uns vorstellbaren Maße. Er möchte in engster Beziehung mit uns leben. Jeder einzelne Mensch ist ihm unendlich kostbar, wertvoll und geliebt. Aber weil er ein liebender Vater ist, lässt er uns nicht alles durchgehen, sondern setzt uns Grenzen.

Susanne Wirtz

Wenn du Gott lachen hören willst, dann erzähl ihm von deinen Plänen.

Arno Backhaus (1950), Liedermacher, Autor und Aktionskünstler*

Bibellese: Lukas 2,36-40

In Jerusalem lebte auch eine Prophetin namens Hanna. Sie verließ den Tempel nicht mehr und diente Gott Tag und Nacht mit Fasten und Beten. *(Vers 36)*

Vor zwei Tagen haben wir von Simeon, einem alten Mann im Tempel, gehört. Nun wird von der alten Prophetin Hanna erzählt. 84 Jahre ist sie alt. Lukas berichtet gerne, dass Frauen wie Männer Gott begegnen. Hanna ist eine Frau, die ihr Leben Gott verschrieben hatte, nachdem sie Witwe geworden war. Gottes Geistkraft bewirkt, dass auch sie im Tempel ist, als Jesus von Maria und Josef gebracht wird. Sie kommt hinzu, als Simeon Jesus auf dem Arm hält und Gott preist. Was sie sagt, ist nicht zu lesen. Aber auch sie ist erfüllt von dem, was sie erlebt und erkennt. Sie erzählt es allen, die wie sie auf die Erlösung warten. Sie bestätigt so, was auch Simeon gesagt hat.

Wenn zwei angesehene Menschen einmütig begeistert und erfüllt sind von einer Erkenntnis, dann ist es leichter für die anderen Wartenden zu glauben. Wir wissen nicht viel von der Prophetin Hanna. Sie war nach sieben Jahren Ehe Witwe geworden. Von Kindern wird nichts berichtet. Sie hatte ihr Leben Gott verschrieben. Der Tempel war zu ihrer Heimat, das beständige Gebet war für sie zur Nahrung geworden, die enge Beziehung zu Gott ihr Halt. Dadurch, dass sie keine Verantwortung für Kinder oder einen Ehemann hatte, hatte sie Zeit für andere Dinge. Sie konnte lange nachdenken. Sie hatte Zeit zum Hinhören und Hinschauen. Sie entdeckte Dinge, die andere so nicht wahrnahmen. Sie konnte sie verstehen und auf eine Weise erkennen, wie es anderen nicht gelang. So nannte man sie Prophetin.

Es gibt Menschen, die in ihrem Alleine-Leben eine Berufung entdecken. Sie haben Zeit, sich vielerlei zu widmen. Und bereichern andere durch ihre Anwesenheit, durch ihre Weisheit, durch ihr Wissen und ihre Zugewandtheit. Dazu muss man aber nicht zwangsläufig alleine leben. Die Beziehung zu Gott intensiv zu pflegen und sich um sich selbst zu kümmern, gibt Kraft für die Mitmenschen. Und schenkt immer wieder auch „klare Momente", in denen man andere beschenken darf.

Anke Neuenfeldt

31

Silvester

Dienstag 2024

DEZEMBER

✹ 08:27 16:24
☽ 09:32 16:28

Bibellese: Lukas 2,41-52

Jesus nahm weiter zu an Jahren wie an Verständnis, und Gott und die Menschen hatten ihre Freude an ihm. *(Vers 52)*

Mit diesem Vers enden die Geschichten vom Kind Jesus, der hier ein Teenager ist. Für die damalige Zeit schon fast erwachsen. Mit diesem Vers werden die kommenden Jahre bis zu seinem öffentlichen Auftreten skizziert. Jesus war schon als Kind voller Weisheit, wird ausgedrückt, und diese Weisheit wird immer mehr. Bevor es soweit kommt, hatte Jesus sich von seinen Eltern abgesetzt. Sie hatten ihn tagelang in größter Sorge gesucht. Jesus hatte gesucht und gefunden, wohin es ihn zog. Eine Leidenschaft war angefeuert: Das Diskutieren über die Auslegung des Gesetzes war eine Gabe von ihm. Das Verstehen war auch eine Gabe von ihm und auch das kluge Argumentieren.

Die eigene Gabe finden und sie auch einsetzen: Das ist wichtig. Es ist wichtig, die Freiheit zu haben, das

Eigene zu suchen. Dieses Suchen und Finden muss auch nicht nur in der Jugend angesiedelt sein. Ein Leben lang gibt es die Möglichkeit, Gaben zu entdecken und zu fördern, das ganz Eigene zu finden. Manchmal machen Menschen erst einmal das, was ihnen ans Herz gelegt, empfohlen oder befohlen wird. Und sie entdecken erst später, dass sie eigentlich etwas ganz anderes möchten. Dann gehen sie dem nach, machen vielleicht noch eine weitere Ausbildung, beginnen zu studieren, machen sich selbstständig und finden über diesen Weg zu dem, was sie ganz besonders gut können. Damit bereichern sie andere. Denn das, was sie dann tun, kommt von ganz innen, von Herzen. Menschen erleben solche neuen Lebensabschnitte auch als eine Befreiung. Als ob Gott sie in ihre ureigene Freiheit und damit auch zu sich selbst führen würde. So können sie tun, was ihr ganz Eigenes ist. Dadurch erfahren und schenken sie Freude und Lebendigkeit. Das wird als Gnade empfunden.

Anke Neuenfeldt

♫ Sprich deinen milden Segen
zu allen unsern Wegen,
lass Großen und auch Kleinen
die Gnadensonne scheinen.

Paul Gerhardt 1653
Aus: Nun lasst uns gehn und treten

❓ Preisrätsel zur Bibellese 2024

An jedem ersten Samstag im Monat finden Sie nach der Andacht eine Rätselfrage. Die Fragen sind den Texten der Bibellese des jeweiligen Monats entnommen, und zwar der „Gute Nachricht Bibel“ (Ausgabe 2000). Die Antworten sind im Allgemeinen auch mit anderen Übersetzungen zu finden. Da sich die Lösungen in der Regel nicht direkt aus dem ausgewählten Bibelvers oder der Andacht ergeben, wäre es gut, die Bibellese immer im vollen Umfang zu lesen.
Es werden folgende **Preise** an die Einsender von richtigen Antworten verlost:

1. Preis:	Mediengutschein im Wert von	100 €
2.-3. Preis:	Mediengutschein im Wert von je	50 €
4.-10 Preis:	Mediengutschein im Wert von je	25 €

Der Rechtsweg ist ausgeschlossen.

Tragen Sie bitte die Antworten zu den zwölf Fragen und die Fundstelle in der Bibel auf den folgenden Seiten ein. Fügen Sie dort Ihren Absender hinzu und senden Sie die Fragen und Antworten an eine der folgenden Anschriften, aber nur an eine Anschrift, sonst wird die Antwort nicht bewertet. Alternativ können Sie die Lösungen auch abfotografieren oder einscannen und per E-Mail einreichen.

Brunnen Verlag GmbH
(für die Evangelisch-methodistische Kirche)
Gottlieb-Daimler-Straße 22
35398 Gießen
E-Mail: raetsel@brunnen-verlag.de

Oncken Verlag/Blessings 4 you GmbH
(für den Bund Evangelisch-Freikirchlicher Gemeinden)
Mündener Straße 13
34123 Kassel
E-Mail: nbourdon@oncken.de

SCM Bundes-Verlag gGmbH
(für den Bund Freier evangelischer Gemeinden)
Redaktion Hans-Werner Kube
Auf der Bommerbank 11
58452 Witten
E-Mail: hans-werner.kube@feg.de

Einsendeschluss ist der 15. Januar 2025.

Rätselfragen zur Bibellese 2024

Die Formulierungen der Lutherbibel stehen hinter den Schrägstrichen.

Frage 6. Januar: Wer wurde gebeten, in Ephesus zu bleiben?

Antwort: ______________________________

Frage 3. Februar: Wer wurde auf Kreta zurückgelassen?

Antwort: ______________________________

Frage 2. März: Was bestritten die Sadduzäer?

Antwort: ______________________________

Frage 6. April: Was wird im Feuer des Leidens geprüft?

Antwort: ______________________________

Frage 4. Mai: Wer ist zum Abschaum der ganzen Welt/Menschheit geworden?

Antwort: ______________________________

Frage 1. Juni: Was begann in Etam?

Antwort: ______________________________

Frage 6. Juli: Was soll man tun, wenn der Esel eines Feindes unter seiner Last zusammenbricht?

Antwort: ______________________________

Frage 3. August: Was hatten die Jünger einmal vergessen zu besorgen, als sie im Boot saßen?

Antwort: ______________________________

Frage 7. September: Wer wird mit einem Winzer verglichen?

Antwort: ______________________________

Frage 5. Oktober: Was geschah Paulus in der Provinz Asien/Asia?

Antwort: ______________________________

Frage 2. November: Wer schreibt, dass es in den Briefen des Paulus schwierige/schwer zu verstehende Stellen gibt?

Antwort: ______________________________

Frage 7. Dezember: Was kann Gott wie ein Gewand/ Kleid auswechseln?

Antwort: ______________________________

Absender:

____
Vor- und Familienname

____
Straße und Hausnummer

____
Postleitzahl, Ort

____
Datum

BESTELLZETTEL

Ich bestelle:

_____ Abreißkalender „Wort für heute 2025“
Preis 14,80 EUR, UVP 22,– CHF

_____ Buchausgabe „Wort für heute 2025“
Preis 14,80 EUR, UVP 22,– CHF

_____ Großdruck-Buchausgabe „Wort für heute 2025“
Preis 19,50 EUR, UVP 28,– CHF

_____ den kostenlosen Herbstkatalog

Änderungen vorbehalten

Brunnen Verlag GmbH, Gottlieb-Daimler-Straße 22,
35398 Gießen, Tel.: 0641 6059-0, Fax: 0641 6059-100
E-Mail: info@brunnen-verlag.de

Oncken Verlag / Blessings 4 you GmbH, Motorstr. 36, 70499
Stuttgart, Tel.: 0711 83000-0, Fax: 0711 83000-90
E-Mail: kundenservice@blessings4you.de

SCM-Shop, Max-Eyth-Str. 41, 71088 Holzgerlingen
Tel.: 07031 7414-177, Fax: 07031 7414-119
E-Mail: bestellen@scm-shop.de

____
Name, Vorname

____
Straße, Hausnummer

____
Postleitzahl, Ort

____
Telefon, Fax, E-Mail

____
Datum, Unterschrift

Bibelstellenverzeichnis 2024

2. Buch Mose/ Exodus

1,1-22 .... 16.2.
2,1-10 .... 17.2.
2,11-25 .... 19.2.
3,1-22 .... 20.2.
4,1-17 .... 21.2.
4,18-31 .... 22.2.
5,1-6,1 .... 23.2.
7,1-13 .... 24.2.
7,14-25 .... 26.2.
11,1-10 .... 27.2.
12,1-20 .... 28.2.
12,21-33.51 .... 29.2.
13,17-22 .... 17.6.
14,1-14 .... 18.6.
14,15-31 .... 19.6.
15,1-21 .... 20.6.
15,22-27 .... 21.6.
16,1-16 .... 22.6.
16,17-36 .... 24.6.
17,1-7 .... 25.6.
17,8-16 .... 26.6.
18,1-12 .... 27.6.
18,13-27 .... 28.6.
19,1-15 .... 29.6.
19,16-25 .... 1.7.
20,1-21 .... 2.7.
23,1-9 .... 3.7.
23,10-19 .... 4.7.
23,20-33 .... 5.7.
24,1-18 .... 6.7.
25,1-22 .... 8.7.
31,18-32,14 .... 9.7.
32,15-29 .... 10.7.
32,30-33,6 .... 11.7.
33,7-11 .... 12.7.
33,12-23 .... 13.7.
34,1-10 .... 15.7.
34,27-35 .... 16.7.
35,4-29 .... 17.7.
35,30-36,7 .... 18.7.
40,1-17 .... 19.7.
40,34-38 .... 20.7.

Psalmen

2 .... 29.12.
24 .... 1.12.
31 .... 11.2.
36 .... 9.6.
42 .... 23.6.
51 .... 17.11.
53 .... 16.6.
65 .... 6.10.
68,1-19 .... 26.5.
68,20-36 .... 15.9.
73 .... 30.6.
86 .... 21.1.
88 .... 24.3.
89,1-19 .... 1.1.
89,20-53 .... 7.1.
90 .... 10.11.
91 .... 18.2.
96 .... 21.3.
102 .... 22.12.
106,1-23 .... 13.10.
106,24-48 .... 20.10.
119,25-32 .... 14.7.
119,33-40 .... 21.7.
119,41-48 .... 28.7.
120 .... 25.8.
122 .... 4.8.
123 .... 25.2.
125 .... 3.11.
127 .... 8.9.
128 .... 4.2.
129 .... 5.5.
130 .... 17.3.
130 .... 15.12.
131 .... 12.5.
132 .... 10.3.
133 .... 2.6.
134 .... 7.4.
135 .... 28.1.
136 .... 14.3.
138 .... 22.9.
139 .... 7.7.
141 .... 3.3.
142 .... 29.9.
143 .... 27.10.
144 .... 8.12.
145 .... 11.8.
146 .... 1.9.
147 .... 18.8.
148 .... 14.1.
149 .... 28.3.
150 .... 20.5.

Prophet Jesaja

26,7-19 .... 24.11.
56,1-8 .... 25.11.
56,9-12 .... 26.11.
57,1-13 .... 27.11.
57,14-21 .... 28.11.
58,1-9a .... 29.11.

58,9b-14 .... 30.11.
59,1-15a .... 2.12.
59,15b-21 .... 3.12.
60,1-14 .... 4.12.
60,15-22 .... 5.12.
61,1-11 .... 6.12.
62,1-12 .... 7.12.
63,7-14 .... 9.12.
63,15-64,6 .... 10.12.
64,7-11 .... 11.12.
65,1-10 .... 12.12.
65,17-25 .... 13.12.
66,1-4 .... 14.12.
66,5-14 .... 16.12.
66,15-24 .... 17.12.

Prophet Jeremia

1,1-10 .... 2.9.
1,11-19 .... 3.9.
2,1-13 .... 4.9.
3,1-10 .... 5.9.
3,21-4,4 .... 6.9.
6,9-26 .... 7.9.
7,1-15 .... 9.9.
7,16-28 .... 10.9.
9,22-23 .... 11.9.
12,1-6 .... 12.9.
13,1-11 .... 13.9.
14,1-16 .... 14.9.
15,10-21 .... 16.9.
16,1-13 .... 17.9.
18,1-12 .... 18.9.
19,1-13 .... 19.9.
20,7-18 .... 20.9.
21,1-14 .... 21.9.
23,1-8 .... 23.9.
23,16-29 .... 24.9.
26,1-19 .... 25.9.
28,1-17 .... 26.9.
29,1-14 .... 27.9.
31,1-14 .... 28.9.
31,27-34 .... 30.9.
36,1-19 .... 1.10.
36,20-32 .... 2.10.
37,1-21 .... 3.10.
38,1-13 .... 4.10.
38,14-28 .... 5.10.
39,1-18 .... 7.10.
40,1-16 .... 8.10.
41,1-18 .... 9.10.
42,1-22 .... 10.10.
43,1-13 .... 11.10.
44,1-14 .... 12.10.
44,15-30 .... 14.10.
45,1-5 .... 15.10.

Markusevangelium

1,1-8 .... 2.1.
1,9-13 .... 3.1.
1,14-20 .... 4.1.
1,21-28 .... 5.1.
1,29-39 .... 6.1.
1,40-45 .... 8.1.
2,1-12 .... 9.1.
2,13-17 .... 10.1.
2,18-22 .... 11.1.
2,23-28 .... 12.1.
3,1-6 .... 13.1.
3,7-12 .... 22.7.
3,13-19 .... 23.7.
3,20-30 .... 24.7.
3,31-35 .... 25.7.
4,1-9 .... 26.7.
4,10-20 .... 27.7.
4,21-25 .... 29.7.
4,26-29 .... 30.7.
4,30-34 .... 31.7.
4,35-41 .... 1.8.
5,1-20 .... 2.8.
5,21-34 .... 3.8.
5,35-43 .... 5.8.
6,1-6 .... 6.8.
6,7-13 .... 7.8.
6,14-29 .... 8.8.
6,30-44 .... 9.8.
6,45-56 .... 10.8.
7,1-23 .... 12.8.
7,24-30 .... 13.8.
7,31-37 .... 14.8.
8,1-9 .... 15.8.
8,10-13 .... 16.8.
8,14-21 .... 17.8.
8,22-26 .... 19.8.
8,27-33 .... 20.8.
8,34–9,1 .... 21.8.
9,2-13 .... 22.8.
9,14-29 .... 23.8.
9,30-37 .... 24.8.
9,38-41 .... 26.8.
9,42-50 .... 27.8.
10,1-12 .... 28.8.
10,13-16 .... 29.8.
10,17-27 .... 30.8.
10,28-31 .... 31.8.
10,32-45 .... 1.3.
10,46-52 .... 2.3.
11,1-11 .... 4.3.
11,12-25 .... 5.3.
11,27-33 .... 6.3.
12,1-12 .... 7.3.
12,13-17 .... 8.3.
12,18-27 .... 9.3.
12,28-34 .... 11.3.
12,35-40 .... 12.3.

12,41-44 .... 13.3.
13,1-13.................. 14.3.
13,14-23 .... 15.3.
13,24-37 .... 16.3.
14,1-11.................. 18.3.
14,12-16 .... 19.3.
14,17-26 .... 20.3.
14,27-31 .... 21.3.
14,32-42 .... 22.3.
14,43-52 .... 23.3.
14,53-65 .... 25.3.
14,66-72 .... 26.3.
15,1-15.................. 27.3.
15,16-23 .... 28.3.
15,24-41 .... 29.3.
15,42-47 .... 30.3.
16,1-8 .... 31.3.
16,9-20.....................1.4.

Lukasevangelium

1,1-17 ....18.12.
1,18-25................19.12.
1,26-38................20.12.
1,39-56................21.12.
1,57-66................23.12.
1,67-80................24.12.
2,1-14 ....25.12.
2,15-20................26.12.
2,21-24................27.12.
2,25-35................28.12.
2,36-40................30.12.
2,41-52................31.12.

1. Korintherbrief

1,1-9...................... 19.4.
1,10-17.................. 20.4.
1,18-25.................. 22.4.
1,26-31.................. 23.4.
2,1-5...................... 24.4.
2,6-16 .... 25.4.
3,1-4...................... 26.4.
3,5-8...................... 27.4.
3,9-17 .... 29.4.
3,18-23.................. 30.4.
4,1-5.........................1.5.
4,6-13 ....2.5.
4,14-21.....................3.5.
5,1-8.........................4.5.
5,9-13 ....6.5.
6,1-11 ....7.5.
6,12-20.....................8.5.
7,1-16 .... 10.5.
7,17-24.................. 11.5.
7,25-40.................. 13.5.
8,1-6...................... 14.5.
8,7-13 .... 15.5.
9,1-18 .... 16.5.
9,19-23.................. 17.5.
9,24-27.................. 18.5.
10,1-13.................. 21.5.
10,14-22 .... 22.5.
10,23-11,1 .... 23.5.
11,2-16.................. 24.5.
11,17-26 .... 25.5.
11,27-34 .... 27.5.
12,1-11.................. 28.5.
12,12-26 .... 29.5.
12,27-31 .... 30.5.
13,1-7 .... 31.5.
13,8-13.....................1.6.
14,1-11.....................3.6.
14,12-25 ....4.6.
14,26-33a..................5.6.
14,33b-40 ....6.6.
15,1-11.....................7.6.
15,12-19 ....8.6.
15,20-28 .... 10.6.
15,29-34 .... 11.6.
15,35-49 .... 12.6.
15,50-58 .... 13.6.
16,1-12.................. 14.6.
16,13-24 .... 15.6.

2. Korintherbrief

1,1-11 ....21.10.
1,12-24................22.10.
2,1-11 ....23.10.
2,12-17................24.10.
3,1-11 ....25.10.
3,12-18................26.10.
4,1-6....................28.10.
4,7-18 ....29.10.
5,1-10 ....30.10.
5,11-15................31.10.
5,16-21 .... 1.11.
6,1-10 .... 2.11.
6,11-7,1 .... 4.11.
7,2-16 .... 5.11.
8,1-15 .... 6.11.
8,16-24.................. 7.11.
9,1-15 .... 8.11.
10,1-11.................. 9.11.
10,12-18 .... 11.11.
11,1-15................ 12.11.
11,16-33 .... 13.11.
12,1-10................ 14.11.
12,11-21 .... 15.11.
13,1-13................ 16.11.

Epheserbrief

1,3-14 .... 19.5.

Philipperbrief

2,5-11 ....9.5.

1. Timotheusbrief

1,1-11 .... 15.1.
1,12-20................ 16.1.
2,1-7..................... 17.1.
2,8-15 .... 18.1.
3,1-13 .... 19.1.
3,14-16................ 20.1.
4,1-11 .... 22.1.
4,12-5,2............... 23.1.
5,3-16 .... 24.1.
5,17-25................ 25.1.
6,1-10 .... 26.1.
6,11-21 .... 27.1.

2. Timotheusbrief

1,1-12.................. 29.1.
1,13-18................ 30.1.
2,1-13 .... 31.1.
2,14-21.................... 1.2.
2,22-26.................... 2.2.
3,1-9........................ 3.2.
3,10-17.................... 5.2.
4,1-8........................ 6.2.
4,9-22 .... 7.2.

Titusbrief

1,1-9........................ 8.2.
1,10-16.................... 9.2.
2,1-10 .... 10.2.
2,11-15................ 12.2.
3,1-7.................... 13.2.
3,8-15 .... 14.2.

Philemonbrief

1-25..................... 15.2.

1. Petrusbrief

1,1-12 .... 2.4.
1,13-16.................... 3.4.
1,17-21.................... 4.4.
1,22-2,3.................. 5.4.
2,4-10 .... 6.4.
2,11-17.................... 8.4.
2,18-25.................... 9.4.
3,1-7.................... 10.4.
3,8-12 .... 11.4.
3,13-17................ 12.4.
3,18-22................ 13.4.
4,1-11 .... 15.4.
4,12-19................ 16.4.
5,1-7.................... 17.4.
5,8-14 .... 18.4.

2. Petrusbrief

1,1-11 .... 18.11.
1,12-21............ 19.11.
2,1-11 .... 20.11.
2,12-22............ 21.11.
3,1-10 .... 22.11.
3,11-18............ 23.11.

Gedenktage 2024

Konrad Bussemer .... 19.03.
Jimmy Carter .... 01.10.
Gilbert Keith Chesterton .... 29.05.
Rolf Dammann .... 16.08.
Emma Elsholz .... 23.07.
Elisabeth Haseloff .... 29.11.
August Heinrich Hoffmann von Fallersleben .... 19.01.
Juliane von Krüdener .... 25.12.
Ernst Lange .... 03.07.
John Milton .... 08.11.
Johann Wiehler .... 11.01.

Einführungen in biblische Bücher

Das 2. Buch Mose/Exodus .... 16.02.
Der Prophet Jesaja, Kapitel 56-66 .... 25.11.
Der Prophet Jeremia .... 02.09.
Die Klagelieder .... 16.10.
Die Gute Nachricht nach Markus .... 02.01.
Der 1. und 2. Brief an die Korinther .... 19.04.
Der 1. und 2. Brief an Timotheus und der Brief an Titus 15.01.
Der 1. und 2. Brief von Petrus .... 02.04.

Mitarbeiterinnen und Mitarbeiter 2024

Die Verfasserinnen und Verfasser dieser Kalenderandachten wurden von folgenden Verlagen und Werken um ihre Mitarbeit gebeten:

SCM Bundes-Verlag gGmbH, Witten (Bund Freier evangelischer Gemeinden)	BV
Evangelisch-methodistische Kirche, Frankfurt/Main	EmK
Oncken Verlag/Blessings 4 you GmbH, Kassel (Bund Evangelisch-Freikirchlicher Gemeinden)	OV

A

Abry, Beat, CH-8345 Adetswil	18., 26., 27.8.	BV
Acker, Thomas, 35239 Steffenberg	18., 19.11.	BV
Aichele, Frank, 42113 Wuppertal	7., 8.5.	EmK
Alferink, Marco, 13508 Berlin	31.5.; 1.6.	EmK
Armbruster-Stephan, Ute, 71332 Waiblingen	2., 3.1.; 19., 20.5.; 6., 7., 8.7.; 6., 7., 11. 8.; 20., 21.11.	
Gedenktage:	19.1.; 29.11.; 25.12.	EmK

B

Bach, Markus, CH-8610 Uster	27., 28., 29.2.	EmK
Bachmann, Lena, 26655 Westerstede	5., 6., 7.4.	OV
Bader-Reissing, 97074 Würzburg	26.5.; 15.9.	EmK
Bastian, Tanja, 35713 Eschenburg	12., 13., 14.8.	BV
Bay, Wolfgang, 89150 Laichingen	13., 20.10.	EmK
Beiderbeck, Dr. Ulf, 26826 Weener	23., 24.7.	OV
Bernshausen, Peter, 42477 Radevormwald	24., 25., 26.2.	BV
Böttche, Kathrin, 08112 Wilkau-Haßlau	27., 28.10.	OV
Bolay, Winfried, 06120 Halle	10., 11., 13.5.	EmK
Borchert, Siegmar, 21147 Hamburg	29., 30., 31.1.; 1.2.	BV
Bourdon, Nicola, 34123 Kassel	20., 22.1.; 31.8.; 1.9.	
Gedenktage:	11.1.; 23.7.; 16.8.; 1.10.	OV

Brückel, Achim, 23738 Lensahn	22., 23., 24.6.	BV
Brunner-Wyss, Andrea, CH-8302 Kloten	24., 25., 26.10.	EmK
Burkhardt-Kibitzki, Ulrike, 70563 Stuttgart	28., 29., 30.4.	EmK

C

Carouge, André, 42859 Remscheid	9., 10., 11.7.	OV

D

Dammann, Uwe, 12589 Berlin	4., 5., 6., 7.3.	OV
Diekmann, Henrik, 37081 Göttingen	1., 2., 3., 5.8.	OV
Döllefeld, Rainer, 29525 Uelzen	25., 26., 27.9.	OV
Dreckhoff, Sr. Elisabeth, 42109 Wuppertal	22., 25., 26.7.	EmK
Dziewas, Dr. Ralf, 16321 Bernau	16., 17., 18.4.	OV

E

Ebert, Ingrid, 03149 Forst	2., 3., 5.2.	OV
Eibisch, Christin, 04155 Leipzig	4., 5., 6.9.	EmK
Eibisch, Frank, 04229 Leipzig	21., 22., 23., 24.10.	EmK
Enders, Annika, 33689 Bielefeld	14., 15., 16., 17.3.	OV
Enners, Jörg, 45549 Sprockhövel	18., 19., 20.9.; 12., 14., 15.10.	BV
Ewaldt, Manfred, 22457 Hamburg	10., 11.10.	OV

F

Frank, Manfred, 17268 Templin	18., 19.12.	OV
Friedrich, Sigmar, CH-8021 Zürich	3., 4., 5.12.	EmK

G

Gebauer, Dr. Roland, 72764 Reutlingen	8., 9.2.	EmK
Georg, Jutta, 58849 Herscheid	19., 20., 21., 26., 27.4.	BV
Georgi, Christoph, 08280 Aue	17., 18., 19.6.	EmK
von Gerlach, Edda, 63071 Offenbach	30.6.; 2.7.	BV
Gerle, Bernd, 71336 Waiblingen-Neustadt	27., 28.6.	OV
Geyer, Ellen, 17139 Malchin	24., 25.4.	OV

Groß, Norbert, 25474 Ellerbek	11., 12., 13.6.	OV
Guse, Christine, 25474 Ellerbek	15., 16.7.	EmK

H

Hadorn-Ingold, Karin, CH-4563 Gerlafingen	25., 26.6.	EmK
Hafner, Lea, CH-3812 Wilderswil	8., 9., 10.1.	EmK
Hanschmann, Werner, 44575 Castrop-Rauxel	16., 17., 18., 19.2.	BV
Haus, Christoph, 14641 Wustermark	3., 4., 5.7.	OV
Hecker, Carl, 63452 Hanau	22., 23., 24.3.	EmK
Henseling, Reinhart, 35683 Dillenburg	29., 30.11.; 1., 2.12.	BV
Henzler, Christina, 66953 Pirmasens	21.1.; 4.2.	EmK
Herb, Stefan, 70619 Stuttgart	6., 7., 8., 9.10.	EmK
Hertig, Heidrun, 08315 Lauter-Bernsbach	20., 21.2.	EmK
Höfler, Markus, 72764 Reutlingen	12., 13.10.	EmK
Hoekstra, Jan Karsten, 48167 Münster	18., 19., 20., 21.3.	BV
Höring, Michael, 50739 Köln	6., 7., 8., 9.12.	BV
Hörsting, Ansgar, 58455 Witten	Jahreslosung	BV
Hunsmann, Hartmut, 35781 Weilburg	28., 29., 30.9.	BV

J

Jansen, Dana-Sophie, 14641 Wustermark	14., 21., 28.7.	OV
Jöhrmann, Werner, 38855 Wernigerode	14., 16., 17.9.	OV
Jotter, Wilfried, 32339 Espelkamp	3., 4., 5.10.	BV

K

Kallweit-Bensel, Andrea, 58332 Schwelm	3., 4., 5., 6.6.	OV
Kanzleiter, Reiner, 85640 Putzbrunn	19., 20., 21., 22.8.	EmK
Kibitzki, Jörg, 70563 Stuttgart	3., 4., 25.11.	EmK
Kißkalt, Dr. Michael, 14089 Berlin	4., 5., 6.1.	OV
Klaiber, Christoph, 72770 Reutlingen	25., 26., 27., 28.11.	EmK
Klimt, Dr. Andrea, A-1030 Wien	10., 12.2.	OV
Köser, Karl Gerhard, 58640 Iserlohn	2., 3., 9., 10., 11.9.	BV
Kolbe, Vera, 15566 Schöneiche	20., 21.6.	OV

Kraft, Irene, 22089 Hamburg	11., 12., 13.3.	EmK
Kraska, Wolfgang, 76287 Rheinstetten	12., 13., 19., 20.7.	BV
Kube, Hans Werner, 58452 Witten	29., 30.3.	
Einführungen:	2., 15.1.; 2., 9.4.	
Gedenktage:	19.3.; 29.5.; 3.7.; 8.11.	BV
Kube-Jakobson, Ilona, 58452 Witten	31.3.; 1.4.	BV
Küchler, Claudia, 09465 Sehmatal-Cranzahl	30., 31.7.	EmK

L

Lang, Corinna, 57080 Siegen	14., 15.5.	BV
Lang, Tobias, 57080 Siegen	4., 5., 6.5.	BV
Lubahn, Hans-Christof, 76137 Karlsruhe	29., 30.10.	EmK

M

Meisel, Dr. Ulrich, 06849 Dessau	1., 2.10.	EmK
Mergler, Dr. Peter, 36381 Schlüchtern	9., 14., 15., 16.6.	BV
Meyer, Holger, 71552 Backnang	15., 16., 17.1.	EmK
Mosner, Gerhard, 42477 Radevormwald	18., 19., 23., 24.1.	BV

N

Neuenfeldt, Anke, 80337 München	27., 28., 30., 31.12.	EmK
Noss, Michael, 12207 Berlin	9., 12.5.	OV
Noß, Sebastian, CH-8008 Zürich	22., 23., 24.11.	OV

O

Oberkampf, Anne, 71032 Böblingen	12.,13.,14., 15.4.	EmK
Ochs, Siegfried, 58636 Iserlohn	11., 12., 13.1.	BV

P

Panteleit, Holger, 73728 Esslingen	13., 14.2.	EmK
Pilnei, Dr. Oliver, 14476 Groß Glienicke	6., 7., 8.11.	OV
Preis, Christine, CH-4416 Bubendorf	28., 29., 30.8.	EmK

R

Reinecke, Petra, 25488 Holm	15., 16., 17.8.	OV
Reitz, Wolfgang, 44575 Castrop-Rauxel	9., 10., 11.11.	BV
Ressnig, Philemon, CH-8424 Embrach	6., 7., 11.2.	BV
Rieß, Lydia, 04318 Leipzig	14., 15., 16., 17.12.	BV
Rohde, Dr. Michael, 30916 Isernhagen	22., 23.2.	OV
Rosemann, Johannes, 13127 Berlin	16., 17., 18.5.	OV
Rüdiger, Christhard, 09112 Chemnitz	25., 26., 27.1.	EmK
Ruof, Klaus Ulrich, 60487 Frankfurt/Main	12., 13.9.	EmK

S

Sager, Dr. Dirk, 26349 Jade		
Einführungen:	16.2.; 2.9.; 16.10.; 26.11.	OV
Schelwis, Benjamin, 34125 Kassel	14., 28.1.	OV
Schmidt, Hinrich, 34119 Kassel	15., 16., 17.11.	OV
Schmidt, Jochen, 97084 Würzburg	8., 9., 10., 11.4.	BV
Schneidenbach, Katrin, 07907 Schleiz	12., 13., 14.11.	EmK
Schouten, Leo, 41379 Brüggen	15.2.	OV
Schröder, Dr. Michael, 35716 Dietzhölztal	1., 2., 3.3.	BV
Schubach, Michael, 09387 Jahnsdorf	8., 9., 10.8.	OV
Simon, Martin, 35713 Eschenburg	8., 9., 10.3.	BV
Sommerkamp, Silke, 48529 Nordhorn	23., 24., 25.8.	OV
Spangenberg, Dr. Volker, 13156 Berlin	1., 2., 3.5.	OV
Stahlschmidt, Jost, 21345 Bleckede	28., 29., 30.5.; 2.6.	BV
Steyn, Prof. DD D.Litt. Gert, 35716 Dietzhölztal	21., 22., 23.5.	BV
Stiba, Christoph, 13591 Berlin	23., 24., 25., 26.12.	OV
Storek, Dr. Deborah, 63452 Hanau	10., 11., 12., 13.12.	OV
Swarat, Dr. Uwe, 14089 Berlin	25., 26., 27., 28.3.	OV
Swoboda, Jörg, 15377 Buckow	7., 8.9.	OV

T

Thiemert, Dr. Stefan, 58135 Hagen	27., 29.7.; 4.8.	BV
Tosch, Silke, 41061 Mönchengladbach	24., 25., 27.5.	OV

W

Walter, Matthias, 72202 Nagold	29.6.; 1.7.	EmK
Wendel, Kerstin, 58300 Wetter	20., 21.12.	OV
Wenner, Rosemarie, 69226 Nußloch	2., 3., 4.4.	EmK
Wilkes, André, 40699 Erkrath	21., 22., 23.10.	BV
Wirtz, Susanne, 46807 Ochtrup	1., 7.1.; 22., 29.12.	BV
Wolf, DD Christian, 12587 Berlin	16., 17., 18., 19.10.	OV

Z

Zacher, Cora, 13591 Berlin	17., 18.7.	OV
Zahn, Friedrich, 90425 Nürnberg	31.10.; 1., 2.11.	BV
Ziegler, Ulrich, 72119 Ammerbuch	7., 8., 10.6.	EmK
Züricher-Allenbach, Stefan, CH-8606 Nänikon	22., 23.4.	EmK

Quellenhinweise

Liedstrophen

03.02. Iona Community
09.02. Übersetzung Hartmut Handt
12.03. Übersetzung Dr. Walter Klaiber
28.11. Hartmut Handt
14.11. Widerstand und Ergebung, Dietrich Bonhoeffer

Fotos

02.01. © Brian Donovan/stock.adobe.com
11.01. © Oncken-Archiv Elstal
15.01. © Jon/stock.adobe.com
19.01. © Georgios Kollidas/stock.adobe.com
24.01. © Vic/stock.adobe.com
16.02. © Pixel-Shot/stock.adobe.com
19.03. © Archiv FeG Deutschland
02.04. © alessandro0770/stock.adobe.com
19.04. © Rawpixel.com/stock.adobe.com
29.05. © O'SHI/stock.adobe.com
03.07. © Godong Photo/stock.adobe.com
23.07. © Diakoniewerk TABEA e. V., Hamburg
16.08. © Archiv Blessings 4 you GmbH/Oncken Verlag, Kassel
02.09. © alessandro0770/stock.adobe.com
01.10. © Archiv Blessings 4 you GmbH/Oncken Verlag, Kassel
16.10. © Sarit Richerson/stock.adobe.com
08.11. © wowinside/stock.adobe.com
25.11. © Robert Kneschke/stock.adobe.com
29.11. © gemeinfrei
25.12. © dedi/stock.adobe.com

Die Verse der Bibellese, die Monatssprüche und die Jahreslosung 2024 wurden mit freundlicher Genehmigung der Ökumenischen Arbeitsgemeinschaft für Bibellesen (ÖAB), Berlin, abgedruckt.

Anschriften der herausgebenden Verlage

Brunnen Verlag GmbH
Gottlieb-Daimler-Straße 22
35398 Gießen

Telefon:	0641 6059-0
Fax:	0641 6059-100
E-Mail:	info@brunnen-verlag.de
Homepage:	www.brunnen-verlag.de

Oncken Verlag/Blessings 4 you GmbH
Mündener Str. 13
34123 Kassel

Telefon:	0711 83000-0
Fax:	0711 83000-90
E-Mail:	info@oncken.de
Homepage:	www.blessings4you.de

SCM Bundes-Verlag gGmbH
Postfach 40 65
58426 Witten

Telefon:	02302 93093-0
Fax:	02302 93093-689
E-Mail:	info@bundes-verlag.de
Homepage:	www.bundes-verlag.net